長城外的造反派

漢族青年眼中的內蒙古文革與民族屠殺

TJ Cheng, Uradyn E. Bulag, Mark Selden
程鐵軍、烏・額・寶力格、馬克・塞爾登——著
程鐵軍——譯

A CHINESE REBEL BEYOND THE GREAT WALL

The Cultural Revolution & Ethnic Pogrom in Inner Mongolia

目次

台灣中文版序言

《長城外的造反派》是一部批判性的著作，聚焦於文化大革命期間蒙古族被大屠殺的悲劇。此類作品在中國大陸幾乎不可能出版，因此中譯本得以在台灣問世具有重要意義。

本書聚焦文化大革命初期（主要為一九六六至一九六九年），中共政權對內蒙古自治區蒙古族實施的屠殺。官方紀錄承認，死亡人數超過一萬六千，傷殘者逾三十萬，其中絕大多數為蒙古族。受害者的實際數目可能更多。與中國內地以階級鬥爭為框架的暴力不同，內蒙古的這場暴力具有鮮明的民族特徵。

西方學者及海外蒙古族僑民將這場悲劇視為中華人民共和國成立後的首次「種族滅絕」（genocide）。然而，本書提出「民族大屠殺」（ethnic pogrom）的概念，並進一步探討「政治滅絕」（politicide）一詞，以便更精確揭示暴力的本質。雖然這場災難帶有恐怖性與種族色彩，但我們認為，其目的並非徹底消滅蒙古族，而是為了摧毀蒙古族的政治自主與自治能力，強迫其接受漢族霸權。

這場暴力的一個顯著特徵是，主要打擊目標並非普通蒙古族平民，而是蒙古族中的共產黨員、幹部及積極分子。這表明，運動的核心意圖是消滅黨內敵人，尤其是一九四七至一九六六年間，在資深蒙古族共產主義者烏蘭夫領導下擔任要職的蒙古族幹部。由於內蒙古地處中國與蘇聯及其盟友蒙古人民共和國對抗的前線，這場清洗也因此蘊含深刻的國際地緣政治背景。蒙古族的跨國特性，使中共領導層特別猜忌蒙古族共產黨員的忠誠。

歷史顯示，一九二〇年代至一九四〇年代，許多蒙古族共產黨員曾參與傾向左派的內蒙古人民革命黨。內蒙古自治區的建立，源於中共建國前創立的內蒙古自治政府（一九四七年五月成立），該政府得到蘇聯及蒙古人民共和國的支持。中蘇對抗自一九六〇年代初加劇後，與蘇蒙接壤、並以蒙古族為主體且有大批蒙古族軍人的內蒙古自治區，被北京視為潛在威脅。這也解釋了為何內蒙古的政治與軍事領導層成為文化大革命最早的打擊對象之一。

在毛澤東「繼續革命」的狂熱邏輯及「清理階級隊伍」運動的推動下，從一九六七年底起，以滕海清將軍為首的新內蒙古地方當局（在蒙古族領導人被清洗後，由北京軍區直接掌控），開始系統審查所有蒙古族黨員，指控他們密謀復興內蒙古人民革命黨，成立所謂「新內人黨」並要跟蒙古人民共和國合併。這場名為「挖肅」的甄別行動，迅速升級為全區範圍的「人民戰爭」，動員軍隊、幹部、學生、工人與農民。文革激進分子及來自北京、天津等地的知青，更成為軍方的暴力執行者。

在最高當局的策劃與鼓勵下，中央文革小組自一九六七年起對內蒙古採取極端政策，由北京的周恩來與呼和浩特的滕海清主導。蒙古族幹部及其漢族與其他民族的盟友遭受殘酷審訊，被迫認罪，承認自己是反黨叛國的新內人黨，並供出他人。挖肅派深信，所有蒙古族人，尤其是共產黨員，皆為新內人黨的潛在成員。這場恐怖運動最終波及政治嫌犯之外的普通蒙古族牧民與農民，尤其在所謂的革命老區。

本書不僅記錄漢族挖肅派在最高當局領導下犯下的暴行，還提供更廣泛的歷史與政治背景，追溯內蒙古在二十世紀的軌跡。清末及中華民國時期，內蒙古是中國定居者殖民主義（settler colonialism）的關鍵場域。在此期間，為求自保，蒙古族各政治團體曾與俄羅斯（一九二二年以後為蘇聯）、日本及中國共產黨等不同勢力結盟。

讀者應留意，本書是一位在內蒙古成長的漢族造反派（本書的合著者）的政治回憶錄。他於一九五九年離開河北故鄉，在內蒙古度過青春歲月，完成中學與大學教育，並成為積極的造反派紅衛兵。與眾多紅衛兵不同的是，他的外來者身分與個人經歷，特別是關於大饑荒的記憶，使他得以跟針對蒙古族的鬥爭保持一定距離。

更重要的是，他曾任《內蒙古日報》駐蘇蒙邊境記者，親歷當地暴力事件，這促使他反思民族迫害的緣由及其政治邏輯。因此，他的個人旅程，無論是身體上的遷移還是思想上的轉變，皆構成本書不可或缺的部分。

本書最具啟發性的洞見之一，是挑戰將文革暴力單純歸咎於造反派紅衛兵的說法。雖然造反派在文革初期或許占據上風，但內蒙古暴力升級的根源，實為黨組織與革委會支持的保守派與造反派的競爭。雙方試圖透過「揪出」與打擊蒙古族「叛徒」來證明自身的革命熱情及對黨與毛澤東的忠誠。對於造反派而言，蒙古族領導層象徵著資產階級的反動路線，需要嚴酷打擊；而保守派則為了撇清與官僚體系的聯繫，透過迫害蒙古族黨員幹部來尋求自我救贖。這種競逐體現在對所謂的敵人進行殘酷的肉體折磨，最終使這一暴力運動演變為一場民族屠殺。作為中共對抗蘇蒙「修正主義」與「帝國主義」的前哨堡壘，內蒙古為這場爭鬥建構了理想的舞台。

對於這場悲劇，包括毛澤東與周恩來在內的最高領導層難辭其咎。官方常辯稱，「挖新內人黨」的暴行乃地方官員擅自所為，最高領導不知情，後察覺並介入才制止惡化。然而，事實並非如此。一九六六年文革爆發時，毛澤東、劉少奇與鄧小平率先清除內蒙古領導人烏蘭夫及其親信。周恩來則全程參與暴力事件，聲稱不知情不過是為了保全中共道德的最後遮羞布。

簡言之，本書超越以往以民族關係為單一框架的控訴式敘事，而是從一位前漢族造反派的視角，結合歷史回顧與背景分析，細膩描繪內蒙古的權力鬥爭、紅衛兵派系衝突、民族政策的邏輯、蒙漢關係的複雜性，以及毛澤東與周恩來等黨內高層，如何致命打擊中共親手扶植的蒙古族「自己人」及民族區域的自治制度——後者曾被中共標榜為中國三大基本政治制度之一。

我們相信，本書對台灣讀者了解中國邊疆地區，尤其是內蒙古，具有重要價值，並期望本書傳播至中國大陸及海外華語讀者，激發對歷史、民族關係與國家暴力的深刻反思。在中國面臨社會轉型的關鍵時刻，溫故知新，是我們必須正視的嚴肅課題。

英文版序言

本書醞釀已久，起源可以追溯到一九七八年，當時程鐵軍和馬克・塞爾登在河北饒陽縣相識，鐵軍在那裡教高中英語，馬克為《中國鄉村，社會主義國家》（*Chinese Village, Socialist State*，一九九三年出版）一書研究中國農村。我們這本談內蒙古文革的書，構想始於一九八六年，當時鐵軍在賓漢姆頓大學（Binghamton University）社會系讀博士，在馬克的指導下，撰寫中國戶籍制度的博士論文。當時，鐵軍介紹自己一九五九年從華北貧困農村饒陽縣，遷戶口到內蒙古首府呼和浩特，一九七二年又回到饒陽的經歷，以及親眼目睹反蒙古人的大屠殺。然而，直到一九九〇年代中，我們才開始以內蒙古文革激烈衝突為中心，用口述史的形式，記錄程鐵軍的人生經歷。

從一九九八年開始，合作者變成三人，在紐約市立大學亨特學院（Hunter College）任教的寶力格加入寫作。他在文化大革命期間於內蒙古度過童年，當時也剛開始研究內蒙古自治區的創始人烏蘭夫，後者在一九四七至一九六六年間的二十年間擔任其領導人。寶力格的著作《中國邊緣的蒙古人：歷史與國家統一的政治》（*The Mongols at China's Edge: History and the Politics of National Unity*）於二〇〇二年出版。三位作者同意將研究重點放在中國的族際關係歷史，以及邊疆地區的文化大革命。寶力格提供了內蒙古歷史背景，以及從內蒙古收集來的紅衛兵小報和宣傳冊中所載的造反派與保守派衝突的資料；馬克則以二十世紀中國革命的框架分析邊疆經驗；鐵軍則記錄了他在一九五九至一九七二年間作為學生、紅衛兵，以及內蒙古、蒙古和蘇聯邊境地區記者的內蒙古經歷。

從二〇〇一年開始，在澳門大學任教的程鐵軍，與內蒙古最重要的造反派領袖高樹華合寫回憶錄。一九六六年六月二日，高樹華在師範學院的大字報引發了內蒙古的造反運動。當時高樹華是他的老師，鐵軍成為高在造反運動中最堅定的追隨者之一，最終使高成為內蒙古革委會常委。二〇〇三年，高英年早逝後，鐵軍繼續他未完成的工作，於二〇〇七年完成回憶錄，以中文出版，書名為《內蒙文革風雷：一位造反派領袖的口述史》，講述了造反派在內蒙古文革期間的政治作用。這本書，促使我們重新考慮本書的立論。我們逐漸意識到，我們的手稿價值，可能恰恰在於重新思考造反派的觀點，而不是造反派的個人回憶。毛澤東去世後，造反派成為一個飽受詬病的群體，被指責為全國文革暴力與悲劇的罪魁禍首，也包括內蒙古在內。

我們認為，本書並非試圖為造反派開脫，而是嘗試解釋他們造反背後的理由，造反派和保守派之間衝突的本質，以及造反派內部的矛盾。文革期間，他們試圖捕捉並領會毛澤東、周恩來領導的中央文革小組發出的新訊號。特別是，我們開始分析邊疆動亂的意涵。邊疆地區的社會環境是民族間相互交流互動的，在滕海清將軍指揮的挖肅鎮壓中，鬥爭的主要目標是蒙古人。我們面臨的挑戰是如何將個人的回憶，拿來跟內蒙古乃至全中國，漢族與少數民族關係動態變化的理解，結合在一起。

二〇一七年以來，中國在新疆施行的高壓政策，是中國文革後民族政策與全世界理解中國民族關係的轉捩點。據統計，新疆有一百萬或更多維吾爾族和其他少數民族被監禁，加上當局對其文化和宗教遺產的嚴厲鎮壓，引發了國際社會的強烈抗議。最近，針對中國侵犯人權的批評中，值得注意的是種族滅絕和反人類罪的新指控。二〇二〇年，內蒙古推出了一項新政策，逐步取消蒙古學校重點科目中的蒙古語教學，這讓我們的工作變得更加緊迫，也加深了人們的認識，即我們講述的內蒙古故事，是一個更大的敘事的一部分。在此背景下，我們重新審視大屠殺的概念，即有組織的屠殺或驅逐特定民族，來描述我們在內蒙古發現的悲劇。這讓我們決定，就內蒙古文化大革命的重要性，寫一篇實質性的「結語」，透過建立種族滅絕和定居者殖民主義概念的批判性框架，來看待民族暴力的本質，從而理解中國的民族政策。

本書的寫作，前後花了三十年的時間，試圖提供對中國民族政治的新理解，涵蓋文化大革命中，發生在內蒙古的蒙古族大屠殺暴力事件，以及當代針對少數民族權利的各種攻擊，特別是針對維吾爾族、藏族和蒙古族權利的攻擊。

我們非常感謝家人和同事三十年來的支持，讓我們得以完成這部作品。我們唯一的遺憾是，恭子・塞爾登（Kyoko Selden）未能活著看到本書付梓。在本書寫作初期，她曾熱情鼓勵我們，也分享了鐵軍生動敘事的興奮和幽默。在此，我們向兩代家庭成員表示感謝，特別是王秦賢、程平真和程輝；玫和安娜貝爾・寶力格；以及莉莉、肯和尤米・塞爾登的支持，儘管他們時常會問：「你們有寫完的時候嗎？」

我們也要感謝芝加哥大學出版社，人類學和歷史學策劃編輯瑪麗・阿爾・賽義德（Mary Al-Sayed）和系列編輯詹姆斯・米爾沃德（James Millward）提出的改進建議，以及將本書納入「絲綢之路系列」（Silk Roads）的建議。該系列提供了一個獨特的平台，將我們的發現帶給更廣泛的讀者群，幫助他們理解中國邊疆地區及其多民族人口持續存在的挑戰，並尋求解決之道。凱瑟琳・費達什（Katherine Faydash）令人欽佩地將我們原來的文本（編輯成）合乎芝加哥參考文獻格式，而海姆（PJ Heim）細緻的索引工作，則無人可匹敵。

由於本書內容敏感，我們的寫作必須保密，在完成前不會向任何人展示任何章節以徵求意見。唯一閱讀過手稿的是兩位匿名審稿人，他們回覆的審稿意見，讓我們可以大範圍修改初稿。羅伯特・巴奈特（Robert Barnett）同意透露自己的身分，他的建設性評論，對我們修改「結語」非常有幫助，「結語」反映了我們探討中國民族關係的比較研究和大膽的理論構想，對此我們深表謝意。

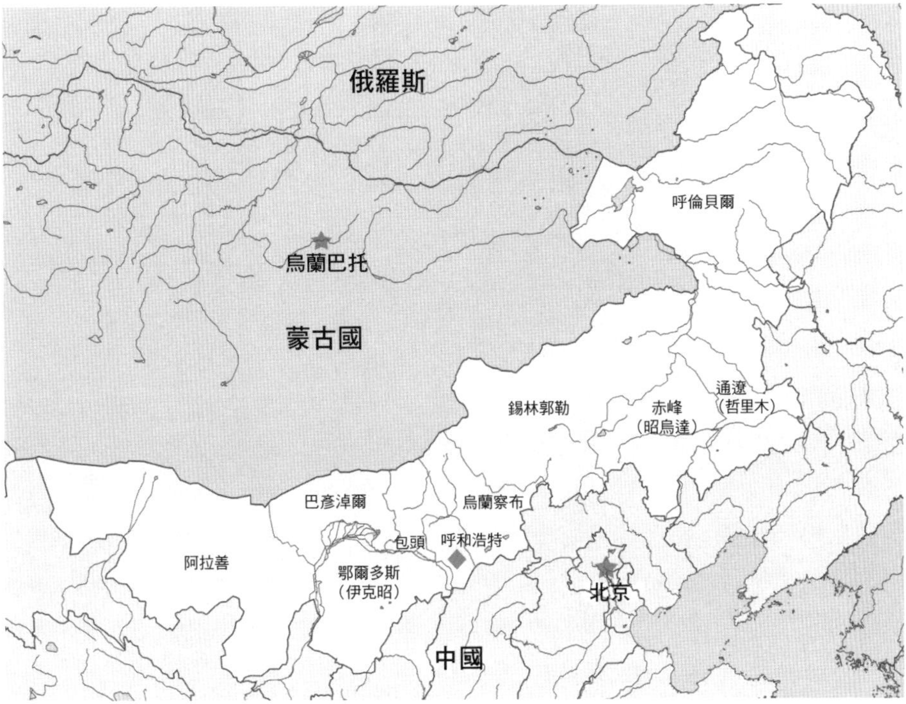

地圖1　如今的內蒙古地圖。

前言

一九五九年是大躍進的第二年，也是二十世紀最大膽、最具災難性的烏托邦實驗。毛澤東發起的大躍進，試圖透過創建人民公社，加速中國的經濟成長和社會轉型，以社會主義新秩序，迅速趕超美英的繁榮。然而結果恰恰相反，大躍進造成人類有史以來最致命的大饑荒。一九五八年夏，河北農村和中國大部分農村一樣，田地荒蕪，體格健壯的男女，甚至中學生，被派往遠離家鄉的工廠，首要任務是大煉鋼鐵——這是科學共產主義的象徵之一，但不是在大型工廠，而是在遍布城鄉的土高爐中幹活。大量的廢鋼渣被煉了出來，可莊稼卻爛在田裡，饑荒遍及鄉村。一九五九至一九六一年，至少三千萬，甚至更多中國農民，被活活餓死。

本書的主角、合著者程鐵軍，當年十四歲，國中生，與母親和弟弟生活在北京以南三百華里的饒陽縣一處窮村裡。父母離異，其父在內蒙古自治區首府呼和浩特市當卡車司機。大饑荒期間，農村中學急劇減少（當時叫下馬），母親決定讓鐵軍去呼和浩特與父親同住，這樣能過得更好，可繼續念書。當時，數十萬內地飢民，想移民去塞外的蒙古大草原，但多數人遭中國政府拒絕。然而，憑藉戶口遷移證和轉學證，鐵軍成為最後一批獲准「農轉非」，可以在內蒙古城鎮定居的幸運兒之一。

幾千年來，現在稱為內蒙古的地區，一直是草原人民和內地漢人的交匯點，大多數漢人居住在南面的農區和城鎮。隨著十三世紀蒙古世界帝國的崛起，中國被納入蒙古統治之下。明朝（一三六八至一六四四年）修建新長城，阻止蒙古人入侵和重新征服中國。此後，該地區成為蒙古腹地的一部分。從十七世紀中葉到一九一一年，蒙古人作為滿族統治者的附屬盟友，整體併入清帝國，再往後，才分裂成兩部分，最終成為外蒙古和內蒙古。從十九世紀末開始，內蒙古成為中國饑荒難民的目的地，以及政府資助移民的定居地，他們的數量，很快超過當地蒙古居民。到一九四九年中華人民共和國成立時，蒙古人僅占該地區人口的百分之十四左右，內蒙古已成為漢人定居者的殖民地。

一九四六年，二戰後「蒙古問題」的國際解決方案，包括中華民國正式承認蒙古人民共和國（原外蒙古）獨立，內蒙古併入中國。一九四九年中華人民共和國成立後，內蒙古重新成為中國的一個自治區，其起源，可追溯至一九四七年中國共產黨領導的蒙古自治運動。一九五〇年代初，內蒙古自治區曾經是民族區域自治的樣板。民族自治，是中華人民共和國最重要的制度之一，管轄著非漢族人口居住的百分之六十領土，包括國家承認的維、藏、回、壯等幾個較大的少數民族。

基於共產黨的國際主義和內蒙古的地緣政治位置，令人最初對其政治和經濟前景產生過很高期待。整個一九五〇年代，內蒙古曾是中蘇合作與對華援助的受益者，隨著農牧經濟復甦，內蒙古的鋼鐵業、軍工業、都市化等，都快速發展。一九四九至一九六六年的十七年間，在資深黨員烏蘭夫領導下，建立了精明而穩定的以蒙古族為中心的領導層，並能接觸北京黨的最高領導，成為中國促進民族友好合作的實驗樣板。這就是程鐵軍一九五九年來到的地方，在這裡度過了不平凡的十三年，他說這是他的「第二個故鄉」。

然而，內蒙古也未能倖免中國日益激烈、階級鬥爭導向的政治文化，特別是在反右運動（一九五七至一九五九年）之後。學校裡，鐵軍的貧農家庭成分，因父親在戰爭期間曾為國民黨工作的過往而受到質疑。他本人對一九五九年在饒陽經歷的大饑荒的批評質疑，也被列入個人檔案。檔案中的這個汙點，始終阻礙他加入共青團的努力，而是否入團，對任何渴望成為共產黨員、並獲得晉升的年輕人來說，都至關重要。

鐵軍在呼和浩特完成中學教育，於一九六三年考入本地重點院校之一的內蒙古師範學院外語系英語專業。大學期間，他經歷了以毛澤東「階級鬥爭」為綱的社會主義教育運動（一九六三至一九六六年），鐵軍多次因思想右傾而被點名批判，其危險處境無異於被列為階級敵人。同時，隨著一九六〇年代初中蘇緊張局勢加劇，因蒙古人在內蒙古的地位，以及他們與蘇聯盟友蒙古人民革命黨的關係，師院有許多蒙古族師生被打成民族分裂分子，說他們支持蒙古人民革命黨。

對於像鐵軍這樣的學生和年輕知識分子來說，在內蒙古和全國爆發的文化大革命（一九六六至一九七六年）帶來貌似打造社會正義的承諾，以及參與塑造國家未來的機會。一九六六年夏天，當毛向新成立的紅衛兵發出「造反有理！」的號召時，他們迫切抓住這一機會。對他們來說，文革的敵人，是反對毛主席革命路線的修正主義當權派。革命造反，就是反抗黨國的壓迫機器。當時，毛批評黨國機器背叛了革命。因此，（起碼在文革初期）蒙漢各族都是熱烈擁護文革的。

如果內蒙古只是中國另一個內陸省分的話，那麼，鐵軍作為造反派活躍分子的經歷，將與數百萬人的經歷一樣平淡無奇，沒什麼不同。指向高校領導的校園造反，產業工人階層的造反，以及黨和軍隊領導的，摧毀烏蘭夫以蒙古人為中心的自治權，三大動亂同時發生。烏蘭夫及其同夥，在文革開始時已經倒台，是全國第一個被罷黜的省級領導層，以及隨後對蒙古人的猛烈攻擊，標誌著中國民族區域自治制度的名存實亡。

從一九六七到一九六九年的三年時間，許多年輕人在革命號召激勵下，讓內蒙古陷入人間地獄。據官方統計，總共有三十四萬六千六百五十三人被關押審訊，其中一萬六千二百二十二人喪命，八萬七千一百八十八人傷殘。包括程鐵軍的許多朋友和同事，因莫須有罪名而被迫害。還有更多的人沒有記錄在官方死亡人數中。絕大多數受害者是蒙古人，即這片土地上的原住民。折磨他們的人，絕大多數是漢族，由軍隊指揮，得到三十萬紅衛兵的支持，他們是剛從內地下放到內蒙古的城市知青。文革期間，內蒙古的傷亡人數是迄今為止所有省區中記錄最多的，儘管有的地方統計顯示，官方數字被嚴重低估。①

這些紀錄，並非文革對蒙古人和自治區的唯一後果。從一九六九年七月起，內蒙古大片地區被劃歸鄰近的四省（黑龍江、吉林、遼寧、甘肅）和寧夏回族自治區，長達十年。只有中部地區保留了內蒙古這個名字。簡言之，自從一九六六年文革初期，烏蘭夫領導層被整肅之後，內蒙古地區的「自治」就被行政命令取代。自治區的剩餘部分，於一九六九年十二月實施全面軍管（至一九七一年五月才取消軍管，重新恢復革委會跟黨委），黨和軍隊的高層權力，一直牢牢控制在漢人手中，直到今天。蒙古人（名義上的自治主體）行使自治的權威和能力（如一九四七至一九六六年相當程度上所擁有的那樣），已被破壞殆盡。

★

本書介紹了一個動盪時代，它將在中國的未來，特別在漢人與蒙古人和中蒙俄邊境地區乃至全國其他少數民族的關係上，留下印記。事實上，中國社會的本質，特別是漢人與少數民族的關係，以及中國在世界的地位上，都將改變。這一趨勢，某種程度反映在漢族造反派紅衛兵程鐵軍的觀察和行動上。作為文革活躍分子和報社記者，他走遍了整個自治區，包括偏遠角落，經歷、

①作者注：如果我們統計比對全國各省區文革的死亡人數（參見newmitbbs.com/viewtopic.php?t=39722），很明顯，內蒙古的死亡人數不是最高。但說起自上而下，由中央策劃，北京軍區和滕海清領導的內蒙革委會具體執行，專門針對某個單一民族的滅絕屠殺，內蒙古在全國數量應當第一，符合事實。

參與和觀察了那個時代的狂風暴雨，獲得了當時緊張的中蒙關係的獨特視角。這也讓他面臨造反派的複雜處境，其中一些人被選入權力高層，擔任內蒙古革委會常委，參與了蹂躪蒙古人的大屠殺。我們所說的大屠殺，是指國家和社會主導力量，針對少數群體的攻擊，導致大規模邊緣化、驅離、酷刑和驚人的死亡數字。

本書是程鐵軍、寶力格和塞爾登三人合作的產物。多年來，我們逐漸認識到，內蒙古文革不再是中國當局試圖遮掩的邊境地區過往的故事，半個世紀以來，文革遺產不僅深重地影響著內蒙古，也深深影響了整個內亞邊陲，特別是西藏、新疆等少數民族占多數的區域。本書恭請讀者，根據中共歷史上一些最黑暗事件，重新思考革命的本質，以及少數民族在人民共和國的地位。

程鐵軍從大學到文革年代，都是政治活躍分子，隨後在中國和美國接受了社會科學訓練。作為傑出學生造反派和前《內蒙古日報》記者，他於一九七二年離開內蒙古回到家鄉河北，隨後在北京的社會科學院，完成政治經濟學碩士學位，又赴美國大學深造，先後在麻州大學阿默斯特分校攻讀經濟學碩士，最後獲得賓漢姆頓大學社會學博士學位。一九八九年天安門鎮壓後，他繼續在美國積極活動，支持中國民主運動，隨後在澳門大學擔任社會學教授。

烏·額·寶力格出生於一九六四年，在內蒙古牧區長大，於文革期間度過童年。和程鐵軍一樣，他也畢業於內蒙古師範大學外語系（一九八三年升格為大學），隨後在劍橋大學取得社會人類學博士學位。雖然他沒有經歷本書描述的許多事件，但他在蒙古人（包括家人和鄰居）遭受文化大革命蹂躪的時期長大。他是劍橋大學社會人類學教授，擁有研究內亞和中國社會歷史與當代發展的豐富經驗。

馬克．塞爾登是長期研究中國革命的學者，包括一九三〇年代和一九四〇年代華北和西北地區的抗日運動，以及文化大革命和亞太地區的地緣政治。身為賓漢姆頓大學社會學榮休教授，他於二〇〇二至二〇二二年期間擔任《亞太雜誌》的創始編輯。中國二十世紀漫長的邊疆史，提供他重新審視邊疆內外的殖民主義、民族主義、革命暴力，以及種族關係等爭議性問題的機會。

本書透過程鐵軍的雙眼和經歷，仔細審視了內蒙古和中國變遷的歷史文獻，講述了文革和內蒙古如何成為中國最血腥，但鮮為人知的大屠殺發生地，及其對蒙古族人民造成的致命打擊。鐵軍的非凡記憶力，對生動細節的記述，日記和文件更再現了紀錄中的許多事件。他講故事的技巧，以及三位作者仔細審閱當時的文獻紀錄，包括官方紀錄，官媒和紅衛兵報刊，使得生動描述內蒙古等地文化大革命的敘事和意義成為可能。

因此，這是一場合作實驗，匯集了不同的觀點、經驗和專業知識，將它們編織成對中國內蒙古邊疆地區文化大革命的連貫敘事，其影響貫穿漢族與少數民族關係的整體布局，直到現在。本書主要章節雖然是集體撰寫，但還是以第一人稱，補充了程鐵軍的個人敘述，同時借鑑三位作者的研究成果。最後一章（結語）提供了一個理論框架，試圖捕捉內蒙古在整個二十世紀多重變革的歷史事件，以便探討習近平時代中國民族關係的變化特徵，特別是涉及到維族在新疆，藏族在西藏，蒙古族在內蒙古，及其他地區種族衝突加深的問題。它提供了一個超越敘事的即時性和糾纏細節的機會，以便把本書故事的區域性、國家性和國際性融會貫通在一起。

★

文革期間，在黨和軍隊主導下，蒙古人在漢人手中傷亡慘重，加上內蒙古領土的分裂和自治權的破壞，引發了關於內蒙古自治的敏感話題，以及對中國民族關係實質的質疑。事實上，本書描述的事件，提出了關於社會主義過渡的遺產，以及中國作為多民族國家，未來發展軌跡的問題：最初宣布造反有理的文革，如何演變成針對蒙古人的民族仇殺？確實，在長期被譽為民族友誼和團結樣板的地區，怎麼就發生了種族屠殺？在與蒙古國接壤的邊境地區，爭取社會正義的鬥爭意味著什麼？該地根深柢固的定居者殖民結構，植根於中國領導層的霸權心態，與中國多數人暴力相關的特權，以及烏蘭夫倒台後對蒙古人的鎮壓，如何演變到如此殘暴的程度？

指導本書寫作的上述問題，最終迫使我們提出進一步的疑問：黨、國家、軍隊，和北京的中央文革小組，在發動和指揮文革大屠殺中發揮了什麼作用？內蒙古以及整個中國的大屠殺，給當代留下了什麼遺產？當然，我們也敏銳意識到美國和歐洲的種族與民族衝突，其中「黑命貴」（Black Lives Matter）運動，以及針對非裔美國人和不同移民群體的多種族襲擊與衝擊，提醒我們這樣一個事實：本書所討論的種族和民族衝突，在全球範圍內，都具有現實性和重要性。

同時，我們也分析了造反派對內蒙古悲劇負有的責任，這與他們短暫崛起，擁有分享權力的地位同時發生。文革以後，人們對造反派紅衛兵作用的評價存在很大分歧。官方認為，他們和文革極左派，尤其是「四人幫」和康生，應負起導致嚴重後果的暴力鎮壓的責任，而不是毛澤東、周恩來或軍隊的責任。而就許多造反派而言，他們回憶那個時代，則把反建制視為民主萌芽，不必承擔帶來的災難後果。本書的立論，不支持上述兩種立場，我們需要重新思考文革期間，各派基於階級分析而預設的立場。

程鐵軍在自治區的主要黨報《內蒙古日報》擔任記者，使他能走遍內蒙古各地，調查造反派和保守派以文革為名實施的酷刑和謀殺事件，特別是黨和軍隊領導人，如何在內蒙古和北京進行幕後操縱。鐵軍的經驗和觀察，特別對周恩來總理和軍隊在導致文革後果中的作用，做了新的詮釋，從而為邊疆內外文革的本質，提供了多視角分析。

本書面臨的最困難挑戰，是如何描述以文革為名對蒙古人造成如此嚴重傷亡的民族大屠殺？蒙古人有個共識，也得到了愈來愈多國際學者的認同，即文革時期的反蒙古人大屠殺，構成了對蒙古人的「種族滅絕」。

的確，自二〇二〇年以來，「種族滅絕」和「文化種族滅絕」這兩個詞在西方已被普遍使用（並非毫無爭議），指的是在中共黨國領導下，壓制民族或宗教團體的權利，特別是剝奪維族和其他民族的權利，還有藏族和蒙古族，其政策包括在新疆的再教育營，大規模關押維吾爾人和哈薩克人、在西藏非法掠奪土地、強迫佛教「中國化」，以及攻擊在內蒙古用蒙古語教學。

然而，內蒙古的文革舊事，並非可用種族滅絕總體概念來概括的、純粹的民族衝突。在這場鬥爭中，中共黨國發動人民戰爭，動員軍隊、政府機構，尤其漢族定居者來對抗蒙古人，從而攻擊自己的基本制度之一，即民族區域自治。這是一場在中、蘇、蒙三者地緣政治鬥爭最激烈的時候，挑戰蒙古人政治忠誠的故事。在沒有證據的情況下得出結論，認為許多人犯有叛國罪。然而，其目標既不是將蒙古人趕出中國，也不是從肉體上消滅他們——這本是種族滅絕的主要目標。相反地，這是為了摧毀他們的民族、政治和文化認同，將他們同化為漢族統治國家的一部分。

本書的結尾部分，提出了另一種「政治滅絕」的概念，以在定居者殖民主義、相互競爭的民族主義，以及中、蘇、蒙日益激烈的意識形態衝突的新框架中，重塑對文化大革命的理解。三角衝突不僅導致蒙古人無辜受過，還遭受了巨大的生命損失，以及造成倖存蒙古人的巨大壓力。我們認為，內蒙古文革針對蒙古人的暴力，摧毀了他們「政治」組織的能力和意願。這一點，對於理解中國在二〇〇〇年後針對邊疆地區的維吾爾族、藏族和蒙古族的新一輪攻擊，至關重要。

正當本書寫作結束的時候，我們看到，在中美衝突加劇之際，中國在新疆、西藏、內蒙古和香港等邊境地區，加劇的民族壓迫和國家操控，已走入中國舞台的中心，而這一衝突，發生在重新定義中美、亞太和國際關係的時刻。中國如何對待邊疆和其他少數民族，已不再是國內問題，它已成為一個全球問題，考驗著中國在美國全球實力衰弱之際，建立其日益增長的全球影響力和應對日益嚴峻的國際挑戰的決心。在俄羅斯入侵烏克蘭，面對美國和北約聯軍的情況下，俄中聯盟可能深化，國際關係將呈現新形態，有可能引發全球核戰風險。

總之，隨著中美雙方及各自盟友，準備迎接可能導致熱戰新衝突時代的到來，以及中國邊疆及其人民，進入雙方的戰略考量範圍，讀者將對本書探討的內蒙古文革及其遺產獲得新的視角。

第一章　華北農家子，隻身赴塞外

內戰陰影伴我童年

無論對於世界或對我個人，一九四三年都是重要的一年。這一年，二戰盟國發表了《開羅宣言》，為戰後秩序設定了目標，而我也出生在中國西北甘肅省會蘭州市。我當時太小，對抗戰沒有印象。只對一九四九年（六歲）秋天，國共爭奪蘭州城的激烈內戰，有模糊記憶。當時和母親、同父異母的弟弟瑞軍，躲在一個小掩體裡，聽著槍聲，感覺就像除夕夜的鞭炮聲。不過，更大的危險從未遠離。蘭州作為蘇聯向中國抗日軍援的戰略轉折點，以及負責保衛甘肅、青海、寧夏、綏遠等北方省分的中國第八戰區司令部，是日軍經常空襲的目標。父親程德華是卡車司機，在蘭州一家運輸公司工作。然而，我的命運不會與這座我度過人生前七年的城市聯繫在一起，而是與內蒙古聯繫在一起，我父親於一九五〇年，即中華人民共和國成立隔年，搬到了內蒙古。

我的故鄉（籍貫，即祖居地）在河北中部，北平（今北京）以南三百華里的饒陽縣，是個落後農村，家裡有點地，屬於自耕農。我父親從十七歲起，在張家口（蒙古名：卡爾甘）當卡車司機學徒。張家口是中國內陸與蒙古草原和北方的最重要邊境城市，後來成為察哈爾省的省會所在地。察哈爾省，也是國民政府一九二八年在蒙古人土地上建立的中國幾個省分之一。一九三六年，日本關東軍和蒙古民族主義勢力控制察哈爾北部，並占領張家口。這一年，父親回老家與孫文華結婚不久，他把新婚妻子留下照顧他母親一家，自己前往蘭州工作。當時，國府開始在那裡建造後方抗日基地。年輕、有文化、又愛國的孫文華，後來擔任了冀中抗日根據地的區婦聯主任。一九四二年，日軍開始「五一大掃蕩」，以剷除共產黨領導的抗日政權，孫的上級領導曾建議她離婚，隨部隊撤退到鄰近山西的太行山根據地。然而，哥哥卻強迫她「守孝道」，留下照顧婆婆，恪守傳統禮教的她，只好留下。

中斷聯絡幾年後，父親於一九四三年回到饒陽，帶妻子回蘭州。途中，他告訴她，他又娶了蘭州郊區的第二任妻子董秀英，育有一子，取名鐵軍。一夫多妻制在民國時期常見，許多司機長年在外工作，納妾者不少。孫文華拒絕與父親的第二任妻子住在一起，但面對日本強化軍事行動，又無法返回饒陽，最後決定在平涼定居。

一九四三年，我出生後幾週，我的生母因家庭糾紛丟下我不管，回了她娘家村莊。父親只好把我交給平涼的孫文華撫養。一年後，生母與父親和解，回到蘭州，要把我接回來。當時我還不到兩歲，但生性喜歡造反，拚死拚活，激烈反抗要把我跟養母拆散這件事。最後，我獲得勝利，繼續和孫媽媽一起生活，她把我當親生兒子。一九四七年，養母生了我同父異母的弟弟瑞軍。

一九四七年，國共內戰全面爆發。隨著解放軍獲勝，國軍在整個華北節節敗退。一九四八年，父親的卡車被國府徵用，為傅作義的部隊開車。傅在山西軍閥閻錫山領導下崛起。一九三一年，蔣介石任命傅作義為內蒙古中西部綏遠省的省長。[1]一九四五年八月，蘇聯對日宣戰，並與其盟友蒙古人民共和國一起，在滿洲和內蒙古擊敗了日軍及其傀儡滿蒙偽軍。一九四九年一月，傅在北平投共（和平解放）。一九四九年九月，他又將綏遠讓給共軍及其蒙古族盟友，即一九四七年五月成立、由烏蘭夫領導的內蒙古自治政府和內蒙古人民自衛軍。當時，後者已經控制了內蒙古和華北邊境，讓中共沒付高昂代價，就統一了北方。傅因談判受降（即和平起義）而受到中共獎勵，並被任命為中華人民共和國水利部長。他的下屬作為「起義人員」，被安排復員或轉業（其中許多人，後來又陸續遭到清算鎮壓）。[2]如此一來，我的個人命運，將因父親的工作變動，而與綏遠和內蒙古交織在一起。

一九四九年十月，中華人民共和國成立，父親丟掉了原來的司機工作，買了一輛卡車，到綏遠省省會歸綏（今呼和浩特）做個體運輸。一九五〇年，我七歲的時候，他來蘭州，接我和饒陽養母、同父異母的弟弟瑞軍，出發前往天津與河北老家。但在途中，父母決定把我留在天津的大姑（父親的妹妹）家，以便接受更好教育。一年後，媽媽跟瑞軍來天津接我。我們坐小木船回饒陽。一九五〇年代初，許多饒陽村民仍有私人木船，秋收後順流而下，到天津販售農產品和手工藝品，帶回工業製品跟海味乾貨。回程則要與逆流和逆風搏鬥，幾個人用繩子拉縴，從天津市區的大運河出發往南，經子牙河到獻縣，往西轉入滹沱河到饒陽，要花三、四天時間。我喜歡藍天白雲，放眼綠樹和遍地莊稼，跟灰濛濛的天津市區相比，完全是兩個世界。我們在船上聊了很多，覺得跟媽媽很親近。雖然我不是她親生，但人們總說，我比她親兒子瑞軍更親。我問了許多關於老家的問題。從媽媽臉上的表情，我看得出生活的艱難。

終於到了村裡，母親指著老舊的院落說：「這就是你的老家。」你的故鄉，意為我父親的祖居——張村。程氏家族共有七十多戶，是村裡最大家族。三個爺爺的家人，共約三十多口，分住在三個相近的院子，每個院子三、四間房。饒陽土改（一九四六至一九四八年）期間，父親家有耕地二十五畝，低於每人五畝的限額，而且家庭成員自己耕種，沒有雇工，因此，我家被劃為「貧農」。儘管如此，我家因為有地，加上父親在外工作，叔叔農閒在天津打工，有外來收入，與其他村民相比，我們生活屬於中等。

隨著一九五〇年新《婚姻法》的實施，一夫多妻制被禁止，父親於一九五二年先與我的生母離婚，一九五四年又與我思想開明的饒陽養母離婚。三年後，他在呼和浩特與當地女子薛玉珍結婚。當時父親在國營的運輸公司算經驗豐富的老司機（月薪八十六元，但直到退休沒漲過），收入算不錯，能撫養三個孩子（女兒在蘭州，兩個兒子在饒陽）。他每年都會從內蒙古自治區的新首府呼和浩特回老家探親，為我們帶來畫冊、圖書和有關草原的照片，讓我開始了解內蒙古邊疆。

逃離華北饑荒

一九五八年，對全中國來說，都是一個轉折點，我自己也不例外。那年我十五歲，是河北省饒陽中學國二的住校生。

一九五八年夏天，學校沒放暑假，在物理老師周福田指導下，我們在校園建了三個小工廠：生產焦炭、鋼鐵和水泥。這是我們對席捲全國的「大躍進」所做的貢獻。黨國號召，農村也要生產作為工業標誌的鋼鐵和水泥，以實現所有人快速富裕的承諾。

一九五八年，也是饒陽乃至全國大部分地區夏秋作物將要大豐收的一年，但六月時出現嚴重的勞力短缺。幾乎所有體格健壯的饒陽男性，都被動員到承德縣正在建造的鋼鐵廠和其他工廠。承德是清朝皇帝的避暑勝地和夏都，位於北京東北二百多公里的長城以北。[3]

到了八月，衡水地委發布一項令人震驚的通知：科學研究證明，紅薯①產量遠高於玉米，所以，要改種紅薯。當時，玉米已經三尺來高，卻被下令砍倒，改插紅薯秧。以前，黨從未如此直接干預和侵犯農民的智慧。大家都知道，紅薯要在六月種植，才能成熟。村民無視上級命令時，幹部和民兵就直接介入，拉著兩公尺長的繩索，穿過田壟，毀掉玉米。村民的辛苦勞動付之東流，自然，改種紅薯的計畫胎死腹中。

① 編按：即台灣習稱的「地瓜」。

大躍進也承諾大幅擴展全民教育，一九五八年一年內，饒陽縣的中學數量，就從一所增加到六所（每個大公社一所）。一九五八年冬至一九五九年春，我跟三十個男生，搬進縣中一排破舊的紅磚宿舍，十人擠住一個房間，五人合睡一張木板大通鋪。

但隨著工業下馬和飢餓加劇，學校人數大幅削減，部分學校開始關閉。一九五九年六月，校長命令學生站成兩排，大家開始報數：一、二，一、二……偶數學生繼續學業，奇數學生當場解散，被動員回家。當時沒有偏袒或特權，甚至沒有顯示出對地主家庭子女的歧視。當然，也許有，但我們學生沒有意識到。就連一些幹部子弟，也被動員回家。有些學校重複抽籤，每次都減少一半人數。

我的號碼剛好是偶數，但也不容慶幸。一九五七年，我們村小學畢業班的三十五名同學，共有七人考上中學。到一九五九年秋，除三人之外，其他人都回了村莊。一位轉到承德附近某所中專；另一位參軍入伍，最後成為軍官；我是第三個。一九五九年，隨著學校大幅削減規模，母親擔心我的學業和未來希望都會落空，前景似乎一片黯淡。

父親曾多次勸說我，去呼和浩特跟他住，在那裡上學。一九五六年，他又娶了比他小十二歲的第三任妻子。一九五九年初，他曾寫信給我，把貧困的饒陽農業縣與呼和浩特快速工業化的自治區首府做對比，他所描述的美好生活，在饑荒來臨的時刻，變得難以抗拒。

母親說：「我實在不想讓你去跟繼母住，但教育是咱們唯一的希望。」在她說服下，我最終同意，轉學去呼和浩特五中，靠近父親開卡車的呼和浩特運輸公司。依照規定程序，五中需要我

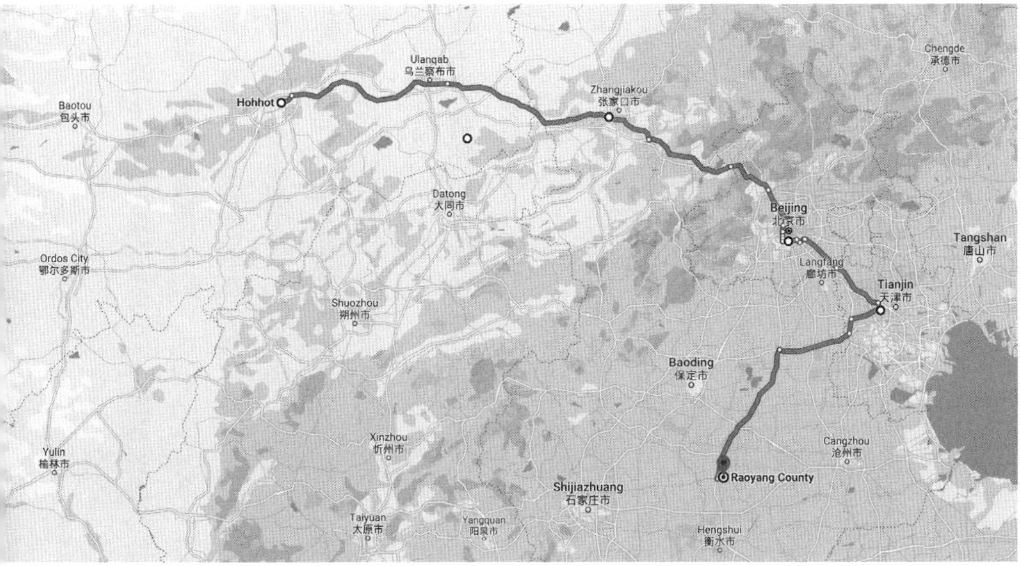

地圖2　程鐵軍從河北饒陽經津京赴內蒙古路線。

的中學轉學證。我多次去公社和饒陽縣城，辦理轉學證和另外兩份重要證件：「戶口遷移證」和「糧油供應轉移證」（簡稱「轉糧證」）。前者將我的合法居住地從河北農村遷到了呼和浩特市；後者則保證，作為國家職工的家屬，我可以獲得政府的口糧供應。中國從一九五八年起，就試圖控制農民進城的機會，但大躍進的瘋狂，壓倒了管控流民的嘗試。從一九五八到一九五九年初，數以千萬計的農民工，在全國新興工業城市，以及受災較輕的農村地區，找到了新工作。一九五九年，是農村人口獲准進城的最後一次機會。到第二年（一九六〇年），隨著經濟全面崩潰，大批內地的自發移民，在省際邊界上，即遭收容，並被遣返。

出發那天，母親送我出村，我們朝村北的河岸方向走。我背著一個小包，天一亮悄悄出發，趕在瑞軍醒來之前，因為我擔心他會大哭。母親跟我走在蜿蜒的小路上，叮囑我要好好學習，不要跟繼母衝突。她的話語，多次被肺氣腫引發的咳嗽打斷，肺氣腫是饑荒時期常見的多發病之一。我強忍淚水，懇求她回家。當她瘦弱的身影被晨霧遮擋，咳嗽聲逐漸消失在樹林後面時，我終於忍耐不住，放聲痛哭起來。

這是我第一次獨自離家遠行。告別母親弟弟，去與父親和從未謀面的繼母生活，其前景如何，讓我心情沉重。但我畢竟已經十六歲，期待繼續學習，也準備經風雨見世面。

鄉下佬看呼和，樣樣都新鮮

一九五九年八月，我抵達呼和浩特，發現這裡的確是快速發展的自治區首府。呼和浩特是連接北京、天津和中國西北地區的鐵路樞紐，也是文化和教育中心。不過我有點失望，因為它幾乎沒有我幻想的他鄉情調，或是邊疆的粗獷氣質。蒙古人以農牧業為主，在呼和浩特，除了單位和商家用蒙漢雙語書寫招牌，以及偶爾在街上行走過興高采烈的牧民外，幾乎看不見蒙古人。他們人數雖然不多，但穿著色彩鮮豔的蒙古袍，引人注目，就像十九世紀美國邊境小鎮上的美洲原住民一樣。然而對我來說，漢人比例偏高讓我感到寬心，我不需要努力適應不同生活方式，或必須學習新的語言。

呼和浩特位於大青山南麓的土默特平原，由兩城區組成。[4]西側是舊城商業區，也叫歸化城

（有「歸順」之意），蒙、回、漢多民族雜居。東側是新城，起源於十八世紀，當時名為綏遠（有「平定」之意），曾經是滿族的駐軍營地，如今是政府機關和文教單位集中的地方。父親的公寓位於舊城區。

前面提及，父親就職於內蒙古最大的呼和浩特運輸公司。每次出車回來，他都帶我去城裡最大的澡堂「新城浴池」，在水池裡泡個熱水澡，但大多時候，他對我很冷淡。我對他也很冷淡，儘管我努力改善，也無法對他產生熱情。繼母薛玉珍（一九二七至二〇〇五年）是漢族，來自呼和浩特西南部的托克托縣什力圪圖村。她的小腳只有三、四寸長。在饒陽農村常看到小腳，但都沒有那麼小。蒙古人不裹腳。[5]我生母和我饒陽母親的天足不同，她是先裹後放的半大腳（俗稱「解放腳」）。

一九五九年，我第一次見到薛玉珍的時候，她三十二歲，正忙著照顧一個領養來的三個月女嬰，名叫引弟，意思是「招來弟弟」（上學以後改名海英），中國傳統認為，男孩才是幸福和安全的來源。和父親一樣，她從一開始也對我很冷淡。我不理解為什麼，心裡老想：「你們既然不歡迎我，何必要叫我來呢？」

我家的平房公寓，只有一個大約五公尺乘七公尺的房間，附設一個三平方公尺的小廚房，房間的三分之二被一個土炕占據。炕是一個凸起的泥台，為整個華北和邊疆地區冬季供暖。據說，炕是女真人很早就引進的東西，用來當沙發，坐躺或吃飯，晚上則成為可以加熱的床鋪。總之，公寓非常狹窄。

圖1　新華大街和內蒙古自治區政府大樓，1950年代末。

一九六〇年春季，我搬進五中僅有的一間學生宿舍。從此，再也沒在父親家過夜。每年暑假，我都回饒陽探望母親和弟弟，下地工作，多賺工分，為他們換取更多口糧。

中華人民共和國成立的頭十年，當局改造了舊城區，目的在限制與蒙古人和穆斯林相關的文化宗教活動範圍，喇嘛廟和清真寺受的打擊尤其嚴重。在少數仍開放的宗教場所，我常去呼和浩特最大的兩座佛教寺廟，分別是大召和席力圖召。[6]②有些蒙古人來訪，但很少人敢公開拜佛。我在一家「民族商店」駐足，那裡出售迎合蒙古人口味的商品，包括磚茶、緞袍、馬鞍和鼻菸壺等。一九六〇年代初，許多蒙古族居民，特別是來自草原的牧民，都穿著蒙古袍和皮靴，從語言、舉止和臉型上，都顯示出他們跟漢人的區別。

到呼和浩特不久，繼母的弟弟薛貴成來訪，我稱呼他舅舅，騎腳踏車帶我去新城逛了逛。在我到達的前一年，新城的大部分舊建築和城牆都被拆除（建造了土高爐），為建造新政府中心讓路。新城南側清理大片土地，新建了內蒙古大學、師範學院、農牧學院、林業學院等多所大學。新中國成立的頭十年，呼和浩特的高等教育迅速發展。新建築採用俄羅斯風格：笨重、灰暗，但品質堅固。

新城的街道比舊城寬闊，最近還種了楊柳和松柏。新建的內蒙古博物館，頂上矗立著一座飛馬雕像。五中不遠處、新華廣場的南側，是一座藏式風格的現代劇場，被命名為「烏蘭恰特」，意思是「紅色劇場」。

一九五九年八月我離家時，饒陽和華北許多地區都出現了糧食短缺。多年後我才得知，一年內有數百萬人餓死。但內蒙古食品供應相對充足。比方說，京津市民每天蔬菜定量約半斤，而呼和浩特的定量一斤。北京的菜店把茄子或南瓜切開賣，確保定量準確；而呼和的菜店則四捨五入，相對馬虎。有些單位，還能透過非官方管道，獲得額外食物來源（機關單位辦小農場，種自留地現象普遍）。呼和浩特規定，口糧供應四成細糧（大米白麵），六成粗糧（小米、玉米、高粱、莜麥麵等雜糧）。[7]

大躍進期間，內蒙古遭受的損失，遠小於中國大部分地區。儘管大躍進也觸發了犧牲牧場開墾農地的問題，但內蒙古領導層，卻使農牧區免於大躍進狂熱最極端的影響。後來得知，僅僅一

②編按：「召」在藏語中有寺廟的意思。

圖2 駱駝隊經過的內蒙古博物館，約1959年。

九六〇年，烏蘭夫就按照毛澤東、周恩來的要求，從內蒙古向北京、上海、遼寧等地運送了十一億斤糧食，緩解了那裡的糧食短缺。相當於每位內蒙古居民貢獻八十五斤（以人均定量二十八斤／月算，約三個月定量）。[8]當然，內蒙古也參與了大煉鋼鐵的全民瘋狂，為響應黨中央鋼鐵產量翻番的號召。[9]一九五八年，清代的綏遠城牆被基本拆光，磚石建了土高爐。

一九五九年秋，就在我抵達呼和浩特兩週後，禁止農村人口遷到城市的指示就下達了。一九六〇年，中央文件命令內蒙古遣返在大躍進期間未經官方批准的大量移民。但命令沒啥效果，移民繼續抵達。一九六〇年，新增了近一百三十萬移民，多數是為了逃離華北平原的饑荒。一九六一年，內蒙古當局不得不遣返四十三萬六千七百名移民，只允許二千人留下，主要是嫁給當地男子的婦女。[10]

一九五九年三月十一日，一份中央文件張貼在各城市的火車站、汽車站，題為〈中共中央、國務院關於制止農村勞動力盲目外流的緊急通知〉。被指為「盲流」的人（即所有非政府批准的移民）被警方拘留遣送。由於內蒙古經濟狀況比周邊省分好，而呼和浩特市又是相對繁榮的城市，所以移民繼續不斷湧入。

我們學校靠近呼和浩特火車站，我常看到武警押著民工到郊區看守所（遣送站）去。他們被遣送回家鄉，受到警告，有時甚至毆打，逼迫他們不得返回。

五中玻璃題詩，差點釀出大禍

五中大約一半學生屬於新移民，許多人是在一九五八年和一九五九年來到呼和浩特。他們的父母，都是知識分子或技術工人，從天津、瀋陽以及華北、東北等工業城市，被調到呼和浩特的國營企業、政府機關或學校。我班只有我一個人來自河北農村。

我校師生以漢人為主。蒙古人不僅只占呼和市人口的一小部分，而且大多數蒙古族學生就讀於民族學校，例如呼和浩特蒙古族中學，或土默特中學，其教學語言為蒙古語。也有些蒙生就讀於精英二中，或內蒙古師範學院附屬中學，它們各有兩個蒙語班。[11]

饒陽中學的老師很敬業，有的很優秀，但呼和浩特的老師更訓練有素，全部都大學畢業，而饒陽的教師只有三分之一大學畢業，其餘多數是本地師範專科畢業。後來我才知道，內蒙古的許多老師，都是因為在一九五七年百花齊放期間發表言論，而被下放到呼和浩特的。當時黨曾短暫鼓勵他們大鳴大放（毛稱「引蛇出洞」）。內蒙古領導人烏蘭夫，急於從北京、上海、天津等地招募最優秀的教師。為提高教育水準和實現內蒙古現代化，他為引進人才提供良好住房條件和工資待遇，不在乎他們在別處遭遇到過什麼政治問題。

住在家中的那個學期，我總是第一個到學校，校門一開我就進去，有時在黎明，天剛朦亮。也是最後一個離校。下課後，我留下上晚自習，然後打掃衛生。當時渴望入團，所以總想盡力做好各項工作。我的態度和行為（所謂「表現」）被評為優秀，當上「五好」學生，即思想好、學習好、身體好、勞動好、課外活動好。[12]但班主任蘇悅卿，卻把我列入黑名單，我的入團申請被拒絕。原因如下。

一九五九年十一月的某一天，蘇老師召集全班開會。顯然有什麼重要事情，因開會之前，已告知大家不准離開。

蘇老師走上講台。

「今天一早，咱們教室的窗玻璃上，發現了異樣的東西。」

「啥東西？」大家都問。

「現在不能告訴你們。如果有人做了啥，或看到啥，請立即向我報告。」

沒人知道出了什麼事，於是大家開始分組討論。

「昨晚發生了什麼？是誰最後離開的？」

「我最後。」一個女孩、另一個男孩和我，一起離校回家。

我們三人被叫到了蘇老師辦公室。

「你昨晚幹麼了？」

「晚自習後，我們打掃了教室。」

「有誰在窗戶上寫過什麼嗎？」

我記起來，曾在結霜的玻璃上寫過一句話，以表達思鄉之情。

「我寫過。」

「你寫了什麼？」

「一首詩。」

蘇老師臉色冰冷，立刻追問：「你還記得內容嗎？」

「請給我一張紙。」於是，我寫下詩的全部內容：「生在農家正濃愁，夜闌西天掛斗牛；挑燈細讀放翁卷，狼煙烽火近滄州。」[13]

蘇老只教數學課，對詩的內容摸不著頭腦：「這是啥意思？」

我解釋：「前兩句表達了我的傷感。後兩句說，我晚上閱讀陸游的詩集，其中提到中原戰火燒到了滄州附近，那裡離我家鄉不遠。」

「那你為什麼傷感？」

「因為想念在饒陽的母親和弟弟。」

一九五九年，如火如荼的大躍進雖入尾聲，但餘波盪漾，一切都被政治化了。我到達之前的春季學期，拔白旗運動剛結束。運動與批判國防部長彭德懷有關。在著名的廬山會議上，彭批評大躍進過激行為，間接批評毛本人。之後，毛澤東發動反右運動，拿掉彭德懷的國防部長職位。在呼和浩特，批判運動甚至深入中學生，問題簡化成：什麼是西瓜？什麼是芝麻？據稱彭德懷說過，大躍進和大煉鋼鐵，就是撿了芝麻，卻丟了西瓜。莊稼爛在地裡，人民挨餓，而從土高爐煉出來的廢鋼鐵，對農民毫無用處。

呼和浩特的中學生們，剛被領導告知，大躍進的偉大勝利就是西瓜，損失就像芝麻粒一樣微不足道。當然，大饑荒是不允許提的，甚至連挨餓也不許說。就連年幼的國中生也被提醒，劃清紅旗和白旗、革命派和反動派之間的界線，至關重要。

一九五九年八月，我離開饒陽前往呼和浩特的時候，河北還沒有開展拔白旗運動，所以，我對芝麻西瓜之爭沒有概念。在呼和浩特的課堂討論中，我對大躍進的宣傳，與一九五八年夏天的實際差異，表達了困惑。如果在饒陽老家，沒人會對我的話大驚小怪，因為每個人都經歷過飢餓，村民們痛感大煉鋼鐵造成的農業損失，以及砍玉米、種紅薯帶來的災難性後果。但在呼和浩特，提出這些問題，甚至表達孤獨感，就等於「攻擊三面紅旗」。

蘇老師說：「原來，你不知道這場運動。但你千萬別在玻璃上寫任何東西。」

我解釋說，我讀了南宋詩人陸游的詩，當時胡人（女真人）入侵到我家鄉附近的滄州。中文的愛國詩詞，常描寫草原游牧民族與農耕漢人之間的古老衝突。然而，我這首詩不是種族問題，而是政治問題。在大躍進時期，中國只能被描繪成紅的和好的（革命的）。即使有一點相反的暗示，也會招致譴責和懲罰。蘇老師最後警告我：「什麼也別寫。如果你感到孤獨，可以向黨組織交心。」

令我寬慰的是，蘇老師說我是好學生，這件事就算過去了。但我不知道的是，身為雄心勃勃的中共黨員，蘇老師向黨支部報告了此事。校長還派人拍下玻璃窗上的字跡，然後才擦掉，又把紀錄塞進我的個人檔案，伴隨我學生時代和其後的工作與生活。[14]

那年我十六歲，紀錄的汙點為我的未來蒙上陰影。雖然是「五好」學生，但不能入團。而入團不僅意味著被接納，也意味著參與和領導社會活動的機會，是成為黨員的第一步，也是大多數職業成功的關鍵。當時班上同學，都渴望獲得一枚帶有金星、紅旗和鐮刀斧頭的共青團徽章。它既是被認可的標誌，也是對個人未來的承諾。然而，玻璃窗事件之後，無論我多麼努力，總被告知需要更多的磨練。總之，我因不被團組織接納，而苦惱異常。

考上重點中學

轉眼到一九六〇年夏天，國中畢業的前夕。我渴望上高中，它是通往高等教育的途徑。[15]但我跟團員們一樣，心裡都清楚，上學還是就業，並非個人選擇，而是政治考驗。於是，我跟同學都共同表示，畢業後願意聽從組織安排，去任何需要我的地方。儘管我檔案裡有政治汙點，但當時影響還不算大，也許因為我入學考試分數很高，我還是考上了最好的學校：呼和浩特二中。為此我很高興，母親也會為我的成就感到自豪。

被列為重點中學的呼和浩特二中，曾經是傅作義抗戰時期創辦的奮鬥中學，位於新城賓館對面，該賓館接待來訪的國內外政要。一九六〇年，考試成績優秀的高幹子弟或其他學生，能來二中就讀。位於舊城的呼和浩特一中，原為綏遠中學，屬於二等名校。進入這兩所學校都要通過考試。一中的生源主要是工人階級背景的學生。二中因位於黨政機關集中的新城，是幹部子弟的首選，所以擁有現代化的先進光環。一九六二年六月三十日，這兩所學校，被正式列為內蒙古十一所重點中學之列。

二中有一千二百多名學生，國中、高中各六百多人。[16]一九五五年秋天，開始招收民族班，完全由蒙古族學生組成，除了用漢語講授標準課程外，他們還接受蒙古語教學。[17]為促進民族教育，區政府增加了蒙古學生的獎學金，使其高於漢族學生的平均水準。

一九六二年，自治區成立十五週年之際，區政府發出指示，鼓勵全體幹部學生，學習蒙漢兩種官方語言。[18]我班蒙古族同學的家長，積極回應，他們的孩子開始參加蒙古語課程，學習蒙古語文和歷史。但漢族同學，沒一個學蒙古語的。我自己買了本《初級蒙古語教材》，透過電台的廣播教學節目，開始自學。然而幾個月後，我的課程與廣播計畫產生衝突，只有放棄。對於城市的蒙古人，或尋求晉升機會的人來說，掌握漢語至關重要，但漢族卻沒有學習蒙古語的動力。一九六二年的呼和浩特，漢族人口與蒙古族人口的比例，大約為十五比一，無論在辦公室還是學校，尤其在街上，主要語言還是漢語。[19]

當時，大多數城市高校的工作重點，是加強中文教育，特別在一九五七至一九五八年的反右運動之後，內蒙古的「地方民族主義」受到譴責，蒙古族學生融入漢族的壓力愈來愈大。然而，當我一九六三年高中畢業時，自治區以提高政治和階級標準的名義，增加了蒙古族和幹部子弟的比例，二中的蒙古族學生人數，上升到大約百分之二十。

漢族學生意識到，蒙古族高級官員的子女數量不斷增加，有些漢族學生，對蒙古族幹部子女享有的特權感到憤怒。一九四七年，內蒙古自治政府在內蒙古東部的烏蘭浩特（紅城）成立，大部分蒙古族幹部在東部工作。一九五二年，內蒙古自治區遷至歸綏，兩年後，歸綏恢復原蒙古語名稱「呼和浩特」，幾乎所有蒙古族新移民，都與黨政軍或文化教育機構有關。

二中的起源，可追溯到一九四二年國民黨將軍傅作義，在包頭西部抗日基地陝壩鎮（後改名「杭錦後旗」，簡稱「杭後」）創辦的「綏遠私立奮鬥中學」。傅作義利用該校培養愛國的文武官員。一九五四年招收第一批蒙古族學生，同年改名為呼和浩特第二中學。憑藉優越的地理位置和政府的大力支持，二中遂成為蒙漢各族中共領導幹部子女的首選學校。[20]

二中的精英色彩顯而易見。在五中，我從來沒有見過操場上停過任何汽車。但二中，週六下午會有司機開車進校，有窗簾以防窺探。自治區書記烏蘭夫的女兒烏雲其其格，兒子蘇尼德，週末會被轎車接走。他們週日大多數騎車上學。二中是一所寄宿學校。超過八成的學生住校，但許多高幹子女住在家裡。

一九六〇年代初，大家公認，入學的根據是考試成績，而不是父母的階級地位。高幹子弟沒有看不起勞工階級子弟，同學關係都很好。我們尊敬高幹子弟，他們許多人似乎也願意向勞工階級子弟學習。

身為「五好」學生，我想表現更好，方法之一，是透過秋季選舉，成為班幹部（四名班委之一，或班長）來展現領導能力。提名方法有兩種：一種是團支部提名；另一種是自由提名，五人簽名即可。由即將卸任的班長主持選舉，大家以不記名投票方式，選出班長，以及四名委員，分管學習、文娛、勞動和體育。回憶起來，當年班幹部的選舉過程高度民主，或許當局認為，這種選舉反正沒什麼風險。儘管如此，當選班長也是種榮譽，代表積極進取，通常能為入團鋪路。

王秦賢是我班文娛委員，她在內蒙古西部的河套地區長大，人很勤奮，也很能幹，但不是高材生。作為文娛委員，她負責組織節日表演。當時每班都舉行比賽來選拔表演人才。我還記得她跟王孝表演雙人歌舞〈兄妹開荒〉，是對南泥灣抗日時期自給自足經驗的頌揚。[21]她家四姐妹都有文藝天分，有時會一起表演。她很漂亮，許多男生都欣賞她的歌舞表演。她常在週末邀請朋友到家中聚會，或一起學習。

秦賢後來成了我的妻子，但國中時代我們並沒有特殊關係。當年的中學生，很少談戀愛。我對她其實有點嫉妒，因為她成了團員，而我卻被排除在團組織之外。她一直努力克服家庭背景障礙。她父親曾是傅作義第三十五軍騎兵五師的一名上校參謀，於一九四九年向共產黨投誠（和平起義的「綏遠方式」）。起初，中共對他們還算可以，承認他們的貢獻，因「起義人員」，而受到讚揚。但後來也遭到懷疑，跟其他前國民黨軍政人員的待遇，沒太大差別。

為了入團，秦賢不得不公開批判父親。在一次兩小時的艱難會議上，她譴責父親在南京中央軍校（前身為「黃埔軍校」）十期畢業後，為國軍服務的「黑歷史」，為此，她還向團組織提供詳細的家譜。經過兩三輪討論，她最終過了關。父親的貧農出身，或許有幫助。全班約有團員十五人，七人在高中加入，其餘更早。

我被選為勞動委員，負責田間勞動和教室清潔。但因為在五中窗玻璃上寫了那句詩，以及父親給傅作義軍隊開過車，我的入團申請仍遭拒絕。我努力表現，承擔下鄉勞動最艱苦的工作，比別人更努力、花更長時間，但無論多麼努力，領導對我的態度，都沒有絲毫改變。

二中高三一班的五十一名同學中，除四人外都是漢族，其中許多是幹部或知識分子的子弟。有些人，像我和秦賢，還有些家庭出身不好的人，因為父母的階級出身或政治經歷而遇到問題。但當時，「突出政治」還沒走火入魔，就算有汙點，或階級歷史背景有問題的學生，仍然有可能克服障礙，擔任領導職務，並繼續接受高等教育。

鄉村社會調查

從一九五八年起，中國的人口登記（戶口）制度，正式將居民劃分為農業人口和非農業人口。從一九五九年起，國家有為非農業人口提供糧食和醫療保健、退休金和其他福利的責任，但嚴格管制人口進城。直到一九五七年底，內蒙古農牧人口與非農人口的比例為三比一。到一九六〇年，隨著城市間遷移和鄉村到城市的遷移數量升高，內蒙城鎮人口數量，從二百三十萬提高到四百五十萬，使農牧人口與非農人口比例，下降到一點七比一。由於國家不但為城鎮居民建造住宅和基礎設施，還要提供日益增加的口糧供應，因此，一九五九至一九六〇年，隨著中國許多地區饑荒加劇，各地城鎮居民的口糧定量有所減少。[22]

面對飢餓威脅，各地政府採取行動，減少城市人口以確保糧食供應穩定。一九六〇至一九六一年，國家將數百萬（到上千萬）城市人口下放到農村，扭轉了近幾年快速都市化的趨勢。城市居民獲得糧食補貼，許多人還有住房和福利待遇，而被下放到農村的城市職工，則在生產隊參加勞動，按工分和定量，分配口糧，養活職工本人及家屬。儘管內蒙古的情況比許多其他省區要好，但也遭受了大躍進的負面影響。

從一九六〇年起，整個城市工作單位都面臨倒閉，包括許多在大躍進期間擴建的單位。呼和浩特鋼廠是備受矚目的倒閉企業之一，許多其他公司也大量裁員，有政治問題的人特別容易被「下放」到農村。

有些高考落榜的同學，不得不到農村與家人團聚，其中包括我班同學趙永義（回河套農村）和我的武術朋友張榮（回呼和郊區的毫沁營子村），還有團幹部黃桂英（內蒙古黨委宣傳部長的女兒，回原籍山西農村）。[23]到一九六二年，內蒙古近一百五十萬城市居民，失去了糧食供應和就業機會，被迫離開城市，遷回農村。一九六〇至一九六一年，中國城鎮人口減少二千萬，增加了農村的就業和口糧供應壓力。[24]

我們全校，每年都會去農村勞動一到兩週。體力勞動的目的，是幫勞力短缺的村莊收割莊稼，同時學習革命傳統，培養勞動感情。我們去的是呼和東郊巧報公社東台什村。村裡約有七、八十戶，以內蒙古的標準來說相當大。村民地多，種不過來，所以在饑荒期間（一九五九至一九六二年）劃出一塊地，讓我們學生種菜。透過下鄉，我見證了大躍進後內蒙古農村的真實生活。

我們從校園步行近四十分鐘，到村裡參加勞動訓練。身為勞動委員，我負責分工安排，帶領全班工作。勞動鍛鍊課，也包括對社會的調查研究，這項傳統由毛澤東於一九二〇年代末發起，並於一九六〇年底在全國範圍內重新強調，一九六一年，更被官方定為「調查研究年」。[25]

村民都對我們很好，身為河北鄉下孩子，內蒙古農村的見聞，有兩點讓我驚訝：一是土地浪費。與內地農村相比，土地如此豐富，勞動力相對稀缺，結果是生產效率低。二是婦女不下地勞動。在農耕為主的漢族村莊，幾乎沒有婦女下地勞動。大多數已婚婦女，全職照顧孩子做家事。相較之下，在河北農村，大多數婦女下地勞動。在內蒙古草原牧區，婦女更是主要勞動力，既照顧牲畜又要做家務帶孩子，非常辛苦。

透過社會調查，我了解到為什麼內蒙古的農村，女孩和婦女這麼少？答案證實，重男輕女和虐殺女嬰現象，在農區的漢族中仍然存在。在饑荒時期，兒童（特別女嬰）挨餓的機率更高，也更不容易獲得醫療照護。然而，蒙古人從未存在過殺嬰行為。

蒙古族抗日女英雄烏蘭，時任內蒙古婦聯主席，曾經來二中演講，公開批評內蒙古漢族盛行的買賣婚姻。她講了一個故事：兩家無法就聘金達成協議，最後，只好根據新娘的體重決定價格，就像賣豬一樣。相較之下，她讚揚蒙古人的做法，說女孩出嫁不要聘金。聽到這個故事，我們都笑了。烏蘭的觀點是，許多貶低婦女的習俗，隨著大饑荒捲土重來。我們學生曾經相信，在社會主義新農村，聘金和嫁妝等「封建」習俗，已經隨著無產階級革命勝利，而永遠消失了。

我們也做入戶調查，研究家族史、經濟收入和勞動力狀況。這是毛澤東一九三〇年代在江西蘇區進行農村調查用過的方法，學校發給我們表格，讓我們訪談時填寫。我們從村支書那裡了解到，有些家庭投親靠友，作為官方流動人口的一部分來到這裡，而其他一些家庭，則被描述為「盲目流動（盲流）人口」。本村有一戶河南來的夫婦，帶著五個孩子（四女一男），從一歲到十七歲。全家躲進村頭的小破廟，從生產隊借糧食度日。一九六一年夏天，許多其他移民被趕走了，但這家有四個女孩的家庭受到歡迎，被允許留下，大女兒已經接近適婚年齡。

社會調查另一個項目是召開「憶苦思甜」會，聽農民講述舊社會的悲慘生活和解放後的幸福日子。[26]有個老實貧農，訴完舊社會的苦之後，加上一句：「雖然過去也苦，但最苦的還是一九六〇年。」嚇得支書趕緊上台糾錯，說老人糊塗了，沒好好準備，大家原諒，眾人哄堂大笑。當時，還沒開展四清和文革，階級鬥爭還不激烈，所以，老貧農說錯話也沒追究。

我們還在南小營村下過鄉。南小營是烏蘭夫家鄉塔布附近的小村莊，土默特左旗的塔布公社因此得名。蒙古語「塔布」，是「五」的意思，因為這個村莊原來只有五戶人家：烏蘭夫一家和四戶漢族佃戶。一九六四年，該村更名為「塔布賽」（蒙古語「塔萬賽因」），意思是「五善」，寓意民族和睦，與烏蘭夫的民族政策相呼應。市教育局派輛卡車接送我們。該村約四十戶蒙古族和五戶漢族。幾乎所有蒙古人都姓雲，是烏蘭夫家族的中文姓氏，烏蘭夫早期的漢名是雲澤，像許多土默特蒙古人一樣，不會說蒙古語。一九四七年才改名烏蘭夫（紅色之子），一直任自治區政府主席，直到文革。

土默特旗是十六世紀建立的一個強大的聯盟（蒙古語叫「土綿」，意思是「萬戶」），是成吉思汗後裔諸王公統治的蒙古中部，六個萬戶之一。由於過去反抗過滿人，成吉思汗的後裔在十七世紀被剝奪貴族頭銜，土默特人成為為清朝的職業軍人。為表彰他們服役，每個士兵都分了「戶口地」（家庭耕地）。然而，由於男人當兵，女人放牧，所以沒有足夠勞動力耕種土地。早從十六世紀起，持續到二十世紀，漢族農民大量湧入土默特地區，蒙古人將土地租給移民。隨後，每個蒙古家庭周圍都形成村莊，造成土默特地區獨特的人文景觀：蒙古族成為地主，漢族移民成為佃戶。

於是，黃河沿岸耕地肥沃的土默特平原，也因此高度漢化。不僅有大量漢族移民，到二十世紀初，土默特蒙古人還失去了大部分權力。漢族土地經紀人以低價從蒙古貧困戶手中租賃土地，再高價轉租給無地的漢族新移民，土地經常被所謂「二地主」或漢族商人，轉手倒賣。[27]到了二十世紀，土默特蒙古人已經都使用漢語，並喪失了許多蒙古族特有的文化特徵，例如他們住在土磚房裡，而不是傳統的蒙古包。

向黨獻紅心

一九六二年，中國從大饑荒逐漸恢復，正當我為個人問題苦惱的時候，另一場風暴又開始醞釀。當時我不知道，一個名為「向黨交心」的運動剛開始，面對大躍進的失敗，當局要求民眾，對黨表現更大的忠誠。又一個禁受考驗的時刻來了。

在二中的三年，我的入團申請屢遭拒絕，迫使我在撰寫自傳中尋找靈感。對我影響很大的一本書，是李銳寫的《毛澤東同志的初期革命活動》。[28]毛分析問題的能力和對人民疾苦的同情，讓我留下深刻印象。我試著效法他的榜樣。但我愈想效法他，就愈有人認為我是危險分子。沮喪孤獨的心情，讓我寫下自己的思念，寄給在蘭州空軍服役的老朋友劉望。他父親劉可在抗日時期加入饒陽的八路軍，最後升任河北省石家莊的工業局長。劉是我饒中的同學，我們一起學山水畫，我倆的母親都離了婚，同病相憐。一九六〇年他參軍後，我們常有書信往來，是我唯一可敞開心扉的人。

此時，我開始自學政治經濟學，閱讀了一九五〇年代中國廣為流傳的康斯坦丁諾夫（F. V.

Konstantinov）的著作，和于光遠的《社會主義政治經濟學》。[29]當時，呼和浩特的新華書店裡，可以買到許多「內部發行」的出版品。我買了狄托的著作，和關於南斯拉夫與蘇聯爭論的文章，但沒有買到吉拉斯（Milovan Djilas）批評狄托的《新階級》，這本書屬於高度機密，僅供高幹閱讀。作為一名高中學生，我開始閱讀並思考政治經濟學和哲學問題。我和劉望，也在通信中討論政治理論和大躍進問題。

幾個月過去了，我們交換了幾封信，愈寫愈厚。漸漸地，我發現學校黨委書記和團委會書記，對我態度很冷淡。我猜想出了問題，但不知道什麼問題。直到有一天，班主任呂愛民，要我放學後去見校黨委書記楊忠信。

楊書記告訴我，她已經多次收到我的入團申請。「你是個好學生，生活樸素，學習工作很努力。」她對我很客氣。然後問：「你內心深處，有什麼想向黨組織報告嗎？你應該把一切都告訴黨。如果您有什麼困難，我們可以提供協助。」

「我唯一的麻煩，就是團員申請已被擱置兩年多，它成了我的精神負擔。」

「你還有很長的路要走，你心裡還有很多事沒有告訴黨。」她的臉色冷下來。然後問：「你有朋友在軍隊嗎？」她的眼睛就像兩把匕首。

「是的，你怎麼知道？」

「如果我們想知道的話，我們能知道一切。共產黨領導一切，無處不在。」

我突然意識到，我跟劉望的通信，已經被人偷看。試圖隱瞞沒有意義。我立刻告訴她一切狀況，試圖讓她確信，我沒做錯任何事。

「你怪我們黨的三面紅旗嗎？」她像警察審訊者一樣繼續追問。

我說，我沒有責怪黨，並解釋，我只是透過多讀馬克思、列寧、史達林、毛澤東的著作，來尋求中國問題的答案。

「你來自農村，沒有經歷過在城市進行的政治運動。兩年前，我們發起了拔白旗運動。你還年輕，很多事情還不能理解。毛主席和黨永遠是對的。如果你想寫下或討論你的一些想法，我們可以交換意見。」

我告訴楊書記，我想寫下我最深層的想法。動筆之前，我們有過多次談話。如果黨的書記能花這麼多時間，跟一個連團員都不是的人長時間談話，那就表明問題嚴重。班裡謠言四起，說我是「特嫌」（間諜嫌疑）。因急於表白，我沒意識到前途凶險，先與朋友劉望交心，又與黨委書記討論深層想法。說到意識形態鬥爭，我不過是個鄉巴佬，剛十八、九歲而已。

文革期間，畢業分配前夕，我班管檔案的造反派同學畢武卿，冒著極大風險，讓我偷偷看了我的檔案，原來是蘭州空軍政治部，給二中發了一封公函，上面寫著：「你校學生程鐵軍，經常給本部隊的一個戰士寫信，討論重要政治問題。我們感受到他的文字中，有嚴重政治錯誤。希望雙方加強教育，避免他們走上危險道路。」公函沒正式結論，也沒有引用信件原文或劉望的姓名。但蘭空政治部的公函，蓋著紅色印章，本身卻是很嚴重的事件。

四年後，原本是團員的劉望，沒能入黨提幹，只好復員回到農村，在饒陽縣印刷廠當工人，至二〇〇三年退休，二〇一九年去世。

無論申請入團，還是考大學，每個人都需要寫自傳，一般一兩頁，列出家庭出身等基本事實。但由於我的問題複雜，決定「向黨交心」。我問楊書記：「我列了個大綱。您想不想先看看？」

書記答：「你可以談，也可以寫。一切都由你決定。」一九六三年春末，經過幾週思考猶豫，在準備考大學的前夕，我決定寫個盡量詳細的自傳。

於是，連續四個週日，從早到晚，我獨自坐在教室裡起草和修改我的自傳，在方格紙上寫了四十頁、約一萬二千字，希望這個自傳，能解釋一切，減少領導的疑慮。一個中學生，能寫這麼長的自傳，我猜想自己創了紀錄。

既然徹底「向黨交心」，就必須認真撰寫，結果寫成萬字長文〈程鐵軍自傳〉。我首先敘述家庭經歷，以及來呼和浩特求學的原因，闡述了我對政治經濟學的興趣，想成為馬克思列寧主義者，效仿青年毛澤東，以及對青年模範的推崇嚮往。我的個人經歷，涉及家庭狀況，家鄉和國家的經濟困難，列出了許多困擾我的問題：如何看待大躍進？大饑荒是天災還是人禍？一九五九年春天我十六歲，家中斷糧，弟弟向鄰居家討兩碗玉米麵。一九六〇年暑假，回饒陽途中，看到有人乞討，甚至賣兒鬻女。如何正確看待光明社會的黑暗面？

我決定公開一切，顯然是個幼稚決定。是的，我很天真，但也很固執，堅持自己的信念。這些信念，來自我在農村的親身經歷，以及閱讀毛主義和馬克思的經典作品。饑荒威脅饒陽農村以及母親和弟弟的生存，我不可能對此無動於衷。

自傳修改完成後，我用最擅長的小字書法抄寫好，還用針線裝訂整齊，感覺完成了一件大事：從來沒有寫過這麼長，又這麼專心致志的文字。

二中的校黨委書記及團委書記均為女性：楊忠信任黨委書記；張美榮任團委書記。她們共用一間辦公室。兩人都曾與我交談過。現在想來，當時兩人一定被這本自傳嚇傻了。我提交自傳後，什麼事也沒發生。既沒有批准我入團，也沒有對我施加壓力。就好像從來沒這麼一回事一樣。一切如常，學校生活仍在繼續。

第二章　文革前奏曲，傳言滿天飛

希望能念大學，但有兩手準備

一九六三年春，我向學校黨、團支部詢問，我畢業後應該考慮下鄉、進工廠、參軍，或者考大學？他們的標準答案都是：「一顆紅心，兩手準備。」無論上大學生，還是承擔其他任務，都要做好服務準備，只有黨，才了解哪裡最需要。

上大學絕非易事。不僅需要準備好接受其他任務，而且某些專業，涉及一定程度的保密或政治敏感性，對我來說，都是難以克服的挑戰。

後來我才知道，二中教導主任魏世于，在我畢業的鑑定書中寫道：「該生思想比較複雜。其家庭背景有待進一步調查澄清。不適合保密專業，只可報考普通專業。」顯然，我的自傳和其他檔案資料，已經開始發揮作用。儘管如此，我還算幸運，因為一九五九年，在「農轉非」（農村戶口變城市戶口）機會結束前，我移民到了呼和浩特。在一九六三年，高考成績仍然很重要。從下一年（一九六四年）往後，政治評語、家庭背景、階級出身，才逐漸變成高考成敗的決定性因素。

七月我通過了大學考試，第一志願是天津南開大學（重點大學之一）的政治經濟學專業。它是我個人研究毛澤東著作，和馬克思主義政治經濟學的邏輯延伸，但因政審不合格被拒絕。第二志願是內蒙古大學中文系，也是全國排名較好的大學，雖然地處少數民族地區，但卻有一批頂尖教授。我想，如果不能被政治經濟學錄取，選擇一個可能去中學教書的專業是明智的，但申請再度失敗。

第三個選擇是內蒙古師範學院英語專業。我學的是俄語，這是內蒙古大多數高中唯一開設的外語。從一九六〇年開始，隨著中蘇關係破裂，蘇聯技術人員撤出中國，英語開始取代俄語，成為主要外語。但內蒙古還沒有中學開英語課，師院計畫每年招收四十名英語學生，這是開設英語專業的第三年。然而，外語的入學考試，還是用俄語進行。

最終，我班四十五名應屆畢業生，共有十九人考上大學。三人在考試前參軍。剩下的二十三人上班就業。這十九名學生中，包括我在內，大多數就讀於呼和浩特的大學：內蒙古師院三人，醫學院三人，工學院三人，農牧學院三人，林學院三人，內蒙古大學一人。另有通遼師院二人，（從天津考入）中國科技大學一人。

圖3　1963年7月30日，全班高中畢業照，前排左二是程鐵軍，二排右二是王秦賢（程後來的女友）。

高考結束後，結果公布前，教導主任魏世于，讓我在呼和浩特市教育局、團委、市政府組織的為期三天的高中畢業生代表大會上，代表二中發言。諷刺的是，我被選中發言，是因為我在自傳中表現出的寫作和表達能力。我的發言稿，想必令他們滿意，因為在隨後召開的呼和浩特市高中畢業生代表大會上，我被要求代表全市畢業生發言。

「如果考試成功，我會努力以學生身分報效國家。如果失敗了，黨派我去哪裡，我就去哪裡。」我代表全市畢業生，在近五千人面前莊嚴宣誓，聽眾包括畢業生代表、家長代表和學校與政府官員。

土默特蒙古人、副市長陳炳宇隨

後發言。之後是內蒙古大學黨委書記、副校長郭以青的講話，他操著濃重的河南口音，口若懸河，激情雄辯。其他發言者包括農民、工人和家長代表。這是我中學時代最美好的回憶之一。雖然我對黨的某些做法持批評態度，並對大躍進饑荒深感不安，但在官員、老師和同學面前講話，給了我某種成就感和一線希望。

後來，我在二中的校內集會上，彙報了全市三天會議的情況。有朋友調侃說：「你小子，隔著鍋台上了炕。」這是句玩笑話，比喻一個被排除在共青團之外的落後學生，似乎扮演了黨員的角色。當然啦，入黨的途徑必須透過共青團，而我的入團申請，一直石沉大海。

大學生活概況

我從未與父親討論過報考大學的事情。他只是說，如果我考試成功，可以上大學。否則，他建議我去卡車駕駛學校，成為像他一樣的司機。當我拿到內蒙古師範學院錄取通知書時，他什麼也沒說。繼母笑著，用托縣口音說：「就是說，你們師範學院畢業後會當老師囉！那比當農民強多了，不用日曬雨淋。」她的微笑還意味著，無需支付任何費用。當年師範學院的學生，通常被稱為「吃飯」，跟「師範」諧音，是個雙關語，意思是師範教育完全由國家補貼。這個傳統可以追溯到晚清時期。到中華人民共和國時期，國家一度補貼所有高校，但只有師範和軍警院校完全免費，包括食宿和醫療在內。

大學學年從一九六三年九月開始，外語系新生有兩個英語班和兩個俄語班，每個班二十多個學生，我這個年級總共有八十多個學生。十三個系的大多數，都招收四十名左右學生。有幾個系，像是我們外語系分英語班、俄語班，至於中文系和歷史系，則有漢蒙兩個專業，招八十多人。全院有六百多名新生，總共二千五百人。許多人來自鄉下，也有些來自城市貧困家庭。我喜歡農村學生，覺得他們樸實直爽。有些特殊玩笑，城裡人可能認為庸俗，但我很喜歡，大約屬於同類吧。

師範學院的師生包括蒙古族和其他少數民族。漢族學生占學生總數的三分之二。各少數族裔學生，約占學生總數的三分之一，專業分類根據漢語還是蒙古語授課而定。蒙古語講授不僅包括蒙古語言和文學，而且從一九六二年起，還用蒙古語講授數學、物理、化學、生物和歷史。蒙古語班的學生包括蒙古族、達斡爾族，和少數雙語漢族。[1]

我的好朋友卻吉扎拉森，一個有藏名的蒙古人，來自呼倫貝爾盟，[2]是學院最頂尖的數學人才。他出身地主家庭，父親在土改中被打死，母親靠著洗衣服養大了三個男孩和三個女孩，最後送其中四個上了大學。哥哥姐姐當了醫生，妹妹當了護士。大多數蒙古族學生就讀蒙古語專業，其中許多人來自草原，母語是蒙古語，以前的教育也用蒙古語進行。

當時，類似美國平權行動的計畫，幫助了許多少數族裔學生。申請漢語授課的蒙古人，高考成績加十五分，使得學漢語的蒙生人數，略有增加。然而，這對於完全或主要以蒙古語授課的學生來說，包括許多來自草原的學生，並不重要。結果形成一種雙軌制，其中大多數蒙生，註冊蒙古語課程，不與漢語學生的課程競爭。除了蒙古語言文學和歷史外，雙軌的其他教學內容，基本相同。

無論當時還是現在，語言對蒙古族學生來說都是有爭議的問題。由於漢語是大多數蒙古族學生的第二語言，主流觀點認為，他們已經（也必須）學習蒙古語和漢語，因此再學一門外國語，會增加負擔，效果適得其反。因此，只有接受過漢語而不是蒙古語教育的人，才被允許學外國語。簡言之，儘管蒙古族在政治上占主導地位，但當同化政策迅速侵蝕其語言文化和象徵性基礎時，蒙古人，特別那些接受蒙古語教育的人，實際上被剝奪了進入內蒙古某些大學專業的機會。像是我們外語系的蒙古族學生很少，我們班一個也沒有。

漢族和蒙古族學生生活費用相同。蒙古族學生有資格獲得額外的肉類和乳製品，但他們得另外付費。蒙生沒有單獨的學生食堂，有人可以去教職員工食堂，那裡提供特殊食品（炒米奶茶之類）。另有一個回民（穆斯林）餐廳，不供應豬肉。

學生宿舍按單位（系和班）原則分配，因此，俄語專業的少數蒙古族學生，必須與漢族同學共用宿舍。如此一來，造成事實上的住宿隔離，因為大多數蒙古族學生參加以蒙古語為重點的課程，例如蒙古歷史和文學以及其他專業，每個專業都有自己的住宿安排。由於許多全蒙古語學生的漢語很差，而漢族學生會說蒙古語的更少，進一步加劇了住宿隔離。因此，除了蒙漢混合的院系，以及體育、音樂等聚集在一起的活動之外，多數蒙漢學生之間，互動很少。

我和班上許多同學，都非常尊重蒙古人，包括他們的智慧。那些被漢族學生疏遠（或冷落）的蒙古人，通常漢語程度都不好。當然，懂一點蒙古語的漢人更少，但許多蒙古族能讀寫出色的漢語。包括我院的學生在內，有些人非常熟悉漢族和蒙古族的社會文化。

不少達斡爾族和蒙古族教師在師範學院任教。馬列主義毛澤東思想教研室主任就是達斡爾人，中文叫新思（一九二九至一九八九年），意思是「新思想」。他的蒙古語名字叫哈斯額爾德尼，意思是「玉寶」。他是共產國際史、馬克思主義哲學經典的傑出教師。他用蒙語和漢語授課，著作等身。我很佩服他的教學風格和學識。另一位老師妥木斯是一位在北京接受過訓練的美術老師，油畫名家，是土默特蒙古人。

一九六〇年，中蒙二國簽署了《中華人民共和國和蒙古人民共和國友好互助條約》。蒙古人民共和國在呼和浩特，開設了內蒙古唯一的外國領事館。大約這個時候，隨著中蘇關係破裂，援助計畫被終止，大多數專家返回蘇聯。有些蘇聯教師和技術專家，在內蒙古的大學裡，又待了幾年。阿拉是師範學院的俄語講師，一位單親媽媽，有個年幼的女兒，她是一位備受尊敬的老師。儘管中蘇論戰已達白熱化，她仍然繼續教學，住在自己的公寓裡。女兒就讀於附屬小學，能用俄語與俄語專業學生聊天，也用流利的漢語跟她的同學們交談。

在內蒙古學英語

入大學之前，我們英語班沒一個人學過英語。所有人都學過俄語。我們的教材是許國璋主編的《英語》入門教材，與北大的教材相同，當年曾是中國最有影響力的英語教科書。

我至今還清楚記得這本教科書中高爾基（Maxim Gorky）《母親》的故事：「鮑維爾被捕了。那天母親沒生火。夜幕降臨，寒風吹來。有人敲了下窗戶，然後又敲一下。母親已經習慣這樣的敲擊聲，但這次，她露出一絲喜悅。她把圍巾披在肩上，打開門。」我們當時沒錄音機，只有書。到第三年，北京才發來一些大盤錄音帶，是一些洋人的錄音，其中包括喬治・哈特姆博士（George Hatem，美國公共衛生專家，中文名「馬海德」），紐西蘭作家路易・艾黎（Rewi Alley），和美國記者安娜・路易士・斯特朗（Anna Louise Strong）等「國際友人」，他們有多年在中國從事共產運動的經驗。我們也收聽並討論北京電台的英語廣播。

老師們都很敬業。張乃駿是最好的老師之一，身材高大英俊，文質彬彬。他在北京輔仁大學跟英美老師學英語，一九五〇年代初畢業，曾任全國總工會主席劉寧一的翻譯。白自然老師，北京輔仁大學畢業，曾任新華社英語翻譯。班主任劉慶榮，遼寧大學英語系畢業。龐洪斌老師，黑龍江大學英語系畢業，深褐色臉上有道疤痕，愛開玩笑，有幫派氣質，不像知識分子。後來，他跟我班張宏英同學結婚。

語音課由何其超教授講授，牛津大學畢業生，同時也給藝術系教樂理課。他於一九四〇年代初留學英國，獲音樂理論博士，一九四七年回國。他講英語速度緩慢，操標準的倫敦口音，充滿音樂氣息，讓我們體會英語作為一種音樂語言之美。

來自烏蘭察布盟豐鎮中學的八名學生，有不同程度的發音問題。大家總和王真開玩笑。有篇課文叫「王清起床」，上面有「刷牙」、「洗臉」、「上課」等一般現在式。大家喜歡模仿他的獨特發音。當然，嘲笑別人的錯誤，往往比改正自己的發音更容易。不耐煩的何教授，反覆懇求大家：「不許再說豐鎮英語了！」

俄語專業有位以俄語為母語的老師阿拉，我們英語學生沒那麼幸運。我們還被明令禁止，不許與少數訪問呼和浩特的外國人交談。一九六六年初，我班唯一一次學生與外國人說英語的經歷，居然導致了警方介入。

我班同學楊承志（外號小楊頭），是班上最小也最矮的男生，一天在最大的百貨公司聯營商店購物。突然碰到一位講英語的遊客，正掏出相機，給一個衣衫襤褸的小男孩拍照。也許受到社教運動啟發，小楊頭意識到此人是個帝國主義分子，想在一家高檔商店內，展示這個衣衫襤褸的男孩，以此羞辱社會主義中國。於是他主動介入，遮住訪客的鏡頭，用英語說：「不，不！你不能這樣做。你為啥不拍那些漂亮產品和顧客？這是不尊重中國人民！」

於是，小楊頭被呼和浩特警方拘留，並審訊了幾個小時。質問他認識這位訪客嗎？未經官方許可，用英語跟外國人講話，是否構成傳遞情報，或洩露國家機密？最終，警方致電學院保衛處，將其帶回學校。此事說明，沒有特別許可，任何人都不能對外國遊客說英語！

一九六四年一月五日，內蒙古黨政機構，派遣一萬七千六百名幹部，到農區進行社會主義教育運動，簡稱「社教」，又稱「四清」。隨後，又派出專門工作隊，深入農區、牧區和工礦區。[3]我們校園裡只剩下外語系學生。據說，是周恩來總理和陳毅外長，敦促毛澤東免除語言學生的參加資格，理由是我們很快會忘記所學語言。當時，中國同時受到蘇聯和美國夾攻，中國無法承受外交語言技能嚴重缺乏的損失。

對此，同學們展開激烈爭論。多數人支持我們繼續語言學習，以提高未來工作所需的技能。令人鼓舞的是，國家領導人認為我們的工作很重要。然而，有些政治活躍人士，譴責我們被排除在一場歷史性運動之外。他們說，如果社教運動如此重要，為什麼我們要被排除在外？外語學習總是可以彌補的，但參與階級鬥爭的機會卻是千載難逢的。只有一位同學馬文元，據理反駁：「哎呀，你們急啥呀？階級鬥爭機會多的很。如果社教運動不順利的話，我們遲早都會去，整個學院也可能關閉。」當時，沒人預感即將到來的文化大革命。兩年後，我們調侃馬文元，稱他為「三年早知道」，有先見之明，提前三年就預見到了未來。對我來說，我知道參與鬥爭，是了解社會的好機會。但自己作為政治鬥爭目標，也會受到批判。

社教運動

社教運動的直接刺激，來自大躍進和大饑荒之後，黨國試圖恢復士氣並增強信譽。大饑荒摧毀了農村地區，耗盡了國家的資源和士氣。因此，以運動形式，剷除農村官員腐敗、懲罰他們的罪惡和暴行，旨在恢復基層對黨的支持，平息對國家領導人所犯錯誤的憤怒。在內蒙古，四清運動呈現出不穩定的民族和階級特徵，其根源可以追溯到一九四七至一九四八年的土改，以及更早的土地衝突。

一九四七至一九四八年，在內蒙古東部，自治政府成立後，中共領導漢族佃農，推翻了農牧混合區的蒙古族地主。其策略是透過向貧雇農提供切實利益，在內戰中動員農民支持共軍。中共東北局派出的多數土改幹部，無視自治區蒙漢關係的特殊性，自以為「蒙古族內部和蒙漢之間的關係」問題，可以透過與華北相同的政策解決。最終，導致蒙古土地被不合理分配給漢族農民，甚至一些很小的蒙古族地主因為早年與滿洲國有聯繫，而被貼上「地主」和「蒙奸」的標籤。[4]

牧區的土改隊，甚至將牲畜所有權等同為土地所有權，不僅導致牧民為避免被劃分為牧主，而大量屠宰牲畜，而且，殘酷鬥爭也造成蒙古人死亡，加劇漢蒙衝突，破壞了脆弱的牧業經濟。一九四八年二月，二百多位蒙古人被迫造反，前往蒙古人民共和國尋求庇護，從而使土改衝突，增加了國際因素，在國共內戰最激烈的時期，威脅到內蒙古自身的安全。

呼倫貝爾盟扎賚特旗，有位在滿洲國當過縣長的小地主，按當地標準，僅有一百二十畝地，但被拘留並遭受酷刑。他雙腿被綁，在泥濘的街道上拖拉，從一個村拖到另一個村。最後被送回家時，已命在旦夕。他的二兒子，就是我師院同學卻吉扎拉森。據他回憶，母親和六個孩子，抱著父親血淋淋的頭哭泣，直到他斷氣為止。埋葬父親後，一家人離鄉背井，去海拉爾謀生。

烏蘭夫及其戰友，為應對極端化的土改，理順民族和階級關係，盡快恢復數十年戰亂後的國民經濟，制定了「三不兩利」政策：三不就是「不鬥、不分、不劃階級」；兩利是「牧工牧主兩利」，[5]新政策迅速得到毛和中央的批准。一九四九年中華人民共和國成立後，該政策還在西藏、青海、新疆、綏遠等全國牧區不同程度地實行過。在烏蘭夫影響下，一九五一年在綏遠等民族混居農區的土改中，對漢族和蒙古族的階級劃分，採用了不同的標準。整體而言，漢族農民比內陸省分的農民，受到寬鬆優待；而對蒙古族，則實施更靈活的政策，考慮多種因素：例如擁有土地的規模、租給農民的土地規模，實際收入等。例如，巴特爾家有兩個人，都失去幹農活的能力。他們出租了三千畝土地，每年的租金收入是十擔（相當於三百一十公斤）糧食。由於他們的實際生活水準低於「中農」，所以被劃為「貧農」。此外，為緩和民族緊張關係，給綏遠省蒙古族農民定「地主成分」，必須先得到內蒙古黨委批准。[6]

烏蘭夫的土地改革，雖然受到蒙古族牧民的廣泛讚賞，但在漢族的不同農村和不同階層，卻產生了不同反應。在烏蘭夫家鄉土默特旗的民族混居區，漢族農民，對自己被劃為比蒙古族鄰居更高的階級成分，感到不滿。但我的同學，來自內蒙古東部半農半牧區（昭烏達盟）的女生趙喜蘭，和哲里木盟的男生白鶴齡，則告訴我，他們家鄉的漢人，非常欣賞烏蘭夫的「三不兩利」政策，因為與鄰省的農業縣相比，它帶來更大的穩定和繁榮。鄰省的激進土改，使蒙漢族兩極分化，阻礙了經濟復甦。當然，即使土改進展順利，潛伏的階級和民族衝突仍然存在。

土改十五年後，一九六三至一九六六年的社教運動，重提土改和階級衝突問題。中共中央華北局，將巴彥淖爾盟漢族農業縣臨河，定為調查重點。[7]在風雲際會的時刻，我從參與當地四清的同學那裡，了解到這次運動所引發的衝突。

內蒙古巴彥淖爾盟的臨河縣，以及包頭往西的整個河套地區，是內蒙古的主要農業區之一。由於黃河樞紐工程與幹渠的修建，這裡二十世紀初期開始發展農業生產。二戰期間的陝壩（杭錦後旗所在地），曾經是傅作義國民黨軍隊的總部所在，也是蒙漢農地衝突的主要中心之一。一直到一九四〇年代，傅氏軍隊的分支，都對解放軍進行過抵抗。作為社教運動的重點之一，它集中了以解學恭為首的華北局，以及內蒙地方幹部的強大隊伍。解學恭是河北省大躍進的激進派，後來成為天津市委書記，跟華北局領導李雪峰關係密切。參加四清的自治區最高領導人，是區黨委書記高錦明。[8]

師範學院的學生們，唱著由藝術系學生創作的歌曲，列隊出發，下鄉參加社教運動。我仍然記得那些歌詞和曲調，彷彿就在昨天，我們這些留在校園的人，聚集在校門口為他們送行。我們一起高唱：

河套八百里川
是內蒙的好江南
水渠縱橫密如網
黃河引水灌良田。
工作隊下鄉來
貧下中農笑顏開
階級路線重安排
紅色江山傳萬代！

秦賢是我一九六四年開始交往的二中同學，當時還是醫學院學生，一九六五年底，被派往伊克昭盟（又稱鄂爾多斯）東勝縣的四清工作隊。位於黃河以南，離包頭不遠，該地非常貧窮。人口以漢族為主。每個公社都被分配十二至十四名工作隊成員，大學生、當地旗縣幹部，和自治區派來的幹部，各占三分之一。[9]

開頭近十個月，工作隊約談幹部和村民，收集貪腐犯罪證據。這個極端貧困地區的農村幹部，和其他地方一樣，也要被迫承認竊盜罪並接受批鬥，無論多麼輕微，就算已經退賠，也不會放過。當然，運動也會再次公開羞辱那些毫無反抗能力的前地富反壞右分子。

好友巴德榮貴，是師院蒙古史專業的蒙古族學生，巴彥淖爾人。他被派到錫林郭勒盟，靠近內蒙古中部邊境的一個牧區，以茂盛的草場和良種馬匹聞名。那裡很少舉行大隊會議，因為從生產隊的牧群到大隊部，騎馬約四小時。即使開車，也要三小時。那個牧業大隊，只有四十戶分散的牧戶和畜群，所以沒有小隊。

兩個牧民兄弟，照看集體的五百頭羊和六十頭牛。他們最大的樂趣，就是喝當地產的高粱烈酒，放牧時也會背著一瓶。他倆都有短波收音機，每天收聽外台廣播，帶回蘇聯和蒙古人民共和國（俗稱外蒙古）的故事。每週一次，他們也會見到邊境另一側的蒙古兄弟，家庭分割發生在內外蒙劃分邊界的時候，許多家人親友被劃分到兩個國家。一九四五年八月，隨著蘇蒙對日宣戰，蒙古統一的呼聲升高，許多烏珠穆沁旗和蘇尼特旗的蒙古人，移居到蒙古人民共和國。即使一九六〇年代初，中蘇和中蒙關係惡化，雙方人民被迫遠離邊境後，這兩家兄弟仍繼續每週見面。他們知道邊防部隊巡邏的具體時間，在士兵經過後，他們就直接過境喝酒去了。

聽到的故事，強化了我對內蒙古大部分地區社教運動早期，社會關係大致平和的印象，這與烏蘭夫長期以來，平息階級鬥爭和民族衝突的努力是一致的。但隨著四清運動的深化，緊張局勢重新加劇。當地左派人士和華北局領導，對烏蘭夫早期土改的「三不兩利」政策提出挑戰，從而引發了新一輪階級鬥爭。

四清運動的規模，可從巴彥淖爾盟（市）的一個旗（烏拉特前旗）窺見一斑。該旗位於臨河縣與包頭市之間，是個蒙漢混居的半農半牧旗，灌溉地區以農為主，山區以牧為主。一九六五年，十七個公社開展了社教運動。自治區政府、巴彥淖爾盟政府、旗政府派出幹部四百餘人，指導員九百餘人。地方領導遭全面打擊，共有二千三百一十八名基層幹部，成為清查對象。其中，八十五人受嚴厲處罰：二名公社幹部（一名公社領導、一名副書記）被停職；十三名大隊幹部被撤職，三名被清洗；二十四名小隊幹部被撤職，十名被清洗，十二名被批鬥，十一名被開除黨籍。[10]

在農區，官方重新審查一九四七至四八年（內蒙古東部）和一九五一年（綏遠）土地改革期間確定的舊階級標準。許多家庭從富農上升為地主，或從中農上升為富農，成為遭受攻擊的階級敵人。一些民族混合的旗，例如呼和浩特附近的土默特旗，局勢尤其不穩。在社教運動工作隊煽動下，一些漢族農民指責蒙古族幹部腐敗，譴責蒙古族村民享受特權，犧牲漢族村民的利益。

烏蘭夫試圖阻止外來幹部重新分類蒙古人的企圖，特別是將他們排除在新成立的貧下中農協會（簡稱貧協）之外，他堅持認為，民族問題不應與階級問題對立。但階級鬥爭氣息瀰漫，華北局李雪峰壓力巨大，反烏蘭夫的人指責他違背毛澤東的教導：「永遠不忘階級鬥爭」和「民族鬥爭說到底是階級鬥爭」。一九六五年秋，烏蘭夫堅持認為，當前的挑戰是在大躍進饑荒之後改善經濟狀況，試圖將工作重點從階級鬥爭轉向教育、生產和灌溉，以改善農村社區的生活和民族團結。他再次因破壞四清運動而受到譴責。在華北局推動下，烏蘭夫的權威首次受到當地漢族領導人的挑戰，他們煽動不滿早期土地改革的漢族農民，使內蒙古各地蒙漢關係的緊張程度，日益加劇。[11]與此同時，隨著蒙漢關係日益緊張，大批判的烏雲，在內蒙古師院和其他單位明顯凝聚。

打倒特木爾巴根

二十世紀的內蒙古，有兩位著名人物，都叫特木爾巴根。老特木爾巴根，是原內蒙古人民革命黨（以下簡稱內人黨）的領導人，一九五四至一九六五年，擔任內蒙古最高法院院長。一九二五年，他跟烏蘭夫在莫斯科留學的時候，一同加入內人黨。一九二九年，特木爾巴根加入蘇共，隨後被共產國際派遣，回到內蒙古東部。而中共黨員烏蘭夫，則回到呼和浩特，從事反對國民黨的地下工作。一九四七年，他在支持烏蘭夫建立中共領導的內蒙古自治政府過程中，發揮過重要作用。[12]

一九六四年底和一九六五年初，另一位（小）特木爾巴根，成為引人注目的政壇明星，[13]他是原師範學院黨委書記，我有一次對他產生過好感。剛入學的時候，每天晚上十點，學生應該睡覺，宿舍的電燈會自動熄燈。如果有人想縫補衣服或寫信，就必須借助外面的路燈。我常讀書到深夜，路燈很暗，要看書很困難，到嚴寒的冬天，幾乎不可能。一九六四年底，我給校當局寫了封信，請求單開一間房，以便晚上工作。為節約用電，我建議關掉一些不必要的路燈。特木爾巴根的祕書，把我叫到辦公室，說特書記很欣賞我信中的精神，但十點睡覺是必須的，因為必須六點起床做早操。當然，他們會關掉不用的路燈。我的提議，因失去了戶外照明，讓事情變得更糟。但我想，至少，特木爾巴根做了回應，即使是透過祕書。由於不成文的等級制度，像我這樣的普通學生，很少能得到校級領導幹部的任何回應。

在特木爾巴根受到批判之前，我和許多同學對學院裡蒙漢政治關係幾乎一無所知。外語系教師幾乎清一色漢族，除了烏蘭夫的兒子力沙克，及另外兩位優秀的達斡爾族俄語教師孟川（蒙古名「恩和」）和他妹妹孟蘇榮，[14]他倆一九四一和四二年出生於呼倫貝爾盟，從小與俄羅斯人和蒙古人一起長大，以俄語為母語。

一九六四年，中國邊境地區的民族衝突達到頂峰，不是因為內蒙古，而是因為西藏。十四世達賴喇嘛一九五九年逃亡印度後，九世班禪喇嘛成為西藏的主要官員。中共以「民主改革」名義，在西藏、青海、甘肅、四川和雲南的藏區，推行「民主改革」政策。一九六〇至一九六三年間，中共在西藏建立黨組織，同時嚴厲打擊寺院，將主要僧侶列為剝削者。一九六二年五月，班禪喇嘛拜見毛澤東，並透過周恩來，向中央遞交了一份七萬言請願書，[15]請願書中抱怨說，伴隨大躍進和加快民主改革，削弱了藏人權利，導致西藏人口銳減，佛教幾乎被消滅，大批青年被抓捕。一九六四年九月，班禪喇嘛被指控策劃叛亂，遭到群眾批判、人身暴力攻擊和公開審判。十二月，周恩來宣布，班禪喇嘛因策劃反革命活動，被撤銷西藏自治區籌備委員會代主席職務，僅保留了籌委會的一個虛職，和其他禮儀性職位。一九六四年十二月十七日，國務院在北京首次公開譴責達賴喇嘛是叛徒，並撤銷他的西藏自治區籌備委員會主席和全國人大副委員長職務。[16]

西藏問題與內蒙古有著千絲萬縷的連結，特別是因為藏族和蒙古族共同信仰藏傳佛教。一九五八年，烏蘭夫曾經反對軍事鎮壓川青藏邊境的西藏叛亂。[17]一九六五年五月十五日，班禪向周恩來提交請願書的前三天，發表了由烏蘭夫、李維漢、徐冰、劉春代表統戰部和中央民委簽署、並經黨中央同意的《民族工作會議報告》。報告批評了大漢族主義，承認了民族事務中的錯誤。[18]然而，隨著社教運動深入和針對達賴喇嘛、班禪喇嘛的否定，烏蘭夫處境不妙。就在烏蘭夫試圖鞏固自己地位的時候，民族衝突與社教運動中的黨內分裂，同時發生。

在內蒙古師院，隨著社會主義教育運動愈演愈烈，當局宣布對師院前黨委書記特木爾巴根進行調查。當時的特木爾巴根，三十多歲，口齒伶俐，精力充沛，是內蒙古東部的科爾沁蒙古人，地主的兒子。他一九四七年領導土改隊之後，曾任遼寧省某縣教育局長。內蒙古自治區成立後，任內蒙教育廳處長。特木爾巴根在哈豐阿領導下，擔任過多項教育職務。一九六一年，哈豐阿任內蒙古自治區副主席兼教育廳長，特木爾巴根升任教育廳辦公室主任，同年成為師範學院黨委書記，一九六四年六月任內蒙古教育廳副廳長。

對特木爾巴根的調查，源於官方對民族分裂主義日益增長的擔憂。特木爾巴根被懷疑與內蒙古的「民族分裂分子」有勾結，這是一個當時出現的新詞彙，來自中共對西藏分離主義的恐懼，以及中蘇、中蒙關係日益緊張的情勢。

一九六五年六月，自治區派工作隊到內蒙古師院，調查特木爾巴根。工作隊由內蒙古黨委宣傳部副部長、土默特蒙古人潮洛蒙領導。成員包括：一九六四年接替特木爾巴根任師院黨委書記的河北漢族紀之；雲世英，土默特蒙古人，內蒙古公安廳副廳長；韓明，山西人，教育廳黨組書記、廳長。

潮洛蒙在師範學院食堂召集了一次群眾大會，一千五百多位學生和全體教職員工參加。會議由紀之主持。特木爾巴根進入會場，走到舞台前，坐在一張小凳子上。自始至終，沒被允許說一句話，只能做筆記。潮洛蒙提出指控，列舉了特木爾巴根的問題，包括他的地主家庭背景；他對階級鬥爭、土改、教育和民族政策的修正主義觀點、他腐敗的生活、不當性行為。最嚴重的指控是外國間諜活動。最先提出批評的是紀之。紀之是俄國問題專家，一九三〇年代被監禁過。五〇年代初，曾擔任教育部高教司司長。因涉嫌在國民黨酷刑下承認是共產黨員，而受到懲罰，於一九五六年被下放到師院。一九六四年一月，升任師範學院黨委書記。如今站在台上，加入對特木爾巴根的大批判合唱。他說：「經過幾年跟他共事，我發現此人根本不是革命者，而是階級敵人。他的問題是政治行為、政治信仰和民族分裂主義，是資產階級腐敗分子。他非但沒有跟地主父親劃清界線，反而試圖改變他父親的地主成分。」

師院政治部的工作人員，紛紛站出來，上台聲討特木爾巴根。有人揭露，他如何把地主父親官布拉汗帶到呼和浩特，試圖改變他的階級成分。最具破壞性的證詞，來自特木爾巴根的前妻尚釵，漢族，畢業於北京師範大學，在師範學院附中教語文。尚釵生動描述在她懷孕期間，前夫如何踢她肚子，試圖殺死孩子，然後與她離婚，再跟一位農牧學院的年輕學生結婚。這個故事引起人們憤怒。特木爾巴根不僅是個沙文主義的民族主義者，也是個沙文主義丈夫！尚釵是受過高等教育的北京知識分子，來到內蒙古支持邊疆，卻遭受特木爾巴根的虐待，這尤其被學生譴責。大家高喊：「打倒特木爾巴根！」群眾當場要求他起立鞠躬，承認犯罪，他只有乖乖遵從。

在批鬥過程中，物理系四年級學生郝廣德，尤其活躍。他來自內蒙古東部的赤峰市，漢族，穿件時尚的皮夾克，站在座位上帶頭喊口號、指揮唱歌。學生們按班級排列，隨著他的節拍，高唱革命歌曲。未來十年，郝將在內蒙古的文革政治中，扮演重要角色。

身為內蒙古教育廳副廳長，特木爾巴根試圖增加蒙古族學生的助學金，這使他受到指控，以犧牲漢人利益為代價，為蒙古族提供優惠待遇。他還被指控，在聘用教員方面歧視漢族，而且脾氣暴躁，漢族下屬都很怕他。

師院政教系一名漢族幹部，引用特木爾巴根在一九四九年土改檔案中的言論，以及一九五七年反右運動中的自我批評，提出了更嚴重的指控，說他煽動民族分裂。還有人批判他，不當處理民族問題，身為土改組長，多次企圖修改父親的地主成分。特木爾巴根擔任內蒙古教育廳副廳長期間的工作，也受到批評，特別是在一九六四年社教運動期間，他保護右派分子。

最有殺傷力的指控，集中在特木爾巴根在滿都格其案中所扮演的角色。滿都格其是師院附中的學生。他一九六二年試圖逃往外蒙古，遭警方拘留。特木爾巴根派人將他帶回學校，拒絕以逃亡罪懲罰該生。有傳言稱，滿都格其想獲得外蒙古支持，以實現內外蒙合併。隔年，滿都格其考入師院物理系。一九六三年八月，師院有三名蒙古族學生逃往外蒙古，滿都格其也被牽連其中。作為當時的黨委書記，特木爾巴根對這次叛逃負有責任。

一九六四年秋天，在特木爾巴根專案期間，警方高調逮捕了滿都格其。公安廳派出警車和武裝警察，在上千同學眾目睽睽下，給他戴上手銬，押送監獄。這是彰顯特木爾巴根罪責的一種手段。仔細觀察學生們的表情，我發現大多數漢族都感到好奇麻木，而蒙古族則面露悲傷、同情或者憤怒。

特木爾巴根的日記，也被檢查，以找尋他如何與外蒙古勾結，或民族分裂活動的蛛絲馬跡，但沒發現確鑿證據。雖然他已被調到內蒙古教育廳工作，但還是被帶回師範學院，調查以往六年發生的事情。總之，截至一九六五年三月，特木爾巴根成為內蒙古專案調查運動的最高目標。

為推動專案運動，師範學院及附屬中學，於一九六五年六月停課，上下午各持續三小時會議。特木爾巴根，身高五尺多，身材圓潤發福，卻散發著智慧和活力。每次大會議結束，各系都會召開分會，然後再分班討論。在整個大會批鬥中，特木爾巴根始終鎮定自若，穿一身灰色毛料中山裝，似乎一塵不染。

運動後期，每個學生都必須寫份總結報告。為此，我們收到許多民族政策參考資料，包括列寧、史達林、毛澤東的經典著作。透過研究他們關於民族事務的言論和著作，我開始對列寧的民族自決概念感興趣。讀文件聽討論，讓我第一次開始富有同情心地認真思考，承認少數群體權利的必要性。以前，我根本沒想過自決權，包括獨立權。是閱讀過列寧，特別是史達林關於民族自決的論述，以及毛澤東在延安的著作之後，我才意識到中共早期和後期民族政策之間的不一致。這是我對蒙古人同情心日益增長的思想基礎。當然，考慮到我自己的政治困境，我不可能公開發言，甚至不能在向黨組織提交的總結報告中，暗示真正的想法。受到全班公開批判後，我在繼續學習的同時，也學會了隱瞞自己的想法。

我和好友張達人，私下議論過民族政策文件，他跟我一樣，也受過批判。他說：「可惜我不是蒙古人，如果我是，我也會鬧獨立。」當然，作為漢人，我們是根據自己民族的歷史來思考的。中國曾經是半殖民地，遭受歐洲人、美國人、日本人的攻擊和侵略，在爭取獨立的抗爭中，產生強烈的民族主義似乎理所當然。那麼，同樣道理，為什麼蒙古人和其他民族，就應該被剝奪同樣的爭取權利的機會呢？

在批鬥三週結束時，特木爾巴根被停止工作，等待內蒙古黨委的最後決定。然而，內蒙古自治區政府只能任免縣級幹部，無權解除他的職務，廳局長級幹部，需由華北局或黨中央任免。直到一九六六年二月，文革前夕，他名義上繼續擔任教育廳副廳長。

特木爾巴根專案，預示著一場針對蒙古人的整肅運動正式展開，並很快導致文革的更大悲劇。

那順孟和的自殺

特木爾巴根專案，牽連到多名蒙古人：阿迪亞，師院人事處處長；圖們，蒙古語系系主任，蒙古人民共和國研究生畢業；那松，附中副校長。每人都被指控為民族分裂主義分子，以及特木爾巴根的追隨者。

師院會計師那順孟和的遭遇，更令人心酸。他的女兒娜仁高娃在呼和浩特嫁給一位蘇聯專家，然後與丈夫定居在列寧格勒，並成為蘇聯公民。一九六五年，當中蘇論戰白熱化時，師院保衛處長多次命令那順孟和，報告他女兒一年前回國探親時，要求他做過什麼事情。他否認女兒招募他當蘇聯特務，說她只不過回來探親而已。

那順孟和出身於內蒙古東部哲里木盟科左後旗。他哥哥達瓦·奧索是一位著名的蒙古學者兼政治家。達瓦一九三〇年代從北京大學畢業，曾在滿洲國時期（一九三二至一九四五年）任科左後旗旗長，並於一九四六年起草了東蒙自治政府的《東蒙自治法》。[19]

那順孟和的職業生涯，不如他的哥哥那麼顯赫。他是東蒙古民族主義最重要的領導人哈豐阿，在東北蒙旗師範學院的同學，後來在滿洲國擔任警察科長。一九四五年後，任開魯縣副縣長，後來被保送到內蒙古軍大二院學習。由於承認自己是國民黨黨員，他被逮捕並勞改過三年。一九四九年出獄後，他在師範學院找到了切割模版的工作，後來又轉到師院財務部門當會計。[20]

在特木爾巴根批鬥會期間及之後，那順孟和因拒絕承認自己是蘇聯間諜，而受到公開羞辱。

一九六五年六月中旬的一個晚上，學院保安再次要求他招供，被批鬥了四個小時才放出來。那順孟和沒有回家，而是爬上校園鍋爐房百尺高的大煙囪，跳了下去。

黨委書記紀之，對那順孟和的去世不滿，說他「畏罪自殺，死有餘辜」，他命藝術系學生創作一首蒙古薩滿教歌曲〈安代〉，意為「驅除病魔」。這首歌，原本是一九五〇年代慶祝內蒙古自治區成立十週年時，圍繞篝火手搖絲巾詠唱的歌舞曲。現在，填上新詞咒罵那順的自殺，令人不寒而慄。我至今還記得那幾句歌詞：

> 那順孟和反革命，半夜想起個跳煙洞
> 跳了煙洞送了命，畏罪自殺真可恨！

他在列寧格勒的女兒，無法回來奔喪，另一個女兒在呼和浩特，但因他被貼上了反動標籤，自殺被認為是故意自絕於黨和國家，因此不許舉辦葬禮。只允許他妻子和兄弟，拉出他的遺體，運到呼和浩特以南，在大黑河附近一個無標記的墳堆上，沒任何儀式，就被草草埋葬了。

紀之後來多次提到這個自殺事件，以此說明，我們校園階級鬥爭的尖銳性。我和朋友認為這是一場悲劇，任何有良心的人，至少應該同情他和他的家人。但許多同學，只是拿他的死開開玩笑而已。

「馬克思的鬍子，像我的毬毛」

一九六四年秋，內蒙古的城市社教運動開始，以學生為鬥爭對象的壓力愈來愈大。中央發出的〈高等學校社會主義教育運動〉（簡稱高校社教）文件，下令對反動學生進行批鬥。

俄語四年級學生李貴先，我們稱他為「大貴」，因貶低革命導師馬克思而被批鬥。據悉，內蒙古東部赤峰市來的漢族同學大貴，曾經說過：「馬克思的鬍子像我的毬（陰）毛。」如果這話聽上去很荒唐，那麼變成政治指控，卻是極其嚴重的問題。

以下是事情的真實經過：一天清早，俄語四年級的團支書趙德成，一邊刮鬍子，一邊欣賞鏡子裡的自己，帶著滿臉白色泡沫，大聲問：「瞧我這鬍子，像不像馬克思？」坐在旁邊的大貴，不屑地回應道：「你的鬍子，像我的毬（陰）毛。」在社教運動的政治氣氛中，這種嘲笑支部書記的行為，就演變成了對馬克思的反革命攻擊。在外語系黨團組織策劃下，班和系開會，羞辱大貴。一位又一位同學批判他，指出他富農家庭出身、蔑視黨團組織、抱怨政治學習干擾了外語學習等。最後，大貴被開除學籍。下文會提到：直到師院文革後期，造反派一度掌權時，被整肅過的同學出來做證，才澄清了事實真相，恢復了大貴的學籍，允許他參加畢業分配。

「我們要集體幫助程鐵軍同志」

社教運動期間，系團總支領導人劉樸和高樹華，制定了各班級的批鬥計畫。[21]許多具體工作，都由下面的班級執行。一九六五年四月，我班團支部書記王玉敏（女，河北人，班裡唯一黨員）安排了兩週「批評與自我批評」計畫。她照例會鄭重宣布：「明天，我們將集體幫助某某同志。」在黨的術語中，「被幫助者」被認為是思想覺悟低，或犯了錯誤的人。王玉敏共列出五個「幫助對象」：王景林、張達人、劉東昇、劉露西和我。露西是其中唯一女生。他們的所謂「錯誤」包括個人主義、自由主義，以及堅持小資產階級價值觀等，都屬於雞毛蒜皮小事。只有我一個，才是主要批鬥目標。

根據黨團組織授意，王玉敏還安排政治可靠、要求進步、而自身相對脆弱的同學，以「幫助」為名，盯緊「落後」同學。比方讓趙喜蘭彙報張達人的情況。後來，喜蘭和達人相戀，差一點結婚！露西被指派「幫助」我。我和露西都來自二中，彼此印象很好。有些同學甚至（錯誤地）懷疑我們在約會，其實，我們只是一般朋友而已。

如果說，這些微不足道的指控，在今天看來滑稽可笑，那麼，考慮到摧毀職業生涯的可能性，就絕非可笑的事了。大貴被開除學籍，清楚展現了利害關係。

一九六五年四月，我們全班同學，在寬闊的教室裡召開批判會。主持人站在講台上，向與會的四十名學生發表演說，然後是個人自我批評，大家再輪流發言，集體幫助。前四天過得很快，每天一個被告「認罪過關」，接受領導訓誡，獲得同學「幫助」，但沒有嚴厲懲罰。僅有我一個例外，兩位老師也來到會場。系學生黨總支書記劉樸、團總支書記高樹華，雙雙出席，為批鬥會增添分量。

王玉敏主持會議。她宣布了目的和過程，並陳述了對我的指控：

在我們班裡，階級鬥爭的反映是顯而易見的。已有四名同學受到批評和自我批評。它將進一步推動我們的革命事業，並幫助同學提高自己。最後一個輪到程鐵軍。他的問題，多年累積而成，他對三面紅旗有很多錯誤認知。我們大家都參加過大躍進，知道它為我們國家的進步，做出了巨大貢獻。但程鐵軍並不認同我們的觀點。不但他自己有錯誤觀念，而且試圖說服別人，認同他的錯誤想法。他必須進行深刻的自我批判……

王玉敏的開場白結束後，我開始批判自己：對毛澤東著作學習不夠；片面地看待了三面紅旗的缺點，低估了大躍進的成就等。但我堅稱，自己從沒反對過黨的路線和毛澤東思想。是我主動向黨組織提交了我詳盡的自傳，證明我真心誠意。

接下來，我花一整天的時間，上午和下午，總結了自傳中提到的問題。只有我一個人說話，會場氣氛緊張。午餐休息時，沒一個同學敢跟我說話，連眼神都躲著我，我感覺自己成了瘟神。

先前被批判的四個同學，被命令率先對我開火。我從他們的口氣聽出，至少有兩人，不想上綱上線，試圖降低火力。另外兩人，雖然語氣嚴厲，也沒什麼乾貨，我心裡很明白，大家都必須說點什麼，否則，自己會有麻煩。

對我的集體批判結束之後，劉樸老師發話。他調門升高，語氣尖銳地說：「我們長期以來，一直尋求幫助程鐵軍，但他拒絕面對自己的問題。他對三面紅旗仍然堅持懷疑態度，非常狡猾。從中學到大學，他始終抵制黨的路線。」

高樹華的總結發言，略顯複雜，這源自於他的馬克思主義理論修養。他說，程鐵軍的錯誤，反映了校園內外階級鬥爭的普遍性和嚴重性。他引用我自傳中的某些話，來表明自我批判的必要性。高也把我的例子當作師院階級鬥爭的反映，但語氣沒有劉樸那麼尖銳。聽著這些批判，我驚訝自己毫無畏懼心理。感覺奇怪的是，人們竟然把這些小事情上升到大原則，指責我跟黨團組織對立。

幸運的是，雖然我被列為班上問題最嚴重的人，但沒受到正式處罰。既沒有被扣上階級敵人的帽子，也沒有被開除或關押。遭受批判之後，我努力表現得更好，以顯示對黨忠誠，至少，表明自己是個好人。當然，我不免沮喪，試圖排解鬱悶。只要有時間，就去圖書館看中英文小說。我讀過狄更斯的《塊肉餘生記》（*David Copperfield*）和馬克·吐溫的《湯姆歷險記》（*The Adventures of Tom Sawyer*），以及斯托夫人的《湯姆叔叔的小屋》（*Uncle Tom's Cabin*）。《湯姆叔叔的小屋》讓我特別感動，甚至還為朋友翻譯了中文。於此同時，我繼續閱讀馬克思主義經典，也嘗試透過清掃廁所等體力勞動，來鍛鍊自己。我覺得我受到了不公正的批判，但我堅信，可以透過「為人民服務」來提升自己。

那是一九六五年夏天，「向雷鋒同志學習」的新一波浪潮開始。運動鼓勵群眾，效法雷鋒的無私奉獻，和對毛澤東的忠誠。我不知道，我是否在潛意識裡模仿雷鋒，但我想徹底改造宿舍樓後面雜亂無章的小花園，以美化校園景觀。透過跟學校生物園職工和經理的工作與友誼，我們建立了良好關係。他們給我種子和工具，並教我如何種植。從一九六五年夏天到一九六六年夏天，辛苦勞動了一年。後來，文革爆發，人們坐在鮮花簇擁下，聆聽擴音器廣播黨中央的聲音，或毛主席的最新指示。我感覺自己做了點微薄貢獻，不由想起中國那句古話：前人種樹，後人乘涼。

當我設法在校園和社會上尋找立足之地的時候，呼和浩特乃至全國的政治鬥爭，正在加溫，其中最激烈的鬥爭，發生在首都北京。當時的形勢，恰如唐代詩人許渾所描寫的那樣——山雨欲來風滿樓。

第三章　文革風雷乍起，造反時刻來臨

烏蘭夫的麻煩

一九六六年春天，每天早上，師範學院的擴音器都會播放《人民日報》、《解放軍報》和黨的理論刊物《紅旗雜誌》（簡稱「兩報一刊」）的聯合社論。這樣，我們先是耳聞對作家鄧拓、吳晗、廖沫沙（簡稱「三家村」）的批判，然後又聽到針對北京市委書記和市長的猛烈攻擊，以及對彭真（政治局委員）、羅瑞卿（解放軍總參謀長）、陸定一（中共宣傳部部長）、楊尚昆（中共辦公廳主任）的批判。[1]身為邊疆地區的學生，我們早從一九六二年開始，就已意識到中蘇論戰的公開化，但直到一九六六年，我們才首次清楚感受到，尖銳分歧不僅表現在國際事務中，而且也表現在規劃中國未來的內政方面。

五月，彭、羅、陸、楊等高級領導人被斥為「反黨集團」，遭到撤職。毛和林彪精心策劃的「四家店」倒台，拉開了黨內全面打擊修正主義的序幕。毛澤東從一九六〇年代初，中蘇論戰中對蘇修的批判開始，在社教運動中，集中攻擊中國的赫魯雪夫修正主義。這意味著要把那些「走資本主義道路」的黨和軍隊最高層趕下台，確保培養革命接班人。[2]總之，一場風暴正在醞釀，將席捲全國，並重塑我的未來。

美國越戰升級，中蘇中蒙邊境軍事緊張加劇，二者都對中國軍隊及內蒙古邊境地區產生深遠的影響。一九六四年十月，自治區召開了「三幹會」（自治區、盟市和旗縣三級幹部會議），當時，烏蘭夫正率領中國友好代表團訪問東德，中共華北局第一書記李雪峰來內蒙古三天，向黨政軍高級幹部發表演說，不點名地嚴厲批評烏蘭夫：「內蒙古就像一潭死水，領導人就像行屍走肉，從不強調階級鬥爭！」有一次，他還侮辱蒙古人，問道：「內蒙古的『蒙』字是啥意思？豈不是懵懵懂懂的意思？」然後催促道：「你們別再懵了，快起來戰鬥吧！」[3]

在李雪峰慫恿下，大部分內蒙古高層的烏蘭夫漢族同事，包括內蒙古黨委書記王鐸、權星垣，以及內蒙古黨委常委的許多人，都開始疏遠烏蘭夫，甚至主動拆他的台。有人向中央遞交烏蘭夫所謂民族主義活動的祕密報告。對烏蘭夫的攻擊，由長期為烏蘭夫當局服務的漢族黨軍高級官員牽頭。烏蘭夫被指控，不僅保護蒙古牧民免為階級鬥爭目標，更嚴重的是，烏蘭夫還被控壓迫漢人。

面對愈來愈大的壓力，烏蘭夫於一九六六年一月成立了代常委，任命他最信任的盟友——九名蒙古人，擔任關鍵職務，其中六名是他自己的土默特旗親友（包括他妻子和兒子）。同年二月，他將政府機構精簡為五大常委會。其中四個由土默特蒙古族領導，包括他長子布赫，任文化委員會（文委）主任。他還任命北京中央民族學院的土默特蒙古族浩帆，為內蒙古黨委辦公廳副祕書長；其妻雲麗文，任黨委政策研究室代理主任；雲世英，土默特蒙古族，任黨委政法組副組長；土默特蒙古族陳炳宇，任黨委組織部長。

除了自治區黨委和政府部門，大多數盟市黨委，也都被他的親信改組和控制。[4]內蒙古的家族政治，甚至超過了毛澤東、林彪、劉少奇等中央領導的榜樣，他們的配偶和近親，也都在黨內擔任要職。然而，與中央不同的是，在內蒙古，家庭政治與種族關係糾纏在一起，隨著緊張關係加劇，忠誠具有生死意義，這種政治將以新方式發揮作用。面對嚴峻挑戰，烏蘭夫利用他的蒙漢盟友和同夥，來鞏固自己的地位。他任命的土默特蒙古族官員，都經歷過延安時代，許多人在延安度過一九三九至一九四五年的歲月。烏蘭夫認為，內蒙古東部的蒙古族官員，因與日偽政權有聯繫而被沾汙，而且共產黨資歷比他的土默特同事要弱。有些來自農區和半農業區、經歷過一九四七至一九四八年土改的人，並不完全欣賞烏蘭夫在牧區實行的「三不兩利」政策。受毛澤東階級鬥爭和平均主義思想的影響，一些東蒙領導人，支持漢族農民在土改中提出的，並在社教運動中重申的平均地權要求。他們拒絕烏蘭夫的「三不兩利」，堅持牧區也應遵循階級關係和階級鬥爭原則。如果內蒙古是單一民族的話，可能沒問題。因此，烏蘭夫努力保護蒙古牧民，免受階級鬥爭的影響，引起他們的不滿。而他們的階級覺悟，正中華北局下懷，因為華北局正試圖尋找一切證據，證明烏蘭夫反毛。[5]

另外，烏蘭夫試圖恢復並維護內蒙古原有領土的努力，也招致批評。雖然內蒙古自治政府成立於一九四七年，但直到一九五四年，才將原綏遠省併入自治區，花了七年時間，此後，又花了兩年時間，才將阿拉善旗和額濟納旗納入自治區。同時，大片蒙古土地被其他省分拿走：例如，遼寧省的喀喇沁旗和蒙古貞旗、吉林省的郭爾羅斯前旗，和黑龍江省的郭爾羅斯後旗，以及杜爾伯特旗（大慶油田所在地）。

然而，一九六〇年代初，由於一些鄰近省分開始挑戰內蒙古領土自治的存在理由，國內邊境衝突激增。特別是在大饑荒之後，對於急需土地的鄰近省分來說，內蒙古的面積顯得不合法理。為試圖阻止漢族掠奪蒙古人的土地，一九六五年十二月，在紀念自治區成立二十週年的籌備會上，烏蘭夫下令重印毛澤東一九三五年的〈中央蘇維埃政府對內蒙古人民宣言〉（簡稱〈三五宣言〉），分發給每個與會代表。毛澤東的聲明，是烏蘭夫對「內蒙古為何擁有如此大領土」的回應。宣言中的以下段落，引起大家的注意：

一、原內蒙古六盟二十四部四十九旗，察哈爾和土默特二部，寧夏三特別旗之區域，不論是否設縣，一律歸還給內蒙古人民，「作為內蒙古民族之領土」，要撤銷國民黨於一九二八年在內蒙古設置的熱河、察哈爾、綏遠三個行省及其行政組織，「其他任何民族不得占領或藉辭剝奪內蒙古民族之土地。」

二、我們堅持認為，只有內蒙古人民「自己才有權力解決自己內部的一切問題，誰也沒有權力用暴力去干涉內蒙民族的生活習慣、宗教道德以及其他的一切權利。」重申《中華蘇埃共和國憲法大綱》和《關於中國境內少數民族問題的決議案》中黨的基本主張和民族政策，「內蒙古民族可以從心所欲的組織起來，它有權按自己的原則，組織自己的生活，建立自己的政府，有權與其他的民族結成聯邦的關係，也有權完全分立起來。」[6]

烏蘭夫認為，內蒙古的領土權是對歷史上蒙古土地的恢復，這是最高領導人毛澤東的承諾，當時，蒙古人的支持，對共產黨在第一次國共內戰和隨後的抗日戰爭中取得勝利，至關重要。[7]一九六六年一月，內蒙古黨委向旗縣級以上黨政機關分發了一千二百五十份。[8]當時，毛語錄在全國被到處引用，但是，烏蘭夫此舉，則招來華北局和自治區非蒙古族官員懷疑，他們認為，這是蒙古人對自治權的挑釁性要求。

從社教運動起，高錦明就向華北局提交祕密報告，詳述烏蘭夫的「民族主義傾向」。高出身遼寧省滿族，於一九四〇年代來到內蒙古，最終晉升為內蒙古書記處書記，相當於黨委副書記。[9]一九六六年，他任書記處的常務書記，他感覺烏蘭夫瞧不起自己。另一位心存不滿的漢族書記權星垣，也向中央告狀。一九六五年，他在醫學院的社教運動工作隊演講時，與烏蘭夫發生衝突。他們的祕密報告，提供了華北局第一書記李雪峰有用的訊息。儘管烏蘭夫是華北局第二書記，但在黨內級別上，他實際上是李的上級，因為他是政治局候補委員，而李不是。烏蘭夫在社

圖4　描繪烏蘭夫涉嫌侵占鄰近省分領土的漫畫，1967年。

教運動中，保護內蒙古免受華北局干預的行為，激怒了李雪峰。

一九六六年四月三十日，華北局派出以天津市委書記、華北局常務書記解學恭為組長的調查小組，前往內蒙古調查烏蘭夫。[10]此人是李雪峰的親信，與毛夫人江青關係密切，在大躍進期間上台。一九五八年，解向毛介紹過大躍進的樣板河北省徐水縣，最近在內蒙古領導了一支社教工作隊。[11]

調查人員下令，內蒙古黨委交出烏蘭夫的所有文件、紀錄、出版物和講話檔案，數量龐大，包括自一九四七年內蒙古自治區成立以來的所有重要文件。在黨內矛盾尖銳化的關鍵時刻，內蒙古領導人奉詔進京，開會解決自治區的問題。

五月四日至二十四日在北京召開的政治局擴大會議，揭示了最高權力層的嚴重分歧。[12]中央書記處書記、北京市委第一書記兼市長彭真，遭到嚴厲批判。毛澤東親自修改的〈中國共產黨中央委員會通知〉（簡稱〈五一六通知〉），總結了對彭的批判，並成立了一個新的中央文化革命小組，由陳伯達任組長，康生為顧問，江青及其他五人為成員。從成立到一九六九年四月解散，中央文革小組一直是毛澤東領導文革的執行機構，並得到周恩來總理密切配合。雖然周不是正式成員，但他參加（甚至主持許多）中央文革小組會議。中央文革小組譴責「那些混入黨、政府、軍隊和文化界的資產階級代表人物」是修正主義者。[13]

國防部長林彪，在五月十八日一次「充滿火藥味」的講話中提出警告（簡稱〈五一八講話〉），指控四名高層領導（彭真、陸定一、羅瑞卿、楊尚昆）密謀推翻毛主席及文革左派，這四人立刻遭到誹謗並被撤職（並軟禁）。[14]林在攻擊他們時，大讚毛的天才，他說：「毛主席的話句句是真理，一句頂一萬句……誰反對毛主席，全黨共誅之，全民共討之。」

自五月二十二日起，華北局在北京前門飯店召開馬拉松大會（史稱華北局前門飯店會議）。會議重點，集中在華北地區的五省區和直轄市（京津二市加河北、山西和內蒙古）的問題。烏蘭夫負責組織內蒙古分會，高錦明負責處理日常事務。開頭幾天，內蒙古分會「組織學習」了中央下發的〈五一六通知〉和林彪的〈五一八講話〉等重要文件，為隨後在內蒙古和全國發起的進攻，奠定了思想基礎。

內蒙古師院第一張大字報

五月十八日，即〈五一六通知〉發布兩天之後，黨委書記兼院長紀之，在師院大食堂主持召開群眾大會，號召全校師生透過學習中央文件，參加文化大革命。在紀之看來，這場運動更像首都的政治鬧劇，與我們有安全距離。沒人建議批判單位領導，即使被列入黑名單的當地知識分子，他們本是歷次運動中儀式性的代罪羔羊。當時，我們學生並不知道華北局和烏蘭夫的高層鬥爭。但接下來不斷加劇的政治緊張，卻讓每個人無法忽視。

六月一日晚上八點，全國廣播了毛澤東對北大哲學系黨總支書記聶元梓第一張大字報的個人支持。五月二十五日，聶元梓猛烈抨擊校黨委，點燃了北大的文革。同一天，《人民日報》社論，呼籲破除「四舊」，「掃除一切牛鬼蛇神」。六月二日，《人民日報》評論員文章，痛斥北大領導層是「頑固的反共堡壘」，並刊登和讚揚了聶的大字報。

內蒙古師院領導層，立即意識到北大事件的影響。六月二日下午，黨委書記紀之和政治部主任張學堯，將外語系俄語教員、團總支書記高樹華召到辦公室。幾天前，高在外語系教師會上批評了校領導。如今，他們要求高樹華，監督學生的思想和動態，並承諾運動後，提拔他擔任學院團委書記。他們也嚴厲警告高，不要重蹈一九五七年資產階級右派的錯誤。然而，他們未能成功制止這位下屬。

在外語教研室，高的四位同事，正等待高奉指示歸來。高回來之後，快速起草了一張大字報，劉樸、劉真、樓基立三人，與高老師一樣，都是年輕黨員教師，同意與他一起簽名。而第四位，系主任兼黨委書記王履安，則拒絕加入。[15]

六月三日早上，我吃完早餐，走路去教室，看到外語系門口的廣告板上，貼著一面鮮豔的大字報。

大字報只有九百個字，是高老師用毛筆大字，抄寫在三張粉黃色的大紙上，貼成一條六尺長的文告。這是我來內蒙古以後，第一次看到大字報，感覺跟我在城牆上看到的判決告示，有些相似，告示往往在罪犯的名字上面，打上紅叉。大字報的標題直截了當，跟內容一樣具有爆炸性：「評紀之五月十八日的『動員報告』」。[16]

大字報寫道：「五月十八日，紀之對全院師生做了文化大革命『動員報告』。這份報告是動員還是向革命群眾潑冷水？大有研究的必要。」紀之的演講，因對文革的支持乏善可陳而遭到駁斥。大字報的結論是：

以上大量的事實雄辯地證明：在文化大革命中，紀之所貫徹的是一條修正主義路線，是與黨中央、毛主席對抗的路線。我們堅決反對！

一切革命的同志勇敢站出來，高舉毛澤東思想偉大紅旗，保衛黨中央，保衛毛主席！同時要百倍地警戒身邊的妖魔鬼怪的陰謀活動，不讓他們趁機渾水摸魚。

橫掃一切牛鬼蛇神！把社會主義文化大革命進行到底！

大字報的訊息充滿衝擊力。原來，師生員工都被誤導了，我們被動地坐在課堂上，學習或思考遙遠的知識辯論，忘記了審視校園裡的政治局勢。大字報嚴厲批評紀之的講話，說它表面上動員學生參加文革，實際上想透過學習文件來鎮壓運動。

出身呼和浩特鐵路工人家庭的高樹華，身材高大，充滿魅力。一九五八年畢業於二中，一九六二年畢業於內蒙古師院，十四歲入團，十九歲入黨。二十五歲時，已成為內蒙古政治與文藝批評界一顆冉冉升起的新星。一九六五年，他發表文章，批評蘇聯作家蕭洛霍夫《靜靜的頓河》（*And Quiet Flows the Don*）與內蒙古作家馬拉沁夫《在茫茫的草原上》，緊跟黨的路線，譴責蘇聯和內蒙古作家，說他們是修正主義者，「其作品掩蓋了階級鬥爭」。高意識到這次政治風向轉變的重大意義，屬於內蒙古最早敢於大膽行動的人士之一。

高樹華的大字報掀起了一股浪潮，從師院開始，隨後席捲全自治區。[17]跟當時全國發生的情況類似，高也模仿了五月二十五日北大聶元梓的大字報。受到康生夫人曹宜鷗等文革激進派的鼓勵，聶和六位同事，譴責陸平的北大動員報告是鎮壓群眾，不讓人民揭黨委的蓋子。聶的大字報，立刻引起北大黨委和官方支持者的猛烈攻擊，但毛澤東六月一日的廣播講話，將聶的大字報稱為「一九六〇年代巴黎公社的宣言」，這才平息了對聶的圍攻。[18]

高在體制內的資歷無可挑剔，在社教運動中，他曾親自批判我和其他師生，這使他在校園發起的造反運動更引人注目。正如他後來解釋的那樣，他發現，紀之試圖用升官許諾、威脅監視學生來收買他，這是極不道德的。他感覺，師院和北大沒什麼兩樣，而紀之就像《人民日報》社論

圖5　俄語進修班畢業照，1961年7月18日：高樹華（後排左），劉樸（中排右），宗馥華（高後來的太太，前排左二），全是漢族。

中斥責的陸平一樣，「作為北大的黨委書記」，以「組織」名義威脅學生和起來革命的幹部，「誰不聽這一小撮人的命令，誰就是違紀，就是反黨。」想到這裡，高樹華「不寒而慄」，「意識到事態的嚴重性」。[19]

六月三日上午，大字報貼出幾個小時內，學院就陷入了混亂。數百名師生湧入外語系大樓的走廊，爭看大字報，後面喊著前面的人快點走，好讓別人有機會近前閱讀。

我觀察到，教師們對大字報有兩種截然不同的反應，許多年輕教師，對造反號召感到興奮。但經驗豐富的老教師（通常是早期反右運動的倖存者，或受害者）看起來很焦慮。實際上，很多人感到害怕。看到大字報，他們的臉色發白。與此同時，學生和年輕的教職員工，都爭先恐後找尋紙張、墨水和漿糊，來寫自己的大字報。當彩紙供應耗盡，人們就轉向舊報紙。

從那天開始，延及未來歲月，沒人再教課，也沒人會聽講了。六月，全國大中學校全部停課，師生全心投入文革（叫停課鬧革命）。本質上，這是社教運動的延續，當時許多師生，被派往農村去引領「革命」。然而這次，主要目標是呼和市委和內蒙古黨委「走資本主義道路的當權派」，以及堅持生產，不執行毛澤東指示，不搞階級鬥爭的人。當時我正在讀大學三年級，從那一刻起直到一九六七年七月畢業，我再也沒上過一次課。許多學院和大學需要十年或更長時間，才能恢復正常秩序。

當時，我們不知道的是，幾乎所有內蒙古最高領導層都在北京參加對烏蘭夫的審查。內蒙古黨委的日常工作，由兩位書記處書記（畢力格巴圖爾和王逸倫）負責，前者是土默特蒙古族，後者是漢族。

只有內蒙古文教委員會（簡稱文委）的主要領導人布赫（烏蘭夫長子）、趙戈銳（土默特蒙古族）、韓明和孫培卿——都在呼和浩特，他們是高校的頂頭上司。六月三日，四人集體來到師院，勸紀之保持冷靜，堅定機智地應對局面。同一天，高錦明兩次從北京打電話到呼和，轉達李雪峰要求把師生活動限制在校園內的指示。[20]就當時看，黨還牢牢控制著局面。但究竟誰是主宰？是治理了內蒙古二十年的烏蘭夫班底呢？還是以李雪峰為首、正在挑戰烏蘭夫的那個黨？

紀之對大字報事件的回應是，全校停課，並指示總務處，派卡車運來寫大字報的紙張、毛筆和墨水，由廚房提供麵粉熬製漿糊，用於黏貼大字報。一切都免費，無限量供應。大字報是毛澤東親自認可意識形態鬥爭的最新武器。大字報在整個二十世紀不斷發展。然而，只有在文革中，它們才變得鋪天蓋地、無處不在，暗示一種新表達形式的可能性，具有原始民主和動員潛力。人們不再像民主國家那樣，每隔幾年對候選人或政黨匿名投票，而開始表達自己的觀點，並用自己的大字報與他人溝通。這意味著，在某些情況下，可能會出現自下而上挑戰權力壟斷的情況。但也有黨和軍隊領導人認為，這是可以操縱和鎮壓異議人士的手段。在黨的分裂時期，任何政治人物都不能認為，黨的認可就能提供安全保證。

師院黨委書記紀之，曾試圖透過平息抗議，把運動引往安全的方向，現在，他則改變策略，將自己置於運動的領導地位。幾小時內，校園裡就貼滿了大字報。當天下午，一些中文系三年級學生，喊出了「保衛院黨委」的口號。隨後，數學系、政教系、中文系的學生，也紛紛貼出大字報，聲援紀之。[21]但其他許多人，都從高樹華或聶元梓的大字報激發靈感。讀《人民日報》、聽中央廣播，可明顯看出，是毛澤東支持聶的大字報，才引發對北大黨領袖的攻擊。總之，每個人都從北京尋求線索。

在呼和浩特，由師範學院帶頭，幾天之內，每個校園都貼滿了大字報。由於空間變得稀缺，校園工人想出一個絕妙的主意，在院子裡設立柱子，用鐵絲連接起來，以便懸掛大字報。主樓和行政樓之間，架設了上百根鐵絲，每根約五十尺長。

就在此時，一場悲劇發生。一名學院的電工在架設立柱、連接鐵絲、安裝電燈時，不慎從梯子上摔落而昏迷。同學們把他抬回家，但因跌倒時頭骨撞到水泥上，很快就過世了。二十多歲的小張，留下妻子和年幼的兒子。他是內蒙古文革第一個、也許也是最無辜的犧牲者。校園為他舉行的葬禮，成為各政治派別共同支持的最後活動之一。

總之，造反時刻的到來，近在咫尺。

第一張政治漫畫

幹點什麼好呢？我感覺周圍好像一場戰爭正在揭開序幕。儘管我受過批判，但也或許正因此事，我覺得自己不可能袖手旁觀。我的回應是，盡可能把我的繪畫技能派上用場。於是，我構思了第一幅諷刺黨委書記的漫畫，把紀之描繪成一個站在十字路口，用四隻長臂指揮交通的警察。每隻手都揮舞一根警棍，上面寫著「走這邊」或「走那邊」。

我班同學翟希民和張達人，饒有趣味地看我畫畫，加入了一些想法，像是紀之腳下藏匿的牛鬼蛇神，這些怪物就是紀之想要保護的壞人。書記指引人們到處尋找壞人，卻把學院本身排除在外。最後，好友張達人接受邀請，和我一起簽了名。

我為自己從小訓練繪畫技巧感到一絲自豪。從五中畢業時，我曾一度考慮過報考師院藝術系美術專業，但語文老師認為我文章寫得好，建議我報考大學文科，這才阻止了我的胡思亂想。

我的漫畫貼出之後，又出現許多類似漫畫。藝術系的同學，貼出了更複雜更專業的漫畫。但

圖6　根據記憶重繪的1966年卡通人物，©程鐵軍，於2020年。

人們還記得我那張（包括紀之本人在內），不僅因為它帶了頭，還因為我在社教運動中，被點名為政治上的「落後學生」。儘管我不免天真，高樹華在校園得到強有力支持。而他的大方向，似乎與北京高層發出的訊號一致，這讓我更加大膽，也就不大顧及可能的行為後果了。

漫畫既是一種政治表態，也有我發洩個人不滿的因素。我並不是唯一一個對官方策劃鎮壓感到不滿的人。代罪羔羊實在太多，像俄語四年級學生大貴，因一句俏皮話「馬克思的鬍子像我的毯毛」而被開除。毛澤東攻擊黨委的號召，透過聶元梓和高樹華的大字報，令許多倍感壓抑和沉默的人感到振奮。正在開始的進程，似乎開闢了一條「踢開反動的黨委」而繼續革命的道路。對我們來說，叛逆似乎是很自然的事。我當時並沒有考慮過多，萬一政策轉彎時，個人的政治後果會如何。

六月五日，《人民日報》發表社論：〈做無產階級革命派，還是資產階級保守派？〉全國各地的學生、知識分子和工人組織，立刻宣稱自己是「無產階級革命派」。對許多像我這樣的人來說，這無異是種邀請，可以表達對專制和濫用權力，發洩長期壓抑的不滿。一時激動之下，許多人敢於批評藐視民眾利益的官方政策。然而，黨組織卻把我們當作鬧事者、反抗當局的人，尤其是因為我們中的許多人都有右派或壞分子的不良背景，並在政治運動中受到批評。然而，對我們來說，造反本質上是革命性的，正如毛澤東本人在一九三九年的評論中所認可的那樣：「馬克思主義的道理千頭萬緒，歸根結柢，就是一句話：造反有理。根據這個道理，於是就反抗，就鬥爭，就幹社會主義。」[22]

這個階段，我們只稱自己為「革命左派」，兩個月後的八月，在毛澤東公開支持下，「造反派」才成為一個積極而正面的術語。

但是，權力中心所發出的訊號，並非明確無誤。六月四日，《人民日報》發布了兩條重要消息：第一條，李雪峰取代烏蘭夫的盟友彭真，成為新任北京市委書記。作為推翻烏蘭夫、並鎮壓校園造反的重要人物，李也升任政治局候補委員。第二條，《人民日報》轉發了新北京市委的決定，拔掉遭聶元梓批判的北大校長陸平職務，並向北大派出工作隊。

六月五日，擴音器通知全校學生，以布赫為首的內蒙古黨委和文委，決定向呼和市七所高校分別派出工作隊，加強黨的領導。所有革命師生，都被動員迎接工作隊蒞臨。同時，不僅有北京校園情況的傳言，還有關於前門飯店會議的傳言，會議將決定烏蘭夫及其同夥的命運。

中央廣播電台，成為北京最新政治思想的唯一來源，在黨機器明顯癱瘓的情況下，它似乎直接成為毛澤東的傳聲筒。每當廣播員的聲音變得嚴厲起來，人們便聚集在高音喇叭下，一面聆聽北京的聲音，一邊欣賞我種植的花草，還有科學樓後面的桃林。每當此時，我不由想起為種植小花園而做出的微薄貢獻。

工作隊指揮一切

一九六六年六月的頭幾天，批評黨政官員的大字報出現之後，黨組織投入強大力量，試圖反擊批評者。曾在農村領導社教運動的國家主席劉少奇，在毛澤東離京南巡期間，負責領導文革運動。他試圖用批判修正主義（主要指右派知識分子）的老方法，將威脅黨的運動，重新置於黨委控制之下。聶元梓的大字報貼出後，黨領導居於守勢，劉少奇授權，向北京大學，以及主管金融、貿易、工業和通訊的主要政府機構，派出四百多個工作隊（約萬名成員）。他們所到之處，都透過控制學生和群眾的造反行動，來加強黨的領導。

呼和浩特也迅速跟進。六月七日，二十人的工作隊抵達師院。最初支持高樹華大字報的學生們，列隊熱烈歡迎，並期待他們支持我們的事業。他們的領袖古東是山西人，漢族，曾任內蒙古工學院院長、黨委副書記。他四十多歲，身穿中山裝、皮鞋鋥亮，面無笑容。古東來師院之前，曾任農村社教工作隊副隊長。

六月八日，外語系召開會議，譴責紀之和王履安迫害高樹華及三名同事。[23]數小時內，內蒙古文化局副局長陳覺生，帶著十九人趕到，成為擴大工作隊的副組長。[24]工作隊立即召開全校大會，宣布停止紀之的黨內外一切職務，這對活躍人士來說，似乎是個巨大的勝利，他們從高樹華的大字報開始，就批判紀之和黨委。這是內蒙古首例大學黨委書記，因師生造反抗議而被打倒的先例。

然而，工作隊並不是來支援批判者的，甚至不是來調查他們的指控，而是來鎮壓造反，恢復黨的權威。他們自稱「消防隊」，動手撲滅批判的火焰。事實上，劉少奇和鄧小平在六月三日的一次會議上，就曾用過消防隊的說法，會上宣布向已成為造反派重點的校園派出工作隊。工作隊堅守劉、鄧提出的「中央八條」：包括「內外分明、保守機密、大字報不上街、不遊行、不串連、不組織大型批鬥會、不包圍黑幫成員住所、不打罵誹謗」等等。用七月十三日中央政治局關於北京中學文革決議的話說，工作隊的中心任務是「恢復黨支部的領導作用」。[25]

工作隊先把紀之放在一邊，然後公開警告學生：「看你們怎麼跳！你們是初生牛犢不怕虎。但你們知道一九五七年發生過什麼嗎？這次運動就跟那次一樣！」一九五七年的反右運動，在鎮壓民眾抗議後，鞏固了黨的權力。當工作隊成員進入各系並開始編制名單時，許多學生害怕起來。他們將學生分為三類：支持黨委、批判高樹華等人的是革命左派；盲目追隨高樹華，輕微攻擊黨的屬於中間分子；高樹華的頑固追隨者，屬於反動右派，其中包括在社教運動中被批判有右派傾向的程鐵軍、張達人等。

高樹華大字報出現後的幾週內，九成的師院師生都貼了大字報表示支持。但在工作隊壓力下，許多師生放棄了大字報說的一切，一個又一個悔改。先批評自己，然後再批判其他大字報作者，尤其是最初的四位老師。

為加強進攻力度，工作隊開始散播剩餘頑固學生的階級背景，和令人震驚的家庭訊息。很自然地，他們因為我的漫畫而攻擊我，包括批判漫畫中的訊息，並依據我父親的經歷，質疑我出身「貧農階級」，是否是編造的。

每個學生的家庭背景，在入學過程中都經歷審查，因此都有紀錄可循。工作隊散布我父親在傅作義將軍手下服役的細節。這更令人惱火，因為我與父親保持距離，而且在自傳中批評過他。現在因為他的個人經歷，我被迫自食苦果。我母親孫文華的黨員資格，也被質疑，她在日本大掃蕩期間，因沒跟隨中共撤退而「自動退黨」，這意味我的家庭背景有「汙點」。我開始厭惡工作隊的血統論，他們反覆用父母親屬的階級背景抹黑批評者。

就像北京和全國各地一樣，工作隊指派各系革命左派祕密抄寫大字報內容，以獲取反動右派學生的證據，就像一九五七年的反右運動一樣。左派學生都有筆記本，從牆上的大字報抄寫他們認為有問題的段落，陸續放入問題學生的檔案，成為他們反黨活動的證據。高壓之下，大多數革命左派開始放棄原先的立場。

華北局批鬥烏蘭夫

從一九六六年六月二日起，華北局的前門飯店會議，開始攻擊烏蘭夫及其支持者。華北局工作隊負責人解學恭，譴責內蒙古在社教運動中放棄階級鬥爭原則，轉而把矛頭對準大漢族主義。解學恭沒提烏蘭夫的名字，但批判目標明確無誤。[26]

六月五日至六日兩天，解學恭、王再天（又名那木吉樂舍楞，科爾沁蒙古族，內蒙古黨委書記處書記）、權星垣（內蒙古黨委書記處書記）、雷代夫（內蒙古黨委常委）等人對烏蘭夫進行了批判。不久前為加強烏蘭夫地位而發動的行政改組中，這些高幹已被邊緣化或被降職。最嚴重的指控集中在烏蘭夫印發毛澤東的〈三五宣言〉上，被指為「民族分裂」活動。[27]

作為回應，有些土默特蒙古族支持者，串連起來為烏蘭夫辯護，例如陳炳宇、李文晶和雲瑞。包括李貴在內的一些內蒙古漢族官員，也支持這位老領導。呼和市委書記李貴明確表示：「就呼和浩特而言，大漢族主義是客觀存在的，是主要問題，甚至有些孩子也是大漢族主義者。」[28]

六月七日，在前門飯店舉行的自治區黨委常委會上，李雪峰嚴厲抨擊烏蘭夫，指控他鎮壓階級鬥爭、煽動民族分裂、破壞社教運動，企圖建立「獨立王國」，這也是毛澤東攻擊彭真的話。他問，為什麼烏蘭夫強調〈三五宣言〉，卻無視毛澤東一九五八年三月在成都會議上，對烏蘭夫歧視內蒙古漢族幹部的批評呢？

一九五八年三月八日至二十六日，在成都召開的中央工作會議，是發動大躍進重要的第一步。烏蘭夫向會議報告之後，毛澤東評論：

明確地說，和漢族要密切，要相信馬克思主義，各族互相信任。使蒙漢兩族合作。不管什麼民族，看真理在誰的方面。馬克思是猶太人，史達林是少數民族。蔣介石是漢族，但很壞，我們要堅決反對。不要一定是本省人掌權，不管哪裡人，南方、北方、這族、那族，只問哪個為共產主義。馬克思做書記，你贊成不贊成？他也不是本地人。漢人的頭子，要跟少數民族幹部講清楚……

應從歷史上看中國的民族問題。究竟吃民族主義的飯還是共產主義的飯，吃地方主義的飯還是共產黨的飯，首先要吃共產主義飯。民族要，地方要，但不要主義。[29]

李雪峰強調毛澤東說的「馬克思是猶太人，史達林是少數民族，蔣介石是漢族」，他堅稱關鍵問題不在於族裔，而在於是否是共產黨員，這比烏蘭夫的領導權或內蒙古官僚機構的民族組成更重要。李的攻擊，指出了區域自治概念的合法性這個根本問題，以及自治區領導人的任命權，最終是在內蒙古還是在中央。

烏蘭夫的處境每況愈下。六月八日，由二十三名成員組成的華北局工作隊，主持召開了關於內蒙古問題的會議。[30]工作隊由華北局常務書記解學恭領導，中組部副部長趙漢任組長，成員包括曾在內蒙古工作過的中共統戰部副部長、國家民委副主任劉春，以及華北局財務主任李樹德。[31]

六月八日，烏蘭夫創建的代常委被撤銷，會議的真正目的暴露無遺。烏蘭夫在呼和浩特的主要心腹浩帆被勒令交出槍枝，撤走家中電話。六月十日，他被下令停止工作。會議的第一位受害者、土默特蒙古族浩帆，最近才被任命為自治區黨委辦公廳副祕書長。[32]烏蘭夫的追隨者，紛紛遭到憤怒的譴責。六月十四日，烏蘭夫第一次做自我批判。然而，他只承認存在民族偏見，這一微不足道的認罪，進一步激怒了迫害他的人們。

所謂烏蘭夫的民族分裂主義，在前門飯店會議期間被戲劇化了。土默特蒙古族軍官雲成烈，是昭烏達盟軍區副參謀長，也是烏蘭夫的姪子，當他聽說烏蘭夫在北京遭到圍攻，非常氣憤。在諮詢呼和幾位土默特旗官員後，他於六月十六日趕往北京，據稱給烏蘭夫傳了一條口信，告訴烏：「一定要頂住！革命是有反覆的，上大青山打游擊也要革命！」意指烏蘭夫的抗日游擊戰爭。[33]無論真相如何，烏蘭夫的敵人緊咬這條口信，作為他密謀將內蒙古從中國分裂出去的證據。

雲成烈的口信傳到華北局，立刻引起軒然大波。隨著林彪警告政變危險，人們的注意力，立刻轉向烏蘭夫在內蒙古可能密謀造反。劉少奇、鄧小平立刻背著烏蘭夫，下令華北局召開內蒙古黨委會。會議做出了幾個關鍵決定：內蒙古軍區在北京的領導人，立即返回內蒙古指揮部隊，所有參加社教運動的高官也立即返回本單位。權星垣返回呼和浩特，領導內蒙古黨委。[34]一場反蒙古人的運動席捲全區，所有土默特蒙古族軍官都被逮捕，大多數土默特文職官員也被撤職，烏蘭夫二十年來建立的權力基礎，在打擊下徹底崩潰。

六月十七日，會議就烏蘭夫的執政班底做出三項決定：一，調查內蒙古代常委全體委員；

二，奪去呼和浩特市委的權力，同時免去陳炳宇的組織部代部長職務；三，免去雲麗文（烏蘭夫妻子）的黨委政研室代理主任，以及高妮的黨委辦公廳副主任職務。[35]六月十八日，布赫（烏蘭夫長子）跟他的副手趙戈銳，被劃為黑幫分子，免去他們在文委的要職。

特別指出領導幹部及其成員的「黑幫」一詞，首次出現在《人民日報》一九六六年六月二日的一篇評論員文章中，題目為〈歡呼北大的一張大字報〉。文章譴責北京市委副書記鄧拓、副市長吳晗、宣傳部長廖沫沙為黑幫，號召人民群眾起來，摧毀「黑幫派、黑組織、黑紀律」。六月十六日《人民日報》發表社論〈放手發動群眾徹底打倒反革命黑幫〉，號召將一切「反黨反社會主義分子」、「資產階級代表人物」、「牛鬼蛇神」（統稱為黑幫）打翻在地。[36]這篇社論，推動全國陷入「打倒黑幫」的狂歡之中。在內蒙古，鬥爭的主要目標，集中在烏蘭夫及其同夥身上。

六月十九日，曾在北京領導內蒙古官員聲討烏蘭夫的權星垣，回到呼和浩特，受命領導內蒙古的文化大革命。

高樹華成為烏蘭夫集團「黑幫分子」

呼和浩特的校園動亂，未對內蒙古領導階層的垮台產生影響。烏蘭夫的清算來自黨中央，包括毛澤東、林彪、劉少奇、鄧小平和李雪峰，以及內蒙古黨政軍中的反烏勢力。

然而，身在北京的高錦明和權星垣，密切監視著呼和浩特的校園動態。當得知高樹華曾與外語系教師力沙克（烏蘭夫兒子）關係密切之後，高和權一度懷疑，力沙克是高樹華大字報的幕後黑手，目的在於轉移人們對北京整肅烏蘭夫的注意力。高錦明也誤以為高樹華是女性，甚至懷疑力沙克與高有特殊關係。師院工作隊，奉命調查高與力的關係問題。[37]

隨著烏蘭夫以蒙古族為中心的政權倒台，工作隊在校園行使權力，聽命於自封為左派書記的高錦明、權星垣、王鐸和王逸倫等新領導層：包括一個滿族（準漢族）和三個漢族。從此結束了烏蘭夫領導下相對和諧的二十年，那段時間，蒙漢同事彼此合作，使蒙古族實現了一定程度的自治，民族關係相對平穩。

身為一般學生，我們當時對民族問題的重要性沒有絲毫認識，完全陷入以階級鬥爭為中心的校園衝突。儘管如此，領導層的變動，還是給師院等地師生，在與工作隊的棋局中，增添了某種扭轉局面的機會。因為烏蘭夫政權垮台，內蒙古陷入混亂，黨政軍各級領導陣營林立，爭先恐後聲討烏蘭夫，與烏蘭夫同夥保持距離。烏蘭夫倒台，引發各陣營猛烈批判這位前領導人，將表面上的階級鬥爭，轉變為攻擊蒙古民族主義。

自從陳覺生被布赫、趙戈銳派到校園後，我們就開始攻擊他是黑幫成員，即烏蘭夫的同夥。我們要求撤銷陳的副領導職務，並重新改組工作隊。[38]

六月二十四日，師院工作隊部分成員貼出大字報，聲討陳覺生，揭發他與自治區黨委辦公廳副祕書長浩帆關係密切。[39]高樹華跟同事劉真、劉樸、樓基立，又貼出另一張大字報，稱「工作隊是浩家店的『黑幫』」。[40]高樹華不知道的是，六月十八日，紀之的私人祕書、院長辦公室主任陳漢楚，給華北局書記蘇謙益寫了封揭發信，詳述高樹華與烏蘭夫之子力沙克之間的特殊關係。[41]

從一九六三年三月開始，在一年多時間裡，高樹華曾與烏蘭夫的三子力沙克共用一間單身宿舍。當時，力沙克從莫斯科留學歸來，他本來是學核子物理，但不願去三線的核武機構工作，於一九六一至一九六四年，在師院外語系教俄語。後來，被派往呼和第二毛紡廠領導社教運動，但他的正式單位仍在師院。因此每個月，高樹華都會把力沙克的薪水送到他所住的哥哥布赫家。[42]

在六月份的最後一週，隨著校園內批鬥力沙克的大字報大量出現，高樹華跟工作隊刀槍過招，你來我往，異常激烈。但此時，力沙克等百餘名黑幫成員已經被抓，正接受師院工作隊的批鬥和勞改。外語系和師院其他各系領導層，紛紛譴責高與烏的關係，特別是透過力沙克和烏蘭夫的妻子雲麗文。

七月六日，文委政治部在師院貼出大字報：「高樹華的後台老闆是誰？」[43]高樹華首次被貼上黑幫的標籤，說他的老闆，就是前內蒙古黨委宣傳部副部長潮洛蒙。這份大字報一出，絕大多數師生迅速改變觀點，站到文委一邊，支持工作隊，高喊口號，張貼「打倒黑幫高樹華」的標語。在席捲內蒙古各大學校園的龍捲風中，對多數人來說，改變立場似乎是最安全的做法。

高在外語系的支持者被監視，教職員工和學生被禁止進出校園，實際上進入戒嚴狀態，[44]師範學院的造反運動，面臨失敗的命運。

不認罪將被開除

在工作隊壓力下，每個人都擔心自己的未來，擔心家人和朋友，以及國家的命運。由於害怕成為另一場反右運動的目標，許多最初支持成為造反派的人，紛紛承認自己的錯誤，並開始批判高樹華及其戰友。肇因來自工作隊的重複新壓力，或成為造反派同學的說服鼓動，有些人一天多次改變立場。更多人感到無可救藥的困惑，校園上演一幕幕悲喜劇。來自內蒙古東部的英語二年級學生、入團積極分子李秀蘭，害怕因站錯隊而被懲罰，重複地向毛主席請罪：「求毛主席原諒！」一會兒說她支持高樹華，一會兒又說反對高樹華。人們開玩笑說：「別學李秀蘭的樣子，她一天改變了十二次觀點。」然而，秀蘭並非唯一在壓力下急於放棄觀點的人。

蒙語專業四年級學生寶音孟和，最近學了點漢語古文，寫了張大標語，發現牆上沒足夠空間張貼，於是就貼在人行道每人都能看到的地方。他寫道：「虎狼當道，中國休矣！」他的目的，顯然是激勵我們反對當權派。但照搬他不太熟悉的漢語經典，使他不幸陷入麻煩。起初，人們只是笑問：「他為啥這麼寫？」畢竟，這是毛澤東領導的時代。但有些漢族學生，卻上綱上線，猛烈抨擊他的標語，說這種情緒是反動的。寶音孟和非常害怕。他涕淚縱橫，哭著說：「對不起，對不起啦，我不是故意的，我的中文很差。」

但聞到血腥味的保守派，不想輕易放過他，堅持要把他交給工作隊處理。部分蒙古族同學，還有我們外語系的漢族同學，為此感到氣憤，紛紛站出來幫他解圍，我們說：「他是團員，人很好，出發點也沒錯，只是古漢語有待加強。」幸運的是，此事沒上報工作隊，也沒人繼續追究。很久之後，大家還拿這件事當笑話。

高樹華的許多早期支持者，也都開始拋棄他。因為高曾任分管學生黨員的黨委副書記，那些想入黨的人都巴結他。後來，當他開始造反，遇到困難時，許多人，尤其他的模範學生之一、我班團支部書記王玉敏，對他態度最為嚴厲。

工作隊也組織藝術系的同學，繪製諷刺高及其同夥的漫畫。記得其中一幅，畫了一棵古老的大樹。高樹華的名字是「高大的樹」，我們也稱他的綽號為「大樹」。漫畫上的老樹，扎根於「資產階級土壤」，長出了一棵半死不活的朽木。樹枝上爬滿猴子，每隻猴子都有一個鐵桿學生的名字，包括我。漫畫的主題靈感，應來自成語：「樹倒猢猻散」。我們都被描繪成即將逃跑的長尾猴，每個人的面容立刻能被認出來。大家長久記得這幅漫畫。我很欣賞它的藝術性和幽默感，但無法認同它傳遞的訊息。

至於我本人，依舊四平八穩，態度十分執拗。我不是輕易改變觀點或背叛朋友和同志的人。我為什麼跟著高樹華造反？當朋友勸我不要支持他時，會提起他曾經批判迫害我。我回擊：你不懂如何分辨個人感情和大方向！文革並不意味著過去的所有工作都是錯誤的。也不是說三面紅旗都是錯的。我不認為高老師對我的批判毫無根據。無論如何，他都是聽從上級黨委的命令。高對紀之的批判，也並非針對紀之個人，這是革命大方向和回應毛主席號召的問題。

在工作隊的壓力下，我最終成為英三僅有的五個不肯放棄支持高樹華的頑固分子之一，另外四位是王景林、張達人、翟希民和畢武卿。

此時謠言四起：拒絕認罪者將被開除。跟我一起在漫畫上簽名的張達人說：「我反正準備好回家了。」即使面對被捕入獄的可能，我們仍然堅定不移，但也不無擔心。大家都睡不著覺，每天深夜湊在操場上，席地而坐，仔細討論未來的情勢。

隨著工作隊壓力加大，七月八日，外語、中文、體育、藝術等系的一小群同學，在主樓二層的平台上，貼了一對巨幅標語：「堅決支持高樹華同志，徹底揭露陰謀家詭計！」每個大字有兩尺高。工作隊組織上百名物理、生物等系的保守派學生，在樓下圍攻。他們高喊「打倒反革命！」「打倒反動學生韓桐！」「打倒反動學生劉洪印！」手指指向正在張貼標語的兩名英語四年級同學。

看到他們處境危險，我跑向體育系求援。我逐一敲他們的門：「快去主樓增援，保守派要打人，我們需要幫忙！」他們都是運動員，許多受過工作隊幹事劉慶曉的迫害，所以造反派占絕對優勢。我們一起跑回主樓，發現英四的韓桐挨打受傷，漢三同學薛永長被扭住雙手，正跪在毛主席像前請罪。當虎背熊腰的體育造反派趕到時，我們才為韓桐和薛永長解了圍。

但最終結果，我們還是寡不敵眾。工作隊的支持者愈聚愈多，他們掛起另一條巨大的橫幅「嚴懲黑幫高樹華及其走狗」，還強迫薛永長、劉洪印等人爬上梯子，撕掉原來的標語，數百名保守派學生在下面指手劃腳，揮舞拳頭，這對我們來說，是一種巨大的羞辱。

烏蘭夫舉手投降

七月八日，高樹華和七名學生領袖逃出校園，前往北京，向華北局和中央文革小組，彙報內蒙古師院文革及工作隊的情況。[45]當時，在前門飯店的馬拉松會議上，烏蘭夫的反對者繼續施壓，要求他承認所有「罪行」。

到一九六六年七月二日，烏蘭夫的反抗最終崩潰。其後數週，劉少奇和鄧小平，把烏蘭夫專案提交中央最高層，以回應華北局對烏的指控，譴責他的地方民族主義、修正主義，和拒絕階級鬥爭。他們逐條批判烏蘭夫先前的主要成就，包括「三不兩利」的土改政策，特別是他在社教運動中對大漢族主義的批評。[46]

劉少奇問：「大漢族主義壓迫過你們嗎？現在，內蒙古沒有壓迫，而是全國內部平等。用民族問題取代階級鬥爭問題，是資產階級路線。它代表的是蒙古地主、牧主和資產階級的利益，而不是內蒙古工農與貧苦牧民的利益。」

他們批判烏蘭夫的另一個焦點，是他拒絕批評蒙古人民共和國。例如，鄧小平說：「去年下半年以來，在我們譴責蘇修反華活動最激烈的時候，你們卻降低了反修主義的旗幟。」

劉少奇說：「新疆在干擾蘇修的電台廣播，而內蒙古電台，卻不再干擾外蒙古電台了。」

鄧小平挑戰烏蘭夫的自我批評，認為他的地方民族主義思想可以追溯到一九六五年，也就是內蒙古成立二十週年的時候。他咆哮道：「你在一九五五年的鎮壓西藏叛亂中，一九五六年的社會主義改造中，和其後的西藏平叛中，一向右傾……你從沒有放棄過錯誤觀點。」

康生尖叫道：「你到底要把內蒙古人民帶到哪裡去？……你是舉社會主義和毛澤東的旗幟，還是舉烏蘭夫和民族主義的旗幟？」康指的是，未經中央批准，烏蘭夫私自任命的代常委。

七月七日至十日，烏蘭夫做了屈辱性的自我批評，承認了所有指控。這還不夠，內蒙古十三位代常委之一的郭以青，為保自己仕途，向烏蘭夫高喊「繳械投降」。眾人對烏蘭夫的譴責，接踵而至。七月十四日，與會者建議黨中央，撤銷烏蘭夫的一切黨內職務，以及在內蒙古和華北局的一切職務。隨後兩天，高錦明指責烏的終極罪行，說他企圖「合併內外蒙，建立大蒙古國，成為當代的成吉思汗！」七月十八日至十九日，前門飯店會議結束前一週，解學恭做出終審判決，確認對烏蘭夫的所有指控。他總結說：「反對烏蘭夫的鬥爭是一場嚴肅的政治鬥爭，經過兩個月時間，我們取得了決定性勝利！」

對這樣一位領導人來說，這項判決非同尋常。正是烏蘭夫，對維護內蒙古和中國的統一，發揮了關鍵作用。他成功將前內人黨納入中國共產黨領導，並領導了一個統一的內蒙古自治政府，出色地保護蒙漢各族利益，實現了二十多年的和平發展。

十分弔詭的是，僅僅一個月後，帶頭整肅烏蘭夫的劉少奇和鄧小平，雙雙倒台，成為落馬的中共黨國最高領導人。

高樹華等人在北京，為自己和造反派尋求華北局的支持。但隨著整肅烏蘭夫的會議如火如荼，華北局沒人願意接待高樹華一行，更不用說支持他的立場了。然而，他受到了北大同行聶元梓的熱情接待。聶鼓勵高繼續抗爭，並告訴他毛剛回北京，一定會支持全國各地的反抗事業。[47]

高樹華的勝利

每天早上醒來，我們都會收聽廣播，了解毛澤東的最新指示。我們高興地獲悉，毛澤東號召一切組織、工農兵和學生，與各種不公現象，與「走資本主義道路的當權派」（走資派）進行鬥爭。突然間，毛澤東公開了他與黨委和工作隊之間的爭執。後者曾經聲稱，他們是以毛的名義恢復秩序。這些廣播，增強了我們堅持原則的決心。

高樹華的祕密進京行動，直到七月十日才被發現，當時，有人寫大字報，譴責高樹華等人到北京上訪是反革命行為。[48]七月十二日，俄語專業四十人貼出大字報，轉述了高樹華從北京發回的電報，宣稱工作隊在師院，犯了嚴重的「路線錯誤」。[49]許多被迫改變觀點的同學，隨之寫大字報表示，他們仍然堅持原來的觀點。七月十四日，只有我班王玉敏等三人，貼出大字報「強烈要求」，把高某抓回呼和，接受懲罰。[50]

由於部分師生持續反抗，內蒙古黨委又派出全家福率領的工作隊，前往師院增援。他們於七月十七日進駐校園，是高樹華從北京回來的同一天。全家福是內蒙古東部烏蘭浩特人，被烏蘭夫任命為國家民委委員。[51]後來被華北局派到內蒙古四清工作隊。現在，又被派到師院，負責領導加強後的師院工作隊，除了原有的二十名成員，又加派二十名新成員。七月二十三日，新工作隊將高樹華定調為黑幫分子，並將他軟禁在教職員宿舍，平反的希望落空了。

高的支持者們，遭到大字報的圍攻譴責，和工作隊的嚴厲審問。他們最有效的方法之一，是拜訪造反派學生的父母，迫使他們說服自己的孩子改變立場，否則悔之晚矣。到七月二十四日，高的許多支持者，其中包括與他一起在第一張大字報上簽名的三位同事，表面上也被徹底壓垮，表示跟高劃清界線，沒有人敢公開反對工作隊。然而暗地裡，主要是外語系的師生員工，繼續抵制工作隊。

七月二十六日，《人民日報》發表了毛澤東七月十六日暢遊長江的報導。毛主席的氣勢鼓舞，對我們是戰鬥召喚。當天，毛澤東要求召回劉少奇派往學校的所有工作隊：「工作隊什麼都不知道。有的工作隊甚至還製造了麻煩……工作隊只會阻礙群眾的行動……（學校的事）必須由學校本身的力量來解決，而不是由你、我或省委來解決。」[52]

高樹華察覺到事態在轉變，七月二十六日，再次試著前往北京上訪，但在火車站被抓獲並押回校園。高樹華、劉樸、劉真和樓基立，受到更嚴厲的全天候監管。[53]我們外語系英三全班，又剩下那五名鐵桿造反派（畢武卿，王景林，張達人，翟希民和我）拒絕寫檢討。

毛澤東解散工作隊的命令，是七月二十七日在北京宣布的。但直到八月一日晚上九點，中央廣播劉少奇、周恩來、鄧小平、李雪峰的通知時，我們才得知。大家感動得痛哭流涕，當晚徹夜難眠，無數次高喊「毛主席萬歲！」[54]

我們當時認為，工作隊即將撤離，但我們又錯了。工作隊曾大肆宣揚，挖出了數百人的「反黨集團」，給造反派貼上「反革命」、「反動學生」的標籤。最終，八月四日，內蒙古黨委宣布撤出各大學的工作隊，但又規定，工作隊仍留在師院等少數校區，擔任學院與黨委的聯絡員。

八月辯論

自從毛澤東八月一日發表講話，公開批評劉少奇和鄧小平派工作隊的決定後（儘管事後證明，毛最初曾經簽字同意派工作隊），人們對高樹華的態度開始改變，被派去看守他的學生，開始叫他「高老師」。

八月五日，《人民日報》刊登了毛澤東的第一張大字報〈砲打司令部──我的一張大字報〉：

全國第一張馬列主義的大字報和《人民日報》評論員的評論，寫得何等好呵！請同志們重讀這一張大字報和這篇評論。但在五十多天裡，從中央到地方的某些領導同志，卻反其道而行之，站在反動的資產階級立場上，實行資產階級專政，將無產階級轟轟烈烈的文化大革命運動打下去，顛倒是非，混淆黑白，圍剿革命派，壓制不同意見，實行白色恐怖，自以為得意，長資產階級的威風，滅無產階級的志氣，又何其毒也！聯想到一九六二年的右傾和一九六四年形「左」實右的錯誤傾向，豈不是可以發人深省的嗎？[55]

毛的大字報，徹底印證了高樹華的觀點和他一九六六年六月二日的大字報，完全正確。八月一日，毛澤東向八月一日至十二日舉行的八屆十一中全會，分發了清華附中紅衛兵的兩張大字報：〈無產階級革命造反精神萬歲〉（六月二十四日）、〈再論無產階級革命造反精神萬歲〉（七月四日）以及〈致清華大學附屬中學紅衛兵的信〉。毛澤東重申了他一九三九年「造反有理」的口號，從而正式開啟了造反時代。

毛澤東的大字報發表之後，在內蒙古黨委、華北局代表的支持下，內蒙古大學師生立即組織了為期三天的辯論會，造反派駁斥工作隊把「革命左派」打成「反革命」的錯誤行徑。

內蒙古大學的衝突，使大學領導與造反派出現對立，特別是副校長于北辰與內蒙古第一張大字報的作者（物理系二年級學生）賈國泰之間的衝突。和高樹華一樣，賈也受到校方嚴厲的批判與迫害。六月三十日，大學當局拘留他，隔天將他送往公安局關押。我參加了內大的辯論會，看到于北辰和他的同僚，如何被賈國泰和他的搭檔（後來的妻子）物三學生苗秀英輾壓。賈、苗二人的雄辯與口才，博得聽眾熱烈的掌聲。

受到內蒙古大學辯論的鼓舞，從一九六六年八月八日起，師院工作隊的受害者也紛紛貼出批判工作隊的大字報。當天，八屆十一中全會通過了十六條〈中共中央關於無產階級文化大革命的決定〉。它肯定了毛澤東的文化大革命，目標是「改變全社會的精神面貌」。毛和黨號召全國「批判並打倒走資本主義道路的當權派，批判資產階級反動的學術『權威』和一切剝削階級思想，改造教育、文藝等一切與社會主義經濟基礎不適應的上層建築。」毛澤東對文化大革命的呼籲激勵了造反派，他們相信毛主席支持他們。

內蒙古黨委書記高錦明，向華北局提交的祕密報告，成為前門飯店推翻烏蘭夫的有力工具。他於八月八日來校園探望高樹華及其支持者，我們造反派全數受邀參加。他驚訝地發現，原來高樹華是男性，不是女性！高跟內蒙古其他黨的領導人一樣，對變化莫測的政治風頭一向敏感。根據毛澤東和中央文革小組從北京發出的訊號，他們開始重新評估要不要支持工作隊。

八月十日，高錦明再到師範學院，籌劃一場關於工作隊和高樹華問題的大辯論。最後，大辯論從八月十日開始，二十七日結束，持續了十七天。即使經過毛的干預和對工作隊的反擊之後，師院還是選出了一個主席團，其中十八人，代表支持工作隊的多數派，六人代表反對工作隊的少數派。曾經將橫幅高掛在校園主樓上的高樹華支持者韓桐，被選為主席團的常務副主席。當晚，王再天、高錦明、權星垣、王逸倫，以及華北局調查組的成員，參加了辯論。權星垣代表自治區黨委做主題報告，指出工作隊犯了方向路線錯誤，並下令當眾銷毀所有學生交代的材料。

我們要求查閱我們的個人檔案，看看我們是如何被誹謗的。然而就在此時，中央下達命令，明確規定，為免派系鬥爭，從工作隊沒收的黑材料，必須公開焚毀，所有學生和教職員工都在現場監督。[56]在焚毀之前，趙宗志、張達人等造反派闖進辦公室，發現了三批檔案，一批是革命左派，一批是反動右派，一批是中間派。依照工作隊原定計畫，左派要提拔，中間派要考驗（很多是黨團申請人），右派要當作黑五類分子接受懲罰。

我的個人檔案將近四寸厚。運動開始前，我就被貼上了壞分子標籤，從一開始就被監視。工作隊派三個學生跟著我，記錄我大字報的所有內容，甚至我說過的話。一想到這種複雜的監視盯梢，我就覺得背脊發涼。但當時，了解檔案的內容，反倒更堅定了我的造反決心。

接下來兩週，高錦明、權星垣、王逸倫、沈新發頻頻出席辯論會。但派系鬥爭並不限於辯論。高樹華的支持者抓獲韓明、孫培卿，批鬥羞辱，工作隊的支持者們，則從第二毛紡廠抓獲力沙克，在校園內遊街示眾。被指控的罪犯們，會坐著接受辱罵，有時甚至會遭受身體折磨。文革期間，批鬥分為「文鬥」和「武鬥」，前者指口頭批判，後者包括毆打和酷刑。在這個階段，我們學校的鬥爭是相當文明的。

師院大辯論於八月二十七日結束，對如何評價工作隊與高樹華，並未達成一致。多數派認為，工作隊雖然犯了一些錯誤，但整體還是好的，儘管「十六條」和毛澤東的發言批評了工作隊。但多數派卻給高樹華貼上反黨、反社會主義的陰謀家和野心家標籤。少數派指責工作隊，在師院鎮壓無產階級文化大革命，犯下嚴重的方向和路線錯誤。他們堅稱，高樹華是位模範的革命同志。我經常參加辯論，但從未上台發言，我很謹慎。化學系同學王孟秋，是多數派的辯論能手。我不得不佩服她的辯論技巧——慢條斯理，邏輯清晰，善於抓住對手論點中的漏洞和扭曲，逐一反駁。

在這種強大的政治氛圍中，隨著日常階級結構和組織紀律的崩潰，年輕人經歷了前所未有的個人自由。這次辯論，給了兩陣營系統表達自身觀點的機會。對我們來說，在遭受長期孤立和無情批判之後，帶來了合法性。然而，這並沒有實質改變力量平衡。

校園裡有一棟半完工的樓房建築，有牆有門，但沒有天花板。所以，約會的男女可以一同進入，沒人會注意。因為它緊靠男宿舍樓，所以住在三樓的我們，可以察覺下面動靜。有天午休起床，一場突如其來的傾盆大雨，把幾十人從裡面驅趕出來，抱頭鼠竄。俄語三年級的黃志高站在窗口，大聲背出兩句古詩：「突然一片彤雲至，雨打鴛鴦到處飛！」大家哄然大笑。由此可見，即使鬥爭殘酷，也無法扼殺超越政治的日常生活。

第四章　初現紅衛兵，自發大串連

紅衛兵，紅八月，破四舊

一九六六年八月一日至十二日，即文革發動三個月之後，中共召開的八屆十一中全會，具有里程碑意義，標誌著毛澤東與劉少奇公開攤牌。政治局進行改組，任命徐向前、聶榮臻、葉劍英三位現役元帥，加強了中共最高機構的軍方色彩。隨著林彪取代劉成為黨內第二號人物，並被任命為毛澤東最親密的戰友，毛澤東表明了他依靠軍隊推動文革的意圖。八月十二日，八屆十一中全會公報發出號召：「工業學大慶，農業學大寨，全國學解放軍」。

八月十八日，毛澤東在北京接見百萬青年學生，因此發動了紅衛兵運動，這是他連續八次在天安門廣場接見紅衛兵的首次。與會者向毛致敬，此舉加強了他對林彪軍隊和中央文革小組的控制。紅衛兵運動也將毛澤東「造反有理」的名言制度化，創造了一個新的全國性準軍事結構，用來對付黨內敵人。當一位女學生給這位年邁的領導人戴上紅衛兵臂章時，這個訊息立即傳達到全國年輕人中。紅衛兵組織不僅在學校，也在工廠和全國各地迅速興起。數以百萬計的年輕人，利用突然獲得的特權去串連旅行。軍隊提供的後勤支援，使得乘車前往北京和全國各地成為可能，國家也提供食宿和各項醫療安全服務。

內蒙古自治區黨委立刻發出通知，要求校園和工廠成立文化革命委員會（簡稱文革會）。第二天，第一個紅衛兵組織在呼和浩特第二毛紡織廠成立，最後命名為「革命戰士」。一週之內，呼和浩特市各大中專學校，都成立了紅衛兵組織。在師院，最早成立的紅衛兵組織是「毛澤東思想紅衛兵總指揮部」。[1]

與其他地方一樣，師院的學生也存在派系分歧。雖然所有人都誓言支持毛澤東和黨的無產階級革命路線，但認為毛澤東文革的目標不同。反抗工作隊的人認為，他們的敵人是黨內的貪官或修正主義者，他們的邪惡，主要表現在對自己的政治迫害，以及他們所看得到的腐敗行為。而大多數學生的目標，則是黨的傳統敵人，諸如知識分子、教師、資本家和「地富反壞右」。結果，紅衛兵和其他群眾組織分裂成兩派：造反派和保守派。[2]

甚至，我們這些最初的造反派也出現分歧，許多黨團員和積極分子，與文革前受到批判的人保持距離。多數造反派組織，最初都禁止像我和高樹華這樣的人，以免被懷疑包庇壞人。於是過了一個多月，有些人才被准許加入組織，或是另起爐灶，建立自己的紅衛兵組織。這一時間差異，將對後來的內蒙古局勢產生重要影響。

八月二十二日，在呼和浩特市群眾大會上，內蒙古黨委書記高錦明、王鐸，號召人們「跟著毛主席鬧革命，粉碎舊世界，建設新世界」。這是八月八日發布的十六條〈中共中央關於無產階級文化大革命的決定〉的第一條，即「破四舊」、「立四新」：「資產階級雖然已被打倒，但它仍企圖以剝削階級的舊思想、舊文化、舊風俗、舊習慣來腐蝕群眾，迷惑群眾的思想，力求東山再起。無產階級則必須反其道而行之，在思想領域迎擊資產階級的一切挑戰，用無產階級的新思想、新文化、新風俗、新習慣來改變全社會的精神面貌。」[3]一場全國範圍的大破壞，隨之到來。

呼和浩特數萬名大學生和幹部，誓言按北京紅衛兵八月二十日的主張，徹底破四舊，他們要求清除封建迷信，焚燒所有反動書籍。在師院，圖書館工作人員準備了有毒書籍的清單，準備從書架上撤下，並當眾燒毀。有些人反對焚書，但在「封資修」統統受到攻擊的情況下，很難阻止燒書行為。

操場上，堆起大批從圖書館抄來的書籍，超過二萬五千冊。各類唱片分開單獨堆疊。一次燒掉幾千張唱片太危險，煙霧和氣味有毒。因此，這些東西被敲打成碎片，那些揮舞木棒的人，好像在玩棒球一樣。晚餐後開始焚燒，有些精裝書一直燒到隔天早晨。有人拿起一些書翻看，喊道：「這本書不要燒掉，需要特別批判！鋤掉毒草，可以肥田。」數百名學生圍觀焚書，歡呼雀躍。幸運的是，外文部的蔣一聲老師，偷偷告訴我，他們沒等暴躁的學生來搶書，而是預先準備，帶頭挑選所謂「毒草」，他們知道選什麼和留什麼，以確保每本書起碼留一套存檔，不讓它們絕版。

運動的每一個轉折，都標誌著一次過關儀式，考驗一個人對革命的根本態度。無論內心感受如何，沒人可以逃避重複表演的必然性。許多因階級出身，或政治標籤而未來遭受阻礙的人，特別渴望表現出革命熱情。然而，在師院，像破四舊這種運動，最殘酷、最暴力、最無腦的行為，卻是由出身「好」的學生施行。

破壞不限於校園或書籍，我的朋友郭維林因地主家庭成分而感到恐懼，參加了一次紅衛兵破四舊的夜間行動。他們的目標是呼和浩特附近所有的古老寺廟，燒毀了許多珍貴的書籍和文物。他們也以維持治安的名義，洗劫私人住家，燒毀書籍，搶劫畫作和其他珍寶。一位曾跟隨高樹華造反的英語二年級學生，因手上戴著十枚金戒指而聞名。當然，那都是「抄家沒收」來的。

呼和浩特舊城南柴火市，有家車馬大店，兩條土炕睡二、三十人，一卡車紅衛兵衝進大院，踢開房門。客人被喝令起床，在寒冷中排隊。經過兩個小時盤問，最終允許回房休息。朋友後來告訴我：「我感到非常抱歉，為啥這樣對待無辜的勞動人民？」審訊過後，他對一位老人說：「對不起了，請回去休息吧！」那人回頭說：「甭提了。你們比日本人好多了！」意指抗戰時期日本人虐待中國人的方式。

紅衛兵搗毀所有具有地方、民族或歷史特色的建築。破除舊的、封建的、資本主義的，迎來新的與革命的。呼和浩特的兩座古剎大召（寺）和小召（寺），在高中紅衛兵的手中遭到嚴重破壞。紅衛兵行動日，也突襲所有涉嫌有資產階級、地主或封建背景的個人和家庭。隨著本地紅衛兵模仿北京的激進做法，許多以「戰鬥隊」和「總部」等軍事名稱命名的組織隨之湧現。

破四舊運動，也引發紅衛兵暴力攻擊教師事件，造成多人死亡。歷史上第一起紅衛兵打死教師的事件，發生在北京師範大學的附屬女中。一九六六年八月五日，女黨委書記、副校長卞仲雲被活活打死。據傳負有責任的人，包括中共東北局書記宋任窮的女兒宋彬彬，和她的同學、鄧小平的女兒鄧蓉。八月十八日，宋彬彬在天安門城樓上為毛澤東戴上紅衛兵臂章，引發紅衛兵運動，主席建議她把名字從「彬彬」（有理）改為「要武」，她隨之改名。[4]

如果說北京為暴力行為帶了頭，那我的母校二中，很快也發生了更可怕的事情。前文提及，那裡有許多高幹子弟，他們最早組織起紅衛兵。許多中學生尋求「階級報復」資產階級和封建分子所犯的罪行。階級報復也涉及對同學和老師的個人不滿。

有些紅衛兵，對老師拳打腳踢，給所有處境脆弱或激怒過他們的人，戴上高帽。他們不只折磨教師，還有被打成黑崽子的同學，不論男女。中共革命早期，湖南農民對待土豪劣紳，就用過戴高帽的做法，正如毛澤東在一九二七年三月《湖南農民運動考察報告》中所讚揚的那樣：「稍有挑釁，他們就逮捕人，給被捕者戴上高帽子，讓他們遊街示眾。」毛還寫道：「革命不是請客吃飯，不是做文章，不是繪畫繡花，不能那樣雅緻，那樣從容不迫，『文質彬彬』，那樣『溫良恭儉讓』。」[5]紅衛兵採用了這種在隨後的社會運動浪潮中漸趨完善的方法，特別是一九四七至一九五三年的土地改革。

二中的紅衛兵活躍分子（也稱為老紅衛兵）把三位教師折磨至死。更多人為避免受辱而選擇自殺，其中包括最好的俄語老師呂為和我的班主任呂愛民。另一位受害者是一位女音樂老師，優秀的鋼琴家，一九三〇年代曾在東北教過軍閥張學良的家人。紅衛兵向她施壓，要她交代與張學良有染。音樂老師被關押和虐待，學生強迫她在凳子上跳忠字舞，最終將她折磨至死。

我後來的妻弟王正平，是他們班五個被關的學生之一。兇手是王鐸之子王繼言、王逸倫之子王建華為首的老紅衛兵。二王均為自治區黨委書記。正平被關在教室臨時改建的牢房，六星期不准回家，遭到殘酷鞭打，背部留下永久傷疤。紅衛兵還抄了他們家。當時還念醫學院的王秦賢，運動初期曾是造反派。弟妹遭受酷刑後，她躲避運動，不敢說話，不再行動。

她三妹王固賢，和其他黑五類學生，每天被迫排隊向毛澤東像鞠躬請罪，還要高唱當時廣為流傳的〈牛鬼蛇神歌〉（也稱〈黑崽子歌〉）：

我是牛鬼蛇神，
我是牛鬼蛇神，
我有罪，我有罪！
我在人民面前請罪，
人民對我實行專政，
我低頭認罪……
不許亂說亂動。

如果亂說亂動，
把我粉身碎骨，
把我粉身碎骨！

這是一種自虐儀式，半個多世紀過去了，她還能唱這首歌。

與中學批鬥的酷刑和殺戮相比，師範學院的批鬥還算比較文明的。最好的英語老師張乃駿，因為貼出支持高樹華的大字報而成為眾矢之的。當被勒令在農場接受勞改時，他把襯衫掛在樹上，赤著上身工作。在強制勞動的高峰期，所有受害者都被強迫戴上高高的紙帽子，只有張老師為自己做了一個，上面寫著他的名字，上下班掛在自行車上，路上的人都笑了。

黨委書記紀之，是師院最有權力的人物。當工作隊的後台被拔掉之後，數百名受害學生，把他從辦公室拖出來，給他戴上一頂大高帽。他抓起帽子，丟在地上，高喊著：「身為共產黨人，我只向真理低頭，不向武力低頭！」但在隨後的對立與紅衛兵的扭打中，他最終還是低了頭，戴著白紙帽，被押在校園裡來回遊走，直到倒下。但他沒有被毆打致傷，更沒被殺害。

一九六六年八月下旬，老紅衛兵響應毛澤東的號召起而造反，但沒有達到毛在全國消滅黨內政敵的目的。內蒙古和其他地方一樣，老紅衛兵的主要目標是破四舊，既有文化遺產，也有舊時代的所謂代理人，包括貴族、地主、國民黨和右翼知識分子。但對毛澤東來說，他們都是落水狗，不再構成任何真正危險。於是，很快就出現了與「老」紅衛兵不同的「新」紅衛兵。

學生救援：蘭州事件

黨的八屆十一中全會召開後，呼和浩特市教育界的高層領導，決定派遣代表團赴北京參觀「學習」，代表由各學院選舉產生。一九六六年八月五日晚，高樹華解除關押當天，二十五名師院學生被選為左派加入代表團。他們都代表著以前的多數派。左派的標準之一就是是否反對高樹華。[6]代表團第二天啟程進京，其中包括我班唯一的黨員王玉敏。此事標誌著，內蒙古的大串連已經開始。

八月十六日，得知中央決定免去烏蘭夫內蒙古黨委第一書記、華北局第二書記職務後，師院代表團返回呼和浩特，宣稱「帶回了首都群眾最強的革命造反精神，回內蒙古點燃與烏蘭夫黑幫鬥爭的新高潮。」以前幾乎每件事都會發生衝突的教職員生，如今都目標一致攻擊烏蘭夫黑幫，力圖超越對方。然而，剩下的爭議，仍然是高樹華的未來：雖然許多人認為，他有可能是烏蘭夫黑幫的盟友，但像我這樣的追隨者，卻仍將他視為師院和整個內蒙古的文革英雄。如今，已不再有人公開支持倒台的烏蘭夫了。突然間，內蒙古的鬥爭目標，是已經失勢的蒙古族高幹。造反派由內蒙古黨委領導，權力掌握在漢族書記手中，他們屬於最早反對前領導人烏蘭夫的黨內造反者。

八月十六日當天，內蒙古醫學院造反派，衝到文委抓捕烏蘭夫長子布赫，又到內蒙古黨委抓捕辦公廳代祕書長浩帆。我們師院的造反派，也組織了一次批鬥黑幫大會，抓獲了攻擊高樹華與力沙克關係的韓明和孫培卿。韓、孫二人揭發布赫跟趙戈銳是烏蘭夫黑幫，自己成為文委新領袖。如今，造反派又譴責他們也是烏蘭夫黑幫。總之，在整個呼和浩特，紅衛兵不論派系差異，都抓捕和批鬥烏蘭夫的同夥和家人。[7]八月十六日傍晚，力沙克被逮捕並在校園遊鬥。第二天，造反師生就把「大大小小的牛妖蛇魔」全部抓起來，遊街示眾。紀之、王履安、特木爾巴根、孟工、吉日木圖等人，都被關押審查。[8]

這段時期，與許多省分的高校相比，大多數內蒙古學生，對待前領導人還是有一定「禮貌」的，雖然有嚴重的謾罵和羞辱，但在大學校園裡，沒聽說有人被殺。相較之下，六月二十一日至九月初，全國至少有七位大學校長或副校長被殺或自殺，在接下來的四年裡，又有十三人死亡。[9]

蘭州大學事件，一度讓學生們興奮不已，它改變了內蒙古乃至全國高校的局勢。六月初，甘肅省委派工作隊進駐蘭州大學，批評校長、黨委書記江隆基鎮壓文革。六月二十五日，他被發現死亡。據報導，他是在一次大型集會上，因甘肅省委公開解除他的職務後，溺水身亡的。與所有此類情況一樣，謀殺和自殺之間的界線不可能劃清，他也並非完全無辜。身為一九五七年的北京大學副校長，他曾直接負責迫害五百二十六名師生「右派」。[10]江隆基過世兩天後，也就是七月十一日，《甘肅日報》發表社論，列舉了江涉嫌的罪行。

蘭大歷史系五年級學生李貴子，在支持工作隊和導致江隆基自殺的過程中，發揮領導作用。然而，隨著毛澤東開始反對工作隊，李貴子和甘肅省委一些領導，也開始反對工作隊。李被稱為蘭州大學的聶元梓，傑出的造反派領袖，儘管他不是黨員，但被任命為蘭州大學文革籌備小組組長。在兩個多月的時間裡，李貴子實施了恐怖統治，二千五百七十七名學生中，有六百五十八人遭到毆打，占學生總數的百分之二十六。兩名學生自殺，十二名學生自殺未遂，三十一名逃離大學，一名失蹤；一千一百五十七名教職工中，有三百八十人遭毆打，四名教職人員自殺，七人自殺未遂，七人逃跑，兩人失蹤。[11]

八月中旬，清華大學紅衛兵發布〈甘肅省委反對毛澤東思想〉的大字報，李貴子的暴行，開始引起黨中央的關注，也引發了全國對甘肅省委的批判風暴。八月二十一日清早，李貴子逃離。第二天（八月二十二日），經黨中央批准，黨委會常務書記裴孟飛、書記處書記馬繼孔被免職，送交學生批鬥。[12]

八月第三週，北京學生向全國發出求救信，蘭州事件的消息才傳到呼和浩特。我們與蘭州學生沒有直接接觸，但他們的傳單和標語，隨著火車抵達，我們再用油印機重新印製並廣泛散發。師院和其他大學的活躍人士，也在內蒙古黨委大樓外召開緊急會議，要求聲援蘭大師生的死亡事件。以師院學生為首的六百多人參加了集會，要求幫助陷入困境的蘭州學生。面對蘭州的暴行，呼和浩特的學生第一次、也許是最後一次超越派系分歧。

當時的內蒙古黨委，以高錦明、權星垣、王鐸、王逸倫等人為主。來自呼和浩特七所高校的近千名學生，聚集在黨委門前，要求黨委提供資金，並奔赴蘭州救援。學生們安靜地排隊，席地而坐，唱著革命歌曲，高喊口號，要求領導人出面談判。靜坐進入第三天，有學生開始絕食。數百名示威者發誓繼續示威，直到黨委接受我們的要求，示威人數持續增加。此時傳來消息，說兇手李貴子畏罪潛逃，全國開始通緝。

最後，內蒙古黨委派祕書長張魯出面，與學生代表談判。經過四小時討價還價，區黨委同意派學生代表前往蘭州。每校派五名代表，內蒙古黨委派兩名代表，並提供車票和食宿等後勤支援。

當我們得知這些前所未有的安排後，欣喜若狂。當局之所以讓步，當然是應對學生影響力的增長，也提供資金支援我們的合法使命。協議一經宣布，黨委後勤立刻送來米粥和蔬菜。接近午夜，擴音器向學生宣布：「無產階級革命派的同學們，你們勝利了！現在先吃飯，然後我們用汽車送你們回學校。」

這是我第一次搭乘小汽車。那是一輛灰色的蘇聯製伏爾加牌轎車，是當時中國政府公用小車的主要品牌。車型緊湊，比國產的北京吉普漂亮。能舒服地回家，品嚐我們造反的勝利，感覺很棒。黨委調集了所有可用的車輛，盡快清理廣場的人群：黨委的兩輛大客車，八輛小車，以及七學院的大客車和卡車，全部出動，很快將近千名學生，全部送回各自的校園。

第二天（八月二十三日）晚上，呼和浩特聲援蘭州「革命師生」的代表團成立。師院選出五位代表：郭是海、李福生、董玉華、趙宗志、魏金光。除魏之外，皆為造反派。呼和浩特代表團，立刻搭火車離開。蘭州事件，成為未來幾個月學生遍布全國各地的里程碑事件。

在呼和浩特，許多沒被選為代表的同學也想去。在給代表團送行的時候，包括我在內的數百學生，一齊湧入火車站，發現戴著紅衛兵臂章的學生在站崗，防止闖入者上車。我根本沒想到能上車，什麼也沒準備，只穿著短褲、T恤和塑膠涼鞋，學生證倒是在錢包裡，可是只有六塊錢。

當我走近火車時，發現一個體格健壯的學生攔住我。原來是蒙古族同學若西，我們武術隊的成員，美術系一年級學生。文革前，我們師從著名功夫大師劉恩授習武。由於若西是新學員，常請我糾正他的動作，把他當徒弟對待。他要查票，我說：「一邊去，別擋我的路！」他對我笑笑，讓我上車了。當時的個人友誼，還沒有完全被派系鬥爭給玷汙。

這趟始發於北京的列車上，擠滿了學生，連廁所都進不去，有些還躺在頭頂的行李架上。擠上車的人中，除了官方代表團之外，還有二十來人。最後，我們五個朋友聚在一起，四個外語系學生（翟希民、趙蘭科、黃志高和我），一個中文系學生曹俊。我們都屬於工作隊定義的「壞分子」，抗議紀之的造反派，我們約定一起走。但旅途吃什麼？住在哪裡？一點頭緒也沒有。我有六塊錢，另一個有十塊錢，共十六塊，其他三人一文不名。

在火車上，我們才知道，自己是多麼「保守與落後」。一段時間以來，北京學生一直在全國各地大串連。我們是第一批從內蒙古出來。據說有的北京學生，領到了大學的津貼，包括糧票和現金，但他們很快就學會如何免費旅行。由於學生都戴著紅衛兵臂章，列車員不敢向他們查票。其實，北京學生並沒有正式旅行證，但走到哪裡都暢通無阻！我們由此所體會的解放感，怎麼描寫也不會誇大！

內蒙古的學生，除了付費的官方代表外，沒有從政府或學校領到任何東西。當我們得知別人有錢（或優惠券）買飯而我們沒有時，自然很尷尬。我們是革命者，不想乞討。正如中國革命者常說的「人窮志不窮」，我們雖然經濟上貧窮，但精神上並不貧窮。但還得吃飯，怎麼辦？餐車經理解釋說，他無權免費供餐。不過，我們很快就找到解方：我們出示學生證，他會寫下我們的姓名，並將帳單寄給我們學院。這種新穎的解決方法，等於創造了一種新的革命信用卡。當然，隨著學生出行人數不斷上升，對國家來說，交通和經濟壓力將變得更加嚴峻。

我們終於明白，如果你真想做成一件事情，你應該敢於嘗試！我們最後旅行了四十天，住宿和飲食都很好，沒再遇到像檢查我們車票那樣的麻煩。是毛主席給我們開了方便之門，他說「讓學生免費坐車好」。學生們的短暫共產主義體驗，像野火一樣蔓延。政府接待中心，為串連的紅衛兵和學生提供免費食宿，數以百萬計的學生奔向中國四面八方。所有火車、公車和輪船，均適用同樣政策。只有飛機例外，但即使例外，也只是局部有效。在四川成都市，西藏黨政軍領袖張國華，署名刊登海報，宣布西藏不僅歡迎紅衛兵串連，還將提供免費機票。

我們抵達蘭州時，蘭州大學的工作隊已經撤出，但黨政機構一片混亂。政治上重要的，當然是毛的最新指示，不僅登在報紙頭版，而且還要一次次重播。在中央文革小組的壓力下，被抓的蘭州學生已經獲釋，政治迫害也告結束，但被整的黑材料，仍未銷毀。也沒指示如何處理受迫害的教職員工，許多人仍被關在臨時監獄，更沒有兇手被繩之以法。蘭州街頭，隨處可見攻擊甘肅黨政領導人及其走狗李貴子的大字報和標語：「打倒裴孟飛、馬繼孔！」「槍斃殺人犯李貴子！」

蘭州是西北的大城市，比呼和浩特大得多，一九六六年的人口約二百萬。但我沒有時間懷舊，只是隱約感到，我生母和妹妹還住在蘭州（多年後才知道，她們已於大饑荒年代相繼離世），但連名字都不知道。我沒有任何有關生母的記憶，我的愛都奉獻給了從小養育我的饒陽母親。

在蘭州期間，每天都能看到批鬥，常有數十名官員雙手被綁，戴著高帽子遊街。他們的名字被打上紅叉（歷史上處決死刑犯，常在姓名上打紅叉，紅叉愈多罪行愈大）。他們臉上也被塗顏色。作為不熟悉當地情況的外地人，我們根本無法判斷是非曲直。來自全國各地成千上萬學生前來串連，校園裡貼滿大字報，各派學生爭先恐後講述他們的故事。因此，我們讀大字報，聽學生領袖和活動人士的講話，參與群眾集會。就像過節一樣。到處都是敲鑼打鼓和喊口號的人群，偶爾有一種獲得解放的感覺。蘭州的情況與呼和浩特相似，但蘭州紅衛兵的派系鬥爭似乎更為尖銳。我開始思考，如果派系鬥爭造成大規模流血衝突，甚至內戰，中國會發生什麼事？

繼續串連

一九六六年八月末，報紙開始宣傳學生大串連。繼毛澤東八月十八日在天安門接見百萬紅衛兵之後，黨政軍最高層鼓勵革命大串連，將其視為加強革命青年與領導人之間聯繫的新方式。數以百萬計的學生，在使命感召下前往北京，與主席和革命者建立聯繫。當然，他們也熱衷於看到並親身體驗在歷史、地理、小說和民間文學中學到的「世界」。數以百萬計的學子，擺脫家庭和學校的束縛，前往全國各地，獲得免費旅遊的絕佳機會。

我向同伴建議，不要立刻返回呼和浩特，而是繼續前往陝西省會西安。我們之所以被這裡吸引，是因為一九三六年的西安事變，當時國民黨領袖蔣介石，被軍閥將領張學良和楊虎城扣押，逼迫他與共產黨結盟抗日。西安，也是唐代中國輝煌歷史的象徵。

西安距離蘭州，只有一夜車程。我們被紅衛兵招待所，分配到西北旅社吃住，先後參觀了科技領先的西安交通大學、陝西師範大學，以及西安外國語學院。

這座歷史名城，也擠滿了串連的學生。大字報和標語，描述了西北局第一書記兼蘭州軍區政委劉瀾濤，如何派工作隊鎮壓批評學校領導的師生，基本情節跟北大和內蒙古師院大同小異。

我們繼續從西安出發，計畫先到河南省會鄭州，再途經北京，返回呼和浩特。在鄭州，數千學生從全國各地，蜂擁前往北京，爭取參加毛主席接見。也有學生逆向而行，前往陝甘寧和新疆。我和曹俊與翟希民，決定繼續南下，去看風景優美的江南地區，感覺這似乎是今生唯一的機會。趙蘭科和黃志高，則想前往北京，早日參加毛澤東接見紅衛兵的隆重活動。我們三人則認為，去北京的機會應該還有，但免費旅遊江南的機會，恐怕千載難逢。

我們從鄭州搭火車南下，先到湖南長沙，住在長沙鐵道學院。我們爬了嶽麓山，參觀了愛晚亭和湖南省圖書館，以及毛澤東曾經就讀的長沙師範學院。從長沙可搭乘公車到韶山的毛澤東故居，這是多數遊客的主要景點。但在得知需要排隊六個小時，才能參觀五分鐘之後，我們決定先不去韶山，而是去參觀其他大學。

我們的下一站，是西南地區四川省的重慶市，住在重慶大學，也是八一五造反派的大本營。那裡的突出色彩，是拿著刀槍的紅衛兵，赤腳遊行，也有人頭戴鋼盔，騎著摩托車巡邏。在重慶的示威中，對立的兩派學生，像士兵一樣踢著正步，而武裝起來的工人，則攜帶工具或大刀。這些景象，在內蒙古都沒見過。

一九六六年九月初，重慶大學校園的分歧雖然嚴重，但還沒使用槍枝。他們用的仍然是拳頭和刀槍棍棒。一年後的一九六七年夏天，文革最激烈的戰鬥發生在四川，那時死傷慘烈，鮮血染紅了江水。

從四川出發，我們前往廣西壯族自治區的桂林。九月七日深夜抵達，發現廣西師範學院造反派師生與市委對峙。黨的工作隊被趕出學院，造反派要求當局進行自我批評，並為所有被貼上反黨標籤的人平反，但遭黨委拒絕。

我們來桂林的目的，原本是欣賞著名的灕江風景，因為早就聽說「桂林山水甲天下」。但走出車站，迎面看到巨幅標語：「歡迎全國革命學生，加入我們的絕食抗議！」

如果我們更有絕食的經驗的話，應該先去餐廳吃飽喝足，才有更持久的耐餓力。我們搭火車十幾個小時了，基本上沒吃東西，期待抵達時能吃頓美食。但面對這種情況，吃飯似乎很丟臉。

老曹激動地說：「咱們應該支持他們！」雖然我們一無所知當地鬥爭的具體情況，也登上去絕食現場的大巴。政府大樓前的廣場，約有五、六千人，有師生、家屬、工人和幹部，分散在草坪、樹下或廣場，人們或躺或坐，秩序井然。絕食抗議已進入第三天，醫院救護車排隊等候。政府提供了大桶鹽水和免費食物，但沒有人碰這些食物。快速瀏覽周圍的大字報和標語，基本上明瞭學生們的抗爭理由，跟我們曾經歷過的事情大同小異。看到這一幕，我們的造反熱血又開始沸騰。我拿出筆紙快速寫了幾句：「造反派的戰友們，堅決支持你們的正義行動。這裡有來自內蒙古師範學院的同志，宣布參加你們的絕食抗爭……」

當我們的「絕食宣言」，由擴音器傳到廣場上時，廣場上頓時沸騰，一片歡呼。到目前為止，還沒有人從這麼遙遠的北方，來到這個南方鬥爭前哨。這是九月初一個溫和的夜晚。我們的宣言一經廣播，就從廣場領到涼席和枕頭，在地上躺下來，開始絕食抗議。我們在樹下睡了整整三天兩夜。起初，我可以站起來喝鹽水。但很快頭暈眼花，陷入昏睡狀態。

這次絕食抗議活動，以廣西師範學院為中心。多數師生反對工作隊，直接挑戰桂林市委。八月十八日工作隊撤離後，在北京紅衛兵慫恿下，廣西師院造反派衝出校園，反對市委會。市委將造反派定為「反革命右派」，把北京紅衛兵定為「鬧事分子」，組織當地保守派紅衛兵和工人將他們趕走。九月七日，千餘名造反派學生發起絕食，要求市政府撤銷對造反派貼的右派、反革命標籤，停止對北京紅衛兵的攻擊。[13]

後來，廣播台向絕食群眾，通報造反派代表與市府談判的進展。據報導，周恩來總理敦促該市領導向學生讓步，並警告說，如果有任何學生死傷，市委必須承擔全部責任。

九月十日晚上十點左右，絕食宣布勝利。談判雙方達成協議，各派代表若干，前往北京向周總理和中央文革小組報告情況。桂林市民組織起來，把身體虛弱但獲勝的學生，攙扶回家。預估有多達一千名學生，包括來自全國各地的支持者，加入了絕食抗議。數千名當地居民，支持學生造反。有兩個壯年男人，扶著我慢慢步行，大約二十五分鐘，就抵達我們要住的廣西師院。

校門外路兩旁，有幾十個裝著米粥的木桶。廣播告知大家，要一點一點地喝，不能一次吃飽，然後躺下休息。有的絕食者，還需要治療。但兩小碗稀粥，就足以讓我們恢復元氣。第二天的早餐相當豐盛，有米飯、饅頭、兩份素菜和一大塊美味的紅燒豬肉（東坡肉）。

造反派宣布獲勝，代表團出發進京之後，我們花了幾天時間欣賞美麗的桂林風景，在灕江游泳。我從來沒有見過這麼清澈的江水，因為北方所見幾乎都是黃澄澄的河水。而這裡，可以看到河底水草和魚兒游泳。我們參觀了著名的象鼻山（就在廣西師院附近），並在灕江體驗划竹筏的樂趣。

接受毛主席檢閱

一九六六年九月下旬，我們三人疲憊不堪，但帶著難得的成就感，從桂林返回北京。火車更加擁擠，來自全國各地的數十萬紅衛兵和學生，希望能在十月一日國慶日趕到天安門。此前，毛主席已在八月十八日、八月三十一日和九月十五日，分三批檢閱過紅衛兵。這次國慶日也同樣，學生以「毛主席客人」的身分，湧入北京，獲林彪部隊提供的免費食宿。

毛澤東在八月三十一日那次接見紅衛兵，對內蒙古來說有點戲劇性。烏蘭夫於八月十六日被撤銷黨內高級職務。這一消息，是八月三十日下午，高錦明痛批烏蘭夫反黨反社會主義罪行，宣布中央決定，免去他華北局第二書記、內蒙古自治區黨委第一書記職務決定時透露的。[14]華北局第二書記解學恭，被任命為內蒙古第一書記，李樹德和康修民，被任命為內蒙古黨委書記處書記。

當天，師院造反派在主樓頂上掛起了巨大的標語，只有三個大字：「送瘟神」。這是毛澤東

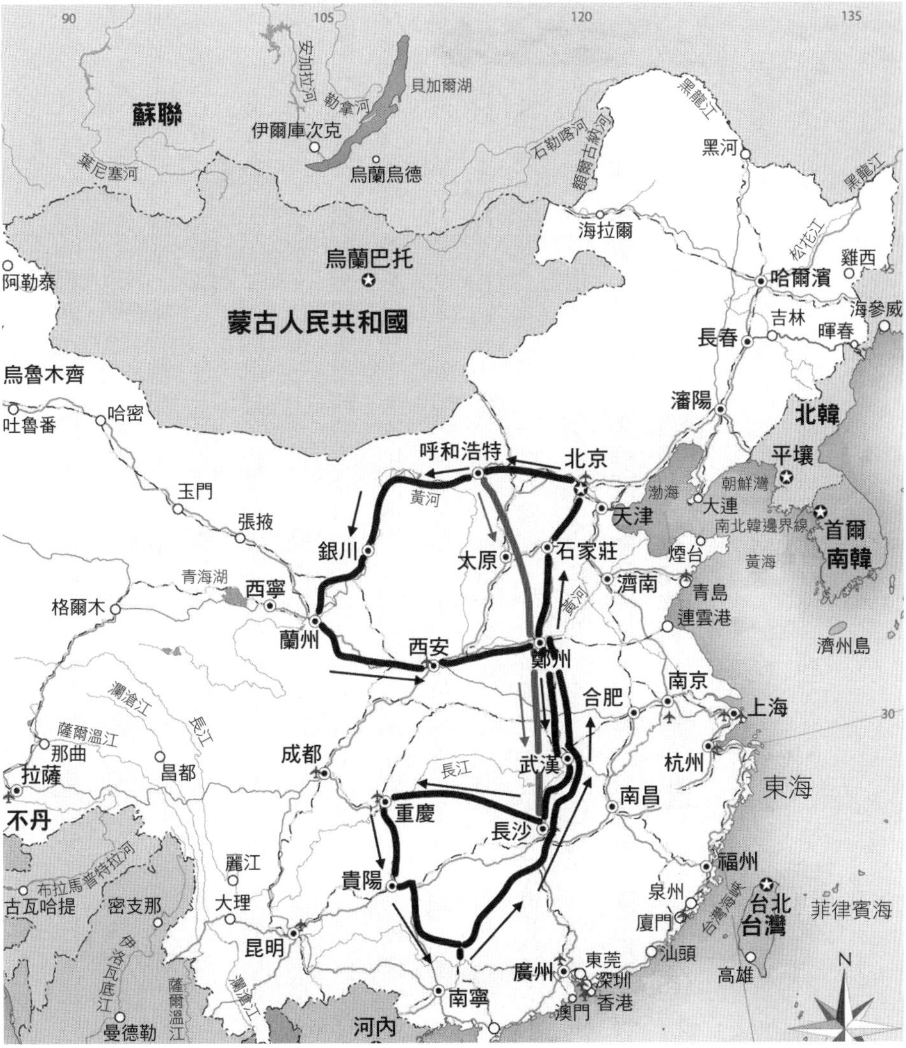

地圖3　程鐵軍的長征路線

一九五八年一首詩的標題，詩中頌揚中國消滅了可怕的血吸蟲病。人人知道這首詩，我們驅趕和羞辱工作隊的時候，也用過同樣標語。造反派抄了工作隊的宿舍，將私人物品扔出窗外，或搬到街上，然後燃放鞭炮，擴音器裡高唱毛澤東詩詞〈送瘟神〉和其他革命歌曲，直到深夜。十幾名留守的工作人員（聯絡人），迅速收拾行囊，狼狽逃離校園。

烏蘭夫雖然失去了黨內職務，但名義上仍擔任自治區政府主席、內蒙古軍區司令兼政委、內蒙古大學校長。突然，八月三十一日，毛澤東和黨中央允許他登上天安門城樓，這讓造反派和保守派同感震驚，他們競相譴責倒台的前領導人。同時，內蒙古第一張大字報作者、內蒙古大學造反派領袖賈國泰，也受邀登上天安排城樓，代表在京的華北師生，在主席台上發表簡短講話。[15] 烏蘭夫和賈國泰同登天安門這件事，說明烏蘭夫的最終命運，尚未決定。

九月二十八日，我們三人抵達北京，住進東城區什錦花園的內蒙古駐京辦事處。很快得知，內蒙古來北京的學生，都要透過駐京辦報到。駐京辦是一座優雅的多重套院，鄰近紫禁城，原本是清朝蒙古親王府。很多內蒙古學生很快也會到北京來，其中包括我的女友王秦賢。

為了準備毛澤東十月一日的大檢閱，內蒙古派出工作人員負責後勤工作，組長為內蒙古婦聯主席烏蘭女士。我清楚記得她的演講，諷刺漢族村民按體重出賣女兒的買賣婚姻，我也敬佩她作為抗日英雄的歷史功績。

我試著打電話，詢問醫學院學生住在何處，但沒有結果。於是我向烏蘭求助，她最後幫我找到了秦賢住的中央民族學院。這樣一位領導幹部，願意花時間，幫助一個她不認識的學生，這給我留下深刻印象。

第二天，我在位於白石橋的中央民族學院找到了王秦賢。當問及她的家人時，她哭著向我述說母親和弟妹遭受的酷刑，以及父親被軟禁的情況。她說，最可惡的事件發生在我們的母校二中，青少年毆打自己的同學和老師，並把幾名老師折磨至死。我告訴她我在中國其他地方的見聞，以及我對國家逐漸失控的擔憂：「如果不能盡快停止武鬥和酷刑，整個國家將陷入無政府狀態，甚至爆發內戰。」以前，我從未與她分享過我對中國未來的悲觀預測。

國慶前夕，我們依照指示，下午四點睡覺。十月一日凌晨一點半，值班員叫醒大家。早餐後，我們排隊領取口糧：每人兩顆饅頭、一個月餅、兩顆雞蛋、兩個蘋果，可以吃到晚上六點。從凌晨三點開始，我們排隊步行，前往廣場，天色一片漆黑，背包裡帶著小紅書和食物（不帶其他物品）。百萬學生排著十列縱隊，走走停停，從城市不同方向，步行到廣場兩側待命。我們抵達東長安街時，天空微亮，已是黎明時分。

長安街兩側的人行道，由巨大的水泥方磚鋪就，每隔一段距離有方磚被揭起，露出下面的水泥溝槽，有自來水流淌。大約每隔一兩百公尺，就有一個巨大的臨時廁所，周圍圈起葦席或帆布，兩側有單獨的男女入口。如需方便，必須提前排隊，慢慢輪候。

上午十點，行進停止。擴音器傳出林彪高亢而病態的聲音：「同——志——們！紅衛兵小將們，無產階級的戰友們！中華人民共和國十七週年慶祝大會，現——在——開始！」隨後，軍樂隊奏國歌，中央文革小組新成員、北京市長兼市委書記李雪峰、總理周恩來和江青，分別發表簡短演說，並帶領群眾高呼口號：「堅決把文化大革命進行到底！」「向江青同志學習！」「祝林副主席身體健康！永遠健康！」「敬祝偉大領袖毛主席，萬壽無疆，萬壽無疆！」「毛主席萬歲、萬歲、萬萬歲！」毛澤東本人一句話也沒說，我感到有點失望。當然，這種感覺只能意會，不可言傳，只有對親密朋友，才能表達自己真實的感受。

上午十一點左右，所有講話結束，紅衛兵和學生開始遊行，橫排十人，沿長安街從東往西，列隊前行，有如洶湧的人潮，流過偌大的天安門廣場，接受毛澤東檢閱。進入廣場那一刻，我心跳加快，希望能看到毛的身影。右手邊就是城樓上的主席台，可惜距離太遠，人影太小，每個人都穿著草綠色的軍服，無法分辨誰是毛澤東、林彪、周恩來、江青或其他任何人。儘管如此，遊行的人們，都在哭泣尖叫，跟如今朝鮮人看到金正恩，情形類似。「毛主席萬歲！毛主席萬歲！毛主席萬萬歲！」女孩子們的哭聲，尤其響亮。也許她們的感情是真的，發自內心。但無論如何，似乎每個人，都必須放聲大哭。

我跟其他人一樣，也跳起來喊叫、激動得哭泣。身為一個響應毛的號召，敢於反抗腐敗黨官的叛逆者（我曾在他們壓制下，遭受痛苦），我將毛視為世界上最偉大的革命領袖。但是，即使在大聲讚美他的時候，我也感到內心被矛盾撕裂。這矛盾心理，來自我在學校的經歷，在大躍進和長征途中所目睹的貧困，以及串連途中遇到的混亂和暴力，尤其是女友家人遭遇的慘劇。

那天晚上，我向秦賢傾訴了我的複雜心情。她被我的想法嚇得臉色發白，儘管我看得出來，她內心同意我的觀點。但她警告說：「你可千萬不要把真實想法告訴任何人，這太危險了！」

終於當了紅衛兵

一九六六年十月一日的天安門檢閱結束後，高樹華（我們習慣叫他大樹）拜訪了他的造反派朋友蒯大富（我們叫他老蒯），蒯大富是清華大學造反派的領袖，化工專業的學生。老蒯鼓勵大樹，應該在內蒙古師院建立自己的紅衛兵組織。

蒯大富的崛起過程，與高樹華非常相似。一九六六年六月上旬，新一屆北京市委派出五百二十八人的工作隊，進駐清華大學。從規模和精英組成，可以看出其重要性。劉少奇的妻子王光美，曾任河北省桃源大隊社教運動工作隊隊長，六月十九日至八月三日，被派往清華大學工作隊。

蒯大富敢於挑戰清華大學黨委書記蔣南翔，以及劉少奇派來平息造反、保護大學領導層的工作隊，非同小可。蒯的父母都是黨員，蒯自己曾是團員。六月二十四日至七月十七日，工作隊多次組織批鬥會，把他打成反革命，蒯以絕食抗議。七月二十二日，中央文革小組成員王力接見蒯，八月四日，周恩來親自為被開除團籍、並遭軟禁的蒯平反。最終，中央決定解散工作隊。

在中央文革小組支持下，蒯於九月二十四日組織了自己的清華大學「井岡山紅衛兵」，以毛澤東一九二七至一九三〇年在江西的根據地命名。九月下旬，他召集了其他大學的造反派紅衛兵，成立了紅衛兵第三司令部（簡稱「三司」）。[16]蒯大富吸引我們的原因，不僅因為我們有共同的造反經歷，最重要的是，他的「三司」獲得中央文革小組支持，正在成為後起之秀。「井岡山」也出版了自己的報紙《清華井岡山》，最初是週報，後來改為日報，據說在高峰時期，全國的發行量達到數百萬份。

幾天之後，我跟中文系的造反派學生領袖李福生與郭是海，帶著高樹華的私人介紹信，一起去找蒯大富，徵求他關於在呼和浩特建立紅衛兵組織的意見。

蒯當時二十一歲，比我小兩歲，戴著黑框眼鏡，說話慢條斯理，彬彬有禮，但語氣堅決，帶著淡淡的江蘇口音。經過一小時的交談後，他堅定地說：「沒什麼好害怕的。只要你支持毛主席，你就幹！」

他敦促我們，盡快在呼和浩特組建我們自己的第三司令部。內蒙古的保守派紅衛兵，已經建立了第一司令部和第二司令部（簡稱「一司」和「二司」）。

我感慨地說：「要在內蒙古組織非常困難，我們那裡非常保守。而且，哪裡能製作我們自己的印章和臂章呢？」

「什麼印章？」老蒯大笑道，「找個美術系學生，自己刻一個就行了。文革前這是違法的，但現在可以……臂章就更簡單了，用我們的就行。」

「哦，拿一千吧。」他大方地回答，隨手拉開立櫃，遞給我一整袋紅布白字，印著「井岡山紅衛兵」的臂章。取得勝利並引起毛主席注意的盟友如此熱情支持我們，讓我們倍受鼓舞，於是急著回到呼和浩特，成立自己的「井岡山」紅衛兵。

呼和浩特的紅衛兵組織

十月初，我們從北京回到師院，發現文革已經波及到每個單位：機關、院校、工廠，甚至中小學，都建了紅衛兵（或紅小兵）。雖然已經停課，但學生仍到校參加運動，即運用毛澤東所倡導的「四大自由」：大鳴、大放、大字報、大辯論。幾乎每個單位，都分裂成對立的兩派，使許多單位的運作陷入癱瘓。工廠的問題尤其嚴重，批評領導的人受到迫害，失去收入和住房，甚至被趕出單位。孤立無援的造反派工人，紛紛來師院，尋求造反派的幫助。總之，不同觀點的紅衛兵組織，到處湧現。

一九六六年八月下旬去蘭州之前，我們幾十位造反派同學，曾跟高樹華商談組織我們自己的紅衛兵。毛澤東在八月十八日首次檢閱紅衛兵之後，呼和浩特就開始出現紅衛兵組織，他們主要由紅五類組成，專搞「破四舊」和「打砸搶」。八月三十一日，我們南下期間，師院造反派組織「東方紅戰鬥縱隊」成立，簡稱「東縱」，最初成員約三百人，其中二百人來自外語系。但發起人高樹華，卻因與力沙克的關係未定，而被禁止參加。他的百餘名堅定支持者，也被禁止。[17]

「東縱」是師院最早出現的兩個造反派紅衛兵組織之一，另一個是「東方紅」紅衛兵，兩者都是由師院的少數派（反工作隊派）組成，它們共同反對多數派的「內蒙古師範學院毛澤東主義紅衛兵」。「東縱」在各系設分部，各班設戰鬥隊。我們班（英三）的戰鬥隊叫「全無敵」，選自毛詩詞中的一句話。

一九六六年九月初，毛澤東八月三十一日視察紅衛兵後，北京成立了三個紅衛兵指揮部。在呼和浩特，從十月開始，紅衛兵組織也開始整合為三個總部。最初，呼和浩特的紅衛兵組織很難區分，都宣稱效忠毛澤東，又都批判烏蘭夫。但工作隊的受害者們，將自己的紅衛兵組織稱為「造反派」，而將所有其他組織稱為「保守派」。儘管實際情況和具體差異，遠非簡單明瞭，但為敘述方便，我們將採用這種以「造反」為標準的劃分，同時注意到各自的派系根源。

九月五日，「呼和浩特市高等院校毛澤東主義紅衛兵臨時指揮部」成立，總指揮叫付榮，師院化學系四年級學生，他們在師院的組織叫「毛澤東主義紅衛兵」，是有名的保守派。但其中，既有造反派師院「東縱」，也有我母校二中的保守派紅衛兵，他們「打砸搶、破四舊」最積極。這個臨時指揮部，也被稱為「呼和浩特第一司令部」（簡稱「呼一司」）。由於陣線混亂、派系龐雜，所以「呼一司」飽受派系間的衝突之苦。

呼和浩特造反派紅衛兵，與保守派紅衛兵之間的激烈競爭，是全國狀況的縮影。九月二十五日，陳伯達在北京發表講話，勸告高幹子女辭去紅衛兵領導職務。次日，即九月二十六日，王鐸之子王繼言、王逸倫之子王建華為首的二中紅衛兵，立刻退出「呼一司」，宣布成立「呼和浩特市高等院校毛澤東思想紅衛兵指揮部」，又稱「呼二司」，即「呼和浩特第二司令部」，[18]這些高幹子弟誓言要維護他們的「無產階級父輩」。[19]隨即，「東縱」也宣布退出「呼一司」，讓「呼一司」的實力被大大削弱。

內蒙古的造反派紅衛兵，最初一片混亂，缺乏一個傘狀組織。十月六日，周恩來、陳伯達、康生、江青、張春橋等中央領導人在北京工人體育館出席了群眾大會。前一天，張春橋也宣讀過中央軍委下發、由黨中央批准的〈關於軍隊院校無產階級文化大革命的緊急指示〉。文件宣布：「凡是被大學黨委、工作隊迫害的反革命、反黨、右派、形左實右的人，一律平反。」文件稱，大多數受害者都是革命同志。周恩來還補充說，這項指示「適用於全國所有大學」。[20]

因為有了這個新武器，我也申請加入「東縱」，卻遭到「東縱」領導的冷遇，他們說我不符合紅衛兵資格。我還沮喪地得知，我們班級的戰鬥隊「全無敵」是由孟殿賢帶隊的。早在文革前，是他從路上撿到我的私信，轉交給了支書記，入了我的檔案。但我和其他有類似情況的人，毫不畏懼他們的拒絕，我們決定組織自己的「井岡山」紅衛兵，與蒯大富的「井岡山」結盟。

高樹華十月初也從北京返回師院。他被邀請到外語系一樓的大教室跟大家見面，「東縱」正在造反派領袖韓桐的主持下，召開會議。韓桐敦促「東縱」其他領導人，承認高樹華是革命左派。他說，早先排除高樹華等人，是為了保護「東縱」。但現在，高的情況已經澄清，韓桐提議高樹華加入「東縱」，並擔任領袖。他還要求高，不要建立另一個競爭對手「井岡山」，並建議所有「井岡山」成員加入「東縱」。高樹華深受感動，當場加入「東縱」，成為「東縱」的主要領導人之一。但他不同意解散「井岡山」，認為兩個組織可以結盟。[21]

這次會議之後，師院「井岡山」正式成立。最初只有三十幾人，最多有一百二十人。「井岡山」維持自己的獨立組織，同時與「東縱」結盟。我被選為「井岡山」七位執行委員之一。「井岡山」的領導小組，由李福生、郭是海、陳福玉三位造反領袖組成。首任主席是中文系漢語專業四年級學生李福生，還有多年來一直被貼上「落後」標籤的郭是海，一位出色的演說家，精明的辯手，說東北方言。許多活躍的「井岡山」成員，都來自內蒙古東部的赤峰和通遼，該地區教育程度較高，但也因與滿洲國的關係，而受到政治玷汙。

來自包頭的政教系四年級學生陳福玉，有大膽創新的天賦。我們立刻照他的建議，徵用了前黨委書記紀之的辦公室。紀繼續領取工資，但每天作為黑幫分子，參與監督勞動。他寬敞的辦公室有轉椅、皮沙發，和一部紅色電話，可以直通內蒙古黨政機關。

起初，我負責「井岡山」辦公室的日常運作，主要是接待內蒙古各地的造反工人和學生，來此向我們尋求協助。學校、工廠和機關單位，紛紛提出聲援要求。最後，我們辦公室必須加派兩人，共三人輪流值班，每天二十四小處理緊急狀況。

在整個發展過程中，「井岡山」的成員，絕大多數是漢族，特別是領導階層，蒙古人相對較少。造反派與保守派雙方，都有漢族和蒙古族參加。由於呼和市九成的人口是漢族，大學生中的漢族，比例也偏高，加上漢族在國家政治問題上更積極，會表達，所以，他們領導著呼和浩特與包頭幾乎所有的紅衛兵組織，只有牧區旗縣例外。然而，無論組織原則上或實際構成上，沒有一個組織是全蒙古族或全漢族。而且據我個人觀察，無論在自治區首府，或是下面的盟市旗縣，大多數蒙古族知識分子，都屬於造反派成員。

儘管內蒙古黨委已經宣布高樹華清白，但他與烏蘭夫兒子力沙克的關係問題，繼續困擾著造反派，因為黨委個別領導人，以及保守派的盟友，時不時指責「東縱」和「井岡山」，暗中支持烏蘭夫。孟川和孟蘇榮這對俄語教師兄妹，同為達斡爾族，與高樹華和大多數俄語學生關係非常密切。他們從一開始就加入了「東縱」，但由於他們與力沙克的關係也很密切，經常與他說俄語，所以有人懷疑，他們可能跟烏蘭夫圈子有特殊關係。

由於一九六六年十月六日，北京召開了軍隊支持造反派的大會，所以造反派迅速壯大。到十月中旬，「東縱」成為師院最強大的紅衛兵組織，其成員數翻了兩倍，從三百人增加到一千多人，占師生總數的四分之三。「東縱」即將成為呼和浩特乃至整個內蒙古的主要政治勢力之一。

「呼三司」的崛起，內蒙古黨委的分裂

烏蘭夫倒台以後，高錦明任內蒙古黨委文革小組主任，權星垣任副主任。曾是華北局高層領導的解學恭，雖然被中央任命為內蒙古黨委第一書記，但他並未到任，而繼續留在天津，還試圖透過高錦明和內蒙古文革小組，遙控內蒙古。[22]高錦明是內蒙古最有權力的領導人，而他的同僚王鐸、王逸倫及劉錦平則被邊緣化。

在接下來的幾個月，那些在前門飯店自稱為「左派」的內蒙古書記們，開始分裂。透過在天安門廣場戴起紅衛兵臂章，毛澤東發出了明確無誤的訊息，將紅衛兵與主席本人和革命聯繫起來。但問題是，內蒙古出現了三個對立的紅衛兵組織：一司、二司、三司，都聲稱要捍衛毛澤東。當書記們試圖恢復黨的權威時，他們發現與造反的紅衛兵組織發生衝突：紅衛兵組織透過挑

戰所有權威來回應毛澤東。因此，書記老爺們從一開始就出現分歧：王鐸、王逸倫、劉錦平把一司、二司作為自己的支持者，而對北京動向更加敏銳的高錦明和權星垣，則站在三司一邊。[23]紅衛兵組織的分裂和互鬥，反過來促成內蒙古黨委領導層進一步分裂，對內蒙古局勢造成嚴重後果。

這次分裂，圍繞著黨委指導內蒙古文革的計畫發生爭議而引發。十月七日，王鐸代表正在北京開會的高錦明，在全區黨委會議上做報告，稱文革的三個階段——即鬥、批、改，內蒙古基本上完成了前兩個階段，敦促各直屬單位一個月內完成前兩個階段，然後進入最後階段「改」。報告還呼籲，盡快恢復在最近動亂中崩潰的黨團組織。

王鐸這份報告的出爐，太不合時宜。那時，毛澤東顯然試圖加速文化大革命，而不是停止它。曾經大反工作隊的造反派，自然抓住王鐸的把柄，攻擊他試圖終止文化大革命的陰謀詭計。[24]十月十日，以高樹華和我們新成立的「井岡山」為首，帶領「東縱」造反派衝進黨委大院，迫使辦公室主任張魯交出王鐸報告的錄音帶。[25]

隨著北京有利於「三司」等造反勢力的發展趨勢，內蒙古黨委感到有必要，重新檢視內蒙古特別是師院的高樹華問題。十月二十三日，權星垣、康修民來到師院，代表內蒙古黨委向全校師生發表演講。他們如今處於守勢，不得不檢討黨委在文革中所犯的錯誤，並宣告給高樹華平反。[26]

隨著形勢發展，高樹華、郝廣德等造反派領袖，於十月二十九日在紅色劇場（烏蘭恰特）召開大會，宣布成立一個新的傘狀造反派組織：「呼和浩特高等院校紅衛兵革命造反總司令部」，統稱「呼和浩特第三司令部」（簡稱「呼三司」）。我們再次借用清華盟友蒯大富領導的組織名稱。「呼三司」聯絡了十三所學院和中學的十七個造反派組織，核心是師院「東縱」。[27]隨著「呼三司」成立，作為一個派系的造反者們，終於體制化了，從而很快登上政治舞台，並在內蒙古及其他地區留下印記。

全市各單位，紛紛要求「呼三司」派代表前往協助，似乎我們成了救世主。郝廣德是位思維敏捷，善抓權的高手。突然間，機關幹部和職工都向他討好，稱他為「郝司令」。身為「呼三司」主席，郝可以派人來支援全城的造反派。只要一通電話，一個廣播，他就可以調動五百輛卡車和上萬名群眾。他的支持者和盟友遍布各單位，包括警察和駐軍。他讓「呼三司」成為呼和浩特最強大的派系之一。

「呼三司」甚至開始在全國享有盛譽，其最強大的盟友，是駐呼和浩特的新華分社、《人民日報》、《解放軍報》、《紅旗雜誌》駐內蒙古記者站，以及北京大學、清華大學、哈爾濱軍事工程學院、上海軍醫大學等重點大學造反派的駐呼和浩特聯絡站。這些聯繫提供了資訊和強大的盟友。蒯大富的盟友寧魁喜（我們暱稱他「寧左」），是清華「井岡山」常駐內蒙古的主要代表，也是郝廣德、高樹華的最高顧問。「呼三司」的策略，多出自他手，或得到他的認可。

「呼三司」的組織網絡，迅速擴展到全自治區各學校和單位。河西公司是呼和市東郊一個由北京直接控制的機密單位，是七機部火箭引擎技術研究院（又稱四院）的對外名稱。該公司成立於一九六四年，從一九六五年開始，在呼和浩特市東郊的大青山山脈開展業務，面積數百平方公里。四院建造火箭引擎，其煉油廠加工固體燃料。[28]周邊村民被告知，不得對外人透露這裡的情況。它有五萬多員工，都是復轉軍人①或受過高等教育的技術人員。由於他們能從北京獲得資訊，熟悉毛澤東對造反派的支持，所以百分之八十的員工支持成為造反派。河西公司的造反派組織「八一八」以技術員王志友為首，其動員能力變得比公司領導還要大。

「呼三司」的成員組織，還包括呼和浩特鐵路局的「火車頭」（以火車司機劉立堂為首）、內蒙古華建（全稱華北建築公司）「井岡山」（以卡車司機霍道餘為首），以及內蒙古黨委「紅旗」（造反派傘狀組織），由宣傳部幹部李楓為首，和《內蒙古日報》報社的造反派「東方紅」，由喬彤和李雨樓負責。

「呼三司」的對立面，主要是「工農兵」、「紅衛軍」和「無產者」三大保守派組織。[29]「工農兵」成立於一九六六年十二月三十日，由退伍軍人范俊智為首，他曾任內蒙古軍區副司令黃厚的警衛。「紅衛軍」成立於一九六七年一月一日，是內蒙古黨委書記王逸倫、劉景平支持的全國組織在內蒙古的分支，領導者是呼和浩特橡膠廠的技術員張三林。「無產者」也成立於一月初，由張啟勝任指揮。以工人為主，光在呼和浩特就擁有三萬五千名會員。其他有名的保守派組織，包括一九六六年十月十八日成立的師院「抗大兵團」，和一九六七年初成立的「紅色造反聯盟」，成員包括內蒙古黨委的幹部，和部分大學教師。[30]

這些保守派組織，宣布與王鐸、王逸倫、劉景平和內蒙古軍區結盟，誓言維護黨的領導，堅決反對同情「呼三司」的高錦明、權星垣等人。

由此可見，造反派和保守派之間未來數月的血腥戰鬥，已經做好準備。儘管最初，造反派由於學生人數相對較少而實力較弱，但在工人支持下，造反派的勢力迅速壯大。造反派最強大的武器，是毛澤東的最新指示，和他們自己對文革趨勢的「正確」理解。當造反派把攻擊矛頭對準王鐸的「黑講話」時，王鐸的戰友們也開始與他保持距離。十月二十八日，內蒙古黨委宣傳部，強迫王鐸做自我批評。王只承認自己「不自覺地」執行了資產階級反動路線，並試圖將自己的錯誤責任推卸給內蒙古黨委。

十月三十一日，黨委理論刊物《實踐》，和黨委所屬六個單位的造反派組織，成立了自己的「革命造反戰鬥隊」，由蒙古族中層幹部那順巴雅爾領導。他們的第一張大字報〈資產階級反動路線，貫穿了華北局的「前門飯店會議」〉，點名王鐸、王逸倫、劉景平，如何保護烏蘭夫，指責他們，試圖透過在會上批判烏蘭夫，來保護自己的寶座。這張大字報，對三人來說，是毀滅性的打擊，由於在呼和浩特及其他地區被廣泛傳抄，讓黨委面臨來自黨內及造反派學生的內外夾攻。[31]

內蒙古黨委的大字報，也推動了從十一月四日開始的內蒙古三級幹部會議（簡稱「三幹會」）。十一月十日，「呼三司」召開大會，宣布「向資產階級反動路線開火」，自治區黨委領導及參加「三幹會」的全體代表，都參加了大會。造反派群起聲討王逸倫，迫使他離開主席台。

十一月二十四日，「東縱」和「呼三司」等造反派組織，採取大膽行動，「綁架」王鐸並將

① 編按：即退伍後再進入民間就業的軍人。

其帶到北京，在北京領導人面前，辯論內蒙古問題。[32]同時，呼和浩特爆發武裝衝突，背後推動勢力，是受王逸倫大力支持的保守派組織「紅衛軍」。[33]

十二月下旬，高錦明在北京出席會議時，獲悉中央文革小組站在「呼三司」一邊。回到呼和浩特後，他宣稱「呼三司」批判資產階級反動路線，是高舉了毛澤東思想的偉大紅旗。高錦明的這一舉動，既挽救了他的職業生涯，[34]也促成了內蒙古黨委的進一步公開分裂。高錦明、權星垣、康修民、郭以青、李樹德、李質、王再天支持造反派，而王鐸、王逸倫、劉景平，則繼續支持保守派。

高錦明和他的親密夥伴們，對「呼三司」和「東縱」的支持，促進了造反派與內蒙古共產黨領導人的結盟，也很快使該地區陷入更深刻的政治危機。

我的徒步長征

一九六六年十月「井岡山」成立後不久，我就成了「井岡山」的積極分子。但隨著呼和浩特和北京政治辯論及組織鬥爭加劇，我失去在校園建立造反派網絡的興趣，想再次踏上長征之路。十月二十二日的《人民日報》社論〈紅衛兵不怕遠征難〉，觸動了我的神經。從一九六六年八月下旬起，包括我在內的許多學生一直在大串連中，有時參與地方鬥爭，同時也想看看這個國家。

是大連海運學院的活躍人士，最早發出呼籲，倡議紅衛兵徒步走向天安門，以減輕鐵路運輸負擔，向老紅軍學習，重溫長征的光榮傳統。在「東縱」和「井岡山」召開的聯席會議上，對於出發長征的時機，有了激烈爭論。我和曹俊、黃志高等人認為，應該立刻出發。郝廣德回應：「現在不能走。各學校、各單位都在向師院的造反派尋求支援，每天都有人邀請我們介紹驅逐工作隊的鬥爭經驗。在這樣的關鍵時刻，我們怎麼能放棄鬥爭不管，而開始長征串連呢？」高樹華和郭是海一致認為，維持辦公室運作，繼續支持造反派至關重要，但讓部分人去長征也沒關係。

我和曹俊決定長征，準備出發，留下郭是海、李福生負責「井岡山」辦公室，郝廣德、高樹華則優先擴建造反派的保護傘「呼三司」。

包括我父親在內的一些親友，都嘲笑我說：「在幫助造反派建立組織方面，你是最堅決的支持者之一。現在，眼看勝利即將來臨，你卻出去串連，看不到大勢所趨，你真是傻瓜！」

但我有自己固執的想法，我希望透過步行長征來考驗自己的毅力，也想了解全國各地正在發生什麼。步行串連與搭火車、住賓館相比，困難當然更多，但也更能了解一般人，尤其跟村民和山區百姓的生活和思想，有更多接觸。

那時，我和女友秦賢的關係不錯，試圖鼓動她跟我們「井岡山」人一起去長征。我們打算從呼和浩特出發，步行一千五百公里到湖南韶山，再去江西井岡山，然後走回內蒙。但秦賢決定，她願意與另一支醫學院的十五人隊伍，從呼和浩特走向紅色首都延安。她說：「較短的距離可能更適合我。」我們那時都很害羞，而且，鬥爭氣氛也不允許公開示愛，以免汙染革命的純潔。

最後，我和曹俊、翟希民、趙蘭科一起出發。我們都是師院「井岡山」的成員，之前一起坐

圖7　王秦賢長征到達延安，1966年12月。

火車串連過。這次行程很長，雖然沒有乘車的距離遙遠，但徒步行走，困難不少，是一次對革命聖地的朝拜，也是了解農村情況，與其他造反派建立聯繫的機會。

為準備長征，我們每人買了一把十四寸長的蒙古刀。過去，這種刀有多種功能，包括防身和吃飯，因為蒙古飲食以牛羊肉為主。我們還買了皮帽、綁腿帶、膠靴和毛毯，還有急救包、小鐵鍋、臉盆、餐具、指南針。當然，還有學生證和「井岡山」提供的介紹信。每人攜帶一百枚毛像章和五十本紅寶書（毛澤東語錄）。我自己還背了三十幅毛澤東肖像。學院後勤處發放了糧票和伙食費，以及各種必需品。十一月十八日早餐後，我們告別陳福玉和其他「井岡山」戰友，列隊向毛主席像鞠躬發誓，表示要徒步前往韶山，傳播毛澤東思想，向貧下中農學習。初步計畫三個月左右抵達湖南，再經井岡山和北京，返回呼和浩特，可能還要三個月。當時，國家處於無政府狀態，空氣中硝煙瀰漫，有人開始談論內戰。

我們有很好的紅衛兵串連地圖，每個省分都有清晰的道路標記。每天我們步行八到十個小時，至少三十多公里（最高紀錄是四十五公里）。有時，我們會在一個地方多停留幾天。

最初四、五天，腿腳浮腫，最痛苦難熬。再往後，我們的腳就失去知覺，只剩下痲木了。疲憊的步行，讓我們吃得香睡得好。我們避開大城市，專挑貧困的農村和偏遠的山路，以便了解革命如何改變最貧困的農村地區。從呼和浩特到山西大同，需要四、五天步行。我們途經煤礦城市大同，多停留一天，訂製了一面「井岡山」紅旗。

開頭幾天，前三個小時的步行，我們還能一邊走一邊說笑。之後就默不做聲，各自低頭走著。突然間，我發現翟希民不見了。於是大家原路返回，終於在一棵樹下找到正在生悶氣的老翟。他抱怨我們走得太快，沒注意把他落在後面。他是我們四個人裡最高的，但我們不得不像小兄弟一樣安慰他。最後，他勉強同意繼續往前走。

在經過五台山，抵達山西省中部以後，我們開始發生爭吵。老翟說：「雖然毛主席號召步行，但你看火車上擠得多滿。為什麼咱們就不能坐火車，走快一點？」見他情緒低落，我們就鼓勵他：「老翟，加加油吧，你是獨生子，在家享受慣了，如今，咱們需要體能訓練。」一番勸說之後，他答應繼續。但十二月十二日，在靠近河北省的時候，老翟勸我跟他一起，去饒陽老家看看，我拒絕了。他決定自己搭火車，經河北返回呼和浩特。留下我們三個人，繼續徒步長征。

十二月十八日，我們入住以大寨大隊聞名的昔陽縣招待所。當經理看見我們內蒙古師院「井岡山」的紅旗，說幾天前，另一批內蒙古師院紅衛兵，也在這裡住過。登記簿上顯示，高樹華等十六名師院造反派，最近確實來過這裡。

兩個月後，我們回到內蒙古師院，高樹華說，內蒙古黨委要求師院組織一支樣板長征隊。隨後決定，高帶領一支由十七人（二女十五男）組成的長征隊，其中包括韓桐、黃志高、任作霖和郭是海等。他們先搭火車到太原，然後徒步前往大寨。十二月下旬，他們抵達北京，得知保守派在呼和浩特武力鎮壓造反派的消息，於是於一九六七年一月中旬，緊急返回北京與呼和浩特。[35]

十二月二十日，我們走到大寨，發現村裡擠滿了學生。在為成千上萬學生提供服務的招待所裡，匆忙吃完午餐，我們就排隊參觀大寨領導人陳永貴的窯洞住房。他妻子虎妮，在炕上做針線。虎妮四十多歲，體格健壯態度溫和。她告訴我們，老陳正在北京參加會議。村裡每戶人家都住一模一樣的二層樓房。一層是深窯洞，臥室兼起居室，一門兩窗，整潔乾淨。頭戴白毛巾的陳永貴肖像，掛在牆上，是跟毛澤東、周恩來的合照。沒任何照片顯示他在田裡工作的情景。村裡通了電，這在當時的農村比較少見，尤其是在山區。二樓是較小的儲藏室。

石匠賈進才，五十多歲，是大寨的另一個模範。他告訴我們，他修梯田打造的石頭，如果集中起來，可以排到月球。我們摸了摸他的手，手掌像木頭一樣堅硬。賈老還帶我們參觀了著名的「七溝八梁一面坡」，他們修建的梯田，從山腳下一路延伸到山頂，山上沒留任何樹木，周圍的村莊也類似。梯田耕地面積細小，很少超過五畝，最小的只有寫字桌那麼大。

我們從大寨繼續往南，朝杜莊方向走，沿途看到，有軍隊駐紮在距離大寨一公里的營地。杜莊村民說，那是一個工程兵營，配有挖土機、拖拉機等重型設備，常年駐在那裡，幫大寨建造梯田。杜莊距離大寨只有四里地，一九六四年也被評為全國修梯田模範村。村民抱怨說：「我們跟大寨一樣，也靠梯田活命，唯一區別，是我們沒有得到任何外部援助。」

圖8　高樹華（左二）、韓桐（左三）和他們的部分長征隊員，1966年12月。

在山西南部的煤礦小城陽泉市，我們待了兩天，下井跟礦工挖煤，發現那裡的礦工生活極其艱苦，井下的安全設備也差，傷亡率比較高。我們於十二月底，走到河南北部的禾嘉縣，這裡是趙蘭科的故鄉。在招待所，我們問起河南大饑荒的狀況。當地人告訴我們，全縣約百分之十五的村民餓死。值得慶幸的是，在饑荒發生前，跟我逃到呼和浩特一樣，蘭科全家人，都逃到內蒙古東部的呼倫貝爾盟去了。

一九六七年一月八日，在河南省會鄭州，我們三人又出現分歧：曹俊和趙蘭科，願意沿著鐵路線奔湖南長沙，走直線距離，可以提前抵達韶山，然後搭火車返回內蒙古。我則願意沿公路往南，進入河南的伏牛山區，再經湖北襄樊和湖南益陽去韶山，這條路因三國時期的古戰場聞名，包括諸葛亮的故鄉南陽在內。這裡經濟相對落後，能看到更多貧困的農村。於是我們分手，我的武術經驗和蒙古刀，讓我對獨自旅行充滿信心。

一月十九日，天黑之後，我還沿著河南南陽去新野的土公路行走，一輛卡車突然停在我面前，司機招手讓我上車。我說我可以步行。但老司機堅持，一定把我送到紅衛兵招待所。這是我此行唯一一次坐車，大約七、八公里，就抵達新野縣城。司機問我，是否聽說最近報導的紅衛兵被殺事件，他警告我，天黑獨行很不安全。我感謝司機，表示今後避免走夜路，但我會繼續去湖北和湖南的行程。

湖北沿途，也有些趣事，此處省略。一九六七年二月三日，我越過湖北省界，到達湖南的洞庭湖地區。二月五日，沿途看到大字報和標語，說全省戒嚴，抓捕湖南最大的造反派組織「湘江風雷」。每個十字路口都有接待台，接受造冊登記。組長以上（領導三十人）的成員，必須招供，否則會被抓捕。許多人雙手被綁，戴著紙帽子，脖子上掛著標語牌，上面寫著他們帶有紅叉的名字。我震驚地看到這麼多士兵抓造反派，感覺就是要把他們處死（直到一九六七年夏天，中央才宣布撤銷二月的錯誤決定，平反遭到鎮壓的「湘江風雷」）。當時，我不禁聯想到我們「呼三司」，也跟內蒙古軍區觀點對立，不知未來命運會怎樣？想到未來，不寒而慄！

二月十二日，我終於走到湖南韶山。隨著擁擠的人流，到毛故居排隊，匆匆參觀一圈，拍照留念完畢後，正要轉身離開，突然在人山人海中，見到我的朋友龐乃武（呼和五中同班同學，也是我在呼和浩特遇到的第一位同學）。

圖9　程鐵軍長征到達韶山，1967年2月。

我們倆同時驚呼：「咱們得有多大緣分，才能在這裡巧遇？」他是我在五中的同班同學，來自呼和浩特市南郊八拜中學的造反派老師。長征開始的第一晚，我們四人在他學校住過一晚。我問他是否可以跟我們一塊長征，他說呼和市教育局有通知，只許學生串連，不許老師串連。一個月後，政策改變，他才走出校門，搭火車來到韶山。我兩人商定，徒步走到韶山附近的寧鄉縣火車站（那裡是劉少奇的故鄉），搭火車經上海返回呼和浩特。

因為中央於一九六七年二月三日發布通知，宣布終止大串連，取消免費食宿。對所有串連途中的學生，只提供回程服務，[36]所以不得不放棄原定前往井岡山的計畫。但我們認為，回程不能錯過上海，這裡既是文革造反活動的中心，也是中國最大的工業城市。

第五章　軍人殺學生，全國開首例

好友韓桐被槍殺

前文提及，一九六六年十一月十八日，我從呼和浩特出發，徒步穿越六省，歷時八十六天，於一九六七年二月十二日，抵達毛澤東的出生地湖南韶山。然後，我和朋友龐乃武，從湖南寧鄉搭火車到江西南昌，再轉車到上海。

文革初期的上海，處於全國風暴的中心。一九六六年底，張春橋和姚文元在上海工總司領袖王洪文的擁護下，在毛澤東和中央文革小組的大力支持下，策劃並成功奪取了上海黨政機構的權力，建立了全國第一個革命委員會。

一九六七年一月三十一日，《人民日報》發表社論〈論無產階級革命派的奪權鬥爭〉，盛讚毛澤東把聶元梓大字報描述為人民公社的宣言：它將使國家機關煥然一新。二月五日，上海宣布成立「上海人民公社」，其風格類似巴黎公社，即一八七一年第一次短暫的共產革命勝利。[1]毛澤東顯然認為，巴黎公社原則過於無政府主義，我們還是需要某種革命治理。[2]於是在二月二十四日，又更名為「上海市革命委員會」，成為中國第一個革委會的樣板。很快地，由黨員幹部、解放軍代表、和造反派代表（三結合）組成的革委會，在全國各省、市、縣和公社迅速湧現，全面取代了原來的黨政機構。[3]

二月十九日凌晨，我跟龐乃武抵達上海。我們從車站搭公車，去上海紅衛兵招待所分配的一家老旅店。當公車駛入林蔭道時，我們看到牆上貼滿上海第二軍醫大學「紅總」簽名的大標語，描述呼和浩特發生的事件。

「韓桐烈士永垂不朽！」

「強烈要求中央審判殺人兇手！」

「槍殺紅衛兵，沒有好下場！」有些大字用血紅色的顏色寫就。

我無法控制情緒，不由得放聲哭喊：「天哪，韓桐被殺害了！」車上的乘客們聞聲扭過頭，吃驚地看著我。

「誰是韓桐？」龐乃武問我。

「我們外語系英語四年級的同學。」

韓桐，一九四二年生於呼和浩特南郊托克托縣格圖營村一個漢族貧農家庭。他身材高大，英俊瀟灑，精於演藝，曾跟我班女生李秀，給全校表演過山西綏遠流行的「二人台」（舞蹈說唱），深受歡迎。

當高樹華的大字報引發呼和浩特文革的時候，我跟韓桐都加入了造反派，成為親密的戰友。在文革之前，我是學生會版報組的成員，他是演出隊的成員。我們還共用剪刀、推子，為同學免費理髮。後來他成為「東縱」領導人之一，負責起草、印刷和散發傳單。在高樹華遭到「東縱」幾個月的排斥後，正是他，帶頭邀請高樹華參加並領導「東縱」。

那天晚上，我們讀了幾十張上海二醫大從呼和傳抄過來的大字報，描述了韓桐被謀殺前的政治局勢。問題的焦點是軍隊參與地方文革，站在保守派那邊。內蒙古黨委分為兩個陣營。一派被斥責為「走資本主義道路的當權派」，包括紅衛兵和群眾組織，指責他們是保守派，甚至是忠誠派。另一派則自稱為「革命左派」，其支持者自稱為「革命左派」或「造反派」。根據我在長征途中對全國局勢的觀察，看來在內蒙古，對立雙方已公開對抗。不同的是，呼和浩特的解放軍，首先向造反派學生開槍，這尤其令人痛心，因為毛澤東在一個月前，即一九六七年一月二十一日，剛剛呼籲解放軍支持革命左派。如今我搞不清楚的是，毛澤東和中央到底站在哪一邊？

當晚，從上海返回呼和浩特已經太晚。隔天早上，二月二十一日，我們試著訂當天的火車票，但沒有成功（憑學生證或教職員證可以免費訂回程票）。最後拿到兩張二月二十二日開往北京的首班車票。途中，因山東武鬥，列車誤點十二小時；在天津南郊，又因發生鐵路事故，再延誤十個小時。

二月二十四日一早，終於抵達北京。我們看了更多內蒙古文革的大字報，詳細介紹了軍隊在內蒙古鎮壓中所扮演的角色。據悉，周恩來和中央文革小組已緊急召開會議，討論處理此事。當時，「呼三司」造反派高樹華、郝廣德等內蒙古代表已到北京。我試著透過清華的蒯大富聯絡他們，但沒有成功。蒯在電話裡說，內蒙古代表不准與外人接觸。除非周恩來邀請他參加會議，否則他自己也看不到他們。他催促我們：「你們趕緊回呼和浩特吧，未來將會有更多的戰鬥！」

造反派試圖奪權

韓桐之死，是紅衛兵和群眾組織與內蒙古黨委激烈搏鬥的結果之一。因為書記們的分裂對立，激化了不同派系的矛盾。一九六六年十一月二十四日，我們長征出發不久，衝突爆發。高錦明和權星垣，支持造反派「呼三司」和「東縱」，綁架批鬥了另一位黨委書記王鐸。一九六七年初，高錦明等左派書記，要求黨委立即停止另一位書記王逸倫的工作。

群眾組織也進一步分裂：造反派「呼三司」和「東縱」等，支持高錦明和權星垣；保守派組織「無產者」、「紅衛軍」，則力挺王鐸和王逸倫。隨著「紅衛軍」變得更加激進，它的兄弟組織「無產者」，成為替王鐸和王逸倫辯護的主要理論力量，其成員，主要來自《農村工作隊報》的記者和內蒙古黨校的教師。[4]一場內戰，似乎正在內蒙古和全國其他地區蔓延。

在這場內戰中，造反派自信得到北京最高當局的支持，也受到上海造反派奪權和毛澤東支持的鼓舞，因此主動出擊。一月十一日，《內蒙古日報》「東方紅總部」的造反派，奪取了媒體控制權，出版了變相的新版《內蒙古日報》——《東方紅電訊》，準備隨後出版新版《內蒙古日報》。未經黨中央批准，擅自改變省級黨報的格式是史無前例的事件。儘管造反派聲稱，黨委支持他們的行動，但黨委內部仍有分歧。高錦明或其他書記官可能會批准。而《內蒙古日報》報社的保守派領導人，則迅速召集激進的「紅衛軍」工人，試圖驅逐造反派。報社造反派則召集師院的「呼三司」增援，擊退了「紅衛軍」的進攻，並控制了《內蒙古日報》大樓。隨後，保守派和造反派之間的衝突，將呼和浩特變成了真正的戰場，雙方都有數千人，宣稱自己是革命左派。一月二十一日，《人民日報》發表題為〈無產階級革命派大聯合，從走資本主義道路的當權派手中奪權〉的社論，無異於火上加油，進一步助長造反派的攻勢，使其合法化。

當時，在被毛澤東和中央文革小組神化的政治話語中，革命左派和造反派被認為是政治正確。他們的對手被稱為右派、保守派或忠誠派，被定為反革命分子或反動組織。這些標籤，並非毫無意義，他們決定一個人，是毛的支持者還是反對者。一旦被貼上敵人標籤，就會成為賤民，甚至失去最基本的生存權。標籤涉及的巨大賭注，顯示鬥爭的激烈程度。許多造反派，包括我自己，都曾被打成壞分子、右派、落後分子，成為鬥爭對象。一九六六年六月的造反行為，為許多人帶來新的政治生涯，但最後命運如何，還取決於政治鬥爭的新成果。

對內蒙古黨委的書記來說，賭注也同樣高。一九六六年夏天，他們透過譴責烏蘭夫黑幫，宣稱自己是革命左派。如今，又禁受毛的新一輪反官僚運動掃蕩。現在成為奪取《內蒙古日報》的新「當權者」，他們究竟是革命左派呢？還是走資本主義道路的當權派？在隨後的政治鬥爭中，因為每個人都試圖在革命幹部隊伍中占有一席之地，路線選擇是短暫的，許多領袖的職業生涯，甚至生命安全，都取決於最後的權力平衡，一時懸而未決。

就政策議題而言，兩個陣營幾乎沒啥差別，其差異更多的是程度而非實質。王鐸、王逸倫更傾向於穩定優先，保持幹部隊伍的連續性；而高錦明和權星垣，則要透過掃除不夠激進支持毛澤東的人，來展示革命性。造反派紅衛兵，特別來自師院的紅衛兵，在反對工作隊鎮壓的鬥爭中表現激進，對內蒙古的所有權威都提出批評。共同的政治取向，使大學成為造反派紅衛兵，與激進的左派書記之間有了默契，互相支持。

一九六七年一月二十二日，「紅衛軍」、「無產者」、「革命戰士」開始行動，產業工人和黨政幹部的忠誠力量，率領三十多輛卡車、公車，向《內蒙古日報》報社大院挺進。他們前來制止造反派奪權後出版的第一期《內蒙古日報》。保守派認為，這是高錦明和康修民控制整個內蒙古的陰謀。下午四點五十分，保守派的報社職工，衝進報社印刷廠，切斷電源線並破壞機器。當全城造反派紛紛趕去援助時，激烈戰鬥隨之而來。[5]由於內蒙古黨委陷於癱瘓，「紅衛軍」等保守組織，轉向軍方求援，呼和浩特進入事實上的內戰狀態。[6]

內蒙古軍區，起源於一九四六年六月三日的內蒙古人民自衛軍，由烏蘭夫的部隊與東蒙古人民自治軍合併而成。烏蘭夫任司令兼政委；阿斯根、王再天任副司令。一九四八年一月，國共內戰期間，這支軍隊編入中共領導的解放軍，改稱內蒙古人民解放軍。一九四九年五月，內蒙古軍區劃歸華北軍區管轄。一九五五年五月，內蒙古軍區升格為新組成的十二大軍區之一，與北京軍區（原華北軍區）同級。[7]然而，隨著一九五二年內蒙古軍區與綏遠省軍區合併，大批漢族軍官在內蒙古軍隊中擔任要職，它不再是一支由蒙古人主導的軍隊。

內蒙古軍區的領導層，在文革最初的幾輪鬥爭中遭到重創。隨著前門飯店會議結束，司令兼政委烏蘭夫、副司令孔飛、副政委廷懋、副參謀長塔拉、政治部副主任暴彥扎布等等，幾乎整個內蒙古軍區最高層的蒙古人，都退居二線。[8]隨著領導階層改組，由第一副司令劉華香、副司令蕭應棠、副司令黃厚、參謀長王良太、副政委劉昌、副政委張德貴控制。他們都是漢人，把軍權牢牢掌握在手中。

從一九六六年八月開始，由劉華香、蕭應棠率領的軍區高層，向蒙古族將領孔飛、廷懋、塔拉進行批鬥，斥他們為民族分裂分子，烏蘭夫反黨叛國集團成員，是內蒙古分裂，以及內外蒙合併的密謀者。九月中旬，中央軍委批准內蒙古軍區解除這些蒙古族軍官職務，並調查其罪行。從十一月開始，鬥爭愈演愈烈，到了一九六七年一月，他們被從一個批鬥場帶到另一個批鬥場，手臂被反綁，還用軍靴踢，導致孔飛肋骨折斷。[9]多數刑訊，都在劉華香、蕭應棠和王良太三位將軍的監督下施行。

在中央清洗內蒙古軍區的過程中，唯一的蒙古族倖存者是第一政委吳濤少將，他在前門飯店會議上與烏蘭夫保持距離，從而保住了自己。但他還是在漢族將領手下吃盡苦頭，儘管他得到中央軍委副主席兼祕書長葉劍英元帥的支持，被派回內蒙古軍區任文革領導小組組長。中央軍委和總政治部一再干預，堅稱他反烏蘭夫，但漢族軍官仍然攻擊他是黑幫分子。從一九六六年七月起，他的家用電話被切斷，汽車被沒收，警衛被撤走，並受到監控。[10]

雖然對吳濤等蒙古族將領的攻擊，明顯出於民族原因，但從一九六七年一月下旬開始，事情開始朝著不同的方向發展。一月二十三日，內蒙古軍區召開針對吳濤的特別批鬥會，吳濤被脫去軍裝，掛上黑牌，譴責他是「三反」分子（反黨、反社會主義、反毛澤東思想）。他被指控支持左派書記高錦明、權星垣和李樹德，並被認定是支持「呼三司」攻擊王鐸和王逸倫的幕後主使。

隨後，他被迫停止一切工作，多次寫檢討報告，還遭受酷刑，反覆打耳光、踢肚子，並被迫跪在硬木板上幾個小時。[11]漢族軍頭對吳濤的肉體折磨，與中央政府決定在全國範圍支持造反派的奪權活動，同時發生。[12]

此時，北京軍方領導人，對於解放軍參與奪權的問題存在路線分歧。當整個國家陷入無政府狀態時，許多人寧願選擇維持法律和秩序。一月二十二日，當陷入困境的保守派，向內蒙古軍區請求軍隊干預時，蕭應棠向中央軍委文革詢問，是否應該支持保守派時，據報導，小組長徐向前元帥指示蕭「千方百計調查清楚，了解情況……要支持革命左派。軍隊不能使用武力，但可以調解。」[13]

徐元帥的指示，把責任推給內蒙古軍區領導人，自己決定誰是革命左派。面對日益擴大的無政府狀態，作為軍隊領導人，跟黨政機構一樣，許多人傾向於支持黨的領導，以維持某種表面上的穩定。當時的內蒙古軍區領導，已經承認內蒙古黨委的王鐸、王逸倫為革命左派，他們將支持二王的「紅衛軍」、「無產者」、「工農兵」等群眾組織，認定為革命左派組織，因為其成員大多是工人、農民、復員軍人和有良好階級出身的基層幹部。相反地，他們把「呼三司」、「八一八」等造反派組織視為一心「毀黨、毀軍」的反革命組織，並稱其六成的成員為「地主、富農、反革命、壞分子」，都是敵人類別。黨委中的高錦明、權星垣、李質，則被認定為在幕後控制這些組織，支持資產階級反動路線。[14]

如此一來，徐元帥的電話指示，堅定了內蒙古軍區支持保守派的決心，軍頭們認定，保守派屬於真正的革命左派。一月二十二日晚上十一點，內蒙古軍區政部派出一個武裝連，前往《內蒙古日報》報社制止武鬥。一月二十三日凌晨十二點半，連隊表態，支持報社的保守派反對「呼三司」。軍隊封鎖了報社大院，發出三點指示：確保對《內蒙古日報》施行軍管；清洗報社人員，只准出不許進；報社的命運留待以後決定。[15]

內蒙古軍區對《內蒙古日報》的控制行動，將軍隊直接捲入內蒙古的派系鬥爭，同樣現象也在全國各地發生。事實上，早在一月十五日，根據中央〈關於廣播電台問題〉的指示，軍隊已經控制了內蒙古廣播電台，將廣播電台置於軍管下。軍方支持《內蒙古日報》保守派領導階層，無異於將「呼三司」視為反革命組織。這是對造反派最大的侮辱，因為他們堅信，自己得到了毛澤東的支持。

此時的「呼三司」，已成為全市造反派的強大聯盟，由六十五個組織構成。「呼三司」要求內蒙古軍區領導，親自到辦公室，當面解釋派兵參與報社衝突、鎮壓造反派和支持保守派的決定，副政委劉昌和群工部副主任高碧，於一月二十三日凌晨五點，到辦公室出面澄清，解釋派軍隊是為了保護大樓安全和防止派系鬥爭，並同意撤軍。

但造反派並不滿足。當天上午十點，他們再邀請劉、高二人，到造反派據點師院公開解釋。在師院與「呼三司」激烈辯論後，劉昌承認派武裝士兵是個錯誤，他同意第二天下午去報社道歉。

當天，隨著軍隊撤出報社，「呼三司」出版了一份黑色報頭的《內蒙古日報》（新一期）——黨報的報頭通常是紅色，表示革命。除了改變顏色，造反派還去掉了伴隨漢字的蒙古文報頭。這個舉動太過大膽，因為「內蒙古日報」五個漢字是毛澤東親筆寫的。

無論如何，刪除蒙古文的報頭，一直持續到一九六九年。[16]在這一階段，造反派集中火力反抗不合法的當局，對蒙古族為主體的民族政策，缺乏尊重。這也毫不奇怪，由於造反派與左派漢族書記結盟，而左派書記又因鬥垮烏蘭夫而獲取內蒙古的權力。在紅衛兵小報上，造反派的批判力度，往往比克制的官方媒體更猛烈、明確。隨著造反派捲入日益激烈的民族政治，他們在攻擊烏蘭夫和蒙古民族主義時變得比官媒更為激進。[17]這種叛逆激進主義，與其說是出於對內蒙古民族關係的了解，不如說是出於一種競爭性衝動，即表現出對毛意識形態的忠誠，挑戰毛的所謂敵人。應該說，這是造反派背離原來反獨裁統治立場的開始。

「呼三司」的大膽行動，來得正是時候。如前所述，一月二十三日，中共中央、國務院、中央軍委，呼籲從「走資本主義道路當權派」手中大規模奪權。同一決定，還要求解放軍積極支持「廣大革命左派奪取政權的鬥爭」，「堅決鎮壓反對無產階級革命左派的反革命分子和反革命組織」。

一月二十四日，「呼三司」控制的《內蒙古日報》，刊登題為〈全國無產階級革命派立即行動起來，自下而上大聯合，奪取各種權力〉的文章。新華社報導了中國各地的奪權事件，並強調一天前，造反派領導的上海「革命造反聯合總部」，取代了上海市委和政府，（如前文已經提及）先叫「上海人民公社」，後來改為「革命委員會」。[18]

面對日益嚴重的暴力事件，和中央政府要求軍隊支持革命左派的要求，內蒙古軍區領導人，面臨向「呼三司」道歉的壓力。一月二十四日，軍區黨委決定不道歉，堅稱「軍隊沒有支持任何特定派別」，其軍事干預和隨後的撤軍行動，「都是正確的」。[19]

一月二十五日下午，內蒙古工學院三十九名「井岡山」造反派，對軍隊拒絕道歉感到憤怒，遊行到內蒙古軍區總部大院，要求劉昌公開道歉，軍隊立刻拘留他們。當晚，師院「東縱」等造反派組織派出代表，加大對劉昌的壓力，軍區南牆張貼了數百張譴責劉昌的標語。

與其他地方一樣，呼和浩特的軍隊也存在嚴重的派系分裂，而非民族分裂，因為蒙古族軍官已被清洗。內蒙古軍區文工團，特別支持造反派。該團成立了一個名為「紅色造反團」的組織，其中許多女性成員，他們呼籲內蒙古黨委介入調解。[20]

第二天，黨委書記高錦明和李質，前往軍區大樓，要求軍隊釋放關押的學生，支持「呼三司」，但將軍們仍堅持不改。[21]內蒙古軍區和高錦明領導的內蒙古黨委，處於公開對抗狀態。

軍方指責高錦明和李質，是「呼三司」的幕後支持者，利用「呼三司」抹黑解放軍。迫於軍方壓力，內蒙古林學院造反派「紅旗」，宣布退出「呼三司」。[22]為加強紀律約束，「呼三司」廢除原有的紅臂章和紅衛兵證書，改發新臂章和新證書，並且宣布。從此以後，如果沒有正式信函，「呼三司」的任何成員，都不能代表該組織。[23]

解放軍開槍殺人

一月二十八日，中央軍委會發布八條命令，禁止任何團體衝擊軍事組織，讓造反派的政治命運遭遇挫折。[24]解放軍介入派系的奪權紛爭，非但未能恢復法律秩序，反而使自己成為對手的攻擊目標。當全國許多指揮官和指揮部遭到紅衛兵襲擊，中央軍委的元帥們，成功懇求林彪和毛主席，向毛呼籲恢復軍隊秩序，保護解放軍免受紅衛兵衝擊。[25]受到中央軍委命令的鼓舞，內蒙古軍區立即加強總部大院的防禦工事，防備襲擊，必要時使用機槍，還組織武裝巡邏和部隊遊行。儘管如此，軍隊仍面臨造反派的壓力，呼籲他們聽從毛澤東指示，支持造反派。

在全國範圍暴力威脅日益嚴重的情況下，一月二十九日，正在串連的上海第二軍醫大學「紅色造反團總部」（簡稱全紅總）抵達呼和浩特。身穿軍裝的「全紅總」代表，向面臨軍事壓力的呼和浩特造反派伸出援手。

當天，包括師院「東縱」、河西公司「八一八」、呼和浩特鐵路局「火車頭」、黨委「紅旗」、軍區「紅色造反團」、「東方紅聯社」等在內的造反派組織，同意結盟，共同對抗保守派，體現工人、軍隊、政府、學生對造反派的支持。「八一八」團長王志友，憑藉豐富的軍事經驗，擔任總指揮。[26]

二月二日晚，高樹華帶領十幾名造反派紅衛兵，到軍區大院遞交請願信，呼籲軍隊支持造反派，承認他們是左派。他們等待了一整夜，沒有得到任何回應。

當時，部隊開始在全市毆打並拖走造反派抗議者。他們拘留了軍區造反派領袖王建平，突襲搜查「紅色造反團」的辦公室，除三名軍隊造反派之外，其他人均被拘留。但是，也有軍隊造反派逃到北京，去報告軍區的鎮壓情況。二月二日下午，「紅衛軍」搭乘十幾輛卡車，抵達軍區大院南門，與「呼三司」學生發生衝突。「紅衛軍」是個保守派群眾組織，主要由工人和少數幹部組成，數量多達三萬五千人，主要來自呼和浩特橡膠廠。「紅衛軍」得到「無產者」的支持，包括幹部、大中學生、工人和農民。當天，保守派「無產者」，還拘留了最同情造反派的內蒙古黨委書記高錦明、權星垣和康修民。[27]

當晚九點左右，工學院的六十四名造反派學生，在軍區大院門前，發起絕食抗議，當時氣溫低於零下二十度。[28]

二月四日，造反派控制的《內蒙古日報》發表了關於報社一月二十二和二十五日衝突的文章，點名幾位將軍的名字，無異於給衝突火上澆油。當天中午，內蒙古軍區針對造反派的支援請求做出回應，一名軍官乘指揮車出來，邀請造反派挑選一百名代表，與軍區首長會面。「東縱」領導高樹華，立即組織百人代表團，去會見劉昌。代表團一進大院，兩輛卡車就堵住大門，數百

圖10　韓桐，全國第一個被解放軍槍殺的紅衛兵，死於1967年2月5日。

名士兵蜂擁而上，開始毆打造反派代表。

為營救同伴，大院外的造反派爬牆進入，士兵奉命突然撤退，讓被拘留的代表離開大院。二月五日上午，軍方高層宣布三點最後通牒：「呼三司」是反革命組織；靜坐絕食是反革命行為；學生必須撤離，否則嚴懲。但造反派無視最後通牒，靜坐抗議持續進行。

師院外語系英語四年級學生韓桐，在大院南門前，身穿軍大衣，手持電池擴音器，呼籲群眾耐心等待，遵守紀律，不要越過警戒。[29]突然，軍區大門內傳出兩聲槍響，韓桐應聲倒地，時間是二月五日中午十二點十五分。[30]

門口前幾排靜坐者，都是河西公司「八一八」的工人，前文說過，該公司有五萬名工人參與製造飛彈。槍聲一響，前方的工人（大部分是轉業軍人）意識到大屠殺的危險，站起來拚命後退，將後面數百名學生推到後方五十公尺以外。此舉無疑挽救了許多生命，阻止了騷亂擴大。

根據後來在北京討論該事件公布的訊息，當時已有數百名士兵埋伏在附近，四挺機槍藏在樹林和灌木叢後面，準備消滅衝入大院的造反派抗議者。參謀長王良太，正站在樓頂觀看，副司令蕭應棠，則在指揮所等待造反派衝鋒。[31]

韓桐被殺後，武裝士兵包圍了造反派，並占領造反派住宿的旅館或招待所。鑑於衝突性質已發生本質變化，造反派當晚上停止絕食靜坐，撤出部隊招待所，準備向北京申訴。中彈的韓桐，被緊急送往醫院搶救無效，下午五點四十分身亡，成為被解放軍槍殺的第一位殉難者。

韓桐，文革中第一個被解放軍殘酷殺害的學生，消息迅速傳遍全區和全國，從而引發內蒙古、全國乃至我自己生命的深遠變化。

青海事件始末

內蒙古發生的暴力事件，隨後在中國多地發生，包括另一個西北省分青海。一九六七年元旦，《人民日報》、《解放軍報》和《紅旗雜誌》發表新年社論，隨後，上海發生「一月風暴」，鼓勵造反派從「走資本主義道路的當權派」手中奪權。山西率先效法上海。那裡的造反派於一月十四日宣布，他們已經從「舊政權」手中奪取了權力；一月二十四日，青島造反派宣布奪權勝利，一月二十五日貴州、一月三十一日黑龍江，相繼奪權。內蒙古屠殺事件發生兩三週後，青海省傳來解放軍進一步鎮壓造反派的消息。青海事件與內蒙古事件，有某種連動效應。

一九二八年，蔣介石北伐統一中國後，青海與寧夏、綏遠、察哈爾、熱河等省一起成立。這個地區在蒙古語中被稱為「庫庫淖爾」（藍色的湖），藏語稱為「安多」，長期以來，該地區一直是蒙古族、藏族、回族穆斯林和漢族之間的爭奪地帶。

青海的文革，基本上跟著熟悉的套路。在這個沒有名義少數民族的多民族省分，漢族的統治地位相當穩固，民族問題也不像內蒙古那樣引人注目。隨著文革展開，與其他地方一樣，青海的最高領導層也出現了分裂。

一九六六年九月底、十月初，西寧出現兩個對立的紅衛兵派系：造反派的「八一八」紅衛兵總部，和保守派的青海大學及中學生「紅衛兵總部」。糾紛涉及青海省委兩名主要書記。「八一八」派擁護省委第一書記、省軍區第一政委楊植霖，出身內蒙古土默特旗的漢族老革命。身為烏蘭夫最重要的下屬之一，楊在內蒙古工作多年後，於一九六二年被中央調往青海，處理大饑荒造成的後遺症。他女兒曾是我的同學，一九六四年從二中畢業就離開內蒙古。而保守派「紅衛兵總部」，則支持省委第二書記和省長王召。

與呼和浩特市一樣，青海的兩派，也是爭奪《青海日報》的控制權。一九六七年一月四日，保守派「紅衛兵總部」查封了原先由造反派「八一八」控制的《青海日報》。到了一月十一日，解放軍奉命接管《青海日報》。到一月十二日，「八一八」又奪回報社辦公室。造反派控制下的新《青海日報》，不像其他黨報那樣，轉播來自北京和全國的報導，而是只報導當地新聞，和造反派自己的評論，以及對對手的批判，就像造反派控制下的新《內蒙古日報》那樣。眼見事態失控，楊植霖和王召兩位書記，離開西寧，到北京彙報，而交戰各派，則紛紛向當地解放軍求援。

青海軍方的處境非常困難，其上級蘭州軍區，和北京軍隊最高層接到的命令，也相互衝突，不斷變化。另外，與許多其他組織一樣，青海省軍區內部，也存在分裂。一月二十四日，副司令趙永夫支持保守派「紅衛兵總部」，並透過逮捕支持「八一八」造反派的司令劉賢權，奪取了軍權。在與占領《青海日報》的造反派混戰一個月後，未能得到蘭州軍區的支持。二月二十三日上午，趙永夫指揮軍隊，猛攻《青海日報》。當天下午一點，趙命令部隊向手無寸鐵的造反派開槍，造成一百六十九人死亡、一百七十八人受傷。

中央文革小組，最初對青海事件保持沉默。但造反派寫出血跡斑斑的信件，指責當地軍隊的暴行。經毛親自下令兩次調查，中央決定支持造反派，並逮捕趙永夫。一九六七年三月二十四日，黨中央、國務院、中央軍委、中央文革小組，聯合發布〈關於青海問題的決定〉，指責趙發動軍事政變，鎮壓群眾。在他被監禁之後，其他軍隊和地方黨的領導也受到懲罰，「八一八」被宣布為革命群眾組織。

四月三日，青海省軍管會成立，劉賢權恢復領導地位。劉依照中央〈關於青海問題的決定〉精神，粉碎了軍隊、政府和群眾團體中的反對者。劉在恢復秩序上的冷酷無情，得到中央讚賞，他隨即被任命為內蒙古未來的領導人。但不知何故，劉仍留在青海，沒有去內蒙古。於是，平定內蒙古的任務就落到了另一位將軍身上。[32]

中央介入內蒙古調查

韓桐被槍殺的事件，讓毛澤東、周恩來和中央文革小組，開始關注軍隊在文革中的關鍵作用。到目前為止，解放軍總體上支持黨和政府的當權者，工作隊以及聽他們指揮的保守派紅衛兵。但是，韓桐在毛澤東授權的一場運動中死於軍方之手，震驚了解放軍和中央文革小組。正如事件所表明的那樣，許多奪權行為遠非無政府主義，而是由毛澤東和中央文革小組控制的，因為下級需要獲得上級的認可，各省則需要獲得中央的認可，以保住權力並獲得升遷。

然而，從一九六七年二月起的十三起奪權事件中，央媒承認並含蓄地支持了其中的四起，分別發生在兩個城市和兩個省：上海（二月十四日）、青島（二月二十四日）、貴州（二月二十五日）和黑龍江（二月三十一日）。上海開了先例，毛澤東、林彪、周恩來和中央文革小組的其他中央領導人，透過審查和批准革委會的組成，由黨、國家和軍隊的領導人員占據主導地位。但隨著國家陷入混亂，中央的控制力充其量只是好壞參半，內蒙古就是一個顯著的例子。

隨著全國各地對抗加劇，韓桐之死使內蒙古陷入了日益加深的危機。呼和浩特的造反和保守兩派，都與北京有聯繫。當然，軍隊、黨和政府與北京的權力中心有直接的組織聯繫，保守派也透過這些機構，建立直接的聯繫。造反派則透過清華大學「井岡山」，建立聯繫，他們在呼和浩特有聯絡站。中央文革小組在呼和浩特還有兩名代表，即《紅旗雜誌》通訊員于順昌和《解放軍報》通訊員宋協孔，以及《人民日報》和《新華社》內蒙古分社。這些記者，立即將韓桐被殺的消息電告北京，使掩蓋變得困難，在這方面，內蒙古與青海有所區別。

槍擊事件發生一天後，二月六日，周恩來以國務院、中央軍委名義緊急電告，指示各方不要採取進一步行動，並派代表來北京商談有關情況。這使造反派在政治和軍事當局及其忠誠支持者的談判桌上，占有一席之地。周恩來提供了兩架包機將代表們帶到北京，這一事實凸顯了情況的緊迫性。周恩來在電報中發出的指示如下：

> 內蒙古軍區發生的事件應該立即停止，事態不能進一步擴大。請內蒙古自治區黨委、內蒙古軍區、呼和浩特「呼三司」、呼和浩特「紅衛軍」四方，各派三至五名代表來京協商解決。我們將於二月六日派飛機前往呼和浩特接你們的代表。
>
> 據悉，師範學院一名學生在軍區附近被槍殺；如果是這樣，那麼肇事者和煽動者必須被追查並受到懲罰。此外，也應向死者家屬表示哀悼並給予撫卹。[33]

由於電報是用明碼發送的，「呼三司」第二天在他們的小報上發表了全文，這個事件，立即被蒙古人民共和國的廣播電台收錄和轉播。[34]

儘管受命前往北京的四個團體中，有三個屬於保守派陣營，但軍方拒絕參加。據報導，黃厚說：「與呼三司談判是可恥的。」[35]軍隊反駁說，中央要麼派一個代表團來內蒙古調查此事，要麼派一個由黨和軍隊領導人組成的官方代表團，到北京報告「呼三司」的罪行。軍隊堅持將「呼三司」衝擊內蒙古軍區總部的行為，定性為反革命活動。事實上，許多省分自稱奪權的結果，是加強了現有的權力結構，因為軍隊幾乎無所不在地支持忠於黨和政府的保守派群眾組織。

但毛澤東和中央文革小組，最終將軍隊的行為貼上「二月逆流」的標籤，並尋求扭轉這個逆流。隨後，北京進行的曠日持久的四方談判，對內蒙古產生了深遠的影響。

內蒙古軍方領導人，最終屈服於中央壓力，同意參加四方談判。二月八日下午，周恩來派出的飛機返回北京，機上載有二十名代表，其中內蒙古黨委、內蒙古軍區、造反派「呼三司」和保守派「紅衛軍」各五名。[36]烏蘭夫集團垮台後，在國家權力最高層談判內蒙古命運的初始階段，沒有一個蒙古人參加。

「呼三司」做了充分的準備。與「呼三司」有關的主要造反組織——河西「八一八」、鐵路「火車頭」、黨委「紅旗」，以及林學院、農牧學院、師範學院的造反派組織開會，制定策略並選出如下代表：「呼三司」領導郝廣德、「東縱」（韓桐生前是其成員）領導高樹華與劉文研。劉在師範學院政教系任教，精通馬克思主義理論。此外，還有工學院推薦的陳永華和周建民。

高樹華派人去找線索：誰是殺害韓桐的兇手？登機前幾個小時，軍區造反派透露，兇手名字叫柳青。[37]

二月五日，「東縱」曾經向內蒙古公安廳報告韓桐的死亡，並要求法醫驗屍。然而，支持保守派的警方，拒絕採取行動。王良太將軍得知消息後，立刻命令警方，派輛吉普車前往師院驗屍。高樹華意識到，王良太的意圖是要毀屍滅跡，因此，拒絕了警方驗屍。[38]

二月十日，周總理和總政治部主任蕭華，在人民大會堂會見內蒙古四方代表。沒有任何一方能夠拿出確鑿證據，來證明是誰殺了韓桐。「呼三司」代表郝廣德告訴周恩來，軍方試圖奪取韓桐的屍體湮滅證據，但「呼三司」保護了屍體。高樹華現場遞信給總理，「有人揭發，兇手叫柳青，供總理參考，請中央核實。」[39]

軍方表示，韓桐之死與他們無關，說他們只聽到兩聲鞭炮響。然而，由於軍方拒絕檢查執勤士兵的槍枝和彈藥，以查看是否開過槍，軍方的說詞顯得蒼白無力。[40]

周恩來得知此事後，立刻派出內政部長曾山（曾慶紅之父）和兩名法醫一同飛往呼和，相驗屍體。[41]結果證實，兩顆子彈從正面射入，穿過第五根肋骨，切斷了肺動脈。曾山也證實，軍訓部副主任柳青上校，就是兇手。[42]這些官方證據，顯示「呼三司」的說法屬實，而軍方在說謊。

在北京，參加內蒙古談判的各派，都想方設法，增加自己在談判中的代表席。周恩來下令內蒙古軍區副司令劉華香，釋放高錦明和權星垣，他們二人，因前往軍區試圖調解而被捕。二月十三日，曾山帶著驗屍證據，從呼和浩特返回北京，一場馬拉松會談隨即展開。談判代表增加了黨委書記高錦明、王逸倫和一名軍區「紅色造反團」的代表，清華大學駐呼聯絡站的寧奎喜，也參加了會談。隨後，周恩來要求增加造反派代表，包括兩名蒙古人：教育廳的那順巴雅爾，以及退居二線的第一副政委吳濤將軍。他們是參加會談僅有的兩名蒙古人，會談將決定後烏蘭夫時代內蒙古的命運。但事後證明，他們在談判中幾乎沒有發揮任何作用。[43]

在內蒙古，軍隊及保守派的支持者，繼續對造反派施加壓力。即使北京的談判仍在進行中，二月十二日「呼三司」被迫撤離《內蒙古日報》報社大樓。[44]

二月十六日，周恩來總理、蕭華將軍，還有內政部長曾山，第二次接見內蒙代表團。「呼三司」立刻陷入守勢，因為《呼三司報》刊登了周恩來有關韓桐之死的電報，以及多篇批評內蒙古軍區殺人的文章。周說，毛澤東和林彪讀後，感到「非常不安」。儘管軍方對韓桐之死負有責任，但周仍批評「呼三司」，指出在軍隊大院門口靜坐是不被允許的，因為軍隊是文革的核心。周恩來忽視了軍隊鎮壓內蒙古造反派的作用，認為造反派應該依靠軍隊奪權。其實，周恩來關心的不僅是解放軍的聲譽，他說：「當然，你們有很多理由，但中央發來的電報是內部文件。你們登上報紙，一發行，就會傳到國外，外蒙古立刻就知道了。我讀完之後，非常後悔……同學們，你們年紀輕輕，怎麼能不關心我們解放軍呢？」[45]

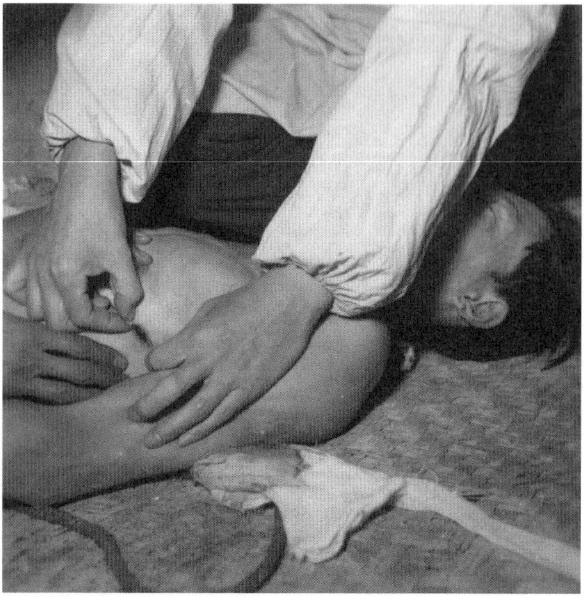
圖11　在內政部長曾山監督下，田光醫師相驗韓桐的屍體，1967年2月。

「呼三司」代表立刻為自己的輕率行為道歉。由於周沒有對軍方的謀殺行為提出批評，「呼三司」似乎遭受圍困而處於守勢。中央的立場，凸顯了內蒙古在與中蘇、中蒙發生邊界衝突之際，對蒙蘇邊境的戰略敏感度。

就在北京談判進行的同時，內蒙古

軍方逮捕了兩名報導韓桐之死的北京記者，鞏固軍方在呼和浩特的勢力。他們同時也發動大規模的宣傳攻勢，汙衊靜坐絕食和「呼三司」發行的新《內蒙古日報》。軍方的支持者發起武裝遊行，徵用五十多輛卡車，高喊：「打倒呼三司反革命！」他們堅稱，韓桐不是被軍方殺害的，而是「呼三司」和「八一八」自己幹的。[46]

這次四方會議，最後由周恩來做出四點指示：為防事態擴大，各方停止利用報紙和廣播，進行言語攻擊；停止互相鬥毆；停止互相綁架；停止群眾集會和遊行示威。

周的四點指示，語調雖然不偏不倚，但對造反派構成打擊：首先，它肯定了解放軍的權威，解放軍的力量仍然無可指責，不能非議；其次，它剝奪了造反派唯一的影響力來源，即動員群眾行動的能力；第三，沒有提及誰殺了韓桐，儘管驗屍發現韓是被軍方殺害的。不僅如此，中央軍委責令上海軍醫大造反派，及其他支持造反派的外界人士返回本單位。截至二月二十八日，包括清華「井岡山」在內，呼和浩特所有外來紅衛兵組織都被撤離，讓內蒙古當地造反派失去重要的外部支持。

本次會議結束後，周恩來命令各組織，派代表返回呼和浩特執行四點要求。他特別指示高樹華，不僅要代表造反派，起草抹黑解放軍形象的檢討書，還要冷卻造反派對解放軍的敵意。周了解造反派面臨的困境，還警告軍方領導人，必須保證高樹華的安全：「你們的人不得綁架或攻擊他，他是我的客人。」[47]

周可能認為，這次會議或許能讓內蒙古恢復和平，但事實並非如此。

軍方的反擊

二月二十五日一早，我和龐乃武從北京抵達呼和浩特，震驚地發現：到處都是拿著步槍、刺刀的士兵，火車站頂上架了機槍。現場氣氛緊張，要衝處嚴防死守，沒想到局勢會這麼嚴重。

在師院四周，士兵全副武裝，結隊行進，或騎摩托車巡邏，感覺就像戒嚴狀態。在校園裡，我碰到同班同學、「井岡山」成員李振榮。她告訴我事情經過，淚水從臉頰上流下來。槍響的時候，她曾在軍區門口現場。謀殺案發生後，師院造反派藏匿了韓桐的遺體。她告訴我：「他的遺體在驗屍後，如今還藏在咱們體育館裡。」

「我能看看他嗎？」

「當然能，我去拿鑰匙。」

她找來鑰匙，打開側邊的小門，我們進入體育館。學生們輪流值班，全天在正門外守衛。韓桐驗屍之後，造反派仍嚴密保護他的遺體，防止軍隊來搶，製造新事端。

體育館內，紙花堆積如山。我們稍微移動花圈，走近他的遺體。遺體陳列在一個由四張桌子拼成的高台上，上面覆蓋著「東縱」造反派的紅色旗幟，印有鐮刀斧頭，就像中共黨旗一樣。韓桐穿著中彈時的綠色軍大衣和軍帽，身體被二月的低溫凍得僵硬，臉部略顯萎縮，為保持膚色，做了簡單化妝。

我先脫帽鞠躬，然後默默跟他說話：「韓桐呀，韓桐，我仍然記得你說過的話、你唱過的歌、還有你的想法。記得咱們在校門口分手那天。你囑咐我們要照顧好自己，你們隨後也會長征去延安……」

這是當年師院唯一的室內體育館，我曾在這裡面練過武術和太極，看過許多比賽。現在，我好友的屍體就躺在這裡面。韓桐的死，讓我流下成年後的第一滴眼淚。

悼念韓桐之後，我立刻加入保衛校園的造反派戰鬥。師院教學主樓，當時成了呼和市造反派面臨進攻的最後據點。

一九六七年二月底一個下午，「東縱」兩位領導郭是海和董玉華，在主樓一樓的階梯教室，召集了一次緊急會議。郭告訴大家，周總理派高樹華返回呼和，報告北京會談的情況，並落實中央對各方提出的四點指示。

高樹華抵達的當天早上，「東縱」組織了一百多位造反派學生，騎著腳踏車，揮舞著我們的旗幟，到火車站迎接。當我們的自行車隊伍，陪高樹華抵達新華廣場時，「呼三司」組織的另一百多輛自行車也加入我們的行列。經過二中門口時，二中與內蒙古大學組織的另外一百輛自行車，也加入歡迎隊伍。在抵達師院之前，已有超過五百輛自行車。[48]這個盛大場面，既是歡迎我們造反派的領袖，回來執行命運攸關的使命，也象徵要展示造反派的力量，傳達我們對軍方全副武裝的蔑視。

那天，我們主樓一樓報告廳擠滿人，來聽高樹華講北京狀況。他生動地介紹北京會談，有助於鼓舞造反派的士氣。但由於必須恪守周總理的四個原則，要避免與軍方對抗。而軍隊和保守派，則加強對「呼三司」、高錦明和權星垣的攻擊。軍隊計畫徹底消滅造反派，確保中央政府承認保守派成立的革委會。

三月一日，內蒙古軍區開始鎮壓部隊中的小股造反派。他們派武裝部隊進京，逮捕了十六名內蒙古軍區「紅色造反團」成員，並押回呼和浩特處分。造反派控制的呼和浩特鋼鐵廠、呼和浩特鐵路局、《內蒙古日報》報社等單位，都被「紅衛軍」攻占。在軍方支持下，被推翻的前領導人重新掌權。「呼三司」等造反派，紛紛遭到部隊與「紅衛軍」的騷擾、毆打與逮捕。

隨著全城實際上處於戒嚴狀態，造反派組織一個又一個地被軍隊和警察封鎖。軍區將「呼三司」定性為反革命組織，決心摧毀它。

三月七日晚上，「紅衛軍」、「無產者」等萬餘名保守派，開著卡車、摩托車、吉普車，包圍了內蒙古總工會大樓內的「呼三司」總部，該大樓內還有其他六個造反派的總部。「紅衛軍」和「無產者」衝進大樓，搜查辦公室，逮捕工作人員。第二天，剩下的「呼三司」和其他造反派活動分子，重新集結到師範學院教學主樓。武裝士兵和「紅衛軍」立即攻擊最後一個「呼三司」據點——內蒙古師範學院，該據點從一開始就是呼和浩特造反派的中心。即使在師院內，也只剩下一棟主樓，仍由「呼三司」掌控。[49]

戒嚴狀態

我跟著其他陷入困境的「呼三司」戰友，一起加入了最後的保衛戰。有傳言稱，軍隊和保守派，正在準備發動最後進攻。他們的口號是「撼山易，撼解放軍難！」保守派支持者補充道：「誰反對解放軍，誰就是我們的敵人！」

造反派則動用我們僅有的精神資源：張貼標語，鼓舞士氣，困獸猶鬥，拚命反擊。我們喊出的口號是：「青松不老，三司不倒！」保守派則運用類似調侃言語，反駁我們說：「青松不老用火燒！三司不倒用鎬刨！」

面對軍方壓力，加上一支又一支造反派隊伍覆滅，每個人都被迫做出選擇：是支持解放軍及保守派組織，還是支持陷入困境的「呼三司」？大多數人都會說「我們支持解放軍」。軍隊威望高漲，勢力不斷增強。在解放軍支持下，當權者和保守派勢如破竹。儘管如此，每個單位仍有少數人堅持不懈，不得不逃離原單位，否則將面臨批鬥、毆打或逮捕。據說已有數百人，被軍警逮捕監禁。三月八日，內蒙古三位黨委書記權星垣、康修民、雷代夫，來到師院聲援造反派。他們宣稱：「要死，我們就和你們一起死；要活，我們就跟你們一起活！」[50]

這鼓舞了我們的士氣。大家之所以能在黑暗時期堅持下去，是因為只要北京的談判繼續下去，就有一線希望。談判勝利的可能性，取決於造反派關於軍隊的報告，可信度如何。包括韓桐被殺的內幕，以及「紅衛軍」持續的暴行。我們必須向中央如實通報，是保守派嚴重違反周總理的四點指示，到處鎮壓造反派組織。我是「東縱」信差小組的五十名成員之一，我們收集資訊並轉發給在北京的談判代表。我從軍區造反派線人那裡得到消息，將消息裝在一個安全的郵箱中，透過火車司機轉發到北京。

前文提及，造反派的主力有河西公司的「八一八」和鐵路局的「火車頭」，包括呼和浩特至北京貨運列車上的所有司機。二月八日，雖然軍隊控制了鐵路局機關，但造反派偽裝成鐵路工人，還能突破封鎖。

我前後共有兩次，直接攜帶消息到北京，住在內蒙古辦事處「什錦花園」，這座有五處庭院的宏偉建築，一九六六年十月我曾經在此住過。我私下見到了住在國務院招待所的郝廣德和高樹華，他們評估文件資料並準備報告。一九六七年二月底，我們第一次會面時，他們曾兩次見到周恩來，五次見到周的聯絡員趙剛，當時對談判表示樂觀。然而，到了三月中旬第二次見面時，他們開始變得悲觀，不但因為內蒙古軍區和保守派無情鎮壓造反派，還因為面臨兩難困境：如果我們束手待斃，造反派可能全軍覆沒。如果採取自衛行動，保守派又可以把這當作我們反解放軍的證據，從而導致中央更強力批評「呼三司」。第二次去北京送情報時，我帶了「呼三司」新總部（師院教學主樓）近百間房間的照片，展示我們所擁有的一切。

周總理的主要辦公室位在中南海，這座古老的皇家園林，既是國家最高領導人的住所又是辦公地點。但我們直接與中央文革華北組的工作人員打交道，他們的辦公室，位在北京西郊的釣魚台國賓館，該賓館在一九七〇年代以後，接待過尼克森總統和其他國際人物。三月九日，在周恩來和「呼三司」代表的會議上，郝廣德心情沉重地講述了我們在呼和浩特的絕望處境。

來自各學校和單位的近千人，擁擠在被圍困的師院教學主樓內。另有千名活躍人士，在外面活動，準備隨時自衛。主樓裡大約有百間教室和小辦公室。每個房間都很擁擠，每人僅有六十公分寬的地面，可以躺下。沒有被子或枕頭。冬天夜間，室外溫度常常低於攝氏零下二十五度，大多數人，睡在鋪著報紙的冰冷水泥地板上。所幸樓內還有暖氣和自來水。人們連續幾個星期不能洗澡或換衣服，體臭和蝨子令人難以忍受。我女友王秦賢，才住了幾天，就被惡臭趕了出去。但她弟弟王正平，一直堅守在樓內，直到造反派宣布勝利。

在最初兩週，我每天都會來主樓。然而，我和其他一些人並沒有在樓裡過夜，以避免主樓受圍攻時被捕。相反地，我們繼續睡在生物園和農場旁的學生宿舍樓。「呼三司」的旗幟，在被圍困的教學主樓頂上，飄揚起來，而我們的對手，則收緊了包圍的絞索。

外頭謠言四起，說「呼三司」準備了化學武器和槍枝彈藥，來抵禦攻擊。其實，我們除了幾把沒有彈藥的小口徑訓練步槍之外，什麼都沒有。我們的武器是磚塊、石頭、彈弓和棒球棒。這些東西，能抵禦即將到來的解放軍武裝攻擊嗎？我們的希望，取決於能否堅持足夠長時間，以贏得北京的支持。我們用沙袋封鎖了大樓入口，並準備了滅火器和食物飲水。郝廣德的女友，我的高中同學周柏華，負責廣播台。擴音器不停播放革命歌曲和毛主席詩詞，以鼓舞士氣。廚師全是造反派戰友，為我們提供充足的食物。一日三餐，有時還有奶茶。但後來，守樓的人數太多，有時來不及煮飯，就只能吃冷饅頭和窩窩頭，喝自來水。為預防停電，我們也準備了發電機、蠟燭和煤油燈。

隨著時間推移，情況日益惡化。每個人都筋疲力竭，緊張不安。有年老體弱者和孕婦，需要格外保護。身體強健的男生，尤其體育系和武術隊的學生，組成第一道防線，約二百人站在門外。我待在校園的時候，曾經和樓前三百多人組成第二道防線，盡量把弱者留在樓裡的第三層和第四層。

記得有三、四次，徒手的士兵試圖闖入我們的據點。有一天，我們抓了七名年輕士兵，他們非常害怕，認為我們是反動派，是怪物，有很多武器。我們沒有毆打或折磨他們，而試圖說明真相，贏得他們支持。在分發給他們食物和飲料後，釋放了他們。

三月十二日，壓力明顯增大。軍方的宣傳車，在校園內遊行勸降，擴音器重複高喊：「坦白從寬，抗拒從嚴！」學院外的街道上，保守派遊行隊伍高呼口號：「砲轟東縱；血洗三司！」[51]最後，眼看情況緊急，為免可能造成重大傷亡，周恩來於三月十四日，指派郝廣德返回呼和浩特，了解並報告當地真實情況。他到師範學院、林學院向造反派通報北京談判狀況，鼓勵他們繼續抵抗。那天，內蒙古軍區接到中央軍委會指示，要求他們控制河西飛彈設施，他們藉機逮捕了造反派最重要的勞工組織「八一八」一百五十六名成員。[52]我們師院的處境，眼看變成孤立無援狀態。

我們日夜保持高度戒備。上床睡覺也不敢脫衣服，一旦接到通知，可以立即投入防守。一九六七年三月十五日深夜，三十輛卡車的攻擊者，用坦克車和推土機，衝破了我們北校門的磚牆。

我們最強大的體育系「東縱」戰士衝上去，擊退襲擊者，奇蹟地守住了防禦工事。第二天，軍隊和「紅衛軍」二次進攻。這一次，經歷激烈戰鬥，他們奪取了主樓一樓的控制權。然而，他們攻上二樓的企圖被擊退。[53]但他們切斷了二樓的水和食物供應，當造反派試圖將食物和水送上二樓時，「紅衛軍」割斷繩子，水桶翻落。為振奮精神，我們高聲齊唱〈抬頭望見北斗星，心中想念毛澤東〉，這是歌舞史詩《東方紅》中的一段，描寫一九三〇年代，紅軍在國民黨軍隊進攻下的艱苦歲月。大家還把毛的畫像貼在窗戶上，掛出「用鮮血和生命保衛毛主席」的巨額橫幅。

儘管愈來愈多的領導人，轉為站在軍隊和保守派一邊，但仍有軍隊和黨政官員支持造反派。黨內高官高錦明、權星垣、康修民、雷代夫等人，繼續支持「呼三司」，成為了保守派的攻擊目標。當高錦明參加北京談判後，權、康、雷被迫逃離保守派的迫害。他們躲在我們學院，接受「呼三司」學生保護。但如何偽裝這些平日穿毛呢中山裝和皮鞋的領導人呢？我們把康修民和雷代夫打扮得像老工人一樣，藏在印刷廠的車間裡。他們晚上睡在學生宿舍，白天待在印刷廠。權星垣個子太高（一百八十四公分），沒有他合適的工作服，最後找到一套鍋爐房的制服，適合他的身材。他只好白天去鏟煤，晚上回我們宿舍。

我常常和書記大人以及他們的祕書開玩笑。康修民是河北深縣（在我家鄉饒陽隔壁）人，原石家莊地區委書記，喜歡花鳥、詩詞，熱衷於古典文學。前門飯店會議後，他被派往內蒙古，擔任內蒙古黨委書記處書記，後來擔任革委會常委。他的祕書徐勤訪，是我饒陽老鄉，他畢業於饒陽中學。

權星垣，河北完縣人，是與烏蘭夫同時崛起的革命一代。然而，在一九六六年的前門飯店會議上，他嚴厲譴責烏蘭夫，從而鞏固了自己的地位。

可惜他們最終在劫難逃，「紅衛軍」還是抓獲了權星垣、康修民和雷代夫。三月十六日，軍區和「紅衛軍」襲擊師院的那一天，他們未能逃脫，束手就擒。保守派的奪權攻勢，使愈來愈多的單位遭到軍管。三月十七日，軍隊占了上風，在王鐸和王逸倫支持下，軍方宣布於次日（三月十八日）在呼和浩特成立革委會。

令人震驚的是，凌晨一點，周恩來打電話給副司令劉華香，命令他取消這一公告。[54]周說，任何省級革委會的建立，都必須事先獲得中央批准，北京的決策權不容挑戰。

「呼三司」總部遇襲事件，導致周恩來於一九六七年三月十八日凌晨三時二十分，再次召開內蒙古四方代表會議。從呼和浩特調查兩天回到北京的郝廣德，在通報軍方攻擊「呼三司」時痛哭失聲。當郝說到，三月一日，內蒙古軍區派兵逮捕逃往北京的軍區造反派時，氣氛緊張起來。周恩來和康生對於軍隊，在中央不知情，也未經中央允許的情況下，竟敢攜帶武器彈藥進入首都抓人，感到憤怒。康生憤怒地質問內蒙古軍頭：「你們怎敢派兵到毛主席和黨中央眼皮底下抓人？」[55]

內蒙古軍區的指揮官們太過分了。周恩來立刻派出中央調查組，前往師院調查此事。調查小組由副總參謀長李天佑上將、內蒙古軍區的吳濤少將率領。吳濤曾在中央軍委蕭華將軍的手下工作，一九五九年任內蒙古軍區第一副政委。前門飯店會議後不久，他被內蒙古軍區漢族將領稱為

「三反分子」。三月十八日，得知吳濤被軍區其他將領「非法」奪權後，周恩來下令恢復吳濤的軍區第一副政委、黨委書記職務。[56]從那時起，吳實際上是唯一在內蒙古文革中發揮作用的蒙古族高級官員。然而，他的角色，充其量只是象徵性的。

中央調查組於上午八點，搭機從北京出發，兩小時後抵達呼和浩特軍用機場。三月十八日這天，呼和浩特天氣晴朗，當校園擴音器宣布周總理將派代表視察我們的據點時，對於四面楚歌的造反派來說，這一天似乎更加晴朗了。軍方和「紅衛軍」提前得知此事，已經撤離。下午兩點，五輛汽車抵達：一輛轎車、三輛吉普和一輛卡車，車內滿載攜帶步槍的士兵。人們擠在主樓窗台上，迎接調查小組蒞臨，許多人鬚髮散亂，滿臉汙垢，嘴裡不停地高喊：「解放軍萬歲！毛主席萬歲！」

身穿深藍色海軍大衣的李天佑上將，身後跟著一名穿軍服、身材魁梧的警衛，胸前一排子彈帶，背著自動步槍，斜挎兩把手槍。大家高喊：「熱烈歡迎中央代表李天佑同志！」主樓前門打開了，我和李福生等人，跟在李天佑上將和吳濤少將後面，大步走進主樓。李、吳一行，檢查了一層又一層。

他問造反派領頭：「你們有化學武器嗎？」

「沒有。」

「你們有槍枝彈藥嗎？」

「沒有。」

鑑於二月二十三日發生的青海慘案，李天佑上將關於武器的問題，並非無的放矢。從三月十三到二十四日，中央文革小組召集青海各派，共開了四次會議。趙永夫謊稱《青海日報》社內的造反派，囤積了大量武器，並先開槍，他以此為自己的殺人命令辯護。

李天佑逐一檢查了每個房間。人們除了破舊的個人物品外，一無所有。一些無家可歸的婦女，還帶著孩子來此避難。代表團四處走動，隨意交談，提出問題，與大家握手。

李天佑一再囑咐：「你們要相信中央，相信毛主席。中央將會給你們一個適當的答覆。你們一定要熱愛解放軍。」

李天佑重申周恩來的四點指示，敦促各方停止戰鬥。他還命令「呼三司」拆除防禦工事。李天佑和吳濤在呼和浩特停留了三天，會見了軍隊、黨和造反派領導人。他們下令「紅衛軍」釋放被監禁的共產黨領導人權星垣、康修民和雷代夫。從李的態度看，特別是他沒有與內蒙古軍區高官商量，直接從機場來到「呼三司」司令部，我們感到情勢有了希望。

三月二十一日，權星垣、康修民，以及內蒙古軍區參謀長王良太將軍，陪同中央調查組返回北京，參加決定內蒙古命運的馬拉松會議。在北京，局勢對內蒙古黨委和兩名主要成員王鐸和王逸倫明顯不利。三月二十三日，也就是韓桐被殺六週以後，周總理下令逮捕柳青上校，並稱他為反革命殺手。隔日，中央通過〈關於青海問題的決議〉，青海軍區副司令趙永夫被拘留審查。但內蒙古問題，將比青海更難解決。

第六章　造反初獲勝，權力歸軍方

中央八條決定

一九六七年三月三十日晚，周恩來和中央文革高層，包括江青、陳伯達、康生、張春橋、姚文元，在北京會見參加談判的內蒙古黨委代表：高錦明、權星垣、王再天、李樹德、康修民、李質、郭以青、張魯（支持造反派）；王逸倫、王鐸（支持保守派）。

在周恩來主持下，中央領導表態支持造反派及其黨內支持者，而王逸倫和王鐸，因支持內蒙古軍區鎮壓造反派而備受批評，包括在內蒙古軍區靜坐中槍殺韓桐的事件。

康生立即駁斥王逸倫三月二日的錄音報告，敦促他交代，是否支持軍方及其派系，發動對造反派的恐怖行動。王逸倫依然淡定，說他曾經打電話回去，表示不贊成武鬥，並稱康生為同志。

江青感覺王逸倫太過分，她大發雷霆：「我們正在審問你！你一句一個『康生同志』是什麼意思？……你太不尊重康老，太囂張了！」在中共的禮節中，互稱「同志」是表達平等和共同價值觀的一種方式。[1]形容詞「老」或「小」通常用在姓氏之前，表示個人的資歷，但當「老」字用在姓氏後面時，則表示欽佩和尊重。文革期間，康生是極少數經常被包括毛澤東在內的人稱為「康老」的中共元老之一，儘管他比毛澤東小五歲。江青一直稱呼康生為康老。

周恩來痛斥王逸倫：「你固執地走劉鄧路線，又是烏蘭夫的人。烏蘭夫保護了你。」周還攻擊王鐸反對「呼三司」的行為。周將二王拒絕明確道歉的行為，稱為「地主資產階級立場」。當康生說他們的行為是資產階級反動路線的反攻時，周恩來接著說：「這是沒有烏蘭夫的烏蘭夫反攻，沒有烏蘭夫的烏蘭夫主義復辟。」

中國祕密警察頭子康生，加緊進攻王逸倫，質疑他的黨員資格。他問王是何時何地入黨的？王說是在莫斯科讀書時入黨的，他說他審查了莫斯科每位黨員的紀錄，但沒有發現王的名字。

在四月四日舉行的內蒙古四方代表第四次會議上，王鐸和王逸倫被禁止參加。造反派揭發，軍方在內蒙古製造更多暴行，繼續關押多名造反派。周恩來下令內蒙古軍隊向造反派道歉，但考慮到該地區敏感的國際地位，以及軍隊在中國政治中的關鍵作用，他再次堅持，造反派必須保護軍隊在內蒙古、在全國，以及國際上的聲譽：

在咱們的會議上，你們可以提出強烈批評。但不要對外宣傳，不要將訊息傳遞給內蒙古以外沒有必要知道的人。不宣傳、不打電話、不派廣播車、不發傳單，否則一旦傳到香港、外蒙古、美國、日本，我們各地的敵人都會興奮，這會讓他們高興。內蒙古有一個民族團結的問題，有一個反對修正主義的問題。中國有二千公里長的反修邊境，所以你們應該特別小心。[2]

一九六七年四月十三日午夜，周恩來召開第六次、也是最後一次解決內蒙古問題的會議。出席人民大會堂會議的，除周恩來和內蒙古代表外，還有陳伯達、康生、王力、蕭華將軍、李天佑上將。中共中央、國務院、中央軍委、中央文革小組聯合下發了八項解決內蒙古問題的指示（簡稱「中央八條」）。周恩來發表長篇講話，闡釋了中央（六七）第一百二十六號文件〈中共中央關於處理內蒙古問題的決定〉。

他訓誡軍隊，說二月五日後沒有支持造反派。周說軍隊過於魯莽，急於表態，犯了路線錯誤。周否定了軍隊關於「呼三司」圍攻軍區的說法，稱這次活動為靜坐，是尋求軍隊信任和支持的示威活動。他原本相信，中央做出軍隊支左決定後，軍隊會支持造反派。但軍隊驚慌失措，一名軍官連開兩槍打死韓桐。軍隊不僅沒有道歉，反而將「呼三司」定性為反革命組織，並對其進行殘酷鎮壓，逮捕了許多人。周進一步說，雖然烏蘭夫被拉下了馬，但他在內蒙古仍有支持者，並稱王逸倫和王鐸為烏蘭夫代理人。軍隊的根本錯誤，在於支持走資本主義道路的當權派，而反對革命造反派。

周還指出，內蒙古軍區逮捕自治區黨委書記高錦明和權星垣，是錯誤的，他們實際上是軍區的上級，因為軍隊是由內蒙古黨委領導的。事實上，在中央決策層看來，最大的問題是軍區派兵進京抓捕造反派，這比冷血殺害一名學生還嚴重，從而冒犯了中央的權威。

周總理進一步指出，軍隊不僅拒絕承擔殺害韓桐的責任，甚至還拘留與折磨法醫田光，只因她在曾山監督下為韓桐驗屍，就將她關押了三十天。周指責軍隊，諷刺北京的馬拉松式會談是「重慶談判」，指毛澤東、周恩來一九四五年與蔣介石在重慶進行的國共談判，該談判影響了內戰的結果。這不僅表明，軍隊試圖以平等地位與中央談判，還將毛、周視為對手，而不是自身的上級。身分地位問題，尤其黨中央的地位，在最後裁決中，占有絕對至高的位置。

周恩來將內蒙古事件的主要責任，歸咎於王逸倫和王鐸，其次是軍方領導人。不過，為了保護解放軍的聲譽，該文件沒有點名批評將領或部隊。由於沒具體說明，應該對將軍做什麼處置，或者讓任何人具體負責內蒙古的問題，周恩來留下了內蒙古未來領導人必須面對的棘手問題。

因犧牲生命引發內蒙古動亂的韓桐同學，終於獲得了崇高的榮譽。周恩來批准為韓桐舉行葬禮：「韓桐的去世，促使內蒙古無產階級革命力量團結起來，奪取政權！因而獲得新生！韓桐『生的偉大，死的光榮！』」[3]周恩來也澄清中央對烏蘭夫的態度。烏蘭夫雖然被剝奪所有黨職，仍正式擔任內蒙古自治區主席，但在內蒙古，包括新聞界，不得公開批判他。

周表示，該決定主要是出於「戰略重點，考慮到蒙古修正主義者和蘇聯修正主義者的問題。」當郝廣德提出要把烏蘭夫帶回內蒙古批鬥時，周表示反對，說可以稍後再議。但王鐸會被送給群眾批判鬥爭。王逸倫的問題更為嚴重，當晚宣布逮捕。對於如何處置烏蘭夫，中央仍然存在分歧，因為烏蘭夫被剝奪權力，名譽掃地，並受到造反派和保守派猛烈攻擊。然而，對國內外許多蒙古人來說，他仍然是一個強而有力的象徵，也是黨的民族政策核心。在中蒙蘇邊境高度緊張之際，黨和軍隊最高層的關注點，首先集中在國際社會對烏蘭夫倒台的反應。

周總理宣布，青海省軍司令劉賢權將負責內蒙古。但由於劉正忙於青海事務，暫時由北京軍區副司令滕海清接替。滕司令和蒙古將軍吳濤，將負責組織內蒙古革命委員會的籌備小組，成員包括高錦明、權星垣和康修民等人。

儘管內蒙古沒有立即實施全面軍管（一九六七年三月至五月，中央已對八個省實行軍管），但為最終由北京軍區實行軍管打開了大門。內蒙古也將遵循全國慣例，由軍隊指揮官領導新成立的革命委員會，實行黨政軍合一模式。

所謂四月十三日的「決定」，就是貫徹一九六七年三月十九日中央軍委決定的精神，該決定要求軍隊「三支兩軍」（支左、支農、支工，軍管和軍訓）。「三支」的首要任務是「支左」，「兩軍」的首要任務是「軍管」。[4]

如果周恩來和中央文革小組，認為這項「決定」將恢復內蒙古的和平，那他們就大錯特錯了。這項判決，加深了對立派之間的分歧，使保守派和造反派間的對立尖銳化，衝突繼續升級。這是一場你死我活的戰鬥，目的是證明誰能夠運用權力，最終在一個難以駕馭的邊境地區達成最終目標。事後證明，這項決定的直接影響，是讓內蒙古陷入更深的動亂。

圖12 「烏蘭夫王朝」的卡通形象，列出了主要成員和罪行，1967年。

造反派的勝利

周恩來，是文革初期對內蒙古命運發揮最大作用的中央領導人，主要透過他對中央文革小組的領導。周恩來在文革期間對中央文革小組的主導地位，以及他對內蒙古和其他地區的影響，外界知之甚少。自一九六六年五月起，作為毛澤東領導文革的執行機構，中央文革小組逐漸取代中共中央政治局，成為中央最高行政機關。中央文革小組最初由陳伯達領導，情治頭子康生任顧問。從一九六七年二月起，中央文革小組指導黨中央的行政工作，周恩來成為它的實際負責人，主持由黨、政、軍隊官員參加的日常會議，召集一些造反派領袖前往北京解決重大爭議。毛澤東之後的二號領導人林彪，主要關心軍務，委託周恩來管理中央日常事務。[5]周確定誰應該參加會議，並簽署以中央文革小組名義發布的每份文件。簡言之，從一九六六年五月成立到一九六九年五月黨的第九大成立新政治局，中央文革小組隨之解散，周恩來參與了中央關於內蒙古和其他麻煩省分所有決策的起草和簽署。在一九六六至一九六九年這三年關鍵時期，「毛主席與中央文革小組」是無產階級革命路線的體現，周恩來則發揮了決定性作用。[6]

一九六七年四月十三日，周恩來宣布對內蒙古做出「八條決定」的前一晚，中央命令北京軍區派出一小股部隊，迅速控制呼和浩特鐵路系統，保障呼和浩特和北京之間的交通安全。第二天，即四月十四日中午十二點十四分，北京調派的部隊抵達。因為內蒙古的軍人繼續支持保守派，與造反派和中央對抗，所以新來的部隊全副武裝。在北京的內蒙古造反派代表，提前獲知部隊抵達，通知四萬多造反派支持者，從凌晨五點起，就聚集在火車站，迎接北京軍區的部隊。人們高喊「解放軍萬歲！」「毛主席萬歲！萬萬歲！」並燃放鞭炮，歡呼雀躍，痛哭流涕，對自己命運的改變不知所措。[7]他們將新來的部隊視為先遣隊，希望新軍隊，能從內蒙古軍區鎮壓造反派的立場，改變為支持造反派的合法性。

那天從早到晚，我們都在慶祝自己的勝利，全城彷彿在度假，無論如何都沒人工作。許多民眾湧向師範學院，似乎那是個旅遊勝地。就此刻來說，它事實上具備某些革命聖地的特質。造反派倖存者們，從窗口探出身子，高喊口號，哭泣並讚揚毛主席拯救了他們的生命，成千上萬人川流不息，進進出出，前來朝拜。

在我上大學數年期間，父親從未來過校園。隨著中央決定，確認了我們參與的造反運動的合法性，他第一次來學校看我。上午十一點左右，他騎自行車抵達，發現整個校園就像市集。他穿著毛澤東風格的呢子制服，戴著獎章，滿臉堆笑。他是運輸公司的模範司機，也是呼和浩特的節油標竿。幾十年來，他累積了十幾個不同的獎項和獎牌，只在假期和重要活動時，他才穿起毛服，戴上獎章。現在他認為，「呼三司」的勝利就是其中之一。他問了我很多關於長征串連與師院鬥爭的問題。當我提到韓桐之死，以及弟弟韓梓，在哥哥死後精神錯亂的事情，他對韓家的悲劇表示同情。他認識韓梓，曾在內蒙古軍區訓練韓梓和其他司機怎麼節省油料。這是他第一次到訪我們校園，也是最後一次。

造反派開始利用北京軍區部隊的保護，並以中央的決定為武器，對保守派發動進攻，壓制對手，組織群眾集會慶祝勝利。四月十六日，超過十萬名造反派和支持者，在師院大操場集會，隨後舉行大規模示威遊行。在會上，受到批評的內蒙古軍區副司令蕭應棠，公開為內蒙古軍區的錯誤道歉，並誓言支持「呼三司」。

然而，其他軍區將領和保守派，並沒有被動接受這個判決的意思。他們對該「指示」感到憤怒和羞辱，特別是從北京調派新部隊來內蒙古。儘管中央「指示」沒點名個人，但地方指揮官顯然被貼上了反中央的標籤。滕海清、吳濤被任命為內蒙古軍區的代理司令和政委，特別是吳濤的回歸，預示著一些軍官的職業生涯，可能會被毀掉。

「無產者」和其他保守派組織，直接違背中央命令，派代表團進京抗議。在內蒙古士兵面前宣讀四月十三日的判決結果時，軍區領導人黃厚和劉昌，流下了眼淚。士兵們從未見過自己的指揮官受到如此羞辱，有人高喊：「打倒高錦明！打倒吳濤！」甚至當場撕碎文件。許多士兵走上街頭抗議，他們指控「呼三司」捏造了中央的「決定」。他們堅稱，該文件沒有毛澤東通常寫的「照辦」兩個字。然而造反派卻欣喜若狂地接受它，並宣稱該文件是「毛主席和林副主席親自批准的」。

長期在呼和浩特政治中占據主導地位，並得到軍方支持的保守派紅衛兵，同樣感到沮喪。作為這場政治鬥爭的失敗者，他們將被剝奪領導文革的權利，組織將被取締。確實，周恩來把他們視為中央文革小組的反對者，但他說只應該懲罰少數領導人。周建議內蒙古革命委員會籌備小組，稍後確定誰是「反動派」並予以懲罰，並下令將這些領導人送回原來的工作單位。歡迎其中優秀分子，加入本單位的「革命群眾組織」，即造反派組織。[8]

但是，保守派寧死不屈。「紅衛軍」領導人設立了兩個堡壘來抵制中央的決定。第一個是工會大樓，「呼三司」被驅逐後，這裡成了「紅衛軍」的總部。第二個是呼和浩特鋼鐵廠，是保守派最後的據點。

四月十四日至十五日，內蒙古新任領導人滕海清、吳濤，在北京會見造反派代表，商討成立內蒙古革命委員會籌備小組事宜。他們準備了一份臨時名單供中央批准。[9]長長的名單上，有九名造反派，其中包括兩名蒙古人：吳濤和那順巴雅爾。另外四人，高錦明、權星垣、康修民和李樹德是支持造反派的黨內主要官員。這遵循了中國的歷史法則：贏者全拿。

隨著內蒙古最高層權力更迭獲得中央批准，北京的造反派代表，大部分於四月十七日返回呼和浩特，王鐸成為他們的戰利品。但是，王逸倫因為對抗康生而在北京被捕，造反派無法抓到他。

以周恩來為首的中央文革小組，於四月十三日所做的中央決定，不但沒有帶來秩序，反而讓內蒙古陷入更深的動亂。與第一輪迫害中，烏蘭夫等蒙古受害者以最小的抵抗接受命運不同，在第二輪迫害中，受害者是漢族，而且是軍人。他們不會不戰而屈服。他們的強烈憤怒，渴望毛和黨認同他們的忠貞，導致他們採取了極端措施。

滕海清走馬上任，呼和浩特陷入內戰狀態

一九六七年四月十八日，新任內蒙古軍區代理司令滕海清中將，與政委吳濤少將，還有權星垣、高錦明及保鑣隨從，從北京飛抵呼和浩特。非但沒人迎接，還被困在機內三個小時，不能進城，也沒有食物，需要北京出面調停，才能最後走下飛機，乘車前往市區。

因無法進入內蒙古黨委，滕海清一行，被迫前往政府招待所新城兵館。當保守派得知他們住在那裡，數百士兵和保守派包圍了新城賓館，毆打守衛戰士。最終，在造反派群眾的保護下，在由北京軍區負責戒嚴的呼和鐵路局大樓內，滕設立了臨時指揮部。

老革命滕海清，曾任駐紮在陝西寶雞的第二十一軍軍長，後任北京軍區副司令，但來新任地內蒙古，卻遭遇到最嚴峻的挑戰。

圖13　從1967年5月到1969年5月，滕海清中將（左）和吳濤少將（右），成為內蒙古的新領導。

滕將軍一九〇九年出生，安徽金寨縣人，據說年輕時當過燒炭工人，一九三〇年加入紅軍，隔年加入中共。一九三三年參加長征，一九四〇年代在蘇北新四軍崛起。他身材矮小、肌肉發達，不苟言笑，以極度頑固著稱。

滕抵達的第二天，各獲勝派系和軍隊都派代表，到鐵路局聽取滕傳達中央指示。滕隨後會見了失敗派系的代表。我不是作為造反派代表參加那次會議，而是作為造反派喉舌之一的師範學院《東方紅戰報》的記者參加。滕到任後，另一家報紙《呼三司報》成立，成為造反派的正式喉舌，《東方紅戰報》的許多人員，也調入了《呼三司報》。

四月十八日，滕抵達的當天，為確保中央的權威得到承認，周恩來派出直升機分發中央文革小組的三點指示，這是文化大革命中最偉大的技術傑作之一。傳單表示，中央的「八條決定」已獲得毛澤東批准。直升機在呼和浩特上空盤旋了四天。10

我曾目睹三架直升機和一架飛機在城市上空散發傳單。當傳單飄落，造反派群眾競相撿拾傳閱。共有兩份文件：是中共中央四月十三日的「八條決定」和一封給指戰員的公開信。信中主要講了三點：第一，中央的決定是真的，是經毛主席、林彪副主席「批准」的；第二，擦亮眼睛，不要被一些不良分子迷惑，要瞄準最大的走資派及其內蒙古的追隨者，意指未透露姓名的烏蘭夫，以及首當其衝的王鐸和王逸倫；第三，中央正確解決了內蒙古問題，命令前往北京抗議的士兵，立即返回內蒙古。公開信最後呼籲，不要阻塞交通或阻礙生產，禁止抗議者前往北京上訪。

然而，保守派士兵堅稱，四月十三日的「八條決定」沒有毛澤東批准「照辦」的字樣，並繼續派人到北京抗議。與此同時，準備慶祝「八條決定」的造反派們，遭遇數千名裝備精良的保守派抵制。四月二十二日，包括「無產者」在內的新保守派「紅色工人」聯盟，動員上百卡車的人來到師院，與「東縱」對抗，毆打造反派，抓走四人。當天，內蒙古步兵學校、軍區文工團三百餘名造反派戰士，上街支持中央「八條決定」，遭到保守派毆打，卡車和廣播設備被砸，成為一場沒有硝煙的內戰。

另外，街頭出現傳單和大字報，攻擊中央「八條決定」是周恩來的陰謀。士兵和保守派高喊：「打倒高錦明！打倒吳濤！」並將「八條決定」撕成碎片。四月二十五日，當滕海清在軍區禮堂發表演說時，遭到保守派士兵衝擊，抵抗達到高潮，導致滕因高血壓發作，而不得不住院治療。坊間還盛傳，滕的座車壓死了什麼人。

同時，四月下旬，內蒙古士兵和「無產者」成員湧入北京，在中南海前門外靜坐抗議六天六夜，要求中央撤銷四月十三日的「八條決定」。憤怒的毛澤東和林彪，指示周恩來在四月二十七日再次召開會議。

周恩來、陳伯達、康生、謝富治、蕭華、張春橋、王力、關鋒、戚本禹等中央文革小組高層，親臨人民大會堂，內蒙古軍區的吳濤和劉華香也出席了大會。大會堂內，三千名抗議士兵和「無產者」保守派，他們得到北京保守派組織「紅代會」數千人支持，也有數十名來自北京的支持「呼三司」的造反派人士，但呼和浩特市，沒有造反派代表前來出席。當抗議者拒絕周恩來發言，有節奏地拍手以示不滿時，康生大喊，叫抗議者們「滾出去！」最終還是周總理，耐心解釋了中央「決定」，儘管他的講話，一再被「我們懷念毛主席」的口號聲打斷。[11]保守派極不信任周和中央文革小組，對此，康生強調說，召開這次會議，就是為了貫徹落實毛主席無產階級文化大革命的路線，貫徹落實主席批准的關於內蒙古問題的「八條決定」。[12]

隨後，劉華香代表自己和內蒙古軍區領導人蕭應棠、劉昌、黃厚、王良太宣讀了檢討書。會後，總政治部再次發出指示，要求官兵服從命令，不得參加示威遊行，但北京和呼和浩特的抗議活動仍在繼續。問題的核心在於該「決定」的絕對性，它明確無誤地將黨、軍隊和群眾組織（內蒙古人民）劃分為革命（造反）派與保守派，沒留下任何中間地帶或含糊立場。

一旦被貼上保守派標籤，就等於被剝奪了所有合法性，再也無法參與處在中國政治舞台中心、如火如荼的文化大革命。

四月二十九日上午，呼和浩特的造反派前往工會大樓，試圖勸說保守派解散，並返回原單位，卻遭到磚頭、石頭和桌子的連續攻擊，打傷多人，並將他們趕走。四月三十日晚，造反派發動反攻，俘虜了「紅衛軍」首領程吉龍。

五月四日，滕海清根據國務院和中央軍委指示，對《內蒙古日報》報社、內蒙古廣播電台、公安廳、呼和浩特市電信局、市公安局實行軍管。

第二天，保守派士兵與造反派士兵發生衝突，四十名士兵重傷，十四人住院，其中大多數人屬於造反派士兵。隔天凌晨，滕海清的祕書和四名記者，到鐵路醫院探望傷者時，也遭到攻擊，傷勢嚴重。

無政府狀態繼續蔓延。飽受挫折的滕海清，五月六日飛回北京，報告在內蒙古的工作狀況。中央軍委會決定召開內蒙古軍區幹部會議，這對內蒙古軍隊來說，是個不祥之兆。

針對呼和浩特市的持續騷亂，周恩來於五月七日發出緊急指示：「從即日起，禁止黨、政、軍、民和學校各派別上街示威。」總理再次為暴風雨吹響口哨。但是，保守派不予理睬，繼續加強攻擊。當天，「紅色工人」和《內蒙古日報》的頑固保守派聯合行動，占領了呼和浩特市鬧區的新華書店，作為他們的新據點。

此時，我和一群師院造反派同學，被高樹華派到《內蒙古日報》當記者，可視為造反派分享戰利品的一部分。五一慶祝集會後，我立刻到報社報到，開始工作。作為一名新手記者，在最初幾週，我試圖學習這一行業的方方面面，在內鬥激烈的情況下，我主要在晚上工作，白天睡覺。

一九六七年五月十一日，午夜剛過，我在報社結束了夜班，正要上床睡覺，《內蒙古日報》大樓頂上的擴音器，宣布召開緊急會議，召集所有不值班的人參加。原來，內蒙古黨委總部大樓，正進行一場爭奪戰，造反派被號召緊急支援那裡被圍困的同志。五月十日，「紅色工人」、「無產者」、「紅鐵戰士」、「聯動」等保守派，組織數千人在城北的賽馬場集會，他們的目的是抓高錦明，粉碎黨委的造反組織「紅旗」。他們在摧毀附近財經學院的造反派之後，迅速衝進內蒙古黨委大樓，占領了第一層，並放火燒毀了通往二樓的木扶梯，二百多名黨委「紅旗」的造反派，守在裡面自衛，防禦攻擊。

內蒙古黨委大樓內的造反派，直接打電話向北京的周恩來求助。周恩來與正在北京參加內蒙古軍區會議的滕海清、吳濤、黃厚、劉昌等人討論如何平息內蒙古的動亂。周恩來敦促造反派繼續堅守抵抗，並從呼和浩特市以外調派軍隊，前往解圍。

五月十一日凌晨三點，內蒙古軍區出動第四九二八部隊，前往黨委援助造反派。「八一八」、「呼三司」、「火車頭」等造反派組織，在軍隊協助下，奪回了黨委總部，並逮捕了保守派領導人張三林和曹文生。下午五點，軍隊和造反派包圍了保守派新占領的新華書店大樓。到後半夜，書店大樓被造反派奪回，保守派退守到他們最後一個據點——內蒙古總工會大樓。

保守派總部的最後據點，位在新城中心區的六層工會大樓內。他們儲備了磚塊和石頭來保衛建築物，而造反派的神槍手們，則用彈弓打碎了高層的玻璃窗。報社派我去報導這起事件，但報導派系鬥爭的稿件，不再被允許刊登在報紙上。僅刊登在供黨政機關及高級官員內部傳閱的《內參清樣》上。

最後，周恩來和中央，決定鎮壓內蒙古的保守派軍人。五月十三日，國務院和中央軍委，命令北京軍區六十九軍，開始軍管包頭鐵路分局和包頭火車站。內蒙古軍區第八六九六部隊，奉命進駐內蒙古軍區司令部、軍區招待所、二五三軍醫院等地。他們取代了因韓桐事件受到牽連、強烈抵制中央決定的內蒙古軍區警衛營。軍委會高層領導，也命令警衛營每班各派一名代表，前往北京報告狀況。

從此之後，造反派組織「呼三司」和「東縱」，將在內蒙古政治中扮演重要角色。「東縱」的報紙《東方紅》五月七日發表題為〈堅決查出內蒙古黑色司令部〉的社論，指出存在一個效忠保守派的總司令部。幾天後，「呼三司」等造反派組織，呼籲軍隊鎮壓「反革命組織」。

造反派群眾包圍了工會大樓，而幫助造反派占領黨委大樓的內蒙古軍區第四九二八部隊，則維持秩序，避免流血事件。隨後，爆發了一場擴音器大戰，雙方高聲歌唱、高喊口號、廣播對罵文章。大樓一天二十四小時被包圍，電話和電線被切斷，防禦者無法從外面獲得食物，但他們的供水並沒有被切斷。每隔一段時間，大門就會打開，戴著頭盔的保守派衝出大門，設法抓捕造反派襲擊者，押進樓內。我的好朋友歐陽儒臣，於五月十二日上午被抓進去，受到威脅、酷刑，被迫放棄自己的觀點，承認保守派是革命者。作為一種宣傳攻勢，多數情況下，只要「認罪書」廣傳出去，他們一般會被釋放。造反派先前守衛自己的據點時，也做過同樣事情。但為人正直的歐陽儒臣，堅決拒絕認罪，不向綁架者低頭。

圖14 歐陽儒臣遺像，一位被活活打死的造反派烈士，1967年。

歐陽儒臣是師院外語系俄語四年級的學生，最後結局悲慘。他隨父母從湖南移居到內蒙古，畢業於內蒙古東部區的中學。儒臣為人謙和，非常低調，部分原因是他出身地主家庭，長期遭受壓抑。他是俄語專業的優秀學生，後來成為「東縱」成員。

五月十八日晚，「東縱」發表聲明，要求保守派確保儒臣的安全，並立即釋放他。滕海清的辦公室也發出警告，必須釋放歐陽儒臣。但「紅色工人」拒絕。為防事態升級並避免危及歐陽儒臣的安全，造反派沒有採取進一步行動。

第二天清晨，我們終於找到儒臣了。他的屍體已經冰冷，被停放在醫院太平間的地板上，上面蓋著報紙。醫院驗屍顯示，他遍體鱗傷，胃裡空空如也，只有一些難以消化的菸絲。保守派拒絕給他食物，他只能從地板上撿一些菸蒂吞下肚子去。他的臉部腫得血肉模糊，面目全非。

得知歐陽儒臣犧牲的消息後，我們造反派同學都含淚發誓，一定要粉碎敵人。俄四全班的「東縱」成員，把他們的組織改名為「歐陽儒臣戰鬥隊」。

最終的勝利？

五月十六日（文革發動一週年紀念日），中央領導人在北京接見內蒙古軍方代表。周恩來、康生、江青、葉群（林彪之妻）以及徐向前和聶榮臻元帥，會見了二千七百名來自內蒙古軍區的抗議者。周恩來關於內蒙古軍區某些領導（未點姓名）犯了路線錯誤的言論，在大廳裡引起騷動。他們仍不相信毛澤東簽署了四月十三日的決定，不停高喊：「滕海清滾出內蒙古！我們要見毛主席！」周恩來試圖把責任從軍隊身上拿走，說軍隊的問題是由黨領導人王逸倫和王鐸的欺騙造成的：「你們沒有責任，你們是無辜的。」他試圖向頑抗的軍方示好。

江青和葉群都講了話，試圖讓士兵們相信，作為兩位最高領導人的妻子，她們可以保證四月十三日文件的真實性。但是，由於毛澤東和林彪不在場，他們的說法被內蒙古的軍人置若罔聞。

五月十八日，周恩來召集內蒙古黨委領導人高錦明、權星垣、康修民，和各造反派組織主要領導人來北京，與中央領導舉行第二次會議，周的耐心已經耗盡。五月二十一日，周恩來依照中央指示，下令派遣專列火車將所有抗議士兵送回呼和浩特。「如果有人繼續違抗命令，他們將被視為逃兵，北京軍區和北京衛戍區將採取行動。」周對內蒙古將軍無法或不願控制士兵的情況特別不耐煩，他說：「我們信任你們，所以我們沒有部署『外部』軍隊，但『我們的』耐心是有限的。」[13]

許多人最終返回了內蒙古，但仍有少數部隊滯留在北京。五月二十四日，總政治部在北京為內蒙古士兵舉辦告別晚會，士兵們宣讀了一份「五點聲明」，呼籲中央推翻四月十三日的決定，摘掉他們的「忠誠派」帽子。他們與將軍們爭吵，強迫吳濤簽署他們的聲明，支持他們的要求。吳拒絕，百名士兵衝上講台，毆打了吳濤政委。[14]這一次，士兵們做得太過分，激怒了包括毛澤東在內的中央領導人。五月二十五日，滕海清、吳濤下令，所有在北京等地的內蒙古士兵，必須在五月底前返回部隊，否則按逃兵處理。

為增加該命令的權威性，中央軍委對該命令做出批示，這次，毛澤東加了上他批准「照辦」的簽名。[15]五月二十六日，中央軍委發布（六七）十二號文件〈關於內蒙古軍區問題的決定〉。副司令黃厚、參謀長王良太被拘留並責令自我檢查。副政委劉昌、政治部副主任張德貴遭停職及自我檢查。

所有繼續抗議的內蒙古士兵，都被逮捕並送到學習班。不安分的警衛營和其他頑抗的內蒙古部隊，包括一個高砲營、一個測繪營和部分通訊營被調出內蒙古。最重要的，是內蒙古軍區失去了超省級的「大軍區」地位，降格為北京軍區管轄下的省級軍區。中央命令派遣北京軍區大部隊進駐內蒙古：包括六十五軍五八七團的八十三營、八十四營、八十二營一部分（五十二連）。六十九軍與鐵道兵五十二團，組成呼和浩特先遣指揮部。[16]五月二十七日，北京軍區副司令鄭維山，率六十九軍抵達呼和浩特。鄭後來在內蒙古發揮了舉足輕重的作用。

六月初的某一天，我騎車經過內蒙古博物館北門時，驚訝地發現，拿著步槍站崗的戰士，居然是我老家河北饒陽縣張村的朋友單金犬（小名大狗）。他說，他跟同村的齊國業（小名騾子），已隨六十九軍二十八師被派到呼和浩特。後來我們常常見面聊天，他倆同年參軍，單還是普通戰士，但齊已經升為排長。

他們告訴我，北京軍區六十九軍原駐地是山西省晉北的大同，進駐內蒙古的命令是祕密發出的。僅說是邊境局勢嚴峻，部隊於五月二十四日晚間，攜帶步槍和彈藥箱，登上貨運敞篷列車。五月下旬的夜晚天氣還很寒冷，每個士兵都配發了一件羊皮大衣。他們蹲坐在行李和彈藥箱上，用皮大衣蓋住全身。因為是祕密任務，所以沒有命令，不准站起身來。走了近十個小時之後，當他們被允許站立時，許多人已經僵硬得難以移動雙腿。有傳言稱，他們很快就會在邊境與蘇軍作戰。後來才知道，他們的任務是把內蒙古牢牢控制在黨中央手上。軍隊奉命占領呼和浩特所有制高點和關鍵機構，包括廣播電台、鐵路局、報社大樓、公安局大樓，和內蒙古軍區大樓。

為了與當地士兵區分，六十九軍巡邏時，每人胸前都佩戴著裝有毛主席肖像的玻璃鏡框，與反對中央決定的當地士兵明顯不同。這也是一種巧妙的自我保護形式，人們可能會推擠他們本人，但沒有人敢打破玻璃鏡框，冒褻瀆毛主席的風險。他們出現在街頭的第一天，可以看到明顯差異：當地士兵不修邊幅，喝酒罵人、嬉皮笑臉；而六十九軍衣帽整潔，軍紀嚴明，一本正經，不苟言笑。

北京軍區管轄下的內蒙古軍區，終於派部隊包圍了工會大樓。[17]面對強大的軍事和政治壓力，二樓部分人員發動「起義」，引發保守派內鬥。隨後，士兵和造反派衝進大樓，俘虜了繼續頑抗的保守派領袖。五月三十日。呼和浩特似乎全部回到「我們」手中！但代價實在巨大。四月十三日之後持續一個多月的暴力衝突，造成十幾人喪生，一千三百多人受傷，其中三百多人傷勢嚴重。[18]

六十九軍的到來，對造反派來說是個好消息，有無數集會慶祝我們的最後勝利。但是，我們卻沒有意識到，我們所付出的代價，將包括破壞和喪失內蒙古的自治權。

一九六七年六月十七日，中國第一顆氫彈試爆成功的消息傳來，整個城市都沸騰了。這是一次罕見的事件，它跨越了保守派和造反派之間的分歧，凸顯了推動兩個陣營的民族主義，預示中國將成為世界強國，並有能力擺脫蘇聯的威脅，對抗美國的霸凌。《內蒙古日報》頭版刊登的新華社報導，慶祝了這一事件，文章聲稱，沒有任何國家，能夠再次羞辱擁有氫彈的中國了。

隔天（五月十八日）下午五點，內蒙古革命委員會籌備小組宣布成立。十五萬人聚集新華廣場，為氫彈試爆和內蒙古新生革命政權的建立而歡呼。

內蒙古軍區代司令滕海清，任革委會籌備小組長。兩位副組長分別是蒙古少將吳濤，和卡車司機霍道餘。常委包括高錦明和權星垣，兩位烏蘭夫手下的內蒙古黨委書記，他們先成功地與烏蘭夫拉開距離，然後在關鍵時刻支持了造反派；還有康修民，河北人，曾在華北局工作，一九六六年底前門飯店會議推翻烏蘭夫後，被派往內蒙古任書記；那順巴雅爾，內蒙古教育廳幹部，內蒙古黨委「紅旗」造反派領導人；高樹華，師院「東縱」造反派領袖，其大字報曾引發內蒙古文革；以及他的師院造反派同僚、「呼三司」司令郝廣德等人。

革委會籌備小組的組成，反映了黨政領導幹部、軍隊高級幹部、和造反派群眾領袖三結合的新政治秩序。這個結構於一九六七年二月二日在《人民日報》社論中提出，但在內蒙古，因動亂而延後實施。事實上，與當時大多數省分一樣，儘管以高錦明為首的黨委書記，和師範學院高樹華、郝光德等造反派領導人，在籌備小組中各有一席之地，但新的內蒙古領導層，還是以軍方為主。當革委會於一九六七年十一月一日正式成立時，軍隊的主導地位就變得更加清晰。

軍管下的記者生涯

隨著一九六七年四月滕海清走馬上任，到六月內蒙古革委會籌備小組成立，主要政府機構都進行了重組。由於師院造反派一直處於內蒙古文革的中心，所以造反派的勝利，為其活動人士開闢了無數就業機會，是中央文革小組的裁決，提供了他們新的職業生涯和用武之地。

一九六七年五月一日上午，在新華廣場慶祝內蒙古自治區成立二十週年、及貫徹中央「八條決定」的集會上，中文系漢四的張培仁，遞給我一張高樹華的紙條，邀請我與部分同學，會後到「東縱」辦公室集合，討論加強《內蒙古日報》的問題。高告訴我們，滕海清辦公室（簡稱滕辦）已下令派遣造反派學生，加強內蒙古廣播電台、報紙與呼和浩特市公安局的工作。

高給了我幾個選擇，可以考慮要去公安、廣播電台，還是《內蒙古日報》報社。這三家機構皆由滕海清所任命的軍方人員間接軍管。我選擇去《內蒙古日報》，因為我已開始為造反派報紙和師院校報撰寫稿件，累積了初步經驗和聲譽。我感覺新聞生涯，是一個了解內蒙古其他地區的機會，也有利於觀察中蒙與中蘇邊境地帶激烈爭端的發展趨勢。

造反派總部「呼三司」，共派出來自不同大學的二十多人到該報工作，報社已被中央置於半軍管狀態。其中六人來自師院，所有人都曾積極參與造反派報紙。包括後來的陸續增加，最終共有六十多名造反派被分配到《內蒙古日報》，包括大約二十名蒙文版記者。

我是師院學生小組的副組長，組長是張培仁，他是中文系漢語專業四年級的學生，韓桐的托縣同鄉和中學同學，也是一名經驗豐富的造反派記者。滕辦任命我們為報紙新職員，兩天後我們就搬進了報社宿舍。一九六七年六月十八日，內蒙古革委會籌備小組正式成立後，又補發了正式的官方文件。

一九六七年底至一九六八年初，北京的中央民族學院蒙古語專業，有幾位畢業生被分配到報社蒙編部工作，其中有兩個山西人、三個河北人、兩個江蘇人，全部是漢族黨員。令我驚訝的是，中央民族學院在培養少數民族學生的同時，也培養漢族學生。據他們說，他們參加高考時，領導問他們是否願意去少數民族地區工作。在黨的鼓勵下，他們向民族學院提出申請。其他民族語言專業，尤其藏語和維語專業，也是如此。他們從漢族地區選拔而來，跟來自少數民族地區的同學，共同學習民族語言。用中共的政治術語說，這叫「摻沙子」。

《內蒙古日報》是自治區政治宣傳的中心之一。李雨樓、喬彤（女）是漢編部的造反派領袖，擔任資深編輯。新記者受到軍方和造反派的熱烈歡迎。原主編莊坤（漢文版）和德力爾格（蒙文版）早前已被打成烏蘭夫黑幫分子，遭到拘留。報社造反派，還有像我們這樣新來的人，原以為能控制報紙的編輯流程，然而幾天之後，內蒙古軍區和革委會籌備小組，宣布對所有新聞、廣播和公安機關，實施軍事管制。

新任報社領導人是兩位蒙古族軍官：石克和金鋒。石是東蒙古人，原任內蒙古軍區《戰友報》（週報）的主編。金也是東蒙古人，曾任《解放軍報》駐內蒙古記者，長期在呼和浩特工作，負責內蒙古軍區的軍事新聞。兩人都接受過雙語教育，擅長蒙漢雙語的寫作與交流。

菸不離手的老金，身為報社軍管會副主任，帶著教授的文人氣質，負責處理日常編務。他是真正的老報人，身材瘦削，講話慢條斯理，習慣從晚上七點工作到早上六點，然後白天睡覺。他經常糾正我的稿件錯誤，一點也不像軍隊幹部，更像個職業作家。從文革一開始，他就堅定地支持「呼三司」。他女兒賽罕，是師院藝術系繪畫專業的漂亮女生，也是一位熱心的「東縱」成員，後來跟「東縱」負責人董玉華結為夫婦。

軍管會主任石克，負責行政方面的工作，個性安靜而堅定，說話很少，幾乎不笑。與金鋒的自由知識分子氣質相反，他是個徹頭徹尾的嚴肅軍官。他總把釦子扣得嚴嚴實實，非常正式。雖然兩人都穿著軍裝，但我們平常可以跟金鋒開玩笑，卻不敢跟石克開玩笑。當石和金互相交談時，他們常用蒙古語而非漢語，大概是出於隱私原因。

這兩名軍人，與滕辦密切合作。當滕海清要宣傳一項政策時，就叫來一位社論撰稿人，他本人口授要點，由撰稿人做筆記（當時沒有錄音機）。作者寫完社論初稿後，金鋒先閱讀修改。經過第二稿後，由金簽字核准稿件，並轉發給滕辦。如果事情緊急，作者會騎車到滕辦，由滕辦主任李樹德閱讀並批准。重大稿件，還要經過滕親自校閱並簽字。只有經過這些程序之後，社論（或評論員文章）才能發表。

石克和金鋒對辦報流程，有嚴格的指導方針。對於國內外新聞，我們完全依賴新華社電稿，其內蒙古分社，占據了我們大樓的一個角落。我們認識新華分社的工作人員，所有人都是造反派。我們報社有自己的接收電台，能及時收到新華社透過短波電報從北京發來的新聞報導。就連內蒙古的重大新聞，也是新華分社在同一棟大樓起草，先發送到北京的總社編輯部，再經北京回傳給我們。《人民日報》亦設有駐呼和浩特記者站。新華總社對電稿有詳細的說明：指定什麼文章要放在第幾頁、第幾欄，甚至標題字體的大小，都有詳細規定。一九六八年夏天，我參觀過《甘肅日報》編輯部，了解到他們報社也遵循同樣模式，這是國家政策，保證中央能嚴控資訊。

此時的報社，把最重要的任務交給造反派。許多保守派的記者，在報社重組後逃離過一段時間，但最後還是回到報社，接受指定的工作。例如夜班出報，所有四個版面的責任編輯，都由造反派負責，保守派只能擔任校對員。

我的第一份工作，是負責夜班報導政法新聞。經過幾個星期的失眠，我們慢慢習慣了夜班工作。我最長幹過三個月夜班。我的室友孫磐石，師院物理系一年級學生，一直在夜班室工作了兩三年，大家給他取個綽號「夜貓子」。

雖然辦公室裡趨於平靜，但在最初幾個月裡，激烈的派系鬥爭，仍然在整個內蒙古餘波盪漾，使我們對哪些內容可以報導，哪些內容不能報導，非常謹慎。新聞是重要的派系武器，即使最輕微的語言錯誤，也可能導致政治懷疑。我們接到一個無法落實的指導方針：報導新聞不帶任何派系傾向，完全遵循毛主席的革命路線！

有全副武裝的解放軍戰士，日夜警衛著報社大樓，甚至在報社印刷廠的院子裡，還架設了高砲，共有五門草綠色的火砲，還有一個排（四十名）士兵，輪流站崗。他們每天進行軍事演習和砲兵訓練，另有兩名手持步槍和刺刀的戰士，守護著報社大門，讓我一直難以習慣。

報社總部位於新城，內蒙古博物館的斜對面，有南北兩個大院。南院是編輯大樓，外加幾排青磚平房，有攝影部、資料室、財務處。北院是員工宿舍、電台、員工食堂、幼兒園和印刷廠等單位。兩個大院相距數百公尺，步行十分鐘，騎三五分鐘。每次進出大院，都必須停步或下車，跟衛兵互相行禮致意。

進入重要場所的類似荒謬儀式，在中國各地隨處可見。守衛這裡的六十九軍士兵跟我一樣，大多來自河北農村，他們臉上沒有笑容。我朋友趙宗志（外語系俄三同學）曾經笑問一個士兵：「為什麼我們騎自行車的人要下車行禮，而坐汽車的官員卻不用下車？」年輕的小兵靜靜站著，滿臉尷尬，一聲不吭。

軍政府也把文革儀式，帶進了編輯部辦公室，每天一上班，全體員工就排隊向毛主席像「早請示」。晚上下班前，又排隊向他「晚彙報」。報社員工，習慣於輕鬆自由，根據自己的寫作日程靈活來去，如今都被打破。儘管如此，我們還是免不了開很多玩笑。

但軍隊領導出現，所有人都起立站齊，向毛主席像三鞠躬，然後手揮紅寶書，口喊「敬祝毛主席萬壽無疆！萬壽無疆！萬壽無疆！」也不忘「祝林彪副主席身體健康！永遠健康！永遠健康！」兩位軍官站在最前面，都是石克主持儀式。我們記者編輯站在後面。趙宗志原籍山東黃縣，父親是一九四九年之前犧牲的高級軍官，所以膽子大，常說怪話。

歐陽儒臣與韓桐的葬禮

所有現代政權，都透過紀念倒下的同志來標榜自己的勝利，文革造反派也不例外。一九六七年六月八日，在滕海清牢牢控制內蒙古政局以後，曾山主管的內政部，追認韓桐和歐陽儒臣為革命烈士。[19]

四天前的六月四日，內蒙古造反派為陣亡的戰友歐陽儒臣，舉行了盛大葬禮。他姐姐和兄嫂，從赤峰趕到呼和浩特，參加追悼活動。但他父母，仍遭地主成分困擾，沒有參加。儒臣的遺體被火化，骨灰盒被家人帶回赤峰。

歐陽儒臣的葬禮，在呼和浩特二中運動場舉行，四萬人在校園禮堂和操場，列隊向歐陽的遺體告別。各造反派組織均致送花圈並發表演說。師院外語系出版了紀念冊，懷念兩位犧牲的同學：韓桐和歐陽儒臣。

最大的哀榮，給予造反派第一位烈士韓桐，他的犧牲引發了內蒙古的巨大變化。作為造反派正義鬥爭的中心象徵，就出動的車輛和人數而言，他的葬禮規模，可能是儒臣葬禮的十倍大。

韓桐的葬禮定於六月二十日，即內蒙古革委會籌備小組成立兩天之後。葬禮的規格，從一開始就充滿爭議。周恩來曾表示韓桐為殉道身亡，「生的偉大，死的光榮」（毛澤東為劉胡蘭的題詞）。然而滕海清堅持，葬禮人數不得超過千人，動用車輛不超過百輛。但滕的批示，無人理睬，各單位均派代表參加，許多人自發前往。包括師院和其他大學，還有機關廠礦和運輸部門的車輛，約七百多輛，幾乎占滿從市區到托縣的三十來公里路程。據說頭一輛車已經抵達韓桐的村莊，後面還陸續有車輛，剛從呼和市出發。

在道路和村莊周圍，停滿了大小車輛，車上裝滿自製和訂購的鮮花和花圈。發言者是內蒙古兩大造反派領袖，韓桐的老師高樹華和他的同學郝廣德。韓桐的父親，在簡短的演講中向大家致謝。人們鼓勵他母親說話，但她淚流滿面，一句話也說不出來。他弟弟韓梓（內蒙古軍區卡車司機）遭部隊酷刑，已經精神失常，也說不出話來，時而歇斯底里地大笑，時而掩面哭泣。

韓桐被安葬在村莊公墓，淺灰色的花崗岩墓碑，高約三尺，上面雕刻著精美的大字：「韓桐烈士，永垂不朽」。骨灰盒被身穿軍裝的弟弟韓梓，雙手平端，由高樹華和郝廣德兩旁護送，最後，放入墓穴，豎起石碑，燃放鞭炮，數千人列隊致敬。各種儀式，花了一整天時間，到傍晚才告結束。

就連許多師院的保守派同學，也參加了韓的葬禮。韓桐受所有人喜歡和敬仰，最後為革命造反犧牲了自己的生命。只有我們班的團支書、社教運動紅人，和唯一黨員王玉敏沒有參加。中央發布「八條決定」後，她所領導的師院「抗大兵團」被解散。王玉敏是十幾名在逃的通緝犯之一。

圖15　1967年6月，在烈士家鄉舉行的韓桐葬禮。

通緝名單是經內蒙古革委會籌備小組批准，由「東縱」發布的。大約一年多以後，臨近畢業分配，她才結束藏匿回到學校。

見證新政權在刑場殺人

一九六七年初夏，我被調到報社評論組，擔任社論撰稿人，金鋒向我口述了一篇社論要點，讚揚新成立的革委會意義重大，尤其在鎮壓反革命活動中的關鍵作用。我做著筆記，感覺只是一台寫作機器。我對草稿做了一些加工潤色，他也做了一點修改。他跟石克都在稿件上簽了名。雖然我是撰稿人，但既不用簽字，也不用署名。下一步，是把稿件送交革委會籌備小組主管政法的主席王再天審閱，該小組統管司法機構。王是蒙古人，有抗日資歷。作為烏蘭夫的長期合作夥伴和法律專家，他在一九六六年的前門飯店會議上僥倖存活。經過一整天工作，三易草稿之後，晚上十一點，由報社造反派領袖、新任編輯部主任包靖國帶領，應約覲見王再天。

包是北大新聞系畢業生，母親在《人民日報》社編輯部工作。我和包騎車來到王的官邸（住家兼辦公室），是位於內蒙古人委大院後面一棟兩層的紅磚小樓，大約十來個房間，還有漂亮的小花園。我們在會客室喝著奶茶聊天，王在書房讀罷草稿，只改動了一兩個字句，便簽字完成。社論稱，公審大會上，將有三十二人被監禁，一人將被處決。但審判定於第二天進行。我問包先生，為什麼社論要在審判前寫就？「小程，你太天真了。咱們報社一直都是這樣做的。」包回答。

「那又為什麼，剛建立新權力機構，就立即處決殺人？」我還是不解，繼續追問，「縱觀歷史，新皇帝登基，朝廷通常會大赦天下，以表仁慈呀，不是嗎？」

包以教訓的口吻說：「哎呀小程，你不能照搬老皇曆，那是封建主義，對咱們無產階級專政不適用。咱們從延安時代起就這樣。一九四七年內蒙古自治政府成立，一九四九年中華人民共和國成立，都是如此。」

第二天，我騎腳踏車，去呼和浩特工人體育場參加公審大會。作為記者，我收到邀請函和一條用於識別身分的紅絲帶。

我帶著相機和筆記本，與其他幾位廣播電台及呼和市日報記者一起，坐在主席台第二排，可以看到主席台一切活動。

這原本是一場刑事審判，卻被政治化為批判所謂「反革命逆流」的群眾大會。所有倖存的烏蘭夫集團分子和其他「壞分子」，都被帶到台上示眾，包括烏蘭夫的長子布赫，他妻子朱嵐其其格（曾任內蒙古電影製片廠書記兼廠長），保守派領袖張三林（曾經占領內蒙古黨委大樓，後被解放軍俘虜），還有殺害韓桐的解放軍兇手柳青等等，共二十人左右，每個人都低頭彎腰，胸前掛著一塊大牌子。

那天，我碰巧坐在內蒙古婦聯原主席烏蘭的後面，旁邊還有她先生克力更（內蒙古化工廳廳長）。看到他們處於這般境地，我內心十分痛苦，因為我根本不相信她是壞人。幾個月前，她還幫我在北京找到了女朋友的住處，如今，她跟丈夫都被指控為烏蘭夫的黑幫成員。

每兩名士兵負責押解一名「囚犯」，他們的手臂，都被反銬在背後。聲討烏蘭夫集團的口號聲，此起彼落：

「維護民族團結，反對民族分裂！」

「堅決擁護新生的紅色革命政權！」

「把無產階級文化大革命進行到底！」

「打倒劉少奇、鄧小平！打倒烏蘭夫！」

「堅決鎮壓一切反革命！」

「紅色革命政權萬歲！毛主席萬歲！萬歲！萬萬歲！」

官媒報導說，當天呼和浩特三十萬群眾中的二十萬人被動員起來。這是新成立的革委會舉辦第一次活動。那些無法進入體育場的民眾，可以在全市周圍設立的分會場，透過有線廣播收聽實況，重點地段，都有全副武裝的士兵和警察巡邏。

公審大會由戈志盛主持，他是師院政治部科員，後來成為「東縱」與「呼三司」領袖，在三結合過程中，升任呼和浩特市革委會副主任。

身著軍服的滕海清將軍，首先發言，為會議確定指導方針和基調，隨後是呼和浩特軍分區政委，市革委會副主任、市公安局軍管會主任、回族軍官馬伯岩，也身著解放軍軍服。他宣布，新政權首次召開公審大會。三十三名罪犯受到審判，其中既有現行反革命分子，也有竊盜行兇等普通罪犯。小偷小摸行為，被判三、四年有期徒刑，兩名已經刑滿釋放的歷史反革命，又被拖出來，重判十五年有期徒刑。隨著姓名和罪行逐一公布，人群情緒亢奮，高喊口號，在精心策劃的戲劇中，忠實扮演自己的角色。

最後，馬伯岩提高嗓門，宣布一個死刑犯的罪狀：「反革命殺人犯」辛二煥，男，二十八歲，未婚，呼和市郊區巧報公社東台什村電工，與異父異母（無血緣關係）的妹妹長期戀愛同居，準備結婚，遭家人親屬反對。結果女方變卦，決定終止關係，辛決計報復。某晚村裡放電影，他求女友到村外樹林談判，最後發生爭吵，將對方勒死。案發後辛二煥被捕，承認殺人，但內情與警方說法有出入。最後，辛案被草草審理，判有強姦和謀殺罪。

呼和市法院院長宣布判決：罪大惡極，判處死刑，立即執行。宣判之後，兩名警察將他雙手銬到背後。辛奮力反抗，腳鐐手銬嘩響，同時大喊：「你們胡說，我沒強姦！」激烈場面，讓整個體育場出現騷動。馬伯岩拍桌子怒吼：「快，把犯人押下去！」

四名警察齊上，把他抬出去。講台後門，斜對我的座位，能看見他的頭被按在地上，手臂扭到背後，用細麻繩子把他手腕捆牢，再用力往上拉，啪的一聲，折斷肩胛骨，把手臂提到脖子後面，跟脖子一起捆牢。如果囚犯試圖吶喊，拉緊繩子，就能卡住他的喉嚨。

站在警察身後的馬伯岩，再下達命令：「給他打針！」就是在兩腮注射藥物，麻醉舌頭，防止喊叫（這比割掉張志新的舌頭，似乎要文明一點）。經過一番處理，辛二煥才被押回前台，這次除了眼珠轉動，他再也不發一言。

此時，法院派人送來電報紙，是最高法院批准的執行令，需要罪犯本人打指紋。只見警察拿來紅印油，塗抹在辛捆綁的手指上，再把電報紙往他手指上按一下，就算打了指紋。另一名警察，在他胸前換上新牌子，上面的名字打了紅叉。又在他的背後，插上一支令箭狀的死刑標籤，象徵「斬立決」，是從王朝時代沿襲下來的慣例。

作為死刑犯，辛二煥的頭被剃光，腳上戴著沉重的鐵鐐。所有囚犯都被押上卡車，驅趕到城裡遊街示眾。他站在第一輛卡車上，上面滿載攜帶步槍和刺刀的士兵。其他罪犯緊隨其後，最後是黑幫分子，組成二十多輛卡車的車隊。

我的師院朋友、內蒙古電台記者楊永勝，想伸手把我拉到死囚車上。因為他跟馬伯岩關係好，所以有此特權。我先是猶豫了一下：從未目睹過這種情景，既好奇又害怕，最後禁不住誘惑，還是上了卡車。遊街車隊從體育場出發，蜿蜒穿過新城，經過政府大樓、博物館和報社總部，再穿街過巷，開往舊城方向。

沿途圍觀的市民很多，人們七嘴八舌，指手劃腳，評頭品足。只聽一位小腳婦女，高聲驚嘆：「哎呀呀，這麼年輕的後生（呼和市土話，意思是青年人），就拉出去槍崩呀？怪可憐的！」

經過一個半小時遊街示眾，車隊從舊城南門開出，朝大黑河方向駛去。遠遠看見黑壓壓的人群，聚集在河岸的刑場周圍，距離新挖的土坑約五、六十公尺，被警戒士兵攔在白線之外。只有囚犯跟刑車，以及隨車人員，才被允許進入警戒圈內。

卡車在離土坑幾十公尺處停下，四名武警將辛二煥從車上拉下。他身穿白襯衫黑褲子，赤腳戴著鐵鐐，在武警挾持下，嘩啦啦朝土坑邊走近。一名穿著皮靴的武警，用力踢他膝蓋，讓他跪倒在地。兩旁武警撤手後退，辛二煥身後的士兵，舉槍瞄準。對面的士兵，雙手揮舞兩面小紅旗。槍手從十幾公尺外，連開兩槍，辛二煥面朝土坑，栽倒在地。

我清楚看到，士兵開槍時頭上流汗，臉色發白，手在顫抖。那一刻，我感覺好像自己被處死了一樣。奇怪的是，辛二煥雖然面向黃土栽倒，但身體仍在起伏，不斷扭曲雙腿，大聲呻吟。馬伯岩咒罵士兵：「真他媽廢物。再補兩槍！」

行刑士兵走到辛身邊，近距離對著他的頭部，又開了兩槍。儘管如此，他還在繼續呻吟。馬伯岩走上前，用黑皮鞋踢了屍體一下，辛的臉翻轉過來，一臉血肉模糊，但他身體仍繼續扭動，還在不停喘息。

馬伯岩命令換人，對著另一名士兵喊：「朝頭部打，改用炸子兒（達姆彈）。」士兵換上子彈，槍口抵近喉嚨，對準頭部開了兩槍。辛的頭顱應聲炸裂，紅血夾雜白腦漿，流進坑裡，全身僵直，不再扭動。

另兩名武警，快步上前，將辛二煥雙腿的腳鐐打開取下，丟進卡車。對面士兵再次揮舞小紅旗，解除警戒，士兵們集體退出刑場。

突然，遠處圍觀的群眾，像潮水般湧向土坑，想細看屍體模樣。更有些人，希望收集腦漿和人血，用於醫藥目的。跟魯迅一九一九年的小說《藥》中的情節一樣，講述革命烈士的鮮血，如何變成人血饅頭，當藥售賣。

就在我們的卡車引擎發動，將要離開刑場時，我看見一位老人，牽著一輛毛驢車，車上捲著草席，還有幾根麻繩，滿臉恐懼地張望，是辛二煥的叔叔前來收屍。一個警官對老人發話：「老辛頭，你姪子是被政府槍斃的。告訴家人別哭，也別辦葬禮，悄悄埋掉就行了。現在，你們得掏子彈費，錢帶來了嗎？」

「帶來了，多少錢？」

「你姪子浪費了國家五顆子彈，但我們只收你一顆的錢：三毛七。」

老人把錢遞給警官，嘴裡不停重複：「謝謝政府，謝謝政府！」

這是我唯一一次近距離觀察行刑（希望也是最後一次）。可怕的畫面，在我腦海中縈繞了幾個星期，影響我的飲食、工作和睡眠。對於一個造反派來說，突然感覺在內蒙古的社會生活中，能發揮一點微弱的影響，那麼，為伸張正義而與惡勢力鬥爭，或許各種歷練，包括目睹殺人現場，可能都有一定的意義吧。

第七章　挖肅運動起，奉調當記者

草原上的記者

從一九六七年五月開始，經過大約三個月的社論撰寫和夜班工作，我對辦公室裡的崇拜儀式、向士兵致敬，以及官方寫作的繁瑣手續，愈來愈感到不舒服。更重要的是，我渴望了解呼和浩特以外發生的事情，於是我提出，希望外放到駐盟記者站，去基層採訪。自從一九五九年來內蒙古以後，我的足跡遍及西北的蘭州、西安，毛的故居湖南，遠至西南的桂林，又到過上海、北京等地，但我從未去過呼和浩特以外的鄉村和牧區。當然，在街上遇到牧民，在火車上看過草原，但牧民的生活怎麼樣呢？內蒙古東部、中部和西部，有中國最大的草原，是牧民集中的地方，但我沒去過。我渴望走出首府，到別處去感受政治脈動，我的想法得到金鋒支持。七月下旬，我被派往內蒙古東北端的呼倫貝爾盟，這裡北與蘇聯為鄰，西與蒙古人民共和國接壤，具有重要的戰略地位。

呼倫貝爾，遠非地圖上顯示的那樣偏遠與荒涼，而是不同民族文化和意識形態的交匯地。它也是蒙古人最初的發源地之一，在十三世紀成為成吉思汗的兄弟哈布圖哈薩爾的封地。從一七二七年開始，當俄羅斯帝國與清帝國簽訂《恰克圖條約》以後，清朝在此駐軍。清末一九一一年十二月，外蒙古宣布獨立，呼倫貝爾成為蒙古族與漢族激烈爭奪的地區，也成為一九一七至一九一九年，西伯利亞赤塔（Chita）數千布里亞特蒙古人（Buryat Mongols）逃離俄國內戰的主要目的地。一九二七年，一位名叫墨爾色（又稱郭道甫）的年輕達斡爾知識分子，與在中國外交部工作、來自卓索圖盟的喀喇沁蒙古族白雲梯，組織了內人黨。郭道甫成為第一任祕書長，並撰寫了該黨的綱領和其他重要文件。[1]

一九三二至一九四五年，在日本傀儡滿洲國治下，由於蒙古和達斡爾貴族渴望滿蒙獨立，呼倫貝爾最初享有特殊地位。到一九三九年，呼倫貝爾西部邊境成為日滿軍隊與蘇蒙聯軍對抗的戰場，爆發過被稱為諾門罕（或哈拉哈河）的戰役（蘇蒙兩國的稱呼）。結果日本戰敗，損失十萬軍隊（一半陣亡，一半被俘），被迫放棄占領蘇蒙領土，轉而把重點放在進攻中國和東南亞。兩年後的一九四一年，日軍偷襲珍珠港，直接進攻美國。[2]

一九四七年，呼倫貝爾作為一個林牧為主的地區，劃歸內蒙古自治區管轄。為保護牧民的草場，烏蘭夫一九四八年制定「三不兩利」政策，並於一九六二年關閉王震（中國農墾部部長）在該地區的許多軍墾農場，贏得蒙古牧民的廣泛支持。我渴望了解，文革是如何在這片歷史複雜，且毗鄰蘇蒙兩國的土地上展開的。

從呼和浩特到呼倫貝爾首府海拉爾，火車行程五天，途經北京和東北三個省會（瀋陽、長春、哈爾濱）。依照規定，我可憑記者證，搭乘從北京去莫斯科的國際一號列車，能省一天時間。但我決定去看看東北，多停幾次車，多認識一些人。

烏蘭夫被指控的罪行之一，是試圖建造直接連接內蒙古東西部的鐵路，把更多邊境城鎮串連起來，批判者稱此為「企圖製造民族分裂」。攻擊他的城鄉一體化交通計畫，曾讓我感到愚蠢至極！當然，隨著中蘇蒙衝突加深，對烏蘭夫的分裂指控，可信度也提高了。

《內蒙古日報》駐呼倫貝爾盟記者站，平時只有一個人常駐，偶爾也有臨時來訪的記者，作為補充。蒙文版編輯滿都乎，和蒙文記者寶音，準時來火車站接我。他們在這裡採訪多年，非常熟悉該地區。

滿都乎和寶音，把我介紹給當地官員，包括造反派和保守派的領導成員，偶爾有漢語不流利的蒙古族受訪，他們二位就擔任翻譯。離開呼和浩特前，金鋒一再告誡我，不要捲入派系鬥爭。他敦促我聽取各方意見，並努力發現任何有關經濟的正面消息。當時中央的口號是「抓革命，促生產」。他最後叮囑：「如果遇到嚴重的派系衝突，有武鬥苗頭的話，立刻給我打電話，我轉告籌備小組。」

《內蒙古日報》記者站，在盟委大樓後院的平房裡，是一處舒適的公寓，包括一間辦公室和兩間臥室，還有兩輛自行車，一部能打長途的電話。若需要用車，可請辦公室的吉普車（蘇製GAZ-69）接送，如遇緊急狀況，還可以請軍分區出動軍用摩托車或吉普車。據說，當年盟委只有一輛蘇製「勝利牌」轎車，供書記和盟長專用，因經常維修，我從未見過轎車的蹤影。

有師院同學，羨慕我在報社的「高收入」。其實，我們當時還是學生身分，並不賺工資，但因為駐記者站，每天有出差補貼，接近大學畢業生的薪水，外加旅行方便，費用全部報銷。報社也配給一台蘇製「基也夫」相機，與一個上海「美多牌」三波段收音機，可以在偏遠的地方，收聽北京和呼和的新聞廣播。

小收音機的品質非常好，我開始收聽中英文廣播，偶爾也聽外國廣播，包括莫斯科廣播電台和紅星廣播站（蘇聯軍事台）。我知道收聽外國廣播（官方叫「敵台」）在當時是犯罪行為。但因呼盟靠近蘇聯邊境，訊號非常清楚，有時比北京或呼和浩特的廣播還清晰，而且配有耳塞機，相對安全。

蘇聯的中文廣播全天候不間斷，偶爾也能聽到台灣的中央廣播電台、英國的國家廣播電台、美國之音，甚至法國國際廣播電台和澳洲的電台。美國之音的《英語九百句》（*English 900*）節目，對我複習荒廢的英語，幫助很大。

身為外派記者，我有兩個常用證件：一個是記者證，草綠色精裝，裡面有照片和軍管會印章，可以去任何地方採訪，包括黨政軍會議室，如果允許報導的話。另一份重要證件，是深藍色的電報憑照，由國家郵電部頒發，可在全國任何郵電局發送明碼電報，給我們報社自己的接收電台，無需付費。

雖然呼倫貝爾盟遠離呼和浩特，卻未能逃脫當時席捲內蒙古的政治動亂。呼倫貝爾盟黨委書記奇俊山，土默特蒙古族，是第一位落馬的烏蘭夫黑幫成員。一九六七年四月十三日，中央做出「八條決定」，宣布造反派戰勝內蒙古軍區，讓一些初期清洗烏蘭夫運動中的倖存者，相繼倒台。在滕海清授意下，造反派開始攻擊蒙古族領導人，如盟長吉爾格勒和副書記布特格其等，被打成「內蒙古二月逆流」的代理人。一九六七年五月下旬，布特格其和另一位黨委副書記官布扎布，在逃往北京上京告狀時被捕，並被押回海拉爾批鬥。[3]經過反覆肉體折磨，兩人多次失去知覺。最後，布特格其被內蒙古軍區派飛機接到呼和浩特，接受緊急搶救。[4]

抵達呼盟不久，我前往海拉爾以外的地方，包括邊境小城滿洲里市。在繁華的火車站附近，有許多俄羅斯風格的建築（海關大樓、鐵路醫院和衛戍部隊司令部等）顯示俄羅斯對這裡的長期影響，包括一九五〇年代中蘇友好時期。最奇特的是鐵路換軌程序，每個乘客都必須下火車，去候車室等待兩小時，讓火車更換車輪，以適應俄羅斯一側稍寬的軌距。邊境對面，是俄羅斯小鎮外貝加爾斯克（Zabaikalsk）。因沒有蘇聯簽證無法過境，我只能站在瞭望塔上觀看。俄羅斯房屋，多為白色或黃色的木質結構，屋頂覆蓋著鐵皮，色彩繽紛，閃閃發光，與滿洲里清一色的灰暗平房，形成鮮明對比。

一九六六年，蘇軍進駐蒙古國後，蘇蒙軍機有時會飛近呼盟國境線上，窺視中國防禦。大家都有預感，中國與蘇蒙的戰爭，可能很快就會爆發。

從海拉爾開車往西南方向走，到位於蒙古國和呼倫貝爾盟交界處的諾門罕戰役遺址，大約要兩個多小時。

解放軍上校詹布拉，是新巴爾虎右旗武裝部的蒙古族部長，他開著吉普車，陪我前往一九三九年的諾門罕戰場。他說，當年這裡曾經散落著屍體殘骸、彈坑彈片和生鏽的彈殼。如今，這場改變遠東二次大戰格局的戰役地點，已經荒無人煙。沒人在此建立紀念館，因為只有蘇日蒙三國，與偽滿洲國的部分騎兵參與，沒有中共軍隊參戰。[5]（據說為了發展旅遊業，如今已經蓋了諾門罕戰爭遺址紀念館。）

我跟詹布拉一起，在藍天白雲下默默散步，腳下偶爾碰到小塊的彩色瑪瑙石。抬頭遠看，成群的牛羊，在安靜吃草，雲雀在高空翱翔，婉轉高歌；草地蜿蜒起伏，盛開著粉紅的百合與乳白色的芍藥。我們談論生與死，和平與戰爭，默默為死者的靈魂祈禱，希望這片美麗的土地上，不再有流血殺戮。但此時此刻，在北京與呼和浩特，甚至在如此偏遠的塞上草原，各種衝突正在暗流湧動，蓄勢待發。

山雨欲來風滿樓

一九六七年九月中旬一個下午，《內蒙古日報》二號軍代表金鋒，突然打來電話，命令我和滿都乎，立即返回呼和浩特。

我問老金：「為啥這麼急？」

他聲音冰冷：「別問太多，等你們回來就知道原因了。」

我們決定搭機返回呼和。第二天是星期三，每週唯一的預定航班日。

這是我第一次搭飛機旅行。是架小型的蘇製AN24客機，只有二十二個座位，每邊有五個小圓窗。機上八名乘客（另外六名男子，都是幹部打扮），兩名飛行員和一名空姐。透過圓窗，我興奮地俯視下面的雲朵和草原，遠近點綴著幾個白色的蒙古包，和成群的牛羊與馬群。旅程約四小時，中途在錫林浩特機場加油並午餐，下午抵達呼和浩特白塔機場。

正如滿都乎猜測的那樣，緊急通知是從滕海清辦公室（滕辦）發出的。內蒙古革委會籌備小組，正組織調查小組，分赴七盟二市，調查各地爆發的派系鬥爭。各盟市將根據調查結果，再經內蒙古籌備小組和滕辦的最後批准，成立本地的革委會籌備小組。我被分配到一個五人調查小組，負責呼倫貝爾盟。組長李志東，是內蒙古黨委「紅旗」造反派的委員；奇達拉圖，是該組唯一的蒙古族，也是該組的副組長，來自滕辦。他原本是內蒙古地質局的造反派領袖，呼倫貝爾人，畢業於海拉爾二中。還有解放軍上尉羅樹林，畢業於北京外語學院，在內蒙古軍區政治部當俄語翻譯；宋國清，是內蒙古農牧學院的造反派成員。

金鋒後來告訴我，我被選進這個團隊有兩個原因：一來我在呼倫貝爾做過短暫的記者，對當地有一定的了解；二來，由於高樹華和高錦明的推薦。金鋒也推薦了滿都乎，因為他曾長期駐呼盟記者站，與蒙漢族官員關係良好。然而，他未被批准。得知自己的提名被否決之後，滿都乎悄悄向我吐露：「小程，你知道為什麼嗎？滕辦不希望調查組裡有太多蒙古人。」

兩天後的一個上午，調查小組去滕辦開會，會議由高錦明主持。首先學習了籌備小組下發的文件，包括中央關於加快組建各級革委會的通知，以及滕海清關於落實中央文件的指示等等，然後，調查小組討論了內部的分工合作事宜。

我們調查小組於一九六七年九月下旬出發，先搭火車到北京，然後從北京，換乘開往莫斯科的國際列車。[6]國際列車全部採用軟臥鋪位，每節列車有十個包廂，每個包廂可乘四人，兩個上鋪、兩個下鋪。李志東和奇達拉圖兩位組長，共用一個包廂；我們三人合用另一個包廂。我們這節車是蘇聯製造，俄國列車員安德列只講俄語。我高中學過三年俄語，但改學英語後，俄語幾乎忘光，只能用簡單俄語與他溝通，遇到障礙，只好請老羅幫忙。

安德列告訴我們，中蘇友誼鼎盛時期的國際列車，有十到十二節車廂。現在乘客很少，只有五節車廂，其中兩節由中國管理（中國列車員），兩節由蘇聯管理（蘇聯列車員），還有一節餐車（兩名中國廚師和一名服務員）。這台由中國司機駕駛的火車，將在邊境城市滿洲里結束服務，由蘇聯火車和司機取代。兩天半的行程中，我們在餐車裡遇到了四位英國遊客（兩對老年夫婦）。這是我第一次用英語與外國人交流。在結束了為期十天的中國旅遊之後，他們想去西伯利亞和莫斯科看看。

抵達海拉爾後，我們首先會見盟市兩級黨政軍領導幹部，和群眾組織領頭，解釋我們的任務和工作步驟。然後依照分工任務，分赴下面的旗縣調查，每位調查員分工一到兩個旗縣或縣級市。我分工調查盟府所在地海拉爾市，和位於蘇、蒙、中三國交界處的新巴爾虎右旗（又稱西新巴旗）。

經過兩週單獨調查，小組於一九六七年十月中旬，在呼盟賓館開會討論調查小組的報告。起草人是調查組長、內蒙古黨委宣傳部幹事李志東。

我們的主要分歧，集中在呼倫貝爾軍分區政委尚民身上。除我之外，所有成員都同意，由尚民擔任呼倫貝爾盟革委會主任。我則透過報社的內參資料，向當局提交了幾份內部報告，詳細介紹此人在二月逆流期間，[7] 鎮壓造反派學生的惡劣行徑，以及迫害蒙古族軍官及其家屬的嚴重情況。我有詳細資料，說明他如何騷擾副司令烏力吉達萊、參謀長尼瑪等人，經常在未經上級授權的情況下，停止他們的工作並搜查他們的家庭。我對他的個人訪談紀錄顯示，他對一九二〇年代至一九五〇年代內蒙古的歷史一無所知。我的結論是，此人大漢族主義思想嚴重，無法妥善處理敏感的民族關係，也無法與蒙古族官兵和當地民眾有效合作。奇達拉圖私下同意我的所有觀點，但他身為蒙古人，不敢出面說話，只鼓勵我堅持自己的觀點。

我們的報告完成不久，調查小組全體成員，以及內蒙古和呼盟黨政軍領導人，就被滕海清召集到北京開會。我們住在北京東城區一棟灰色大樓裡，是北京軍區的招待所。會議開了四天，一直持續到十一月上旬。

來自呼盟軍分區的蒙古族軍官們，詳細講述了尚民如何迫害他們，有的甚至痛哭流涕。突然，滕海清眉頭緊皺，粗魯地打斷發言：「毛主席教導我們：革命不是請客吃飯。如果你有尚民政治錯誤的證據，請揭露出來。我不想聽這些雞毛蒜皮、婆婆媽媽的小事。」滕的這句話，讓所有與會者都嚇了一跳，但沒有人敢說話。

我按捺不住，站起來反駁，堅定但有禮貌地說：「滕司令，毛主席教導我們，讓人把話說完，天不會塌下來。如果不讓人說話，天遲早要塌下來。請允許蒙古族軍官把話說完。我從調查中了解到很多類似故事。你可以從我的內部報告中核實這些內容。」或許因為我是「呼三司」造反派，敢這樣對他說話，他才控制住脾氣，讓三位蒙古族軍官，把話說完。但幾個月後，在成立革委會時，我們的抱怨和我寫的內部報告，都未能阻止尚民，被任命為呼盟的最高領導人。在後來的挖內人黨運動中，他終於成為全自治區最臭名昭著的罪魁禍首之一。我不知道為什麼滕海清，對於有關尚民的報導連聽都不願意聽。他是按照中央高層關於烏蘭夫和民族分裂主義的指示行事嗎？

從一開始，滕被中央派去，控制一個難以駕馭的省分，或許他就對當地人，特別是蒙古族，產生了懷疑和敵意。難道周恩來和其他領導人，曾經指示他，提防黨政軍和群眾組織中隱藏的烏蘭夫殘餘勢力嗎？如果是這樣，他還可以信任誰呢？滕上任的頭幾個月遇到的阻力，加深了他的疑慮。但作為一位局外人，滕海清對內蒙古黨群之間的分歧知之甚少，只知道有個「烏蘭夫黑幫」，即走資派，以及一些當地軍頭敵視他。中央把他這樣一個局外人，強加在內蒙古，還讓他扶持造反派掌權，難免自相矛盾。

十一月中旬，我隨代表團返回呼和。隔天一早，金鋒給我看一份印刷的文件，標題是〈請看內蒙古日報黑記者程鐵軍在呼倫貝爾的醜惡行為〉，由尚民的祕書起草，提交給滕辦和《內蒙古日報》軍管會。這份一百二十頁的文件，羅列了我在呼倫貝爾的調查，特別是我與蒙古族軍官的祕密會面和訪談過程。主要罪名是我缺乏政治覺悟，導致我同情和支持民族分裂主義分子。

這些指控，讓我背脊發涼。我認真看完後，將報告還給金鋒，問道：「金主任，你相信這個報告嗎？你真認為我是民族分裂分子嗎？」

老金深吸一口菸，笑道：「小程，如果我們（指石克和他自己）對你有任何懷疑的話，就不會給你看這份報告了。你是個年輕的漢族造反派，與蒙古人沒有血緣關係，怎麼可能支持民族分裂主義呢？我們充分信任你，所以，我們向滕辦解釋了這一點。」

金鋒嘆了口氣，接著說：「小程，你是一位願意了解我們蒙古人的好同志，這一點我很欣賞。既然尚民對你有偏見，你最好就別回海拉爾了。我們可以將您分配到巴彥淖爾盟，那裡大部分人是漢族，你不需要蒙語翻譯。你先休息一週，每天早上和我們一起學習文件，以便了解呼和浩特正在發生什麼。我已經安排好，你在十一月底轉往巴彥淖爾盟就行。」

金鋒的話，以及將我轉調巴彥淖爾盟的決定，意味著我不再被滕辦信任，感覺像被放逐了一樣。但事後看，我對金鋒救我遠離尚民的迫害，真該感激不盡。

「揪叛徒」與挖肅的起源

在動身前往西部的巴彥淖爾盟之前，我看望了運輸公司的父親、繼母和妹妹，醫學院的女友秦賢，和師院的同學們。他們對我在呼倫貝爾和北京的冒險經歷很感興趣，也關注我與滕海清的會面，以及呼盟軍分區譴責我同情蒙古族軍官的報告。在會見造反派朋友時，收到一些內部消息，讓我預感到另一輪階級鬥爭，蓄勢待發，這次的慘烈程度，可能更為嚴重。

我跟高樹華見過兩次面，一次在他的辦公室，一次在他家。他告訴我，一九六七年十月初，一個名叫烏蘭巴干的蒙古作家，以「揪叛聯絡站」的名義，向革委會籌備小組提交了《關於烏蘭夫黑幫包庇叛國集團的簡報》，報告描述了許多蒙古族領導人的涉嫌叛國活動，其中包括哈豐阿、特古斯、王再天、旺丹、木倫和義達嘎。師院有些造反派，也支持「揪叛」調查更多蒙古人。但高樹華表示，特古斯和王再天，都在中央批准加入內蒙古革委會的名單中。如果他們是敵人的話，滕海清和中央都犯了很大錯誤。如果他們是同志，那麼烏蘭巴干一定是攻擊革委會的惡敵。從揪叛活動一開始，我跟高樹華就對烏蘭巴干的說法持懷疑態度。

回顧全國的揪叛徒運動，是一九六七年三月十六日的中央文件〈關於薄一波、劉瀾濤、安子文、楊獻珍等六十一人向敵人認罪的材料〉。文件說「這些叛徒長期潛伏在黨內，篡奪了中央和地方領導人的重要職位。」最早揭發六十一名叛徒的，是南開大學造反派「八一八」所為，於是，受到毛澤東和康生讚揚的「八一八」行動，在全國各地掀起揪叛徒的熱潮。[8]

在內蒙古，由於一九六七年上半年的兩派動亂，這場揪叛徒戰役比全國其他地區開始得稍晚，直到造反派勝利和滕海清到來之後。然而，一九六七年六月十八日內蒙古革委會籌備小組成立以後，某些政治精明的造反派開始行動。七月，由高錦明批准，在滕海清和中央的默許支持下，一個名為「揪哈豐阿聯絡站」（簡稱揪哈聯絡站）的組織開始行動，抓捕並批鬥了自治區原副主席、中共中央委員哈豐阿。[9]

八月，受揪哈聯絡站的啟發，兩位蒙古族知識分子烏蘭巴干（內蒙作家協會副主席）和額爾德尼烏勒（我的造反派同事，《內蒙古日報》蒙編部主任）出面，發起組織了「揪叛徒集團聯絡站」（簡稱揪叛聯絡站），由內蒙古文聯、報社、語委、軍區、師院、內大等單位五十餘名各族造反派組成，其成員資格，獲內蒙古革委會籌備小組領導人高錦明、權星垣、康修民的批准。此時的滕海清，正全神貫注於邊防事務，為與蘇蒙兩國似乎不可避免的武裝衝突做準備。

揪叛和類似組織的最初目標，是調查烏蘭夫和哈豐阿的叛國罪證，將他們的罪行追溯到一九二五年成立、一九四五年恢復（又解散）的內蒙古人民革命黨（內人黨）組織。目標之一，是一九五七年成立的「名詞術語委員會」，由內蒙古自治區和蒙古人民共和國雙方四十三名委員組成。這個術語委員會，原本是中共中央一九五三年語言文字改革決定的產物。遵循其精神，內蒙古計畫採用蒙古人民共和國新蒙古文使用的西里爾文字，來取代古典蒙古文字。一九五八年，隨著中蘇蒙關係惡化，中國決定停止採用西里爾文字，以拉丁文字取代古典蒙古文字，所以解散了上述組織。如今，在造反（挖肅）派眼中，這件事似乎提供了烏蘭夫和哈豐阿陰謀與外蒙古統一的證據。更重要的是，負責術語委員會的主要領導人，是內蒙古黨委宣傳部的副部長特古斯，他已成為內蒙古革委會籌備小組的成員。

並非所有造反派都接受挖肅派的指控。我和高樹華的結論是，針對這些蒙古族知識分子的新政策，是嚴重忽略歷史背景與兩國上層的決策變化，過度誇大了個人錯誤。儘管我們都非常尊敬特古斯的為人。然而在緊張氣氛下，我們卻無力反抗潮流。

上文提及，一九六七年十月三日，以烏蘭巴干為首的揪叛聯絡站向籌備小組提交了〈關於烏蘭夫黑幫包庇叛國集團的簡報〉，其中，烏蘭巴干到處宣揚的，也是最離奇的故事，情節如下：

一九六六年五一勞動節前夕，五位蒙面男子闖入我家，把我家人綁起來，蒙住我雙眼，塞住我的嘴，然後把我推上一輛吉普車。雖然我看不見，但我感覺是朝大青山方向開，因為車子很快就離開柏油路，沿著石子路慢慢往上爬坡。最後停下車，我被帶進一個大山洞。當揭開雙眼，我才慢慢看清，有數百名工人和牧民，舉著火把和燈籠開會，為首的是一位留大鬍子的壯漢。

「蒙古同胞們，」大鬍子說，「今天咱們在這個山洞祕密開會。身為成吉思汗的後代，讓我們歃血為盟（割破手指，滴血入馬奶酒，共飲並發誓）誓言推翻漢族壓迫者，為蒙古獨立而奮鬥！」

宣誓儀式完成後，他們再次蒙上我雙眼，用吉普車把我送回市區，還警告我說：「因為你是我們的同胞，又是著名作家，所以今天讓你目睹一切，目的是希望你能加入我們的行列。是否加入，是你的自由選擇。」

回到城裡之後，他們推我下車，讓我面對牆壁，舉起雙手，不准移動，否則他們就會開槍。我一直站到天亮，太陽升起時，我才揭開套頭，發現就在我家大院附近。回家之後，心裡害怕，從來不敢把祕密告訴任何人。[10]

烏蘭巴干描繪的故事，當時流傳甚廣。如果認真追究，故事的起源應該跟一九六三年發生的「二〇六案」有關。一九六三年二月六日，烏蘭察布盟首府集寧市，發生了一起神祕案件：集寧郵電局發現一封奇怪的國際信件，寄信人是集寧市民族中學的趙金海（後查無此人），收信人是烏蘭巴托市建築處的奧依德布道爾吉，信件長約七千字，用舊蒙古文寫在梅蘭芳戲劇條屏的背面，要求收信人，向蒙古人民革命黨政府轉交此信。內容提到蒙古人民革命黨的成立與發展，說一九六一年十一月二十六日，有二十二名代表，出席了蒙古人民革命黨第一次大會。一九六二年二月三日，有四十三人，代表二千三百四十六名黨員，召開了第二次代表大會，全黨要努力奮鬥，爭取於一九六六年五月一日，實現內外蒙合併等等。因案發時間，所以稱為「二〇六案件」。[11]

當年截獲的信件，立刻轉送自治區黨委和內蒙古公安廳，再上報給北京的公安部。烏蘭夫指定政法書記王再天負責調查，在全區進行地毯式搜查，調查對象，涉嫌所有與內人黨和蒙古人民共和國有關係的人，以及所有對民族政策不滿的人，令許多蒙古人感到恐懼。首當其衝的，是受到祕密影響的人，他們拚命想證明自己對中國政府的忠誠。

北京和內蒙古都調查了所謂「二〇六案件」，但沒有發現犯罪證據。高錦明後來告訴我，這很可能是蘇聯特務的陰謀，要在中蒙蘇邊境地區製造混亂。可以肯定的是，公共安全部經歷三年多調查，並沒有發現任何民族分裂活動的證據。

許多人都熟悉內人黨的歷史，知道該黨解散以前，烏蘭夫、哈豐阿、特古斯等蒙古族領導人曾是黨員，於一九四七年解散以後，都加入了中共。一九六六年五月一日前後，也就是假設內外蒙合併的日子，啥也沒有發生。不祥的是，有人指控，有些在一九六六年清除烏蘭夫黑幫中倖存下來的蒙古人，在一九六七年毛澤東的五月二十二日指示後，又加入新領導層。他們自一九六一年以來，一直祕密為內人黨招募新成員。現在，烏蘭巴干利用一九六三年的「二〇六密信」作為內人黨復活的證據。奇怪的是，信中提到的名字「蒙古人民革命黨」竟然更名為「內蒙古人民革命黨」，加了個「內」字。由於信中聲稱，該黨於一九六一年十一月二十六日召開第一次代表大會，因此該黨被稱為「新內蒙古人民革命黨」，這就是所謂「新內人黨」的誕生內幕。

一九六七年十一月一日，內蒙古革命委員會正式成立，領導機構和人員如下：

革委會主任：滕海清。

革委會副主任：吳濤、高錦明、霍道餘。

革委會常委：權星垣、李質、李樹德、解振華（六九軍軍長）、楊德松（內蒙古軍區獨立師

圖16　慶祝內蒙古自治區革委會成立的廣告畫。

師長）、康修民、郭以青、郝廣德、高樹華、王金寶、王志友、劉立堂、楊萬祥、那順巴雅爾、李楓、周文孝、張廣友（六九軍副軍長）。

三名軍方常委解振華、楊德松和張廣友，從未出席革委會的會議。三位副主任中，僅有吳濤一位蒙古族，十九名常委中，僅有那順巴雅爾一位蒙古族。在八十五名委員中，只有特古斯、王再天、巴彥泰等幾位蒙古族。

滕海清在內蒙古革委會成立大會上演講後，出現了一個新的概念。滕說：「革委會的任務就是帶領全區各族人民，進一步挖烏蘭夫黑線，清烏蘭夫流毒。」據啟之透露，高錦明覺得「清」這個字不夠有力。他更喜歡「肅」字，而不是「清」字，因為「肅」

意味著更嚴厲的懲罰。滕海清接受了他的建議。此後，「挖烏蘭夫黑線，肅烏蘭夫流毒」（簡稱挖肅），成為內蒙古革委會的標準提法。

根據官方說法，烏蘭夫的黑線，即滕構想的挖肅目標，是三股力量。第一股包括烏蘭夫的老同事，特別是土默特蒙古官員和一些漢人，如王鐸和王逸倫；第二股是哈豐阿及其同夥，包括蘇蒙、日本、國民黨特務、蒙古封建領主、牧主、土匪等；第三股是一九五四年，綏遠併入內蒙古以後，鑽進中共黨內的壞人，包括傅作義和董其武的國民黨起義人員。[12]

就在革委會領導人計畫實施挖肅行動時，江青在十一月九日和十二日發表講話，警告說：「對待敵人要穩、準、狠。」[13]一九六七年十一月二十七日，江青號召「清理階級隊伍」：「在整黨建黨過程中……我們必須肅清叛徒、特務和犯了錯誤而死不悔改的人。」[14]

清理階級隊伍（簡稱清隊），被廣泛認為是文革中最殘酷的運動。據作家丁舒表示，全國有三千萬人在清隊中遭受迫害，五十萬人死亡。這是「文化大革命中，死亡人數最多的階段。除了戰爭和一九五九至一九六二年的大饑荒之外，從未有過如此眾多無辜的非正常死亡。」[15]

馬若德和沈邁克認為，①從一九六七年底開始清理階級隊伍，到一九六八年夏天，「清隊運動已遍及中國大部分地區，為當權者除掉對手提供了機會。」[16]在內蒙古，整肅目標主要是蒙古人，儘管他們在早期清洗中倖存下來，最近剛被任命為各級革委會成員。

十一月二十四日深夜，造反派領袖、呼和浩特市體委主任、市革委會委員金永紅，帶領十名幹部職工，綁架關押並批鬥了內蒙古黨委宣傳部原副部長、新成立的內蒙古革委會委員特古斯。

綁架事件的幕後黑手，是一個叫「揪黑手聯絡站」的新組織，其領導人是師院造反派劉文研，得到了郝廣德的支持。郝是內蒙革委會分管政法的新常委，背後是滕海清和強大的滕辦。[17]他們抓特古斯的依據，是烏蘭巴干和額爾德尼烏勒揪叛聯絡站提供的訊息。

滕海清後來說：「揪出特古斯，是徹底深化批判烏蘭夫黑線的第一槍，把文革推向新的階段……是決心從文藝界開始發動挖肅人民戰爭的一個重要標誌。」[18]

特古斯曾經是一九四〇年代末內蒙古革命青年團（簡稱內人團）的領導人。然而，一九四七年內蒙古自治政府成立前夕，他從效忠哈豐阿轉而投靠內蒙古新任最高領導人烏蘭夫，在一九五〇年代初，曾任《內蒙古日報》主編，並在文革開始前，擔任內蒙古黨委宣傳部副部長。

一九六六年，前門飯店會議期間，特古斯關於牧區「四清」的報告，記錄了牧民之間的階級矛盾，為李雪峰攻擊烏蘭夫提供了重要證據。於是，特古斯成為革命左派，在與內蒙古軍區的對抗中支持造反派，並成為一九六七年十一月一日成立的內蒙古革委會委員。

再說烏蘭巴干，一九二九年出生於哲里木盟，曾是內蒙古人民自衛軍的戰士，一九四八至一九五六年在《內蒙古日報》擔任編輯。他曾被國民黨俘虜並最終獲釋，共產黨領導層認為他的投

① 編按：馬若德（Roderick MacFarquhar, 1930-2019），英國漢學家、中國問題專家、政治人物，專精於文化大革命歷史，馬若德是他的漢名。沈邁克（Michael Schoenhals, 1953-），瑞典漢學家，專門研究現代中國社會，沈邁克是他的漢名。兩人合著有《毛澤東的最後革命》（*Mao's Last Revolution*），中譯本由左岸文化於二〇〇九年出版。

降是叛國行為，將他的獲釋視為背叛證據。當時特古斯是內蒙古黨校的校長，而烏蘭巴干是黨校學生，預備黨員。他的預備黨員資格，被特古斯取消，使烏蘭巴干的政治路自此關上。儘管如此，他的寫作技巧讓他於一九五六年進入內蒙古黨委宣傳部。一九五八年出版小說《草原烽火》之後，他成為著名作家，一九六四年任內蒙作協副主席、內蒙古文聯副主席。身為一位冉冉升起的文學新星，烏蘭巴干得到烏蘭夫的支持。

但在「文革」初期，烏蘭巴干卻被斥為烏蘭夫黑幫成員。特古斯派往內蒙古文聯的工作隊，又羞辱批判了烏蘭巴干。工作隊裁撤後，烏蘭巴干於一九六六年十二月成立了自己的造反派組織「東方紅」。一九六七年六月，內蒙古革委會籌備小組成立後，烏蘭巴干發現特古斯仍在掌權，決心將其拉下馬。

再說烏蘭巴干的戰友額爾德尼烏勒，一九三三年出生於呼倫貝爾盟扎賚特旗。十四歲進入《內蒙古日報》，很快就成為蒙文版編輯、記者。和許多其他知識分子一樣，他在一九五七至一九五九年的反右運動中受到了懲罰：一九五九年在黨校學習期間，他批評大煉鋼鐵運動，使他失去晉升的機會。

他也是文革初期當權派特古斯的受害者之一。一九六六年六月，特古斯領導的工作隊，開進《內蒙古日報》報社，批鬥過額爾德尼烏勒，並撤銷了他的政文部主任職。前門飯店會議後，他再次遭到打擊，罪名是烏蘭夫黑幫成員。因此，烏蘭巴干和額爾德尼烏勒，都是特古斯工作隊的受害者。毛澤東驅逐工作隊的指示，以及五月二十二日中央對內蒙古的「八條決定」，曾經讓他們興奮不已。但特古斯繼續掌權卻令他們憤怒。於是他們聯合起來，試圖消滅共同的敵人。[19]我認識額爾德尼烏勒（我稱他小額，與此對應，《內蒙古日報》還有位蒙古族畫家老額，因早年參加過老內人黨，當時已被打成新內人黨嫌疑），但跟他來往很少。一九六七年十一月十日，八個團體在呼和浩特的紅色劇場召開全市「挖內人黨大會」。他邀請我參加，我找藉口推辭。在呼倫貝爾盟被尚民抹黑的經歷，讓我對所有挖肅整人活動，都保持敬而遠之的態度。

被派到內蒙古西部

十一月下旬，挖肅運動全面展開，我從呼和浩特搭西行列車，途經包頭，來到巴彥淖爾盟首府巴彥高勒市（原名三聖公，也叫磴口），這裡既是黃河水利樞紐工程所在地，也是黃河西岸著名的商貿重鎮。

巴彥淖爾盟的自然景觀，與內蒙古東部的海拉爾截然不同。在海拉爾，五月至十月的春夏秋期間，滿眼綠色草原和茂密森林，到十一月至四月的冬季，又被冰天雪地覆蓋。一旦晴天，藍天白雲，空氣濕潤。相較之下，巴彥淖爾盟四季乾旱少雨，滿眼都是黃沙、黃水，與黃草。大部分地區被沙丘覆蓋，只有灌渠沿線，才有大片耕地。灌溉網西起巴彥高勒，東至包頭與呼和浩特所在的土默川平原。所謂「黃河百害，唯富一套」，「河套八百里川，內蒙的好江南」，就是指這一方寶地，也是內蒙古西部的重要糧倉和瓜果產地。黃河兩岸、灌渠如網，從早春到深秋，農作物樹木一片蔥綠。秋收之後，秋風掃落葉，沙塵暴會把一切染成黃色，從紗窗玻璃到女孩們的臉頰。《內蒙古日報》在巴彥高勒的記者站，占據盟委大樓一層的兩個房間，我和陸永龍各住一間，臥室兼辦公室。他比我大四歲，在浙江舟山群島的漁村長大，一九五九年進入復旦大學新聞系，一九六四年畢業分配到《內蒙古日報》，認識巴盟大部分地方領導和名人。他花幾週時間，把我介紹給他的熟人和朋友，許多在革委會任要職。如遇困難，可隨時向他們求助。

等到我能夠獨立工作時，老陸就被調回呼和浩特的編輯部，我獨自負責記者站的一切事務。幸運的是，老陸的好朋友，巴盟造反派幹部、盟革委會宣傳辦主任李世俊，經常在晚上和週末陪我聊天，參觀當地風景，拜訪名人。週末，我也常騎自行車外出散心。有時，李世俊會向《巴盟報》報社借輛國產的勝利牌摩托車，帶我參觀附近的城鎮村莊、工廠礦山，與龐大的黃河水利樞紐工程——磴口大壩。

巴盟盟委大樓西側，有一座獨立的長方形大院，灰色的磚牆庭院，圍成一座美麗的古典園林，三棟宮殿式建築，頗有北京頤和園的感覺。南側大門經常上鎖，有一條水泥車道與車庫相通，車庫與一棟較小的庭院相連。我問李世俊，這間有武裝門衛的庭院是什麼地方？他臉上閃過一絲神祕的笑容，說：「這個地方，大概是阿拉善最後一位王爺達理扎雅親王，和他的滿族妻子愛新覺羅．韞慧（金允誠福晉）最後一座王府了。」

達理扎雅一九〇六年生於內蒙古最西端的阿拉善旗，在北京接受教育，一九二五年與他的表妹（清皇族戴濤的次女，末代皇帝溥儀的堂姐）金允誠結婚，成為滿蒙聯姻的最後例證，婚盟的目的，在於確保蒙古王子對清朝皇室的忠誠。一九三一年，他父親塔旺布里甲拉（塔王）過世後，國民政府任命達理扎雅為阿拉善旗親王。國共內戰時期，他支持中共和解放軍，被任命為巴彥浩特蒙古自治州的州長，兼甘肅省副省長。一九五六年，蒙古自治州併入內蒙古自治區，達理扎雅成為阿拉善旗旗長，巴彥淖爾盟盟長，兼內蒙古自治區副主席。[20]

文革初期，達理扎雅被打成烏蘭夫黑幫，但周恩來允許他們夫婦，繼續住在北京家中。一九六七年冬，「清理階級隊伍」開始，烏蘭夫被點名批判，達理扎雅夫婦作為烏蘭夫黑幫成員，也被趕回巴彥高勒的王府，接受「革命群眾批判」。李世俊最後說：「目前，按照中央文革小組和騰辦的命令，他們被軟禁在家裡。所以，當年建造的達理扎雅王府，如今已經變成他們的臨時監獄了。」

有天午飯，我在盟政府餐廳，偶然見到這對夫婦。他們看起來很熟悉。記得一九六二年五月一日，慶祝內蒙古自治區成立十五週年，當我們中學生遊行隊伍，穿過呼和浩特新華廣場的時候，我看到達理扎雅夫婦，站在主席台的烏蘭夫身旁，向我們招手致意。這對親王夫婦之所以引人注目，不僅因為身分高貴，更因為丈夫穿著鮮豔的蒙古袍，妻子身穿華麗的滿族旗袍，繡花披肩，高挽的髮髻上，掛滿璀璨晶瑩的珠寶。

到一九六七年底，僅僅五年以後，完全換成另一個世界。他們已經被打倒，手裡拿著鋁製的便當盒，在排隊打飯。兩名穿制服的警衛，遠遠跟在後面，眼睛緊盯他們。達理扎雅穿著灰色中山裝，披黑色羊皮大衣。他妻子則穿著一件草綠色軍大衣。邋遢臃腫。看不到絲綢長袍，更沒有燦爛的珠寶，只有灰頭土臉與呆滯的眼神。

我試著採訪達理扎雅夫婦，但「盟挖肅辦」說，除非滕辦授權，否則不能採訪。我打電話給金鋒，詢問他是否可以代我申請採訪許可。金鋒說，滕辦向報社發出過內部禁令，說「在挖肅運動早期，媒體對類似特殊專案，不准採訪報導」，其中包括達理扎雅專案。因此，我失去了採訪一個仍然在世、最著名蒙古親王的機會。下文會提到，這次在食堂見到他們時，離他們被折磨至死的日子，已經很近了。

群眾專政

由於小鎮上無事可做，我很想知道呼和浩特發生的事。最多的消息來源是張培仁，他是我的報社同事，也是師院的造反派戰友。十一月底，我打電話給他，他告訴我，「揪黑手」和「揪叛」等四十五個群眾團體，在內蒙古政府禮堂舉行集會，批判特古斯，還有王鐸、王逸倫、哈豐阿、布赫和朱嵐其其格（布赫的妻子）等人，大約三萬人，參加了九個分會場的集會。

儘管許多造反派，無論漢族還是蒙古族，私下都對挖肅運動有所保留，但挑戰它卻極為困難。以「魯迅兵團」一二把手那松巴雅爾（內蒙古革委會常委）和巴彥泰（內蒙古革委會委員）為首的少數蒙古族造反派領袖為例，他們曾勇敢地對抓捕特古斯提出挑戰。作為內蒙古主要造反派組織，他們代表著文教系統數千蒙漢族知識分子，可謂思想敏銳，人才濟濟。[21]

蒙古族造反派，在會議中和大字報上提出質疑：「特古斯是新成立的革委會成員，也是我們造反派組織的顧問。是誰批准了『揪黑手』逮捕特古斯的行動？有什麼證據證明他是壞人？這麼重要的事情，為什麼不通知其他常委？針對紅色政權的委員和常委採取逮捕批鬥等行動，難道不需要正當程序嗎？」儘管質問合理，尖銳且犀利，但無人理睬，不起作用，特古斯仍遭關押批鬥。

後來我才聽說，一九六七年十二月下旬，特古斯垮台後，內蒙古革委會指示高樹華，成立了內蒙古文藝革命辦公室，由高樹華牽頭，內蒙古藝術學校的蒙古族造反派女學生阿拉塔，擔任他的副手。

烏蘭巴干和內蒙古歌舞團的漢族舞者孫玲玲，是文藝界挖肅勢力的急先鋒，與滕辦關係密切。滕的首席祕書、滕辦主任李德臣，甚至不與高樹華領導的文藝革命辦公室打招呼，就直接給揪黑手聯絡站下達指令。

一九六八年一月六日至十八日，內蒙古革委會第二次全體會議在呼和浩特賓館召開。滕辦宣稱的任務是，透過深化挖肅運動，消除以內蒙古革委會兩名蒙古族成員那順巴雅爾和巴彥泰為代表的所謂「右傾保守主義」。兩位敢於質疑特古斯案的蒙古族造反派領導人，遭到強烈批評。甚至連造反派喉舌《呼三司報》也都提出這樣的問題：「魯迅兵團的滅亡，是什麼原因造成？是因為其領導成員的右翼保守主義！」[22]造反派內部意見不一，許多人對參與新的挖肅運動感到興奮，但更多人冷眼旁觀，缺乏熱情。劃分的理由既有文化種族因素，但又不完全如此。

全會期間，滕辦主任李德臣警告高樹華，在挖肅和清隊運動中，不要太右傾，即應該激進。

高回應李德臣：烏蘭巴干關於內蒙古階級敵人的故事，太誇張，不可信。在他看來，那些離奇故事，要不是小說家烏蘭巴干的想像，就是，他自己是內人黨的成員，任何局外人都不可能擁有這樣的資訊。然而，高樹華的警告變成耳邊風，挖肅熱潮仍在持續。隨著兩位蒙古族造反派質疑聲音被邊緣化，挖肅運動獲得新動力。

高樹華的文藝革命辦公室，奉命調查內蒙古的歌舞團和電影公司，他們檢查了所有工作人員的名單，發現所有領導者都被打成反動派，所有著名歌手、演員、導演都被勒令停工或接受勞教。

由於高樹華和他的文藝革命辦公室，未能在剩下的普通演員（主要是二十多歲的年輕人）中，積極「挖肅」新的階級敵人，滕辦批評他是右傾。一九六八年農曆新年，我在呼和浩特見到高時，他告訴我，他寧願被扣上右派的帽子，也不願意重蹈一九六六年夏天，工作隊和內蒙古黨委鎮壓造反派的覆轍。

一九六八年一月十五日，在「揪黑手」、「揪哈」、「揪烏」等聯絡站的推動下，呼和浩特「群眾專政指揮部」（簡稱群專）宣布成立，領導人是呼和市革委會副主任戈志盛，原師院幹部，也是一九六七年春反抗工作隊與內蒙古軍區的造反派領袖，但幕後操縱者是滕辦。其武裝人員配有槍枝，可隨時逮捕、關押和刑求任何人，沒有司法程序，不留文字紀錄，可以合法地幹任何非法事情。呼和市民私下流傳的順口溜是「不怕判刑坐監，就怕呼市群專」。

追根溯源，群眾專政是毛澤東在一九四九年〈論人民民主專政〉一文中提出的專政形式。[23] 最早成型於巴黎公社時期，主張行政、立法與司法合一，群眾專政將取代常備軍與警察。[24] 一九六七年夏天，毛澤東在致江青的一封信中提到，他不信任軍隊，懷疑軍方可能支持保守派，所以，他號召群眾專政。十月，中央政府發布〈毛主席視察華北、中南、東南地區時所做的重要批示〉，其中包括：「專政是群眾的專政。依靠政府抓人並不是好辦法。政府只能在群眾要求和協助下，逮捕極少數人。」[25]

當然，毛澤東的群眾專政，遠非無政府主義概念，而是經常以「奪取公檢法的權力」為中心。[26]另外，根據沈邁克的說法，這是「最高國家領導層將選定的監視、調查和其他暴力任務外包出去。」[27]在內蒙古，挖肅運動的推動力，仍然是革委會和軍隊（即滕辦），這等於說，這場「群眾專政」將在政府和軍隊主導下，擴展為一場全面的「人民戰爭」。

挖肅活躍人士，包括師院的劉文研、戈志盛和郝廣德等前造反派。也有許多其他造反派領袖，如高樹華和秦維憲，在長期鬥爭中筋疲力盡，頭腦開始清醒，最終想與鎮壓性的政治運動保持距離。還有一些造反派，例如那順巴雅爾和巴彥泰，不僅被邊緣化，自身還面臨被挖肅的威脅。一些前保守派，加入了新挖肅派，要麼為表達對新權力中心的忠誠，要麼為表現對階級鬥爭的熱情，要麼則是為了報復前政敵。隨著群專組織興起，像「呼三司」這樣，繼續經營小辦公室和一家報紙的造反派組織，被邊緣化並遭到攻擊。

滕海清本人，也公開批評「呼三司」領導層，對挖肅「態度右傾」。在滕辦的壓力下，一九六八年一月十八日，《呼三司報》發表了頭版社論〈群眾專政好〉。我很憤怒，給總編輯雷善元打電話，他是俄三同學，我們早期的造反派戰友。我問：「善元，你真認為群眾專政好嗎？」

「當然不好！只有混蛋才認為無法無天好。可是，如果不想被滕辦敲打，我還能有啥選擇？」他誠實地跟我講了實話。出身於河北貧農家庭的雷善元，文革前成為師院俄三的團支部書記。身為高樹華的學生和造反派領頭，他曾隨高樹華到北京上訪，也參加了北京談判。

後來，「呼三司」領頭郝廣德晉升內蒙古革委會常委後，雷善元成為「呼三司」的第二任領頭，只不過，此時的「呼三司」，已經門庭冷落，失去了昔日的風光。28

一九六八年一月二十三日，農曆新年前一週，三位內蒙古革委會委員——李樹德（常委）、李德臣（滕辦主任）、郝廣德（常委、法制辦副主任）開始負責調查內人黨。由於他們名字中都有個「德」字，被群眾譏諷為「三德小組」，更有人偷偷罵他們是「缺德小組」。

農曆新年（一九六八年一月二十九日）前夕，我回呼和浩特過年。一月二十八日，陸永龍告訴我令人震驚的消息：內蒙古革委會負責執法的另一位蒙古族委員王再天，被指為烏蘭夫黑幫分子。我還記得一九六七年六月二十七日，王在他的書房裡閱讀並簽署了我寫的社論文章。我懷疑滕辦的目的，是想除掉內蒙古革委法制辦最後一位資深蒙古族領導人，清除絆腳石，它就可以更深入廣泛地開展挖肅運動了。

同日，呼和浩特市「群專指揮部」正式刊發《聯合戰報》，其頭版標題，雷霆萬鈞，豁然醒目：我們要的就是群眾專政！

大年三十和初一（一月二十九日、一月三十日）我在家待了一天，和父親、繼母、妹妹一起包餃子。另外，也像往常一樣，在女友秦賢家舉辦了一個小型聚會，有她的雙親、弟弟、三個姐妹和幾個高中同學。秦賢的父親擔心挖肅失控，災難再度降臨，不肯喝酒。他告訴我們，在他們單位（內蒙古畜牧廳）被關押的二十多名幹部中，只有一個漢族。他被勒令，再寫一篇在國民黨經歷的自我批判，交給革委會審查，但被允許回家。他說：「如果挖肅這樣繼續下去，我擔心民族關係會被徹底破壞。」但不管一般人的常識如何，挖肅運動的勢頭，仍在持續上升。

「挖新內人黨」運動

就在指導群專和挖肅機構，抓捕革委會內部敵人的同時，深挖新內人黨的運動又拉開序幕。一九六八年一月十日，內蒙古革委會成立「專案辦」，專門調查新內人黨。它負責管理所有「搜查」組織，將調查任務外包給他們。烏蘭巴干和額爾德尼烏勒的揪叛聯絡站是主要打手。一九六七年十二月十二日，高錦明批准撥款，資助他們派人調查，但他們不向專案辦報告，而是直接向滕海清、高錦明報告。該站約有五十名成員，主要是作家、大學教師和學生，從內蒙古各地的揪叛聯絡站、革委會及造反派組織取得資料。截至一九六八年五月，該站已收集處理資料一千八百餘份，撰寫報告一百二十七份。[29]

一九六八年二月四日，滕海清、李樹德赴北京，向中央彙報內蒙古群專和挖肅運動的情況，獲中央文革小組領導的接見。會議照例由周恩來主持，江青稱讚內蒙古挖出了「文藝界的壞人」，揭露了壞人和反動黨派組織。特務頭子康生，更稱讚內蒙古取得「豐碩成果」，並指示說：「烏蘭夫勢力很大，毒害很深，首先要在軍隊中肅清。一方面批判、鬥爭烏蘭夫，同時開展挖肅運動，揭露、聲討王逸倫、王鐸，讓群眾知道，我們不是反對蒙古人的。（要）動員蒙古群眾，去搜捕和鬥爭（他們中間的壞人）。」[30]

上述言論說明，康生對這場運動的民族特徵有直覺把握，以及充分利用漢蒙緊張關係的能力。由於內蒙古的領導權幾乎完全掌握在漢人手中，康生強調，需要同時批判漢人和蒙古人，還要鼓勵蒙古人，帶頭搜捕和鬥爭自己的蒙古族同胞。

在這次會議上，中央文革小組認可了滕海清和李樹德的報告，支持推動和加強對內人黨的打擊。雖然康生發表了主要指示，但會議由周恩來主持並確定議程。馬若德和沈邁克這樣評價周恩來在中央文革小組的角色：「總理對中央文革小組的權力如此之大，以至於他本人，在自認為謹慎的情況下，以中央文革小組的名義，直接而廣泛地介入了地方性的派系爭端。」其實，周比任何中央領導人，對一九六七年的「四一三中央決定」都負有更大責任，該決定讓內蒙古陷入動亂，促使挖肅和挖內人黨運動發生。[31]在運動的頭幾週，就有成千上萬名疑似敵人被挖了出來，大多數來自呼和浩特、包頭和其他一些城市。

中央領導批准滕海清和李樹德關於下一階段挖肅和挖內人黨報告的第二天，二月五日，滕海清的祕書李良，在北京召見了烏蘭巴干、額爾德尼烏勒、和拉希（揪叛聯絡站最活躍的三名蒙古族成員），他們報告了工作進展情況，李良承諾加強支持。

二月六日，滕海清、吳濤、高錦明、權星垣、康修民、李樹德、郝廣德，在北京開會討論內人黨問題。大家一致認為，一九四六年四月三日承德會議後，內人黨表面上正式解散，但繼續祕密活動，因此最後確定，把它作為新內人黨繼續深挖的進攻策略。[32]

二月十三日，內蒙古革委會常委核心小組成立，滕海清任組長，吳濤、高錦明任副組長。成員包括權星垣、李樹德、楊永松和李質，都是黨和軍隊的領導人，沒有一位是造反派領袖。[33]李樹德負責挖肅運動，與滕辦主任李德臣密切合作。核心小組立即開始執行中央文革小組的指示，也就是說，正式發動對新內人黨的進攻，是由周恩來、陳伯達、江青、康生領導的中央文革小組授權的，康生在指導運動中發揮了關鍵作用。

隨著新內人黨被認定為挖肅的主要目標，核心小組開始展現威力。烏蘭巴干獲得滕辦許可，能查閱公安機關的檔案，以收集新內人黨普遍存在的證據。[34]

高錦明在攻擊新內人黨的過程中，也扮演了關鍵角色。他將內人黨的歷史分為三個階段：從一九二五年成立到一九三〇年代解散，為第一階段；從一九四五年恢復到一九四七年五月正式廢除，算第二階段；從一九四七年五月一日轉入「地下」至今，屬於第三階段。

據稱，新內人黨從一九四七年開始，在地下活動了二十年。最新階段內人黨活動的證據，就是一九六三發生的「二〇六案」。高錦明堅持說，挖肅的目標，應該是內人黨的第三階段。[35]於是，從領導到基層，全面進攻遍及自治區全部蒙古族，甚至殃及呼倫貝爾盟與蒙古族關係密切的達斡爾、鄂溫克與鄂倫春三個少數民族。許多漢人也因同情蒙古族或與蒙古人有聯繫而受到攻擊。

簡言之，內蒙古革委會和群眾專政的草根組織正式聯手，對一個不幸的少數民族，發動了文革期間中國最大規模的種族大屠殺。

「打倒假洋鬼子」

一九六八年二月中旬，春節過後，我返回巴彥淖爾盟記者站。二月二十六日，《內蒙古日報》刊登頭版評論員文章〈打倒假洋鬼子〉，由社論作者李葆義和滕辦人員共同撰寫。文章模仿魯迅的《阿Q正傳》，號召以前的保守派（阿Q）們起來革命，反抗阻止阿Q參加革命的前造反派領頭（假洋鬼子），目的是動員那些站錯隊的前保守派，也就是一九六七年春錯誤地支持過內蒙古軍區的人們，加入挖肅行列，推翻占據領導地位的前造反派。文章還呼籲前造反派們，要挽救自己，及早跟高樹華等原來的造反派領袖劃清界線，以免悔之晚矣。

攻擊高樹華的最早訊號，來自「核心小組」的「友好談話」。一九六八年三月上旬，滕海清、高錦明、權星垣，終止了高樹華在文藝辦公室的工作，安排他負責「毛澤東思想萬歲展覽」，任務還包括製作毛像章。他被派往廣州和上海，學習如何籌備展覽。高的造反派戰友們開玩笑說，他成了《西遊記》裡的「弼馬溫」（孫悟空被貶去照顧玉皇大帝馬匹的稱號）。私下更有傳言，說高在挖肅運動中，已被內定為右派。

三月十二日，內蒙古革委會召開常委會擴大會議，研究深化挖肅運動。高錦明打電話給高樹華，從上海回來開會。他的語氣引起高樹華懷疑，於是打電話詢問師院的造反派朋友。他們告訴

圖17　內蒙古最高領導人（滕海清，右二；高錦明，右四；吳濤，左一）參觀高樹華（右一）組織的「毛澤東思想萬歲展覽」，攝於1968年夏天。

高，「東縱」領袖郝廣德、劉文彥、秦維憲等，正準備再次攻擊他與烏蘭夫之子力沙克的關係。他們的攻擊計畫，得到高錦明和郭以青的支持，也得到滕海清的幕後批准。

三月十五日，在返回呼和浩特的途中，高樹華在北京停留，給周恩來的祕書張作文打電話，通報了呼和浩特和內蒙古的事態發展。他說：「不到萬不得已，我們將盡力避免造反派之間的暴力衝突。我會整理一份書面資料，請把資料轉給總理。」張答應，會向總理轉交資料和資訊。

三月十八日，「東縱」首領秦維憲，在呼和浩特市農牧學校成立「三一八專案組」，審問了力沙克等十幾名烏蘭夫家族成員，從中挖掘他們與高樹華的特殊關係。

隨後，高錦明主持召開了為期五天的

「內蒙古革委會常委擴大會議」，地點在新城賓館會議室，呼和浩特與包頭市革委會委員參加。郝廣德和劉文彥，帶頭攻擊高樹華與力沙克的關係。有與會者影射，高樹華是烏蘭夫在內蒙古革委會的「第五縱隊」，此前，高錦明曾多次說過類似的話。

五天當中，與會者爭論不休，有的攻擊高樹華，有的為他辯護。高樹華本人，則全程保持沉默，抓緊時間準備向周恩來遞交的報告資料。

高樹華的策略成功。在北京，周恩來讀完高的報告和關於造反派內部鬥爭的資料後，打電話給正在北京開會的滕海清。周嚴厲批評他們對高樹華的攻擊，滕立刻命令高錦明，停止攻擊高樹華。[36]

周的及時介入，使高樹華免於攻擊。周恩來從一九六七年春的四方談判起，就認識了這位內蒙古的年輕造反派，因此不接受高樹華是烏蘭夫黑幫成員的指控。當然，這並不意味著周拒絕挖肅運動。但這一事件，標誌著造反派領導人之間的公開分裂，有些人成為挖肅積極分子，而高樹華等人，則拒絕或不願意參加挖肅，不想重蹈文革初期，工作隊對自己的殘酷迫害。

採訪遙遠的額濟納旗

一九六八年四月下旬，金鋒指派我收集巴彥淖爾盟所屬各旗縣挖肅和挖新內人黨運動的資料。額濟納旗邊防總站政委孟克，在電話中抱怨說：「從一九四九年到現在，你們《內蒙古日報》從來沒派過一個記者來我們旗採訪，希望你能破例來一次。」我馬上代表報社道歉，說盡量爭取去。

額濟納旗，位於內蒙古最偏遠的西北角，它的西側跟南側，與甘肅省接壤；東側與巴盟的阿左旗與阿右旗為鄰，北側則與外蒙古接壤，中間夾著一個內陸湖泊居延海。前往額濟納旗有兩條路線可走，一是搭乘卡車（代客車），經過西北戈壁，再穿越巴丹吉林沙漠，繞一個大圈，三天車程，前往旗政府所在地達來呼布鎮。據了解，還有另一條近路，從甘肅的清水車站一直往北，有開往額濟納旗的火車，數小時可達。但是，專用鐵路被中央軍委主管飛彈和核武的人員壟斷。沒有進入禁區的特別許可，不能走那條捷徑。雖然我有印著軍管會公章的記者證，外加內蒙古軍區政治部和巴彥淖爾軍分區的信函，承擔著滕辦調查當地挖肅情況的重要任務，我仍然被拒絕通過禁區。

我於四月三十日晚上出發，從磴口車站上火車，往西南方向行駛，途經內蒙古、寧夏回族自治區、甘肅省，前往額濟納旗。一九六八年五月一日早上，火車到達蘭州。我在蘭州停留兩天，拜訪了《甘肅日報》編輯部，總編輯給了我有關全省藏族、蒙古族和回族地區文化大革命的資料（包括公開和內部），我透過掛號快遞，轉發給金鋒。

從酒泉去額濟納旗的班車，每個月只有兩班（月初和月中），我被迫等到五月十五日才有一班。趁著等待的幾天，我參觀了酒泉市區和附近的嘉峪關，這個龐大的古建築城樓，位於長城的最西端。依稀記得中學語文課本上，有過古人的類似詩句，形容遊子路過此關的感受：「西出嘉峪關，兩眼淚不乾；前望大戈壁，後望鬼門關」。

終於等到了接駁車出發的日子，我準備開始前往額濟納旗的艱苦旅程。那天早上六點起床，去車站等車，一輛蘇聯製的老舊GAZ-51四輪驅動敞篷卡車，沒有座位。我站在卡車的一側，雙手緊抓著木製車箱擋板。車上約有二十幾名乘客，大部分是蒙古族牧民和額濟納旗幹部，來酒泉出差看病或購物，如今返鄉。

途中行車兩天半，晚上住在號稱「滾地龍」的廢棄礦坑裡，兩排土炕，男左女右，合衣躺在草席上，沒任何被子。第三天下午，卡車終於抵達額濟納旗運輸公司簡陋的汽車站。邊防總站政委孟克，開著軍用吉普車來接我。從口音判斷，他來自內蒙古東部。「是的，」他說，「我的家鄉是烏蘭浩特南邊的一個村莊。一九四八年底，我加入內蒙古人民自衛軍騎兵部隊，後轉為內蒙古軍區騎兵。一九五九年，去青海參加過西藏平叛，又在石家莊高級步校學習一年，然後調到這個邊防總站（正團級單位）。」

邊防總站在一個守衛森嚴的長方形大院，有五排紅磚平房。每排大約二十個房間，孟克為我準備了一間漂亮的客房。他們的職責是邊防巡邏，防止走私和偷越國境。接下來幾天，他開著吉普車，陪我去了著名的居延海和沿途的名勝景觀胡楊林。居延海也叫噶順淖爾，由兩個湖泊組成，位於內陸河弱水（又稱黑河）的盡頭，黑河從南部的祁連山脈流下，在戈壁灘與阿爾泰山脈連接處，形成了一個大型的內陸三角洲。

我們站在岸邊，抬頭北望，湖泊的北側，依稀可見蒙古人民共和國的草原和丘陵，靠近國界線地區，需要特殊護照進入。在整個一九六〇年代，蘇聯、蒙古和中國之間的緊張關係，使該地區處於高度戒備狀態。不過，孟克告訴我，邊境衝突似乎並未迫在眉睫。蒙古和內蒙古的邊境巡邏隊，每月定期會晤，處理有關畜群越境、物品走私或人員偷渡等安全問題。

在回城的石子路上，夕陽把天空染成橘紅色，不遠處的飛彈發射禁區（後來正式名稱叫酒泉基地，又叫航太城。當時實際占地，全在額濟納旗境內，離甘肅省酒泉市數百公里），已經燈火通明，跟我們眼前破舊不堪的達來呼布鎮，對比鮮明。我向孟克詢問額濟納旗挖肅和挖內人黨運動的情況。他說的一番話，著實令我驚訝：

巴盟革委會和內蒙古滕辦，已經提名我為旗革委會籌備小組的組長，如果不出意外，我們旗的革委會應該在一九六八年七月中旬成立。

經過籌備小組成員的集體討論，我們提交了挖肅和挖內人黨兩項活動的大綱。由於我們旗剛結束一九六五至一九六六年的嚴格清理階級隊伍，在蘭州軍區加強禁區治安管理的督導下，所有可疑人員均已轉移到其他地方。從一九六六年到現在，中央要求我們不要效法其他地方的文化大革命。我們沒有造反派和保守派，沒有派系對立。作為內蒙古自治區的一部分，我們仍然參加挖肅，但主要透過學習毛主席著作和黨的文件來提高認識。我們關注任何階級鬥爭新動向，但我們不打算拘留或審訊任何人，除非發現確鑿證據。我們的活動計畫，已經獲得上級批准。

我從來沒有聽說過這種情況！允許一個內蒙古旗縣身處世外桃源？逃脫席捲自治區的血腥挖肅和挖內人黨運動？閱讀了他們關於這項特殊安排的官方文件後，我打電話給金鋒確認此事。他告訴我這是真的，最後的認可是由中央，即毛澤東和周恩來批准的。他們不希望自己的核武計畫受到威脅。但沒料到後來的悲劇，這個邊境地區的特殊和平，很快破碎，跟內蒙其他地方一樣，這裡也有許多蒙古人受到迫害。不過，在我短暫造訪的兩週內，絲毫沒有察覺到未來的暗流。我把在額旗採訪到的許多「抓革命、促進生產」的動人故事，寫成數萬字深度報導，用電報發給報社，受到金鋒好評。

五月底，我告別孟克與額濟納旗的其他朋友，從達來呼布搭乘類似卡車，經三天行程，從東線穿越戈壁灘和吉蘭泰鹽池，趕到煤城烏達市，然後再搭乘北行火車，返回巴彥高勒。整個額旗之旅，猶如一場春夢。六月初，恢復在記者站的正常工作之後，我似乎從夢境中醒來，不得不再次面對驚心動魄的挖肅問題。

第八章　深挖內人黨，罪在造反派？

深化「挖肅」運動

在額濟納旗採訪的印象，似乎是在香格里拉，那裡完全不受內蒙古其他地區日益殘酷的鬥爭影響。那一個月裡，我沒聽到有關巴彥高勒與呼和浩特的情勢發展。長途電話不僅費用昂貴，而且太過敏感，任何官方媒體，都不會提及內蒙古各地發生的血腥事件。在我短暫離開期間，挖肅和挖新內人黨運動其實發生了很多事情，正如俗話所說，「洞中才數月，世上已千年」。

在我採訪額旗之前的四月十四日，滕海清接見了已經名存實亡的最大學生造反派組織「呼三司」的常委和工作人員，批評「呼三司」阻撓挖肅運動。他說：「在挖肅鬥爭中，有些『呼三司』下屬組織，的確發揮了先鋒作用。但就整體而言，我對『呼三司』是不滿意的……」[1]滕表揚了醫學院和工學院的造反派組織。工學院「井岡山」因大力支持挖肅積極分子烏蘭巴干，而獲得滕海清「御林軍」的稱號。滕暗示，如果其他造反派組織不能在挖肅中發揮積極作用，它們也將成為鬥爭的目標。

當天，內蒙古大學原黨委書記、內蒙古黨委宣傳部部長、時任內蒙古革委會常委的郭以青，實現了「突破」。在他的命令下，內蒙古大學的挖肅積極分子酷刑逼供該校副校長巴圖。肉體折磨下，巴圖「交代了」十六名蒙古族高級官員，是所謂「新內人黨」成員，包括內蒙古軍區政治部副主任暴彥扎布、語委副主任額爾敦陶克陶、經委副主任烏力吉那仁、宣傳部副部長特古斯等人，所有被交代出來的人，立即遭到隔離監禁。

四月底，隨著巴圖、暴彥扎布的刑訊逼供，李樹德、李德臣又針對暴彥扎布、巴圖、特古斯、木倫（內蒙古醫學院院長）、圖布信（內蒙古大學副校長）等人設立了十個專案。所有人都是蒙古人的領袖，所有人都被迫揭發更多人的名字。此時的內蒙古，已經透過酷刑逼供，挖出了許多階級敵人。

根據這些人的「供詞」，核心小組於四月二十六日向毛主席、林副主席、中共中央、國務院、中央軍委、中央文革小組、北京軍區提交了由滕辦主任李德臣起草的報告：〈關於「內蒙古人民革命黨」叛國案的報告〉，核心小組副組長高錦明代表革委會簽字。從此以後，原來「蒙古人民革命黨」的前面，加了個「內」。[2]幾天後進入五月，內蒙古革委會又成立了一個新辦公室：第二專案辦公室，專門負責查處新內人黨。

一場大屠殺，將深入內蒙古每個角落，以蒙古人為目標，但觸及每個人，從而改變了構成內蒙古政治和社會中心的漢蒙關係。

在巴彥高勒，關押人數從春季的數十人增加到夏季的數百人。除達理扎雅親王和他妻子外，巴盟革委會和解放軍地方部隊的其他蒙古族領導人，包括烏力吉和巴圖巴根，也都被關押審訊，監獄由解放軍士兵看守，我偶爾會在深夜，聽到酷刑的哭泣聲和尖叫聲。

最初，內蒙古革委會並不清楚下一波挖肅該打擊誰。挖烏蘭夫黑線最初針對三類人：烏蘭夫的追隨者、哈豐阿的追隨者，以及國民黨將領傅作義、董其武的追隨者。問題是，他們都被清查出來並受到懲罰了。這也是高樹華的「文藝革命辦公室」剛成立時面臨的問題。他因找不出新的敵人而被邊緣化，辦公室僅三個月後就被關閉。

七月五日，內蒙古革委會第三次擴大會議在呼和浩特召開，討論挖肅和新內人黨問題。七月二十日，全會通過了〈關於對待「內蒙古人民革命黨」（內人黨）的意見〉和〈關於對待「內蒙古人民革命青年團」（內人團）的意見〉，[3]作為內蒙古革委會第三五一號、第三五二號文件，在全自治區下發。這次全會，制定了反新內人黨運動的總體方向，而兩份文件，則規定了清除黑幫分子的具體政策。

這些文件，是李樹德根據高錦明早先的「理論」闡述，以及烏蘭巴干的四個演變理論精神，起草出來的：內蒙古的共產黨，是由內人黨演變而來的；內蒙古的解放軍，是由內人黨的自治軍演變而來；內蒙古的幹部，是由內人黨的幹部演變而來的；內蒙古的共青團，是由內人團演變而來的。

第一份文件介紹了內人黨的歷史，分三個階段：它基本上肯定內人黨在一九二〇年代第一階段的工作，將其描述為正面的「反對帝國主義、封建主義與民族壓迫，支持民族獨立與自由」的「資產階級民族主義政黨」；並嚴厲批評一九四七年，烏蘭夫與哈豐阿和特木爾巴根的「政治交換條件」，其中將內人黨的核心成員招募到共產黨中。這些人被描述為「漢奸、日偽滿洲國官員和資產階級知識分子」。它指責哈豐阿和特木爾巴根，於一九四七年三月和四月，試圖「分裂和背叛我們的國家」，試圖破壞中共在內蒙古的領導地位。文件的結論是：內人黨不但沒有解散，反而「在一九四七年五月之後，轉入地下」。以下是文件根據不同歷史階段的評估和處罰準則：

一、凡於一九二五至一九三六年、一九四五年八月至一九四七年五月一日期間加入內人黨者，不應視為加入反動組織。

二、所有在一九四五年八月至一九四七年年五月一日期間，加入內人黨的人，應被視為有一般歷史問題，但必須坦白。凡隱瞞這段個人歷史的中共黨員和國家幹部，必須受到嚴懲。

三、對於在內人黨庇護下，逃避人民懲罰的蒙古漢奸、特工、牧主、地主、封建上層分子和其他反革命分子，必須按照黨的相關政策，予以懲處。

四、一九四七年五月一日以後，內人黨及其變種組織為反革命組織。其成員，收到本文件之日起一個月內，必須親自到指定單位登記註冊；未登記的，將受到嚴厲懲處。上述組織

> 內，支委以上領導人，與雖無正式職務，但屬於骨幹成員的，應當按反革命論處。對徹底坦白揭露、放棄反革命活動的，一律從寬處理。對那些表現突出的個人（即公開揭發內人黨成員的姓名與活動），可能會與反革命分子區別對待。
>
> 內人黨的普通黨員，不會被視為反革命分子，但如果拒絕坦白和揭發他人，就必須受到嚴肅處理。[4]

有了這份文件，挖新內人黨的運動，就指向了烏蘭夫、哈豐阿加和特木爾巴根的追隨者們。

第二份文件，將一九四七年五月一日之前的「內蒙古人民革命青年團」（內人團）列為進步組織。

此外，全會也發布了〈牧區劃分與清理階級成分的政策規定（草案）〉。[5] 新規定正式否定烏蘭夫從一九四八年開始，就在牧區堅持實行的「三不兩利」政策。新文件界定了六個等級：牧主、富牧、上牧、中牧、下中牧、貧牧。其中，牧主和富牧兩個階級，被認定為剝削階級，屬於階級敵人，連同原有的「封建上層」和「宗教上層」人士（即貴族和高級僧侶），將被剝奪原有的地位和財產。如此一來，二十年前深受蒙古族和其他人歡迎、為草原帶來和平的溫和政策，變成了烏蘭夫及其走狗的罪行。最重要的是，這些政策改變，為挖肅運動打擊鄉村的蒙古人開闢了道路。

隨著中蘇關係緊張加劇，林彪呼籲建設「政治邊防」，居住在中蒙和中蘇邊境附近的大量蒙古牧民，被從邊境地區轉移，以確保他們不會與蘇聯或蒙古人民共和國合作。[6]

從一九六八年七月起，挖新內人黨成為各級革委會領導的全區運動，標誌著內蒙古文革進入了一個新階段，對每個蒙古人進行篩選，包括許多與內人黨沒有任何歷史關聯，甚至沒有參與任何政治的農牧民。這場運動，是在黨政軍高層授意下，由曾經代表保守派和造反派積極分子的成員發起，但現在，他們聯合起來，掀起一場針對蒙古民族的恐怖運動。

內蒙古軍隊的蒙古族官兵，成為新戰役的主要目標。在烏蘭夫倒台後的文革第一階段，蒙古族高級指揮官幾乎全部遭受懲罰或邊緣化。隨後，內蒙古的軍隊曾短暫由漢族指揮官掌控，包括幾名從內蒙古以外調來的漢人，他們並未受烏蘭夫影響。但韓桐謀殺案發生前，許多漢族指揮官被調出內蒙古。一些在文革初期下台的蒙古族將領，甚至在滕海清到來後獲得平反。但幾乎所有變動，都不會持續很久。吳濤成為唯一一位在滕的殘酷迫害中，倖存下來的蒙古族高級軍官，無論是因為他與中央軍委有長期聯繫，還是因為他在整個挖肅戰役中始終效忠滕海清，或這只是為了顯示迫害運動並非只針對蒙古人。

第一個被指控滲透入軍隊的新內人黨分子，是內蒙古軍區政治部副主任暴彥扎布。在酷刑下，他交代了一份知名蒙古族領導人的名單，聲稱他們是新內人黨的成員。隨後，軍隊對新內人黨成員發動猛烈攻擊。據圖們和祝東力的研究，內蒙古軍區共有三千五百六十七人被指控為新內人黨成員。其中包括司令部一百六十人，後勤部二百一十七人，以及幾乎整個政治部，在二百多人中，有一百九十五人被挖出。[7]

圖18　呼和浩特遊行，舉著漫畫海報：左「打倒劉（少奇）、鄧（小平）、陶（鑄）」；右「徹底搗毀雲家店（烏蘭夫家族王朝）」，1968年。

在挖肅運動中，蒙古族軍隊幹部遭受來自軍區軍樂隊、警衛營和第三十師士兵的殘酷折磨。指揮者叫王繼壯，內蒙古軍區政治部副祕書長，是內蒙古軍區劃歸北京軍區之後才調來的。作為局外人，他是發明酷刑的高手，造成多人無法承受而自殺。

察斯是挖肅戰役中深受其害的蒙古族軍官之一。他是烏蘭浩特貧農出身，內人團成員，一九四七年加入共青團，又加入共產黨，隨林彪軍隊四野，從滿洲一路作戰到南方廣東，從騎兵連長一路晉升到團長，後被調到內蒙古錫林郭勒盟軍分區，任東烏珠穆沁旗邊防總站政委。在挖肅運動期間，他被綁起來掛在火爐上方的天花板上。內人黨平反後，他被調任河北饒陽縣武裝部政委，我們成了好朋友。他回憶起酷刑時說：「國共內戰期間，連戰犯也沒有受到這樣的酷刑。他們比國民黨還壞。」

拷打他的人，有兵團戰士和北京知青，在漢族民兵的帶動下，用皮帶抽打他。審訊的第一天，就被打得昏死過去，「當我醒來時，躺在地上的麥草裡，以為我很快就會死去。」8

我問他還用了什麼酷刑，察斯簡單回答：「老虎凳。用繩子把你的雙腳綁在長凳上，然後在你腳下不斷添加磚塊，直到繩子斷裂，或人昏死過去。我背部和腿部受到永久性損傷。」

從一九六八年十月起，「清理階級隊伍」成為全中國的口號。在內蒙古，公檢法已經癱瘓，任何引起懷疑的跡象，都是逮捕的理由。從學校、工廠、機關，到內蒙古軍區、內蒙古革委會，各單位都建了臨時監獄。這一制度延伸到村莊和牧區。在造反派曾經控制過的重要單位，如河西公司和華北建築，保守派趁機攻擊並關押以前的造反派。

《內蒙古日報》報社的「挖肅」

一九六八年秋天，我被召回編輯部上夜班，任版面主管，負責編輯第二版的內蒙古地方新聞，統籌從新聞選擇、版面設計，最後到校對印刷的全過程。

《內蒙古日報》報社約有一千多名員工，在臨時監獄關押過六十來人。與許多蒙古族比例較高的大單位相比，這個數字並不大，因為較大的工廠和學校，常常關押數百名嫌疑人，許多人被關押數月甚至數年，而且關押條件，往往令人難以忍受。

所有被指控的人都被逮捕、審問、遭受酷刑。有些受害者，試圖「以其人之道，還治其人之身」，指責烏蘭巴干，是參與發展自己進入內人黨的幕後黑手。烏蘭巴干一次又一次在演講中，描述蒙古人如何殺害漢人的故事，並高喊「為漢人報仇」的口號。這種憎恨蒙古人的情緒宣洩，出自一個頗有社會地位的蒙古作家之口，正是滕海清所需要的東西。

當時的《內蒙古日報》報社共有九名前內人黨成員，以及約二十名前內人團成員。兩位前當權派：莊坤（漢族，原漢文版主編）和德力格爾（蒙古族，原蒙文版主編），成為第一批挖肅對象。德力格爾，也被列為新內人黨嫌疑犯。莊坤，則在特古斯領導下，長期參與一九四七年在張家口創辦的舊《內蒙古日報》工作。在烏蘭夫時代，兩人控制著報紙出版，權傾一時，如今被貼上烏蘭夫黑幫的標籤，關押在《內蒙古日報》的專案組（臨時監獄）裡，被迫招供。

《內蒙古日報》的「隔離室」（監獄），位於報社東院，幼兒園南面四間空置的教室，每間最多關押過二十名「囚犯」。因為離職工宿舍區不遠，所以夜深人靜的時候，能聽到毆打和尖叫聲。負責刑求的，不是本報的記者編輯，而是由群專派來的年輕漢族，包括印刷廠的幾個雙語蒙古族工人和武裝民兵。

我問印刷廠一個撿字工，你們搞刑訊逼供可是違反政策的，將來就不怕負責？他尷尬地笑說，打人都在深夜「好幾個人一齊上，而且關掉燈，這樣就沒人知道，究竟是誰動的手。」這些主意，都來自挖肅辦公室，上面下令，就是要逼迫嫌犯「招供」。

從一九六八年秋到一九六九年春，挖新內人黨運動的打擊目標，主要針對所謂的內蒙古「民族分裂主義」，但其他階級敵人，包括漢族和其他民族，也成為目標。挖肅運動歸根結柢是「挖烏蘭夫黑線，肅烏蘭夫流毒」，它的範圍，也擴大到王鐸、王逸倫等漢族共產黨領導人，以及國民黨間諜。沒想到的是，我的漢族同事周志雲（我們叫他小周）也成為受害者之一。

一九六八年十一月的一個深夜，發生了一件給我們此後的工作蒙上陰影的事件。當時，我剛從巴盟調回報社總部不久，任夜班編輯。周志雲是夜班撿字員，擔任印刷廠團支部書記，積極參與造反派組織活動。他二十三歲，個性開朗，總是面帶微笑，最近娶了一位北京到內蒙古下鄉知青姑娘，剛從北京蜜月旅行歸來。當時的撿字排版，都是手動操作，必須快速完成。一篇千字文章，三、四十分鐘就得撿完，並打出小樣供初步校對。

當時，字盤上的鉛字排列，有個規律，黨國重要領導人的名字，尤其是毛澤東、劉少奇、周恩來等人的名字，都按使用頻率，擺放在一起，方便查找。

雖然政治局勢風雲變幻，領袖地位有起有落，但字盤排列順序，卻相對固定。當晚，小周拿到一篇重要文章，是譴責剛被撤銷了一切職務、開除黨籍的劉少奇，公開斥責他是「叛徒、內奸、工賊」，「帝國主義、現代修正主義、國民黨反動派的走狗」等等。由於劉少奇的名字，在字盤上跟毛澤東的名字排列在一起，結果，他在匆忙中出錯，把所有批判劉少奇的骯髒字眼，都安在毛澤東的頭上。

報社印刷廠的通常習慣，是由兩名排版人員一起工作，先列印小樣，檢查錯誤，隨時糾正。

但那天不巧，校對員老吳臨時請病假，由一個姓宋的解放軍排長，臨時代理老吳校對。也許因為他不熟悉一般的工作程序，也許由於他階級覺悟太高，發現小周打出的小樣上，豁然有多處汙衊毛主席的嚴重錯誤，於是抓起電話馬上報警，說報社發現了「反革命」證據。撂下電話後，他又向全夜班室的人大喊大叫：「你們大夥都過來看看，這是什麼性質的錯誤？」

眾人圍攏過來，看到他在小樣上畫出來的紅色標記，頓時臉色慘白，誰也不敢吭聲。此時，軍管會主任石克，帶著三名警察趕到，問明情況，拍照取證，隨後，給哭倒在地的小周戴上手銬，押上吉普車帶走。第二天，夜班所有人被召集起來開會，逐一揭發小周的言行，調查他的階級背景、政治派系及本職工作的方方面面。

沒人敢出聲保他，但私底下，大家都表示同情。誰不願意站在小周的角度考慮自己呢？難道，只因一個粗心的過錯，就要毀掉事業和家庭嗎？再說，只不過是個初校小樣而已，根本還沒拼成文章，更沒有發表出去！怎能這樣無限上綱呢？

這個意外事故，嚴重影響了報社的工作。後果之一，就是降低了出報的流程和印刷速度。每千字文章的排版時間，從正常的三、四十分鐘，延長到兩個多小時。撿字和排版工人的小心謹慎，到了可笑程度，好像每句話、每行字，都牽連到自己的身家性命。當然，小樣中的錯誤倒是少了，但速度慢得出奇。

依以往慣例，紙板模型必須在午夜前完成，然後夜班總編簽字，再照相製成鉛板，試印第一份報紙（樣報），交給總編輯過目簽字，才能返回輪轉車間，開機印刷，趕在凌晨五點鐘前，完成全部印刷，運往火車站，按時分送全區各地。然而，由於這次事故，我們要一直拖到下午五、六點，才能印出全部報紙。大家開玩笑說《內蒙古日報》變成了《內蒙古晚報》。

小周被拘留期間，警方要求報社領導和全體員工，提出量刑建議。但在清隊和挖肅風聲日緊的情況下，誰也不願意表態，大家私下都歸咎於小周「蜜月旅行疲勞過度」。

最終，該案上報到滕辦去研究決定。由於沒有發現小周有任何政治汙點或犯罪動機，滕辦擔心，繼續拖延《內蒙古日報》的發行時間，難免會受到北京中央領導人的批評。於是，滕海清本人親自批示，將此案定性為「政治事故」，而不是犯罪行為，暗示盡快釋放小周，僅給個行政記過處罰。

小周在監獄蹲了兩個多月才被釋放，總算僥倖。如果他萬一落在群專組織之手，可能會被挖肅打手們活活整死，不死也得脫層皮。當然，也要感謝他不是蒙古人，如果他跟內人黨有啥瓜葛，專案組也不會輕易讓他過關。

「四個面向」與工作分配

從一九六八年七月起，黨中央派出軍宣隊、工宣隊進入學校，懲戒桀驁不馴的造反派學生。數千萬中學畢業生被下放到農村牧區，成了所謂知青，接受貧下中農再教育。在校大學生們，則被分配到工廠、礦山、國營農場和基層單位工作，許多在偏遠的山區和邊疆。他們跟知青的唯一區別，是有工資和城鎮戶口，以及商品糧供應，屬於國家幹部編制。

內蒙古迅速落實中央的「四個面向」政策：面向農村、面向基層、面向邊疆、面向廠礦。一九六六年的畢業生，於一九六七年底分配工作。我們這屆一九六七年的畢業生，於一九六八年底分配工作。一九六八、一九六九和一九七〇三個年級，則在一九六八年底至一九六九年初，接受分配。到一九七〇年，高校已無在校生，從而為後來改招工農兵學員做準備，他們既不需要高考，也不需要有高中文憑，只需要通過工作單位的推薦，就能入學。[9]

由於中央文件規定，所有大學畢業生，一律依照「四個面向」政策重新分配，內蒙古革委會宣布終止造反派學生在《內蒙古日報》報社、廣播電台、公安局等機構的「臨時就業」。只有張培仁等一九六六屆畢業生除外，因為他們在「四個面向」文件之前，已經正式分配到報社。在我們離開報社，回學院之前，石克和金鋒，給我們四十多名學生召開會議。金鋒說：「你們在這裡工作的歲月，為《內蒙古日報》做出了巨大貢獻。我們內心不希望你們離開。但是，我們必須遵守中央文件精神。如果以後報社需要你們的服務，並且國家政策允許調動的時候，我們會盡力安排你們調回報社。」

隨後，大家都回校重新分配工作。因為我們學的是英語，而中央已經下令所有中學的外語課，從俄語改為英語，所以需要大量英語教師。我們廣受各地中學的歡迎。儘管經過文革停課，我們已經忘記了文革前所學課程的大部分內容，而且也沒學完高年級的課程，但自認為幫助初學者從ABC開始，還沒有問題。

在我班（英三）的四十七名學生中，有七人自願回家鄉所在的旗縣，成為當地第一代英語教師。其餘四十名同學，基本上被平均分配到內蒙古的兩個主要城市：呼和浩特與包頭。我被分配到包頭，從一九六八年九月開始工作。

一九六八年八月十五日晚，我們臨出發前，《內蒙古日報》全體員工被召集到禮堂，聆聽滕海清對《內蒙古日報》和內蒙古廣播電台的講話，金鋒請我和室友孫磐石參加會議。這是我最後一次在報社看見滕海清。我坐在靠近講台的前排，可以清楚看到滕司令的禿頭與紅臉。他右手拿著講稿，左手握著一支大雪茄。磐石說，講稿是由報社同事李葆義起草，李從另一個造反派組織調來，成為報社的主要編委成員。由於他的絡腮鬍子濃密，我們就叫他李大鬍子。他與滕辦關係密切，特別與滕辦主任李德臣和滕海清的祕書陳曉莊，來往頻繁。每當滕有些想法，要轉化為官方政策時，他就會把上述三人叫來，聽聽他的想法，然後指令其中一人起草文章，另外兩人提修改建議。滕最後閱讀簽名，將草稿印成他的演講稿，或被作為重要文章，出現在《內蒙古日報》和其他刊物的頭版頭條。

那天，滕海清興致勃勃，講了兩個小時。講稿分為三個部分：第一部分要求深化挖肅運動：[10]提到「我們的挖肅鬥爭，是去年（一九六七年）十一月從文藝界開始，也就是從江青同志在北京文藝界的講話開始的……人民戰爭時期。」

第二部分，分析了兩條路線之間的鬥爭，特別是新成立的革委會內部的鬥爭。他警告說，右傾傾向「正以厭戰情緒的形式表現出來，認為敵人已經挖得夠多了，所以我們應該停止」，必須

「打倒兩面派反革命分子！」他用力將拳頭舉向空中，以強調口號的決心。

他講話的第三部分，至關重要。滕批判了反動的資產階級多中心論，指責這種主義導致了「宗派主義、小團體主義、分裂主義和獨立王國」。他強調「歸根結柢，這是『權力』問題，即誰控制『政治權力』的問題。」

滕的演講，暗示了內蒙古革委會的核心小組內部，正在進行權力鬥爭。磐石悄悄跟我說，「老滕說話的主要對象，是高錦明。」我們都預感到，滕海清與高錦明之間的矛盾鬥爭，很快就會被揭露出來。

造反派何去何從？

回顧內蒙古兩年半的文革歷程，正如許多地區一樣，造反派領袖剛取得勝利，就被結合進入新成立的各級革委會，成為所謂「三結合」（軍代表、幹部代表和群眾組織代表）的一部分，從而失去原組織的支持。造反派代表發現，自己被快速邊緣化了，根本無法與經驗豐富、資歷深厚的黨政軍領導人競爭。

從一九六七到一九六八年，全國各地的革委會，都是由黨政軍掌權者控制，他們在文革初期被罷官遭批判，長期以來屬於忠誠派骨幹。包括內蒙古在內，大部分省區的主導力量仍是軍隊。但內蒙古的獨特之處，在於中央透過滕海清和北京軍區，將自治區以外的部隊調入內蒙古，直接取代本地部隊。

包括我自己在內的一九六七年畢業生，雖然因停課而影響了學業，也將於一九六八年底離開校園，各種派別統統掃地出門，造反派和保守派全部消失，意味著減少不和諧聲音，可以讓當權派耳根清淨。

一九六八年八月下旬的某天，中文系三年級的薛永長（也是武術隊同伴）打電話到報社，約我回師院見面。我走進主樓一層的小閣樓（魯迅稱為亭子間）時，發現裡外擠了大約十來個人，其中包括高樹華，是老造反派們的隨意漫談，化學系一年級的王愛學主持討論。他說：「今天咱們聚在一起，像往年一樣，說說心裡話。我相信咱們當中沒人告密。我們可以在這裡隨心所欲，走出房間以後，就忘掉說過的一切。」

討論集中在一個問題：紅衛兵和造反派，是否被當成了改朝換代的工具。有人說，「建議大家認真閱讀姚文元最近發表的文章〈工人階級必須領導一切〉。[11]事實可能比工具更糟，咱們只不過是擦髒的抹布，用完還要被毀掉。」[12]

一九六八年九月，我們一九六七年的畢業生，踏上了新工作崗位。被分配到包頭市教育局的本屆畢業生，共有五十二名，以「接受農民再教育」的名義，被集體派往「包頭市果樹實驗站」從事體力勞動。這裡原本就是個生產隊果園，位於包頭東郊的一片山坡地上，北靠大青山，南臨黃河沿，有呼包公路從中間穿過，是個交通方便，風景優美的地方。

果園有編制的「員工」只有二十戶左右，除了書記站長等幾位國家幹部，其餘都是原來當地村民。由於土地收歸國有，變成公有的果園，所以村民的戶口身分，也隨之由「農民」變成了「市民」。果園的性質，屬於「科學實驗」，目的是測試包頭郊區高寒的山坡地帶，是否可以種植水果。所以他們自產的水果，不在市場銷售，僅供主管該計畫的郊區和市級領導，品嚐鑑定，以獲得他們的政治表態和持續撥款支持。

我們到達果園時，正值蘋果、梨子和葡萄的採收季節。為了趕在霜降前摘完水果，我們每天要在地裡勞動十幾個小時，還被嚴厲警告，不准品嚐水果。只在收穫的最後一天，張書記才大發慷慨，發給我們每人一顆蘋果、一顆梨子和十粒葡萄。據員工私下透露，張書記也要求果園職工，密切監督這些「接受再教育的資產階級知識分子」。

大約十月下旬，地裡的活都幹完了，張書記又分配我們挖樹坑：把死樹砍掉，挖出，再加深和擴大原來的樹坑，準備來年春天栽種新樹。他設定的配額是：每個男生每天挖三個坑，女生挖兩個坑，每個坑直徑一點五公尺，深度一點二公尺。如果在夏天，勉強能完成。但山地石多土少，又開始結冰，完成配額愈來愈難。大家開始抱怨，並商量如何改變這種情況。

考慮到包頭方面的權力關係網，我們推舉趙錄（內蒙古師院畢業）和甄誠（通遼師院畢業）作為我們的代表，去包頭革委會反映我們的困境，設法改變勞動地點。趙錄的姐姐趙雲是包頭市計委領導，甄誠的父親，是包頭革委會負責文教的高級幹部。他兩人代表我們五十二名畢業生，起草了一份請願書，提交給甄誠的中學同學李金寶。李金寶是內蒙古師院包頭分院的著名造反派領袖，後來成為包頭革委會常委。李很快就批准了我們的請願，讓包頭計委和文教局負責解決。

計委和文教局行動更快，立刻給趙和甄開了一封正式的介紹信，授權他們聯繫包頭幾十家國營工廠，看哪家願意並適合畢業生勞動鍛鍊。看到這麼多學生來義務勞動，多數工廠都很高興。他們提供的只是宿舍房間，我們的薪資福利都由包頭市教育局負責。有了官方公函在手，我們順利地參觀了幾家較大的工廠。經過比較，我們最終選擇了包頭電機廠。

該廠在文革前幾年，剛從天津搬遷到包頭，為落實毛澤東「三線建設」的備戰要求，應對有可能來自「帝修反」（美國、蘇聯和國民黨）的襲擊。他們的生產技術和嚴格管理，給我們留下深刻印象。但餐廳供應的餐點品質，對我們有更大吸引力。我們曾經去用過一次午餐，品嚐了各種天津風味菜餚，比果樹實驗站的簡陋食堂高幾個等級，大家都同意來這家工廠。等到電機廠派車接我們那天，我們才假裝遺憾地告訴果園當局，市政府已經決定，把我們的勞動鍛鍊，由接受「貧下中農再教育」改變為接受「工人階級再教育」。張書記一臉尷尬，看著卡車拉走我們的行李，另一輛巴士運走所有的學生。當大巴駛出果園大門時，大家看到張書記和員工們沮喪的表情，讓我們暗自感到好笑。

就這樣，我們開始了新環境新生活。當時的電機廠，有員工約八百餘人，其中幹部五十人，技術員一百五十人，有級別的技工五百多人，後勤服務人員大約一百人。

隨著一九六〇年代中蘇關係惡化，中國尋求建立自己獨立的技術和配件供應體系，用國產機械取代蘇聯技術，並開始進口一些日本和德國設備。作為中國北方軍工生產基地之一，包頭是為數不多向越南供應火砲（包頭第一機械廠生產）和坦克（包頭第二機械廠生產）的基地之一，因此，電機廠從天津搬遷到包頭，是為了方便向兩大兵工廠供應直流發電機等零配件。

電機廠領導對我們這批畢業生，就像對待自己的學徒工一樣，嚴格訓練。一開始，先對各車間和工種進行系統介紹，並允許我們申報自己想學的工種。我選擇進入一〇七車間（機修車間），學習車工。我師傅叫孫世林，三十八歲，五級車工（最高八級）。和其他學徒一樣，我們穿上藍色背帶褲，戴上黑套袖，三班輪流：早班從早上七點到下午三點，中班從下午三點到晚上十一點，夜班從晚上十一點到早上七點。每週工作六天，每天八小時，週日休息。如果生產計畫沒有準時完成，偶爾還有加班（但沒加班費）。

工廠車間搞「挖肅」

我們這批被分配到包頭的五十二名大學生，有曾經的保守派，也有曾經的造反派，在校內文革期間，曾經有過殊死搏鬥。但在新的勞動地點，以前的衝突明顯化解。身為大學畢業生，我們都被歸類為資產階級知識分子，需要接受工人階級的再教育。這並不意味著，我們可以遠離政治。事實上，我們面臨新的政治形勢，其激烈程度，使我們早期的文革衝突，看起來形同兒戲。

包頭是內蒙古最重要的國防工業中心，也是中國北方的國防工業基地之一。隨著挖肅和反新內人黨運動深化，包頭的經濟受到干擾，工業生產放緩。一九六八年二月中旬，滕海清、李樹德傳達了中央領導的指示，要求包頭「抓革命，促生產，促工作，促戰備」。[13]

一九六八年從夏到秋，滕辦在包頭兩家樣板企業舉辦了數次會議，動員數萬人學習他們的「先進經驗」。一家是包頭鋼鐵公司，簡稱「包鋼」；另一家是第二冶金建築公司，簡稱「二治」。它們的經驗可歸納為兩點：第一，「抓革命」就是「群眾專政」。每位員工都被迫檢查坦白，自己是否參與了挖肅和反新內人黨正在調查的任何活動。任何不認罪但被揭露的人，都面臨酷刑危險。其次，「促進生產」意味著在無法獲得更先進機器設備的情況下，快速增加產量。有工人調侃性總結包鋼與二治的經驗：「人人都過挖肅關，生產必定翻一番」。但是，政治壓力真能提高生產力嗎？

滕辦和包頭革委會推廣「包鋼、二治」經驗後，大部分工廠、機關和學校，迅速設立看守所，關押受害者。例如電機廠東側的包頭市精膠廠，一家只有三百多名員工的小型生化企業，關押了四十多名疑似新內人黨分子和其他反革命分子。我們經常在深夜聽到酷刑受害者的尖叫，有關謀殺和自殺的謠言時有流傳。

我在《內蒙古日報》的同事兼室友孫磐石，來包頭看我，告訴我一個奇聞：他中學同學張垣喜，是包頭精膠廠的年輕工人，因喊反革命口號被拘留審查。他問，是否可以想辦法讓他獲釋？他的故事情節極端離奇。

張垣喜的父親，曾經是國民政府軍少校，在傅作義的部隊服過役，後來，跟隨傅作義將軍起義，使北平與綏遠得以和平解放。在挖肅期間，該廠接到一封揭發信，說張垣喜在一九五二年曾經喊過讚揚杜魯門總統的反動口號，等於汙衊中國的「抗美援朝」。張垣喜的個人檔案中，也有他小學老師寫的類似指控。張垣喜家人多次呼籲撤銷無端指控，但徒勞無功。

孫解釋了事情的來龍去脈：垣喜八歲那年，正值韓戰爆發，一群鄰居男孩，經常模仿流行的戰爭遊戲。垣喜鼻子大，被同伴推舉扮演杜魯門（美國兵），其他男孩則扮中國士兵，捉拿「杜魯門」。久而久之，垣喜最後無奈，開始反抗，拒絕繼續扮演美國反派，大喊：「我不是壞人，我是好人。你們才是壞人！」故事報告給老師，就演變成為政治指控的基礎。孫磐石認為，真正原因是他父親的歷史背景。從一九五〇至一九六〇年代中期的歷次政治運動，特別是到挖肅初期，內蒙古所有傅作義的下級官兵，都受到攻擊批鬥，他們的子女也經常成為攻擊目標。

我跟趙錄、張達人、趙宗志等人，討論了垣喜的案子，大家都覺得匪夷所思。最終，我們想出一個方法來救他。我和孫磐石，先聯絡包頭市公安局負責外事和偵查工作的造反派學生武振業（韓桐同班同學，於一九六七年分配到包頭公安局）。他也同情張垣喜，於是給精膠廠打電話，稱《內蒙古日報》派出兩名記者，來包頭調查此事，準備撰寫內參。

第二天一早，我和孫磐石，就大搖大擺地來到精膠廠辦公室。出示我們有照片，蓋著軍管會印章的記者證後，廠領導對我們非常客氣。趕緊向我們展示所有張垣喜的專案紀錄，並回答我們的問題。我們仔細審查了檔案後，指出故事的源頭是兒童遊戲，被斷章取義扭曲，表示要為報社寫份內部報告。

「請問二位記者，你們為什麼對張垣喜的案子感興趣？你們的內部報告，會損害我們工廠的聲譽嗎？」精膠廠革委會主任陪著笑臉，小心翼翼地問。

「我們只聽從領導的指示，」磐石冷冷地回答，「並不知道事情的背景是什麼。」

我們走訪精膠廠大約一週後，有人敲我們宿舍的門，來人正是身材魁梧的張垣喜。他滿臉堆笑，一一感謝所有幫助過他的人。細看他的鼻子，確實比別人高大，難怪小夥伴們要強迫他扮演杜魯門呢！

垣喜說，在我們走訪他們工廠之後，廠領導擔心，這件事擴散出去，會對本廠造成負面影響，於是決定匆匆結案，還他自由。甚至給他放了一個星期的假，讓他去呼和浩特探望父母。

我問他，拘留期間是否遭受酷刑。他說，看守員對他比較客氣，因為都是同一個籃球隊的朋友。但多數被拘留審查者，包括八名疑似新內人黨的蒙古族，都受到嚴厲的酷刑。最常用的方法是在晚上，關掉所有電燈，五到六個人圍住一個受害者，用包上膠皮的彈簧鞭，毆打被綁住的受害者。這種毆打嚴重損傷皮下組織，但表面幾乎不留疤痕。最終獲釋時，一位蒙古族幹部受傷最重，無法進食或說話。到一九六九年五月挖肅運動停止時，該廠共有五人喪生，包括三名蒙古族與兩名漢族，其中兩人遭毆打致死，三人自殺。

我們所在的包頭電機廠，也有拘留和酷刑，但慘烈程度，與隔壁精膠廠沒有可比性。由於工廠在文革前幾年，才從天津搬遷到內蒙古，全廠沒有蒙古人，很難找到新內人黨嫌疑。另外，由於工廠從事軍工生產，當局政審很嚴，有政治汙點的人，搬遷之前基本上都被清乾淨了。

第二個原因，與廠領導的個人素質有關。革委會主任許春山，副主任姜盛泉，都屬於性格溫和，不喜歡激烈鬥爭的人。宣傳科長王樹林，文質彬彬，喜歡讀書寫作，綽號叫「王文」，在廠門口的「大批判專欄」上，他寫了許多吸引人的文章，但對實際的階級鬥爭，並不感興趣。只有保衛科長呂春來，勇武好鬥，喜歡無限上綱，外號叫「呂武」，人們背後罵他「二百五」。據我師傅孫世林說，好鬥的「呂武」小學成績很差，學技術也不行，就是對階級鬥爭感興趣，所以爬上了保衛科長的寶座，是廠裡積極策劃挖肅運動和挖新內人黨運動的推手。在我們來之前，呂已將十幾個人劃成新「階級敵人」，其中包括他的師弟李文秀。事情源自一〇五（電機組裝）車間發生過的一起所謂「反動標語」事件。文革爆發初期，車間的馬達包裝箱上，都印著「抗美援越」的紅色標語。突然有人發現，有一句標語被人用粉筆打了一個叉，於是上報保衛科，被呂春來定性為「反動標語」事件。

經過幾週調查，呂武堅持「是李文秀幹的」。但包頭市公安局以「證據不足」為由，未予受理。儘管如此，頭號「反革命分子」李文秀，仍與其他六名「壞分子」一起，被關在工廠看守所裡，其中包括全廠唯一的「高級技師」（類似總工程師）馬連璧（罪名是「反動技術權威」），另外五人，都是出身歷史嫌疑問題，例如「地主」，「富農」，「資本家」之類。

廠革委會成立後，看守所曾被勒令關閉，被關押者獲准回家。但呂武堅持要求，每個嫌疑人，都必須在背上戴個有姓名的白布條。這是困擾我們這群大學生的事情之一。張達人罵道：「狗日的呂武。他憑什麼要不斷折磨這些人？即使烏蘭夫黑幫成員，也只是在批鬥時，才被迫戴幾小時高帽，為啥電機廠這些人，每天都得戴上白標籤？」

當我們的批評聲浪傳到廠革委會，正副主任認為我們批評的有道理，宣布取消佩戴白布條的政策。但呂武很憤怒，要向我們這些「臭資產階級知識分子」發起挑戰。身為廠「挖肅辦公室」主任，他要求畢業生每天參加工人的會議，進行批評和自我批評。又遭到革委會正副主任許春山和姜盛泉的否決。他們說，除了被勞動局分配到電機廠的五名畢業生，必須參加日常活動之外，其餘五十二名畢業生，歸包頭市教育局管轄。他們來廠勞動鍛鍊，只接受工廠的正面教育，不能人人過關做檢查，除非發現特殊情況。

一九六八年冬，廠革委會接到包頭市教育局挖肅辦公室通知，要求評估我們當中三名蒙古族同學的政治表現。這對呂武來說，是個挖新內人黨的好機會。其實，這是遵照滕辦指示，各地對蒙古人進行普查。包頭市教育局，已經核查他們的人事檔案，並給予了正面評價。呂武以電機廠工人的名義，起草了一封信，企圖抹黑三人，請一些工人代表簽字，但沒給他們看信的內容。當王文私下把訊息傳遞給我們時，我和趙錄代表學生集體，起草了一份抗議書，大家都簽了名。接到我們的信後，許春山和姜盛泉代表革委會，召開了職工代表和畢業生的公開會議，討論了三人的表現，對他們在電機廠的表現，給予了高度評價。呂武的陰謀，再次失敗。

總之，與包頭多數工廠和機關相比，這家工廠對「階級敵人」的鬥爭方式，相對人性。在我們剩下的勞動時間裡，這裡沒有看守所，沒有酷刑，沒有自殺，甚至連一次批鬥大會都沒召開過。

可惜的是，我們無法幫助後來在包頭市公安局備了案的李文秀。聽說，直到毛澤東去世之後平反「冤假錯案」，可憐的文秀，才和其他黑幫嫌疑犯一起，獲得徹底平反。

高錦明的垮台

挖肅初期，剛到內蒙古的滕海清，非常依賴高錦明和郭以青，他倆在內蒙古工作幾十年，深知當地的民族問題與政治脈絡。當滕辦需要精確定位施政目標時，歷史知識極為關鍵，因此需要高錦明和郭以青幫助。滕把他們的貢獻當作自己的功績，向北京的上級展示。但隨著挖肅運動深入，以及轉變為挖新內人黨，特別是在自己的親密同事郭以青倒台之後，高錦明推動這場運動的熱情，開始急劇降溫。

河南人郭以青，曾經是烏蘭夫的親信，烏蘭夫提拔他擔任內蒙古大學黨委書記兼副校長（校長是烏蘭夫本人。他除了兼任中央和內蒙古諸多重要職務外，內大校長，是他戴過的眾多烏紗帽之一）。但在前門飯店會議上，郭以青與烏蘭夫反目成仇，於一九六七年十一月出任內蒙古革委會常委。從革委會開始，他就支持高在師院的競爭對手郝廣德，對同為常委的高樹華進行圍攻，懷疑並攻擊高樹華與烏蘭夫之子力沙克的關係，使高樹華在高層政治中被邊緣化。隨後，他成為烏蘭巴干挖肅運動的支持者。郭透過向滕海清灌輸新內人黨活動的陰謀論，贏得滕海清信任。非常蹊蹺的是，他最後也成為揪叛徒運動的受害者，但事情的根源不在內蒙古，而在他的家鄉河南。

一九六九年八月，內蒙古革委會核心小組，收到北京軍區從河南轉來有關郭以青叛徒嫌疑的資料後，決定暫停他的常委和政治部主任職務，但沒被關到群眾專政組織進行鬥爭，而是送到學習班接受調查。[14]這是後烏蘭夫時代，內蒙古新領導層瓦解的開始，最終導致內蒙古革委會最高文職領導人高錦明黯然下台。

一九六八年八月二十六日，姚文元在《人民日報》頭版發表〈工人階級必須領導一切〉的文章，強調「鬥、批、改」。文章呼籲派遣工人宣傳隊到校園領導和再教育學生：「如果學生拒絕再教育，工人階級就應該對他們實行專政。」隨即，各地革委會迅速派遣工人宣傳隊（工宣隊）、貧下中農宣傳隊（貧宣隊）和解放軍宣傳隊（軍宣隊）到全國大中小學，進行「軍管」和「軍事訓練」。

政治嗅覺靈敏的高錦明，也許感覺到北京的風向要發生變化，或是認為挖肅運動已經走得太遠，需要煞車。他從姚的文章中發現了一個訊號，即中央正在呼籲從以「階級鬥爭」為首要地位，轉變為以「批判和變革」為首要地位。在分析這篇文章後，高總結道：「改」是「鬥」與「批」的「結果與考驗」。[15]然而，滕繼續推進作為挖肅運動本質的鬥爭與批判。結果，高錦明和滕海清，就鬥爭的新階段問題，在《內蒙古日報》社論的表述中，發生了激烈衝突。

八月三十日，高錦明否決了題為〈工宣隊首先要突出「挖肅」鬥爭〉的社論草稿。但是，報社編輯部背著高錦明，又將這篇文章拿給滕海清看，滕海清批准，以八月三十一日的社論發表。這讓高錦明沮喪，他發誓要挖出《內蒙古日報》的黑手。九月二十日，依照高的指示，《內蒙古日報》發表社論，題目是〈以鬥、批、改的豐碩成果迎接國慶〉，文章的主調是突出變革，淡化鬥爭和批判。[16]

高錦明擔心，他和他的戰友可能成為下一個挖肅目標，因此決心阻止挖肅運動的擴大與深化。九月二十五日，高在對內蒙古直屬機關工作人員的講話中，既說出了自己認為的首要任務，也說出了他的憂慮：「總體來看，在內蒙古大部分地區，烏蘭夫反黨叛國集團已被徹底擊敗。絕大多數漢奸、特務、走資派、民族分離主義者都被揭露出來……如果我們繼續深入挖肅，它就會針對我們自己的人民。」[17]

九月二十日的《內蒙古日報》社論和九月二十五日高錦明的講話，在內蒙古各地引起了巨大迴響。有大字報譴責滕海清，說他早前批准的社論加深了挖肅災難。更有造反派組織舉行示威活動，高喊批滕口號。甚至有人呼籲，給挖肅受害者平反。但高樹華及他的部分造反派支持者，則反對高錦明的立場。[18]

滕海清則發誓，要按照毛澤東「把革命進行到底」的精神，深化挖肅運動。一九六八年十月十三日至三十一日，在北京召開的中共中央八屆十二中全會，給了他新的勇氣，這次全會給劉少奇貼上「叛徒、內奸、工賊」的標籤，剝奪這位前國家主席的一切職務，並開除黨籍，在全國掀起剷除走資派的新狂潮。[19]

一九六八年十月十八日，呼和浩特市所有重要道路和建築物上，貼出新的「公告」，再次要求所有一九四七年五月一日以後加入內人黨的人，必須在一九六八年十一月二十一日之前登記自首，否則將面臨嚴厲處罰。[20]裝有擴音器的廣播車，日夜在大街小巷高聲呼叫，恐嚇各族居民。

十月二十一至二十五日，滕海清跟吳濤在北京出席十二中全會時，讓滕辦主任李德臣，向內蒙古革委會領導轉達「意見」，強調挖肅和劃除新內人黨方向正確，並獲得中央全力支持。[21]回到呼和浩特後，十一月十八日，滕海清召開內蒙古革委會第四次全委（擴大）會議，並發表講話，點名攻擊高錦明的「右傾機會主義」，指責他對挖肅造成嚴重破壞。[22]高壓之下，高錦明只好自我批評。在暗示挖肅運動走得太遠時，高錦明公開指責自己，堅持了劉少奇的「階級鬥爭熄滅論」。

一九六八年最後幾個月，許多高幹因與劉少奇或其內蒙古的「代理人」烏蘭夫有歷史關係，而遭到攻擊，有些更被撤職查辦。而有些保守派、造反派以及工人積極分子，因為在挖肅運動中表現突出，根據毛澤東「吐故納新」的指示，被納入革委會領導層。在內蒙古，右傾的罪名被重新定義，不僅包括所有從前與烏蘭夫有聯繫的人，還包括許多批評挖肅運動的造反派，從而導致挖肅運動加速擴大。總之，恐怖加強了滕海清的權力。

在遭到滕海清公開襲擊後，第四次全委會決定停止高錦明的工作，並允許群眾對他進行批鬥。十一月三日，滕辦給包頭市革委會打電話，要我跟趙宗志，回《內蒙古日報》參加「揭批高錦明」的鬥爭。滕辦人員說：「這兩名前記者是師院造反派學生，與高錦明關係密切，可能了解他的更多黑活動。」由於滕辦知道，許多與高樹華有聯繫的造反派，曾與高錦明發生過衝突，因此我們被認為是揭發高錦明的有用證人。但那段時間，我住在巴彥淖爾盟記者站，並不了解高樹華和高錦明之間的衝突。我對高錦明的印象仍然是正面的，因為他在一九六七年春天，曾經堅決支持造反派，對抗內蒙古軍區的殘酷鎮壓。

在從包頭到呼和浩特的火車上，我問趙宗志：「你認為，咱們應該按照滕辦的指示，批判高錦明嗎？」

「不，」宗志回答，「我不認為高錦明減速挖肅運動有啥不對。這麼多人死亡，是重大犯罪。」

「我同意你的建議。咱們回到報社，先看看金鋒和石克有啥建議，再說。」我回答。

隔天早上九點，我們準時到達，金鋒已經在煙霧繚繞的辦公室裡等著我們。我們詢問滕辦要求我們「批判高錦明」的事。金鋒苦笑著說：「我和石克同志，以及報社的其他領導同志，都不知道上面的狀況。自治區核心領導之一高錦明，突然被列為批鬥對象，也沒有官方文件解釋這個決定。但身為軍官，我們只能聽從滕辦的命令。你們是奉滕辦之命，前來參加此次活動的。我們已經為你們安排好了食宿，你們可以參加會議、寫大字報，至於寫什麼，怎麼寫，自己決定。對高錦明來說，滕辦仍然稱他為同志，而不是階級敵人……所以，你們應該遵循毛主席的教導：『維護團結，實事求是，懲前毖後，治病救人。』」

聽金鋒的口氣，感覺他內心也同情高錦明。

從金鋒辦公室出來，我們去找張培仁，他還在總編室看稿，為說話方便，領我們去他家，位於家屬大院南面一片菜地中央，他妻子在外屋做飯，我們三人在裡屋喝茶聊天。培仁開始大罵滕海清，「你們九月走後，滕海清和他的走狗打手們，就瘋狂挖出這麼多新內人黨成員。現在，他甚至把高錦明也列為右派，殘酷批鬥。在這些對歷史一無所知的軍人眼裡，內蒙古似乎沒人可以信賴。如果毛主席和黨中央不盡快制止滕海清之流的瘋狂行為，災難會降臨到內蒙古，乃至全國！」培仁激動的語調和高亢的聲音，讓他妻子提心吊膽，她多次進裡屋示意，求他降低嗓門。

十一月五日，在革委會四次全委會期間，滕海清指示《內蒙古日報》組織批判高錦明的小會。大約三十五人參加，包括高錦明和滕辦兩名軍官。張培仁、趙宗志跟我，也應邀參加。高樹華坐在遠處的角落，保持低調，只向我們三個以前的學生和造反派戰友微微一笑，揮手致意。

上午九點多，石克宣布開會，李寶義、李雨樓、喬彤、額爾德尼烏勒以及印刷廠一位蒙古族工人，共五名代表（三個漢族、兩個蒙古族）輪流發言，批判坐在中間做筆記的高錦明。批判焦點，集中在高錦明阻止《內蒙古日報》發表八月三十一日社論〈工宣隊首先要突出「挖肅」鬥爭〉，說高錦明趁滕海清不在的情況下，試圖放緩挖肅，必須受到嚴厲譴責。他們也攻擊他九月二十五日的講話，稱其為「九月暗流」。

《內蒙古日報》報社的挖肅英雄額爾德尼烏勒，深入挖掘一九四〇年代，高錦明在內蒙古東部工作的經歷。說：「高錦明同志，應該挖掘他現在保守主義背後的骯髒思想，與他在一九四〇年代的保守主義聯繫起來批判。如果他不徹底改變觀點，革命群眾就應該揭露他的階級敵人真面目。」

後來我們才知道，烏蘭巴干和額爾德尼烏勒，曾在滕辦支持下，去內蒙古東部查閱過一九四〇年代的歷史檔案，高錦明當時在那裡是共產黨的臥底特務。得知他們的活動後，高錦明停止了他們的工作，下令關閉他們的「揪叛聯絡站」、「揪黑手聯絡站」和「群專指揮部」等挖肅團體。身為這些聯絡站的站長副站長，烏蘭巴干和額爾德尼烏勒，都有報復高錦明的強烈動機。

整個上午的會議，沒允許高錦明說一句話。我跟趙宗志自然保持沉默。感覺奇怪的是，金鋒和高樹華也沒表態。[23]會後，高樹華私下跟我們說：「許多人認為，我應該恨高錦明，因為他跟郭以青想給我貼上烏蘭夫黑幫的標籤。但他減緩挖肅的想法，並沒有錯。所以我拒絕滕辦批判高錦明的要求，但同意來旁聽這個會。」

《內蒙古日報》報社批判高錦明的會，僅限於小範圍，氣氛雖然緊張，但保持一定的文明程度。不過，這種有限度的文明克制，很快就改變了。一九六八年十一月二十五日，滕海清在華建（華北建築公司）講話時表示，群眾組織可以把高錦明帶到會議上，接受批判。[24]隨後，我跟趙宗志參加了幾次類似的大會。

一九六八年十一月下旬，在內蒙古人委禮堂，挖肅積極分子組織了一次批鬥大會，二千多人座無虛席，都是機關和企事業單位的代表，大多數是最近湧現出來的挖肅和挖新內人黨活躍人士。

當我們走進會議大廳，一個年輕人正在聲色俱厲地攻擊高錦明。他們頭頂上方，紫紅色的絨幔上，掛著一面巨大的橫幅：「揭發批判高錦明的右傾機會主義，奪取深挖內人黨運動的更大勝利！」

高錦明坐在一張學生課桌前，在他的黑色小本上記著筆記。但三、四個人發言之後，一些與會者站起來，喝斥高錦明，命令他站在講台前。老高緩緩站起身，移動到講台邊緣的中央。燈光照射下，他恭恭敬敬地低頭站著，聆聽辱罵，那深灰色的毛裝和淺灰色的頭髮，還有灰白的面容，對比明顯。雙手下垂，像個犯了錯的小學生。

每段發言結束，演講者都會高喊口號，整個禮堂跟著鼓譟，喊聲震天：「徹底批判高錦明的右傾機會主義路線！將挖肅和挖新內人黨運動進行到底！高錦明不投降，就讓他滅亡！」

這些標語口號，讓我想起一九六六年冬和一九六七年春，我們「呼三司」最艱難的時期，強大的保守派組織，把高錦明定性為造反派的幕後黑手。當時，保守派抓了高錦明和權星垣，掛黑牌戴高帽，當眾羞辱他們，跟今天情況類似。當然，由於他們是黨中央任命的幹部，沒有軍警強迫高錦明低頭，更不敢毆打他。

看著無聊的場面，聽著千篇一律的口號，我們很快就失去旁觀批高鬧劇的興趣，扭頭離開禮堂，回到報社。

清理「小高錦明」：深化挖肅

內蒙古革委會第四次全委會，以批判高錦明的右傾機會主義為中心，會議之後，各盟市、旗縣、公社、企業、駐軍、軍分區、大中院校，都辦起了所謂「毛澤東思想學習班」，學習班的實質，就是關押刑訊內人黨嫌疑人的臨時牢房。

挖肅運動的升級，引發了一場新的權力鬥爭。在自治區層面，滕海清遏制了雷代夫、張魯，以及高錦明其他親信的權力，強迫他們公開批判高。大多數盟市級革委會領導人，都被貼上新內人黨的標籤，或是高錦明的「同夥」。

在呼和浩特市，呼和浩特軍分區副司令、政委馬伯岩對高增貴（主任）、岳子義（副主任）、楊洪文（副主任）等市革委會幾乎所有領導，都進行了攻擊。一九六八年十一月下旬，馬伯岩派遣武裝的挖肅積極分子，在群眾大會上公開羞辱他們。這三位領導，從一九五〇年代起，就在呼和浩特度過了漫長的職業生涯。在一九六六年的前門飯店會議上，以及一九六六年底到一九六七年初的文革期間，他們與高錦明一起攻擊烏蘭夫，支持造反派學生運動。如今，他們全被趕下台。

革委會中許多造反派領導人，很快就被貼上「小高錦明」的標籤，也失去職位，進一步掃清了滕海清反新內人黨運動的任何阻力。例如，在集寧鐵路局，革委會六十五名造反派委員中，有二十人受到迫害，其中八人被扣上「小高錦明」帽子，並被開除。三十四人被扣上新內人黨帽子，準備後期處理。[25]

在曾經的造反派堡壘內蒙古師院，約一百多位教員（主要是蒙古人）被貼上新內人黨標籤，其中包括曾在院系兩級革委會任職的造反派領頭。

隨著高錦明倒台，以及革委會鎮壓清洗造反派，一九六八年底，滕海清要求北京軍區，調派二百名營團級以上漢族軍官到內蒙古，「加強革委會」，執行他反新內人黨運動的政策。[26]他們大多數來自河北和山西。此後，挖肅運動幾乎完全由解放軍主導，並得到革委會和民間積極分子的協助。部隊負責挖肅的主要領導者（許多也是盟市革委會主要領導）如下：

尚民，呼倫貝爾盟軍分區司令
趙玉溫，哲里木盟軍分區司令
趙德榮，錫林郭勒盟軍分區司令
周發言，烏蘭察布盟軍分區司令
武尚志，騎兵第五師師長
王喜榮，昭烏達盟軍分區司令
馬伯岩，呼和浩特市軍分區副司令、政委
李德臣，滕海清辦公室主任
陳曉莊，滕海清祕書

一九六八年十一月二十三日，以馬伯岩為主任的呼和市公安局軍管會發出第二號「通令」，要求所有新內人黨成員，於十二月二十三日前到附近派出所自首登記，否則將面臨嚴厲處罰。[27]

同時，為了鎮壓不存在的敵人，也提出了「坦白從寬，抗拒從嚴」、「新內人黨不投降，就叫它滅亡」等二十三條口號，部署了「挖新內人黨突擊隊」。為迫使嫌疑人登記備案，內蒙古各地使用了四種策略：武鬥，即動用暴力；車輪戰，即數名審問者，輪流對付一個目標，不讓休息；逼供，強迫交代；還有恐怖，即恐嚇本人和家屬。十一月二十日《內蒙古日報》發表以「狠」字為基礎的社論，強調：「對敵人不狠，說什麼『穩』和『準』，都沒用。」

有一天，我跟趙宗志在報社食堂一起吃飯，上述社論的作者李葆義，坐在我們旁邊。我說：「葆義，你說『狠』是關鍵。如果我們對敵人不狠的話，說什麼『穩』和『準』都沒用。但我感覺，要甄別好壞人，其實準確比殘酷更重要。你說呢？」他冷冷看我一眼，笑道：「其實，那句話就是照搬滕海清的原話。」趙宗志問：「老滕真建議動用暴力，審問在押人員嗎？」老李「嗯」了一聲，繼續說：「根據烏蘭察布盟的挖肅經驗，只能透過觸及皮肉，才能觸及頑固分子的靈魂。」他沒用「暴力」這個詞，但你可以猜到「觸及皮肉」的意思是什麼。

一九六八年十二月二日，《內蒙古日報》發表社論〈農村牧區要廣泛深入開展清理階級隊伍工作〉，呼籲挖掘更多新內人黨成員。社論推動各鄉鎮（蘇木），普遍設立看守所，大肆刑求。

一九六八年十二月，滕辦主任李德臣，為滕海清向北京中央領導彙報情況，而起草了〈關於「內人黨」問題的彙報提綱〉（後來成為臭名昭著的〈十二月提綱〉），[28]其中透露，截止一九六八年十二月十號，呼包二市和烏、錫、伊、昭四個盟，共挖出了一萬零九百一十一名內人黨成員，統計數字未包括呼、哲、巴三個盟。

滕海清和內蒙古革委會，在〈十二月提綱〉中聲稱，透過挖掘新內人黨，他們成功地「清除了祖國北部邊疆的隱患」。報告發表在中蘇中蒙邊界局勢最緊張的時候，點名烏蘭夫為內人黨總領袖，列出新內人黨的六十八名領導人和核心成員，除一名漢族（烏蘭夫的女婿石光華）和一位達斡爾族（郭文通，郭道甫的兄弟）外，其餘都是蒙古族，都曾經是原內蒙古自治區高層領導成員。

第九章　領袖發指示：「內蒙古擴大化了」

吳濤，最後一個蒙古人

在整垮高錦明及其同夥（主要是漢族與少數倖存的蒙古族）之後，滕海清乘勝追擊，把獵取目標對準唯一在自治區保留最高職位的蒙古人：吳濤少將，因為他有可能對他們擴大挖肅的野心構成障礙。

如果說，從一九六八年七月開始的第二階段挖肅運動，是以漢族折磨與屠殺蒙古人聞名，那麼，一九六八年十月八屆十二中全會之後的第三階段，則以同時整肅漢族和蒙古族為目標。滕海清把矛頭指向他過去的合作者，包括高官高錦明和權星垣，就跟文革早期一樣，針對烏蘭夫及其同夥的行動，最終打擊了漢族高官王鐸和王逸倫，這似乎也證明，攻擊的目的不是出於種族因素。

滕海清在一九六八年十二月七日發表的評論中明確指出，要擴大挖內人黨運動的打擊範圍：

> 有人認為內人黨是歷史遺跡。不對！它是一個活躍的反革命政黨，也是最大的反黨叛國集團和特工組織。它從未停止過反革命活動和發展黨員。它的兵力和彈藥充足，組織健全。它的最高層有黑指揮部，下面有基層黨支部。它不僅有官，還有兵，其組織網絡從呼和浩特編織到各盟市旗縣。其黨魁在黨、政、軍、財、文機構篡奪了部分權力，已經滲透到核心部門。[1]

隨後，滕又爆料說，內蒙古軍方最高級別的蒙古人吳濤，是內人黨的新黨魁，其副手高錦明和權星垣，相當於二代王爺與三代王爺……當代王爺當然還是烏蘭夫。在這裡，滕海清將蒙古人的封建頭銜，從蒙古人移植到滿族（高錦明）和漢族（權星垣）頭上，指控他們密謀恢復烏蘭夫的蒙古王國。他們最大的罪行是阻礙挖肅運動，幾乎讓它夭折，他們必然屬於「右派」跟「漢奸」。

是周恩來於一九六七年春，將吳濤與高錦明二人，從保守派手中解放出來，要求他們共同協助滕海清，建立內蒙古革委會。此後，吳、高一直保持良好工作關係，但很難說吳濤是高錦明的同夥。無論在文革前和文革中，吳在內蒙古軍區主要關注軍務，很少涉足政務。

另外，雖然被任命為內蒙古革委會第二高官，但吳濤很少表達自己的觀點，而是緊跟滕海清的腳步。大多數中央決策和重要會議，都有滕和吳出席，兩人（並稱「滕吳首長」）經常在決定和會議上簽字，這顯示吳知情重大決策，至少發揮了肯定作用。儘管如此，在整個挖肅運動中，吳濤一直保持著非常低調的姿態。一九六八年上半年，挖肅戰役第一階段，他曾因腎臟問題住進北京三〇一醫院。[2]

隨著挖肅和挖新內人黨運動深入，吳濤面臨愈來愈大的個人衝突：一方面是他對黨和軍隊的忠誠；另一方面，則是他作為熟悉內人黨歷史的蒙古人的民族認同。吳濤飽受失眠之苦，最後多次心臟病發作。從一九六八年底開始，外出活動時都帶著他的小藥瓶。

經過幾個月的內心掙扎，吳的演講語氣逐漸發生變化，開始微妙地疏遠滕海清。例如，一九六九年一月二十一日在呼和浩特向萬人發表演講時，他就表達了不同意見：「二十多年來，毛澤東思想在內蒙古占主導地位……廣大革命幹部和各族人民熱愛毛主席，熱愛中國共產黨和社會主義國家，支持毛澤東思想……毛主席教導我們：『要重證據，重調查研究，嚴禁逼供。』用酷刑搞逼供是行不通的。」[3]

憑藉這番話，吳濤終於打破了高錦明倒台後「滕吳首長一個聲音」的局面。儘管這一轉變未能動搖滕海清堅持深化挖肅的立場，卻至少為其所主導的內蒙古歷史解讀，提供了一種具有說服力的替代模式。巴彥泰形容吳濤的講話是「十年文革中吳濤最壯麗的一頁」。吳本人，當時也處於危險之中，他所有的親密夥伴都已經倒下，他自己的時間所剩無幾。所以，他把謹慎拋在腦後，終於發出了最後的吶喊。[4]

一九六九年二月四日，中央文革小組在北京接見滕海清，周恩來、陳伯達、康生、江青和其他中央領導出席，滕海清把矛頭指向吳濤。[5]中央在肯定內蒙古取得了「重大成就」的同時，提出下列六點意見：

一、內蒙古形勢大好。

二、革委會成立後，不可避免地混入了一些壞分子，應該小心處理。

三、內人黨是反革命組織，我們必須把它從組織上摧毀，從政治上搞臭。

四、解放軍內部的內人黨問題嚴重，應引起重視。軍隊幹部必須重新調整，軍隊必須牢牢掌握在我們手中。

五、高錦明的錯誤非常嚴重，必須好好檢查。

六、我們應該提拔部分工人、貧下中農和牧民，進入革命委員會，包括從少數民族中培養青年幹部。[6]

據報導，受到中央六條意見的鼓勵，滕海清說：「吳濤已經不可靠了，他是烏蘭夫反黨集團的成員。」[7]

不過，周恩來決心保護吳濤。在一九六七年四月十三日對內蒙古的決定中，他曾親自為吳平反。這一次，周恩來說：「仍然有人收集材料攻擊吳濤同志，稱吳濤同志為烏蘭夫分子、內人黨，要求中央取消吳濤同志的九大代表資格，這是錯誤的。」8

但無論如何，滕還是決心繼續打擊吳濤。在內蒙古軍區政治部，滕海清挖內人黨的模範打手之一馬殿元，對兩位蒙古族軍幹施以酷刑，逼他們指控吳濤是內人黨成員。其中一位是宣傳部的蒙古族軍官賽希，他描述了自己如何在被迫揭發吳濤的過程中，遭受酷刑：

我是去年（一九六八年）十一月十三日進入學習班的，十一月二十八日被單獨隔離。共有四人負責我的專案，兩人來自宣傳部，另外兩人來自野戰軍。組長是宣傳部姓佟的，他是宣傳部的「真正革命家」……

在被迫承認我是內人黨成員後，從十二月十一日起，他們要求我說出我在內人黨的職務，並揭發吳政委……

（十二月）十二日上午，姓佟的命令我揭發吳政委的問題……當時，我承認吳是能為烏蘭夫翻案的關鍵人物。當我交代時，姓佟的人認真錄音……

十二月十六日，姓佟的又來找我，說：「樹倒猢猻散。你說，軍區的內人黨這棵樹是不是倒了？」我說：「是的，軍區的內人黨首領是暴彥扎布；一九六七年十二月，他已被揭發。」佟說：「布（暴彥扎布）是那棵樹嗎？他有這麼大的能耐嗎？既然如此，布倒了為何猴子卻不散呢？你必須說出那棵樹是誰。」佟又說：「說吧。首先，我們不會給你戴帽子；第二，我們會負責你的人身安全。」我說：「軍區內人黨的大樹是吳濤。」……

一九六九年四月一日，「九大」召開……我又捏造吳濤是內蒙古自治區政變領導小組的主要成員，政變組織的軍事組長。隨後，佟說：「這還不夠，你必須交代策劃政變過程的細節，只有這樣，才能顯示你真的跟他斷絕關係了。」9

賽希的敘述，生動描繪了逼供中酷刑與激勵相結合。滕海清編造了關於吳濤的「證據」，包括賽希的交代，多次要求北京中央從內蒙古權力中心除名吳濤。但周恩來和其他中央領導人，繼續承認吳在挖肅運動中具有民族象徵性價值，並在一九六九年四月召開第九次黨代表大會前，阻止滕海清要趕他下台的企圖。

在一九六八年底的逮捕與掃蕩行動中，內蒙古各地有數十萬人遭到拘捕，絕大多數為蒙古族。這場屠殺是文革期間對少數民族發動的最大規模鎮壓與拘留行動，主要由漢族力量在蒙古人的家園中執行。與早期紅衛兵的暴力或挖肅運動初期相比，這次國家與軍隊所展現的暴力更具組織性與效率，也更為殘酷，矛頭直指一個幾乎毫無反抗能力的少數民族群體。數以萬計的蒙古人（包括黨政軍幹部，還有普通工人、農民和牧民）受到酷刑逼供並揭露其他「共犯」。有些人在酷刑下死去，更多人最終交代了施暴者想聽到的任何事，只為了結束酷刑。黑幫名單愈來愈長。共犯網絡正迅速擴大，為終結酷刑而自戕的人數也在增加。一九六八年底的內蒙古，由黨政軍透過各級革委會的有組織暴力，已經失控，蔓延到農村牧區，目標是蒙古人口占多數的區域。

酷刑問題

一九六九年元旦，《人民日報》、《解放軍報》、《紅旗雜誌》聯合發表社論〈用毛澤東思想統率一切〉，試圖減少階級鬥爭的阻力。它傳達了毛澤東的最新指示：「清理階級隊伍，一是要抓緊，二是要注意政策。」也強調：「對反革命分子和犯錯的人，必須注意政策，打擊面要小，教育面要寬，要重證據，重調查研究，要嚴禁逼、供、信。對犯錯的好人，要多做教育工作，有了覺悟的時候，及時解放他們。」不過此時，毛的指示已經失去以往的效力。地方領導人，即使引用他的話，也時常漫不經心。當然，滕海清也不例外。

據報導，一月初，北京軍區通知滕海清，「圍剿內人黨」的口號是錯誤的，強迫內人黨成員限期登記的做法也不妥當。這個指令是下級官員透過電話、口頭傳達到滕辦的，但滕海清根本不理睬，照樣我行我素。這是北京發出最早的通知，警告內蒙古在挖肅和挖內人黨運動中，走得太遠了。

每個村莊、學校、工廠和機關，繼續召開會議，人們被迫承認自己是內人黨成員。我父親所在的呼和浩特運輸公司，有五百多輛卡車，上千名司機，只有十來個蒙古人。那也沒關係，無論如何都要挖。除非每個被指控的嫌疑犯都被除掉，否則不可能停止。父親告訴我，典型的揪鬥會是這樣的：

挖肅辦公室主任拿出一張紙，上面寫著新嫌疑人的名字，對大會喊話：「我們已經掌握了新內人黨分子的材料。你們必須坦白交代，今天給你們最後的機會。」然後，積極分子和已經認罪的人，發言施壓，要求嫌疑人立刻坦白。

「你還有十分鐘的時間坦白。還有九分鐘、八分鐘、七分鐘……三分鐘……」主任在會場中間走來走去，人們心裡敲著小鼓。

「時間到！」

名單上的人立刻被民兵包圍。四個民兵，揪住一名受害者的衣領或頭髮，將其拖上講台，彎腰低頭毆打，脖子掛上一個大紙牌子：「新內人黨徒某某某」或「反革命分子某某某」。

挖肅辦公室主任接著發言：「看看他們的醜陋嘴臉吧。這些隱藏的壞蛋，是像赫魯雪夫一樣的定時炸彈。今天，我們終於把他們挖出來了！」

「打倒某某某！敵人不投降，就叫他滅亡！」全場口號震天。

大會結束後，受害人雙手被反綁在背後，押入黑牢，漫長的酷刑開始。

類似突襲事件，幾乎每週一次，從一九六八年冬一直持續到一九六九年春天。在身心雙重折磨下，有些受害者，得不到任何醫療救治，便快速死亡。另一些人，則在拘留期間或回家之後，選擇自殺。

呼和浩特第二毛紡廠（簡稱二毛）以生產優質幹部制服的毛料而聞名。一九五八年，從山東、河南、河北招來眾多女工，約占工人總數的三分之一，到北京清河毛紡廠當學徒一年。後來，又從草原招募許多蒙古族青年。長期以來，烏蘭夫一直夢想建立蒙古族工人階級隊伍。他招募了懂蒙漢雙語的蒙古族年輕婦女，也分批送到清河培訓，然後回二毛工作。工廠的機械設備和紡織技術，都來自蘇聯援建。

二毛挖肅運動的目的，是從蒙古族女工隊伍中挖掘內人黨成員。我認識其中一位女工，名叫斯琴。前文提到過，她弟弟卻吉扎拉森是我密友，師院數學系三年級的造反派。她姐姐娜仁高娃，也是我的朋友，內蒙農牧學院獸醫系畢業，是我在呼盟採訪時認識的免疫學專家。大哥奧爾吉，是呼和浩特新城醫院的醫生。

他們的父親，曾經是呼倫貝爾盟扎賚特旗一位受過日本教育的知識分子，滿洲國時期擔任過當地旗長。一九四七年，林彪的軍隊占領東北，在土改鬥爭會上被活活打死。母親帶著六個孩子，流浪到海拉爾，靠著給人洗衣服活了下來。

一天晚上，斯琴從工廠打公用電話到報社，要求緊急跟我會面，聲音淒涼。當晚九點，我們在內蒙古大學北邊的樹林（如今的滿都海公園）裡，見了面。看她穿著最好的毛料衣服，戴著漂亮頭巾，我擔心她會自殺。她告訴我，她們廠已有近百人被關押，她呼和的哥哥奧爾吉和在海拉爾的姐姐娜仁高娃，都被當作新內人黨嫌犯關押起來，她擔心自己很快也會被抓。

她說，上週幾乎每天晚上，工廠都會開會抓人。每次都有兩三名男女工人，被揪著頭髮拖到講台上，承認「罪行」並揭發「共犯」。酷刑之下，受害者難免隨意指名道姓，亂咬一通，無非希望停止酷刑迫害。

斯琴眼含淚水，說她已經做好準備，會被當作新內人黨嫌犯，揪出去批鬥。我問：「你猜什麼時候會發生？」她止住哭聲，用冰冷卻平靜的聲音說，「任何時間，明天或後天。」

「他們可能會怎樣對待你？」

「任何事都可能，從酷刑折磨到殺人滅口。」她臉上掠過一絲苦澀的微笑，透過黑色松枝撒下的月光，我能看清她表情堅毅，目光沉著。她說上週末，拘留中心拉走兩具屍體，沒人知道他們是被殺還是自殺。

我試著安慰斯琴：「我看老滕已經瘋了。你要努力生存下去，別失去希望，這種局面不會持續太久。」

她又哭了，嗚咽著說：「我不想像豬狗一樣活著，那還不如死了痛快！」

我們在樹林裡邊走邊聊，大約談了兩個小時。「我會穿上最好的衣服，如果被他們打死，至少有塊自己親手紡織的好布料，陪我裝進棺材。」她說著，淚水又從臉上滾落。我不知道該說什麼，只能好言相勸，鼓勵她勇敢堅強，別輕生，黑暗終會過去，千萬不要對未來失去希望。

兩天後，她沒再來過電話，我知道出事了。我請舍友孫磐石和同學張達人，透過廠裡的關係了解狀況。消息說，包括斯琴在內的五名工人，已於前兩天被抓進去。斯琴的弟弟卻吉扎拉森，已經被分配到伊盟任教，所以沒人幫她。我們想帶一些食物給她，朋友的一點關心，也許會鼓勵

圖19　程鐵軍的蒙古族朋友斯琴（前排左）、娜仁高娃（前排右）、烏力吉（後排左）、卻吉扎拉森（後排右），於1970年夏天呼和浩特，內人黨案平反後。

她，努力活下去。

張達人透過女友的關係，找了個後門，「週日晚上，工廠下班後，我們可以去找山東女孩欒振平。」她也是斯琴的徒弟。透過小欒，我們送了一個小包裹，裡面有些蛋糕糖果和一張紙條：「蛋糕雖小，能給你能量。冬天吃飽穿暖，春天會很快到來。」

直到毛澤東發出「五二二指示」，挖肅運動宣布結束，倖存的囚犯統統被釋放時，才傳來好消息。斯琴重新打扮一番，來報社宿舍拜訪我們，雖然從臉色看，還沒有完全康復。

我跟孫磐石問她，受了多少折磨，她苦笑著說：「一點點」，拒絕透露細節。

這家呼和浩特最大的毛紡廠，男性工人較少，所以毆打比其他地方輕。我問有多少人被關，斯琴說，當局下令全部平反時，一千五百多名工人中，約有百多人被監禁，其中十一人死亡，數十人殘廢。這場悲劇的意外收穫是，我們幾個人成為親密朋友。孫磐石與斯琴，張達人與欒振平，先後墜入愛河。約會幾個月後，兩對夫婦，結成美滿婚姻。

與最恐怖的單位相比，二毛的酷刑，顯得比較文明。據報導，內蒙古軍區幾乎每個單位，都有私設的牢房，九成被關押者，都是蒙古族軍官。

一九六九年元旦過後，我在師院北門偶遇高樹華，他邀我去他家坐坐，高家就在北校門附近的附中平房宿舍。在晉升為內蒙古革委會常委之後，上級要給高樹華更好的住房，但被他婉拒。

我詢問有關私設牢房和酷刑的傳聞，他說：「鐵軍，我雖然是常委，可以接觸機密文件，但這些事情只在核心小組成員之間流傳。我試圖相信，酷刑不是普遍存在的現象，至少在政府和解放軍系統中不應該有。但很遺憾，我錯了。」接著高吐露了以下內容：

上週日，我受邀參加在軍區大院朋友家舉行的婚禮。晚上十一點左右離開朋友宿舍，聽到隔壁樓房傳來毆打、尖叫的聲音。我朋友解釋說，軍區政治部正在刑求內人黨嫌疑犯，由軍區造反派領袖馬殿元負責。

我沒立刻回家，直接騎腳踏車到滕辦值班室報案。一名警官撥通馬殿元的電話，但馬否認有酷刑。我跟馬殿元很熟，於是接過電話，質問他：「我剛路過你們軍區大樓，親耳聽到了尖叫聲。」馬某隨後承認了打人的事實，但堅持說：「打幾個壞人沒什麼關係！」他還嘲笑我，說我變得如此右傾，現在幾乎站在敵人一邊了。[10]

如果像這類嚴重的酷刑逼供，能發生在呼和浩特，在滕海清及其辦公室眼皮底下，那麼，偏遠農村和牧區的情況可想而知。軍方口頭上也說不許使用酷刑，但從未加以制止，事實上卻是縱容和鼓勵。

高樹華剛從巴彥淖爾盟出差回來。我向他詢問那裡的情況，他的回答讓我渾身打冷顫。一九六八年十月，老親王、巴盟盟長達理扎雅夫婦，在磴口縣一次公開批鬥會上被打成重傷，因搶救不及，丈夫先於十一月八日去世。妻子愛新覺羅・韞慧（金允誠），則癱瘓在床（拖延一年後，也在一九六九年身亡）。

額濟納旗的消息更糟。文革前期，由於鄰近飛彈中心，本旗施行過特殊政策，並未引發政治動盪。但一九六八年十月以後，中央批准北京軍區和蘭州軍區的要求，放棄先前的溫和政策，改為強化階級鬥爭。由蘭州軍區派出部隊工作隊，加強額旗的挖肅和劃除新內人黨運動。歷經拘留和酷刑之後，大多數來自內蒙古東部的幹部都被貼上新內人黨標籤，其中包括我的朋友孟克。更險惡的是，他們還聲稱在當地土爾扈特蒙古人當中，發現了一個所謂的「土爾扈特黨」。這個只有二千多人的小部落，數百人被關押，二百人死亡，許多被折磨至死，更多終身傷殘。[11]

暴行幾乎隨處可見，特別是在有蒙古族幹部、教師、工人和農牧民的地方，許多人在拘留中遭酷刑折磨，被虐殺或選擇自我了斷。

一九六八年夏，滕辦主任李德臣，工學院造反派學生王金寶，師院教員、內蒙古革委會委員劉文研，參加東勝一個會議後，報導了伊盟發生的暴力事件。他們驚訝地看到，他們會議期間的室友、一名旗武裝部的軍官，被指控為新內人黨成員，雙手被綁著，遊街示眾。

為緩和緊張的氣氛，他們參觀了達拉特旗的王愛召佛寺。每當人們看到他們的吉普車開來，大家就會四散逃跑。劉文研遇到一位從前的學生，學生告訴他們，旗裡經常派人到村裡抓捕新內人黨，被捕者都被吉普車帶走，送到群專那毒打。所以當地人一看到吉普車，就紛紛逃命。

這三位積極宣傳挖肅的領導人，對他們所看到的現象感到恐懼。回到呼和浩特後，立即向滕海清提交了一份「緊急報告」。儘管簽署者之一是滕辦主任李德臣，但運動的慣性實在太大，他們的「報告」不起作用，逮捕和酷刑仍在繼續蔓延。[12]

由於整肅對象絕大多數是蒙古人，滕海清就引進外來的漢人，在蒙古人為主的農村牧區推廣酷刑。派往每個鄉鎮的經驗推廣團，會解釋如何逼人取供：每種酷刑都被賦予一個有革命性、甚至有詩意的名字。有種方法叫「熱情幫助」，源自蒙古牧民會用特殊的爐子，燃燒牛糞取暖。專案組會在房間裡架起三、四個燒得通紅的大爐子，再給受害者穿上厚重的皮大衣，安置在火爐中央，接受拷問和批判幾個小時，直到招供為止，受害者要麼跌在爐上嚴重燒傷，要麼會導致死亡。如果受害者虛脫或失去知覺，專案人員就會脫下他的外套，強迫受害者光著身子，跪在外面的雪地裡。這也有個好聽的名字：「冷靜思考」。由於從酷熱突然變成酷寒，許多受害者因此受到永久的身體傷害。

這些包裝精美的酷刑，源自漢族知青的狂熱想像，他們從城市下放到內蒙古草原，又被滕辦分派到各地負責挖肅。這些漢族青年的胡作非為，是在滕海清的挖肅運動驅使下，自主發明了諸多令人毛骨悚然的非人道花招，這比美軍後來虐待伊拉克和阿富汗戰俘的酷刑，早了幾十年。[13]

數十萬內蒙古知青，來自天津、北京等華北和南方城市，在內蒙古建設兵團、國營農場、農村、牧區生產隊工作。其中大部分是「上山下鄉」運動中的高中生。毛澤東在五〇年代中期發起這場運動，一九六八年十二月顯現高潮，全國有一千六百萬人（如果包括文革前數字，約二千萬）離開城市，到農村和邊疆從事農業勞動。當時大學不招生，廠礦不招工，而黨和軍隊急於恢復社會穩定，尤其準備在邊疆地區，與蘇聯開戰。[14]

內蒙古是知青最重要的目的地之一。三十萬青年中，有一半定居在農村和牧區生產隊，其餘加入了北京軍區下屬的內蒙古生產建設兵團。[15]該兵團於一九六九年初接管了偏遠的國營農場和勞改農場。這些年輕人對內蒙古的政治、社會、文化一無所知，不會說蒙古語，且很多人對蒙古人有深刻的偏見，腦子裡滿是陰謀論與英雄主義妄想症，急於在政治上證明自己忠黨愛國，所以在許多地方，挖肅辦和群專機構，都喜歡把知青動員起來，讓他們負責看管與審訊。

一九七八年七月二十七日，《內蒙古日報》記者鮑慶武向內蒙古自治區黨委提交報告，講述內蒙古西南部伊克昭盟（鄂爾多斯）挖肅運動中的一些酷刑：

青柳枝燒：脫光女牧民的衣服，然後用青柳枝燒焦腹部，腸子都露出來，陰道和外陰部被燒得面目全非，讓她們看起來不男不女。狼牙鞭抽：用釘子和鐵絲緊緊包裹皮鞭。每抽一鞭，釘子都扎進肉裡。二十鞭下來，背上的皮肉剝落，露出骨頭。隨後，大片筋肉腐爛並發出惡臭。[16]

伊克昭盟，是受運動打擊最嚴重的盟市之一，因為它是成吉思汗陵所在地，也是蒙古民族主義的象徵。[17]席尼喇嘛，一位加入內人黨並領導其軍隊的民族英雄，成為激勵蒙古人為家園而戰、反對漢族殖民者掠奪土地的烈士。二次大戰期間，該地區也是烏蘭夫的抗日作戰基地。這些光榮歷史，使鄂爾多斯蒙古人在挖肅戰役中特別脆弱。這裡的人民後來成為受害者，不僅因為與烏蘭夫的特殊關係，也因為許多人都是老內人黨的成員。

一九六八年十一月以後，內蒙古革委會為加大對新內人黨的打擊力度，指示伊盟革委會成立「第二專案組」，負責挖新內人黨。大搜捕始於一九六八年十二月七日，無數蒙古族幹部和一般民眾被送進學習班或遭受群眾專政。據統計，超過十五萬人成為打擊目標，占伊盟總人口的百分之二十一。最終，有一千二百六十人被殺，二千三百二十二人傷殘，五千零十六人受到傷害。[18]如果上述十五萬數字準確的話，那麼當時，全盟的蒙古族人口只有七萬多，約占總人口的百分之十，也就是說，還有許多漢族也受到波及。但可以肯定的是，首當其衝的是蒙古人，一般牧民受害最深。烏審旗的圖格公社，是幾乎純粹的蒙古族公社，被指定為新內人黨的黑窩。當地的黨、團、民兵、貧協、生產隊等，都被指認為新內人黨的組織。

在該公社的二千六百九十一人中，有一千二百人（占成年人口七成）被指控為新內人黨成員。這導致四十九人死亡，二百七十人重度傷殘。公社黨委書記塞姆楚，全家五口，只有一位在外地的九歲女兒倖存。[19]種族滅絕行為，主要由一名漢族下鄉知青和附近公社的多名漢族農民主導。

在錫林郭勒盟的蘇尼特右旗（純牧區，簡稱西蘇旗），那裡的挖肅運動堪稱「典範」。滕海清透過在《內蒙古日報》發表三篇報導，在全內蒙古推廣西蘇旗的經驗。西蘇旗位於內蒙古中部，北與蒙古人民共和國接壤，面積二萬六千平方公里，相當於阿爾巴尼亞，當時人口約十萬。這裡也是蒙古民族主義領導人德王的家鄉，他從一九三〇年代到一九四五年，在日本支持下，領導過內蒙古自治運動。

一九六九年六月十四日，西蘇旗上訪團向內蒙古革委會核心小組提交一份報告，聲稱共挖出三十多個「反動組織」。內人黨成員約占該旗總人口的百分之十四。蒙古族占挖掘總數的百分之八十七。「再挖下去，連牛羊都會被挖出來」，「所有的學習班、專案組都設有牢房和審訊室（交代室）。刑罰手段包括木棒壓、電椅、拔火罐、火爐烤、開水燙、插竹籤、拔指甲、吊頭等一百多種。」[20]

內蒙古革委會，也收到昭烏達盟巴林右旗上訪團，關於該旗的巴彥罕公社挖肅慘況的報告。這個牧區公社有近三千蒙古人，幾乎占公社總人口的一半。一九六九年六月十日提交的報告指出，在挖肅期間，蒙古人被禁止講蒙古語，遭受「絞刑、毆打、粗棍壓、細繩綁、蹲凳子等酷刑」……情況令人痛心，「公社革委會十四名成員中，有八名蒙古族，其中七名被打成內人黨成員。全公社九十五名幹部職工中，有四十八名（百分之五十二）被打成內人黨，占蒙古族比例的百分之六十四，占共產黨員比例的百分之四十七。十個家庭的所有成員都被貼上內人黨標籤。兩個共產黨支部，被打成內人黨支部。」[21]

這些數據，顯示了滕海清和軍隊的「輝煌成就」，以及漢族幹部和知青，當然也包括少數蒙古族幹部和群眾，在「革命熱情」、個人恐懼及迫害欲望驅使下，發動這場大屠殺的性質，其唯一針對目標（儘管不絕對），就是蒙古人。[22]

「滕海清，你究竟想幹什麼？」

最早開始抵制滕海清極端挖肅政策和挖內人黨運動的，又是來自師院的造反派。但這一次，不是我們外語系的師生發起，而是由漢族教職員秦維憲發起。秦原是師院政治部幹事，造反派組織「東縱」的常委，後來成為師院革委會副主任、內蒙古革委會委員。一九六九年三月，在與滕海清發生爭吵後，秦組織了自己的「揪烏聯隊」，公開挑戰滕海清的極端政策。他還組織營救解放軍騎五師被關押在烏蘭察布盟集寧市的蒙古族官兵，讓他們攜帶文件和酷刑證據，到中央討個公道。[23]據傳，他們中的一些人，裸露胸膛，將毛像章扎進血肉裡，以表達對偉大領袖的忠誠。當然，不會有媒體報導他們的行動。

此時，距離我和趙宗志從包頭被召回《內蒙古日報》批判高錦明的右傾機會主義，已經過了三個月。但目睹這麼多悲劇，我們不但不想批判高錦明，而更想參與批判滕海清的左傾冒險主義、大漢族沙文主義。我和趙討論了寫大字報的可能性，他似乎更全神貫注於和女友約會，認為在巨大的政治壓力下，必須謹慎行事，因為一張大字報或公開抗議，可能會造成很大麻煩。老友張培仁，則完全支持批判滕海清的想法，願意承擔風險。他說：「咱們畢竟是造反派，反正已經多次被貼上反革命標籤了，誰還在乎多貼一次？」

我們商定了大字報的標題：〈滕海清，你究竟想幹什麼？〉以吸引人們的目光。這個標題的思路，也參考了高樹華一九六六年在師院貼出的大字報。培仁還建議，我們至少要收集三、四個簽名，以增加影響力。

我利用室友孫磐石上夜班的時間，完成了大字報草稿。在我眼裡，他有點自我中心，作為家裡唯一的男孩，他父母太過寵溺他，所以我沒有事先跟他討論。但一九六九年二月二十三日，我拿草稿給他過目，希望他提點意見。

讓我驚訝的是，磐石看完我的草稿，完全支持。「狗日的滕海清！」他憤怒地罵道，「太歧視咱們造反派跟蒙古人了。咱們早該教訓這個王八蛋。我完全支持你。你和培仁討論過這個問題嗎？那太好了，我也簽名。我聽說張達人已經回呼和來探望小欒。為啥不請他也加入？」

我心裡明白，磐石在這件事上的決心，與他對斯琴的感情是密切相關的。自從斯琴被打成內人黨，他對她的愛就更顯明了。

張達人很容易被說服，也同意簽名。我們在包頭電機廠一起生活、工作的時候，他常常罵滕海清。因此，經過幾次討論，我們修改完善了大字報的措辭，並簽上了自己的名字。

我們的大字報，也以引用毛語錄作為標準開頭：「抗戰勝利的果實應該屬誰？這是很明白的。比如一棵桃樹，樹上結了桃子，這桃子就是勝利果實。桃子該由誰摘？這要問桃樹是誰栽的，誰挑水澆的。蔣介石蹲在山上一擔水也不挑，現在他卻把手伸得老長地要摘桃子。」[24]

上述語錄，摘自毛澤東在一九四五年延安幹部會議上的演講〈抗日戰爭勝利後的時局和我們的方針〉，這段話不僅增添了文章的雄辯性，而且給隨後的內容賦予無可挑剔的權威性。當然，我們當年並不知道，其實，毛指責蔣不抗日，並不符合歷史真相。總之，我們將滕海清描述成一個局外人，他對一九六七年四月十三日的造反派勝利，沒有任何貢獻。隨後再批評他：「儘管我們起初信任過他，因為他是毛主席和黨中央派來的，但他讓內蒙古各族人民非常失望，他辜負了中央的信任。」我們繼續寫道：

滕海清將所有重要的決策權都握在手中之後，他首先瓦解了造反派組織及刊物，並號召保守派向造反派報復。隨後，滕在未經中央批准的程序下，強迫內蒙古革委會的造反派領導成員下台，要麼將他們邊緣化，要麼將他們逐出權力中心。高錦明、權星垣、李質、高增貴、楊洪文、特古斯、王再天等同志被迫停職。最近，據說連內蒙古僅存的一位蒙古族領導人吳濤同志，也將成為新內人黨的嫌疑犯。在滕海清眼裡，幾乎沒有值得信賴的地方領導幹部。他只相信他的祕書和辦公室的少數軍人。總之，滕海清必須為破壞內蒙古革委會負責。

我們接著批評滕海清，挖肅運動和剷除所謂的新內人黨，是對內蒙古歷史和黨的正確民族政策的無知。我們列舉了他因左傾冒險主義所犯下的種種暴行，並得出結論：「滕海清，你要為破壞內蒙古的民族團結與社會和諧負責。」

最後，我們呼籲中央，盡快派遣調查團來內蒙古，調查並制止滕海清用酷刑驅動的挖肅運動。我們也敦促中央政府發布新文件，盡快糾正「靠武力搞逼供，導致死亡和傷殘的嚴重錯誤。」運動結束後，相關犯罪行為應受到法律制裁。我們認為，「只有這樣一個嚴肅的中央文件或行政命令，才可能具有強大的威力，足以制止已經失控的挖新內人黨運動，防止內蒙古陷入萬劫不復的境地。」

大字報底稿完成之後，我們討論用多大的紙抄寫，用多大的字體？貼在哪裡好？我打算把大字報貼在報社餐廳門外的布告欄上，讓所有報社員工和軍人，都能立刻看到。

但孫磐石有更好的主意：「（我們）應該把它貼在報社南門外面，那裡有塊巨大的毛主席語錄牌，面朝新華大街，更多人能看到。」那個鐵皮製作的語錄牌，約八公尺長，四公尺寬，供人張貼毛語錄和大字報，如今閒置，一片空白。

當時，參加中共「九大」的內蒙古代表團，正在附近的新城賓館集中培訓，為出席「九大」準備，高樹華是代表之一。我們都同意，大字報貼在那裡最好，希望「九大」代表不會錯過。

圖20　高樹華（後排右二）與內蒙古代表團，在前往北京出席黨的「九大」之前，在內蒙古新城賓館拍照留念，1969年3月。

我立刻找來墨汁和粉紅色大紙，尺寸相當於報紙的兩倍。我從中學開始自學書畫，文革期間也寫過大字報。但這張大字報比較特別，不僅因為風險高，而且因為尺寸較大，需要使用大號的毛筆抄寫。

當晚十一點，我抄完二十幾張大紙，疲憊不堪，上床睡覺。希望第二天上午能抄完，爭取下午張貼出去。

隔天早上起床，接著抄寫，接近中午，眼看要抄完四十二張大紙的時候，吃完午飯的張培仁和張達人，急忙跑來我們宿舍。培仁臉色蒼白，低聲警告：「立刻停止，別再抄了！大難要臨頭了！」

「為啥？」我跟磐石異口同聲問，「怎麼回事？」

「高樹華要咱們立刻煞車，這會給滕海清藉口，逮捕咱們所有人，並將咱們的大字報，貼上反革命標籤。」

原來那天上午，培仁在賓館門口，見到跑步的高樹華，把我們大字報的事告訴他，遭到高的激烈反對，要我們馬上停止。我停下毛筆，跟他爭論：高樹華憑啥要阻止咱們？大家分析的結果是：現在是「九大」敏感期，由於我們與高的密切關係，如果我們公開批滕，必將給他帶來災難後果。他的政敵，包括郝廣德，會認為大字報背後的黑手就是高樹華，更證明他是烏蘭夫的代理人。郝廣德沒當上「九大」代表，心懷不滿，可能會藉此攻擊高樹華的代表資格。

培仁說，高樹華打算代表造反派，直接向周恩來等中央領導人彙報內蒙古局勢。聽到這裡，我感到難以反駁高樹華的意見。但突然想到：為什麼不讓高樹華，把咱們大字報上的訊息，也轉給周總理呢？大家都認為這個主意好。

我把抄寫好的大字報捲起來丟掉，重新把內容抄寫在稿紙上，請高樹華交給中央領導。星期天，我跟培仁去高家拜訪。身穿解放軍制服（只為時髦，沒領章帽徽）的高大樹（他的綽號）顯得精神抖擻。我們告訴他同意放棄大字報，他微笑著說：「太好了！我可以安心睡覺了。我百分之百支持你們的觀點，但此時貼大字報，會被視為挑戰革委會，肯定會被鎮壓。」我從包裡掏出十來頁的底稿，遞給他，問：「你能透過周總理或他的祕書，把我們的稿子轉達給中央嗎？」

他快速瀏覽了幾頁，臉上的笑容消失了，聲音變得嚴肅起來：「李樹德宣布了我們要守的紀律，其中一條就是，未經組織批准，不得向中央傳遞任何訊息。如果我同意幫你們轉交，必須先交給李樹德和滕海清批准，那不是自找麻煩嗎？要不這樣：我假裝不知道這個稿子，也許某個同學塞進我書包裡。到了北京，我再評估情勢，決定何時，以及如何向上遞交。這樣行不行？」

我們別無選擇，只能勉強同意，並感謝他的建議。

回到宿舍，我躺在床上，難以入眠，半途而廢的大字報，仍然給我沉重的心理負擔。我們的初衷，不是上表陳情，而是警告挖肅派，讓大家知道，並非所有人都支持滕海清之流的災難性政策。當然，也不排除：中央明知內蒙古正在發生的事情，但私下允許（甚至縱容）老滕胡來。如果從這個角度看，也許大字報雖然有創意，但實際效果，同樣也是失敗的。

當然，從個人安危來看，高樹華的建議，讓我們四個人都鬆了口氣。當我女友秦賢得知，我們最後放棄了大字報計畫，她回應說：「你們應該感謝高樹華，他幫了你們很大的忙。我不想看到你們被關進監獄遭受酷刑。現在，大家都可以睡個好覺了！」

轉眼進入三月，天氣逐漸變暖，新華大街兩側的楊柳樹，開始披上嫩綠的新葉，早熟的柳絮像輕柔的雪花，從空中飄落。在報社已經沒事可幹了，我和趙宗志決定，趕緊回包頭電機廠，繼續上班。

「內蒙古擴大化了」

一九六九年三月下旬，由滕海清、吳濤、李樹德三位（提前出發）率領的內蒙古代表團一行三十六人，乘火車抵達北京，參加中共第九次代表大會。對內蒙古人民來說，無論是漢族或蒙古族，是積極分子或受害者，最關心的問題，就是對全區造成毀滅性打擊的挖新內人黨運動。從呼和浩特返回包頭後，我和趙宗志又回到車間上班。吃飯的時候，我們常討論包頭、呼和浩特、北京的政治局勢，除了擔心中國和內蒙古的未來命運，我還惦記著高樹華承諾轉交的那份材料，上面可有我們四個人的親筆簽名。

四月一日至二十四日，中共第九次代表大會在北京召開。從四月開始，電機廠革委會經常召開全廠大會，傳達內蒙古革委會「重要文件」，主要是「滕、吳首長」從北京發回的訊息。在北京，滕海清和吳濤，發現政治風向轉變，不再對挖肅有利。一九六九年三月底四月初，滕、吳二人，有時加上李樹德，每隔三、五天，就寫信（或發電報、打電話）給呼和浩特，傳達新動向。另一個顯著變化，是早在一九六九年初，權星垣就恢了權力，到四月中旬，高錦明也官復原職。[25]

以下是滕海清、吳濤、李樹德三人，於一九六九年四月四日（「九大」開幕三天後）致權星垣和常委會的信，顯示風向變化的速度和強度（括號內文字是我們的說明）：

> 權星垣同志及其他常委：
>
> 你們要做好準備，安慰那些被批評的好同志（指高錦明一夥）。那些被審問、清查的人（即涉嫌階級敵人的受害者）不應該責怪群眾。他們應該理解挖肅和群眾運動的正面成果……對於一些因參加新內人黨而跌倒的人（即被關押和逼供的人）來說，群眾對他們的審

查是完全合理的……

今天，我們在毛主席的無產階級路線下解放他們，他們應該歸功於毛主席，感恩革命群眾，不應該（與加害者）發生任何衝突。對於煽動鬧事的階級敵人（意指起來反抗、尋求正義的受害者），我們絕不能放鬆警戒。[26]

突然間，輪到挖肅積極分子困惑了：「既然挖肅這麼成功，為什麼要半途而廢？」放在挖肅運動既定的框架內思考，他們對「滕、吳首長」新呼籲的反感和自發抵制，是合乎邏輯的。

中共「九大」表面上的目標，是取得文革勝利，在新的革委會基礎上，實現敵對雙方的和解，從而鞏固軍隊的首要地位，指定林彪為毛澤東的接班人。滕海清得知，大會將宣布重大政策轉向，他試圖控制混亂的內蒙古局勢，避免成為中央最新策略調整的受害者。然而，讓超速行駛的反新內人黨快車突然掉頭，困難實在太大。

在中共「九大」上，內蒙古代表團開始面對自己的挖肅與新內人黨問題。一九六九年四月十五日，分組討論在北京京西賓館舉行。康生出席內蒙古組，坐在高樹華旁邊，抽著熊貓牌香菸，首次傳達毛主席對內蒙古的最高指示：「內蒙古在清理階級隊伍中，已經擴大化了。」[27]

當然，這種「擴大化了」的克制話語，遠不能反映蒙古人和其他受害者遭受的巨大不公、暴行和死亡，但卻在內蒙古緊張的政治環境中引起迴響。毛澤東發出放緩挖肅的微弱訊號，在官員和積極分子中引起恐慌。當然，每個人對毛澤東暗示的領悟程度，取決於自己的政治判斷力。

接著，康生命令滕海清、吳濤、李樹德自我批評。根據高樹華回憶，在「九大」擔任內蒙古組祕書的滕辦主任李德臣，立即改變對滕海清的態度，挖苦嘲笑滕的自我批評。高樹華厭惡他的急轉彎，厲聲喝問：「李主任，在挖肅跟揪烏問題上，別忘了你也是積極分子！」李反駁道：「我早就知道這事太過分了。」高回敬他：「原來，你比毛主席知道的還早啊！如果你早點站出來，對滕的錯誤說不，你現在就成英雄了。」[28]

毛澤東的號召，不限於內蒙古自治區內部。四月十六日，周恩來向河北、山西、北京、天津和北京軍區的華北各代表團，轉達了毛澤東對內蒙古問題的指示。

四月十九日，〈滕海清、吳濤、李樹德三位同志的檢討〉出爐，呈給毛澤東和中央，想極力減輕處罰。這次自我批評，與滕海清先前對挖肅的堅決立場，以及對高錦明的尖銳批判，形成一百八十度大轉彎，不得不承認高錦明「對運動過度行為的警告是正確的」。

他們（照例）先向毛澤東致敬，接著寫道：「我們的錯誤集中在一點，就是我們沒在一切事情上，都聽毛主席的話，沒有遵照毛主席教導，沒有執行毛主席最近對內蒙古的指示，說明我們對毛主席不忠。到內蒙古革委會第四次全委會（一九六八年十一月）為止，內蒙古已經挖了十三萬人。從十一月到今年三月十五日，又有二十五萬人被挖出來，包括六萬八千四百內人黨徒。其中，除極少數壞人外，大多數是誤傷的好人，包括大批蒙古族幹部群眾，導致民族關係出現相對緊張。」

他們承認，大多數被挖出的內人黨成員，都是使用酷刑的結果。例如，集寧市一個不到二百人的政府學習班，就挖出了一百四十四名內人黨成員，其中八成是出身貧寒的幹部和共產黨員。他們甚至報告說，內蒙古軍區司令部、騎兵第五師和獨立第二師，八成蒙古族幹部，都被貼上內人黨標籤。

在試圖掩蓋酷刑、謀殺、自殺等暴行的同時，三人的「自我批評」，詳細描述了內蒙古黨和軍隊最高層挖肅運動的細節。據稱，決策層最大的「錯誤」，是滕海清採取「左」的立場，甚至在一九六九年二月上旬，在北京與中央領導人會面之後，他仍堅持「反右傾」的立場。[29]

然而，儘管犯下上述「錯誤」，四月二十五日，滕海清和吳濤，仍被選為第九屆中央委員。滕海清及其同夥，因領導挖肅運動而得到犒賞，他們溫和的自我批評，也被中央接受。滕海清最後清洗吳濤的企圖，在周恩來和中央文革小組的干預下，未能得逞，吳濤再次得救。

中央對內蒙古的「五二二指示」

在北京，來自內蒙古受害者的壓力愈來愈大，迫使中央政府不得不正式討論內蒙古問題。周恩來主持的中央領導小組，分別於五月十三日和五月十六日接見了內蒙古代表，其中包括高錦明、權星垣、李樹德、李質等四名文職幹部，和滕海清、吳濤、蕭應棠、何鳳山、劉樹春、李德臣等六名部隊幹部。五月十六日的會議，持續了十二個小時。[30]

會議的密度和長度，凸顯內蒙古局勢的迫切性。李德臣起草了〈關於堅決貫徹落實中央關於內蒙古當前工作的若干意見〉的報告，並以滕海清、吳濤、高錦明、權星垣、李樹德，李質的名義上報中央。同時上報的，還有滕海清、吳濤、李樹德三人的「自我批評」。

五月二十二日，中央對報告做出簡短批示：「中央同意你們的報告，希望你們高舉毛澤東思想偉大紅旗，落實黨的九大精神，團結一致，共同對敵，盡快糾正以往工作中的過激行為，正確處理兩類不同性質的矛盾，穩定內蒙古局勢，總結教訓，落實政策，爭取更大勝利。」

最後，這三份文件（六人報告、三人檢討、中央批示）以〈中共中央（六九）第二十四號文件〉的名義，打包發布。為避免任何疑問，毛澤東加上了他個人的「照辦」認可。該指示印發全國，被稱為毛澤東的「五月二十二日指示」（簡稱「五二二指示」）。[31]

內蒙古革委會核心領導層的報告，肯定了滕海清同志的「貢獻」：「滕海清同志，自一九六七年四月到內蒙古以來，始終緊跟毛主席的偉大戰略部署，做了很多工作，做出了新的貢獻。」對於他的錯誤，報告緊抓並援引毛的溫和批評，指出「他沒有注意到中央關於一九六八年十一月後階級隊伍清洗過度的警告，在清理階級隊伍過程中，高估了烏蘭夫在內蒙古的影響力，誇大了敵情。」

報告也批評內蒙古革委會，把解放軍拖入泥潭，破壞解放軍的內部團結和穩定，導致「一些同志在工作中犯了錯誤」。強調要向解放軍學習，鞏固軍政關係與軍民關係。

報告粉飾在過去一年中，系統性的酷刑和殺戮，僅僅溫和、巧妙、輕描淡寫地呼籲，在為蒙冤受害者平反的基礎上，實現民族和解：「在前一段清理階級隊伍過程中，一些蒙古族和其他少數民族幹部群眾被誤傷，他們應該被徹底平反、堅決信任。」

中央肯定，滕海清的領導基本上正確，同時，僅溫和批評對蒙古人和民族關係造成悲慘後果的瘋狂運動。總之，挖肅政策基本上已被認可，但在施行過程中也承認「過度」。中央不會承認，是高層犯了路線錯誤，因為這是毛澤東的革命路線，是周恩來、康生領導下的中央文革小組認可並執行的。據圖們和祝東力稱，滕海清及其同僚，於五月二十一日，在沒有通知中央的情況下，憤怒地離開了北京。滕給周恩來留下一封檢討書，說自己犯了「路線錯誤」。第二天早上，周恩來透過熱線電話，批評滕海清：「我告訴過你，不要寫路線錯誤……不要這樣批評自己！」[32]

中共領導人，在內蒙古大屠殺問題上改變態度的時機，令人震驚。一九六八年和一九六九年，中蘇矛盾達到高峰，邊界衝突事件頻繁。滕海清在敏感的中蒙蘇邊境製造混亂和分裂，為蘇蒙陣營的反華勢力創造了機會，因此受到中央的嚴厲批評。康生與周恩來，在責令滕海清自我批評時指出：「內蒙古犯了如此嚴重的錯誤，傷害了許多群眾中的好人。然而，那裡的群眾卻沒有逃往外蒙古。他們心向毛主席，向著北京；他們熱愛祖國，熱愛社會主義；這是你們改正錯誤的有利條件。」[33]

周恩來曾讚揚蒙古人對中國的忠誠，以期在國際緊張局勢下加強這種忠誠度，但在中央眼裡，蒙古人的忠誠並不能保證大屠殺的逆轉。無論當時或後來，內蒙古大屠殺的肇事者，特別是滕海清，及施行這一屠殺的解放軍和內蒙古革委會的高層領導人，再到毛澤東、周恩來、康生、林彪和中央文革小組，都不會為此承擔責任。但其實正是他們，應該對巨大的反人類罪行和造成的傷亡負責，導致內蒙古及其他地區的漢族與少數民族關係，遭到嚴重破壞。

中央五月二十二日針對內蒙古的指示，向自治區的施害人與受害人雙方，發出模糊的訊號，不會有全面的平反昭雪，因為領導層聲稱路線一貫正確：內人黨不僅存在，而且在中蘇意識形態和地緣政治衝突時期持續威脅著國家統一。中央文件既沒有結束內蒙古的激烈衝突，也沒有為數十萬遭受殘酷對待的受害者，包括死者和受害家屬帶來救助。因此，這不可避免地導致新的派系分歧，和爆發新的權力鬥爭。以滕海清為首的當局，繼續迫害受害者，使整個內蒙古陷入更大的混亂。

第十章　全區被軍管，內蒙古遭肢解

批判滕海清

毛澤東關於制止挖肅和反新內人黨運動擴大化的最高指示，對內蒙古的形勢，起到火上澆油的作用，迅速將受害者的反抗浪潮，從零星小火變成燎原大火。隨著挖肅的責任者倉皇撤退，數十萬被釋放的受害者，包括大量受害家屬，湧入呼和浩特，或前往北京，呼籲伸張正義。

一九六九年四月，黨的「九大」結束後，內蒙古代表團返回呼和浩特。五月下旬，高樹華率領一個五人代表團，到包頭宣講「九大」精神時，我和趙宗志，到昆都侖賓館去探望他。明顯看出，受到最近事態發展的鼓舞，高先生精神很好。跟我們打過招呼後，他立刻轉向我們的大字報底稿問題。

高說，他已經在大會開幕前，把材料交給周總理祕書張作文。張一開始不願意接受，但聽說涉及內人黨問題後，同意轉交給總理。張告訴高，近幾個月來，總理辦公室收到數百份有關內人黨的信件和資料。一九六八年十二月，集寧一中的造反派起草了一封信，最早列舉了滕海清挖肅政策和挖內人黨運動的十大問題。[1]

高樹華接著說：「你們對滕海清左傾冒險主義的批評完全正確。現在，蒙古族受害者紛紛趕往呼和浩特和北京，要求嚴懲兇手，並給他們和親人平反昭雪。『批滕聯絡站』如雨後春筍，在全區各地湧現，可能很快也會在包頭出現。人們關心的是，如何才能盡快結束挖內人黨運動造成的災難。」

果然，幾天以後，包頭市革委會常委、出身於伊克昭盟的齊景林，首先在包頭提出，必須批判滕海清，盡快為內人黨受害者平反。據說他是成吉思汗的嫡系子孫，也被打成內人黨嫌疑犯。另一位市府革委會常委、內蒙古師院包頭分院畢業生李金寶，來到我們電機廠座談。齊和李同時向我們學生團體尋求支持，因為我們大多數人，都是前「呼三司」的造反派。

經過幾次協商，我們同意合作建立「包頭市東河區批滕聯絡總站」，最終打算在包頭組建二十多個分站，主要目的是動員包頭的中學師生，以及機關工廠的內人黨受害者，起來討還公道。

在兩位革委會領導和前造反派戰友的支持下，市政府在東河區賓館，給我們分配了一套漂亮的客房，有三間臥室、一間辦公室和一間會客室，還配了兩部電話、三台油印機，以及一輛由舊巴士改裝而成的廣播車。成員有五人，包括趙錄、趙宗志和我，還有負責廣播的張蘭芝（師院同學），以及來自包頭搪瓷廠的汽車司機李振剛。

我和趙錄，向電機廠革委會報告我們的「批縢」計畫時，廠長許春山大力支持：「咱們就是應該批評滕海清的錯誤。如果你們需要幫忙，儘管說話。」他隨後指示工廠車隊，為我們的廣播車提供汽油和維修。從一九六九年六月一日起，批滕聯絡站開始正式運作。

我和趙宗志，負責編印廣播稿，翻印抗議傳單。除了在鬧市廣播，我們也向行人散發傳單，跟各單位的受害人建立聯繫，公布他們的案例和平反要求。

一九六九年夏天，可能是滕海清一生最艱難的時期。隨著中央決議的傳播，他不僅要在白天，去各地舉行的一場又一場群眾集會上，做深刻檢討，面對數千名憤怒的受害者，做自我批評；到了晚上，他還必須主持會議，維持搖搖欲墜的革委會日常工作。

當多數前造反派動員起來，參加「批滕」時，挖肅積極分子分裂為兩派：批滕派（批判滕海清）和保滕派（保護滕海清）或「五二二派」，後者源自中央五月二十二日的批示。批滕派要求高錦明取代滕海清，作為正確路線的代表，而「五二二派」則認為，內人黨錯誤是集體性的。雖然滕負有主要責任，但包括高錦明在內的其他領導人，也並非無辜。簡單來說，前者偏向支持高錦明，後者偏向支持滕海清。

從一九六九年五月下旬開始，蒙古族受害者大批湧入呼和浩特，尋求正義。許多群眾團體，甚至政府機構，都把辦公室變成了批滕聯絡中心或批滕聯絡站，要求中央嚴懲滕海清等挖肅人士，恢復高錦明及其支持者的職務，以建立正常秩序，使受害者盡快回復正常生活。大多數政府部門處於癱瘓狀態，或完全停止運作。滕海清等常委們，甚至找不到安靜的開會地點。

北京面臨的主要問題，是如何迅速落實政策，以防止內蒙古陷入更大混亂。在這種情況下，內蒙古非但沒有做出持續努力，來關注受害者，給他們甄別平反，甚至反其道而行，進一步加深挖肅災難。事實上，隨著滕海清和軍方持續施壓，局部的挖肅戰役仍繼續進行中。例如一九六九年五月二十八日，也就是「五二二指示」發布一星期後，十名新內人黨成員在哲里木盟被捕。五月三十一日，一名新內人黨嫌疑人在當地被毆打致死。內蒙古革委會派出調查小組，卻發現飯店房間的電話線被切斷。在哲里木盟軍分區司令趙玉溫的命令下，調查小組日夜受到監視，趙玉溫是全區最重要的挖肅災難主導者之一。[2]

高樹華拒絕站在高錦明一邊，不想加入批滕派。雖然在對抗內蒙古軍區的時候，高錦明曾經是他的摯友和盟友，但後來，高錦明試圖把他打成烏蘭夫黑幫分子，高樹華始終耿耿於懷。

儘管高樹華嚴厲批評過滕海清，也認為滕打擊高錦明不對，但他同樣不認為高錦明在挖新內人黨運動上完全正確，最終，高樹華決定加入反高保滕的「五二二派」。

遺憾的是，我們在包頭批滕聯絡站的工作，只持續了幾個星期，不得不提前離開。一九六九年六月中旬，我和趙宗志，再次被革委會召回《內蒙古日報》報社，這次是批判滕海清。張培仁把我們的大字報底稿，交給金鋒一份，金鋒很高興，希望我們能提供滕海清操縱報社記者的材料，儘管滕海清仍然在位，但已經眾叛親離，失去權力。在去呼和浩特的火車上，我跟宗志反覆討論，決定還是謹慎行事：跟上次批判高錦明一樣，我們僅公開討論我們在報社的工作情況，而不討論我們對挖肅和反新內人黨運動的個人觀點。

我們抵達呼和浩特時，發現那裡一片混亂，《內蒙古日報》也不例外。金鋒要我和趙宗志去調查基層狀況，並把我們觀察到的問題寫成內參。六月十八日，我們在鐵路局禮堂參加了一場批滕大會。進入大廳，發現座無虛席，群情激憤。一位年輕的蒙古族寡婦，抱著嬰孩走上舞台，講述她丈夫如何被毆打致死。隨後，她轉身面向滕海清，高聲大喊：「你還我丈夫！還我兒子的父親！你太狠毒了！……我們孤兒寡母，往後可怎麼活呀？」嬰兒開始哭泣，她試圖把孩子塞給滿臉尷尬的將軍，「就是這個人，殺了你父親。去吧，去向他要爸爸！……」

舞台上方，懸掛著白色的大橫幅：「貫徹落實毛主席的『五二二指示』，憤怒聲討滕海清的擴大化錯誤」。幾位受害者發言後，滕海清開始自我批評，他說：「高錦明、秦維憲等同志對我的批判，是完全正確的。就連我自己，也不知道從哪裡去找新內人黨，也不知道證據是什麼。」此言一出，聽眾怒不可遏，大家衝上舞台，一位披頭散髮的婦女，往滕的耳朵就是一掌，被滕的兩位隨扈，以及鐵路員工勸阻。在他們簇擁下，滕海清從後台落荒而逃。

蒙古族受害者尋求正義

儘管有很大局限性，但中央的五月二十二日批示，特別是毛澤東的認可，還是給受害者帶來一線希望：看來錯誤將會糾正，正義終能伸張。

然而，受害者的忍耐是有限的，當加害者仍然掌權，受害者的冤屈遲遲得不到平反，有些受害者開始尋求個人報復，將憤怒的矛頭指向滕海清及其追隨者。上文提及，內蒙古開始分裂為「保滕」和「批滕」兩大陣營。批滕陣營主要由挖肅運動的蒙古族受害者，以及有良知的漢族造反派組成；而保滕陣營，則以漢族軍民中的權力追隨者為中心。他們認為，這是維持個人權力、保護自己、免於蒙古族受害者報復的最後希望。這種分歧的存在，以及中央政府繼續支持滕海清，使平反成為空頭支票，讓暴力對抗持續升溫。就連滕本人，也無法逃脫受害者及家人的追打。幾週之內，滕每天更換住所。有一次他的蹤跡被發現，遭拖出防空洞，但他的警衛幫他逃脫。與一九六七年四月他首次抵達呼和浩特時的經歷相比，似曾相識。只不過這一次，追捕他的不是內蒙古軍區的漢族士兵，而是廣大的蒙古族受害者。

當然，回顧輝煌歷史，蒙古人不再是曾經的戰士，無論是作為十三世紀的世界征服者，還是作為十七至十九世紀支持清朝的軍事力量，甚至也沒有一九二〇到三〇年代爭取自治的衝勁，或在四〇年代末的國共內戰中，曾經支持中共那樣的動機和野心了。

正如周恩來的結論所說，即使遭受有辱人格的酷刑，蒙古人也沒試圖逃往蒙古人民共和國。據巴彥泰稱，從一九六四至七四年間，從達爾罕—茂明安旗（簡稱達茂旗）逃往外蒙古的二十五人當中，沒有一個蒙古人。這值得注意，因為該旗共有一萬零八百名蒙古人，有八百三十一人作為新內人黨成員被挖出來，二百六十六人在挖肅戰役中被殺。[3]因此，北京成為他們討回公道的唯一去處。毛澤東發出最高指示後，再也沒人有權力或有意願，阻止受害者向北京去告御狀了。

大部分上訪者不會說漢語，所以官方要從中央民族學院請人翻譯。儘管周總理沒有親自接見他們，但有傳言說，就連周恩來，在聽到他們的故事後也哭了。

周總理這種迎合大眾心理的形象，使受害者認為，只有地方流氓才是罪魁禍首，而中央領導人，特別是毛和周，非常關心少數民族的疾苦。可以肯定，至少自一九六六年以來，周恩來與康生和中央文革小組的其他成員合作，是監控內蒙古局勢的主要中央官員，因為他在北京軍事接管內蒙古的過程中發揮了關鍵作用，從挖肅和反新內人黨運動，直到馬後砲式地承認「擴大化」，對無辜的蒙古人大開殺戒，最後威脅到了中共自身的統治能力。

一九六九年夏天，在官方認錯和中央下令停止大屠殺的鼓舞下，一群五十位蒙古族寡婦，從內蒙古西部草原來到呼和浩特，向內蒙古當局申訴，要求賠償。她們每個人都因酷刑而失去丈夫，要求內蒙古革委會派代表，到當地逮捕施加酷刑和謀殺的加害人，並為她們的丈夫平反。一九六八年六月十八日，我們在鐵路禮堂講台上看到的兩名婦女，一名抱著嬰兒，另一名試著襲擊滕海清，就屬這群人。

許多婦女懷抱嬰孩，帶著單薄的行李抵達呼和浩特，在路邊架起爐灶做飯，晚上就睡在政府主樓的階梯上。起初，警衛試圖用刺刀趕走她們，但她們呼籲伸張正義，讓軍人難以下手。她們展示丈夫沾滿血跡的衣物，有人還隨身攜帶一些刑具，向路人解說，吸引了市中心街道上所有願意聆聽她們控訴的人。常有成百上千人，聚在一起聽她們訴苦，許多人傷心落淚，更多人咒罵滕海清。

呼和浩特居民，雖然也在運動中遭受苦難，但根本不知道農村牧區的情況如此糟糕。如今，市民透過這些生動的個人敘述來了解真相。這五十位寡婦中，多數是幹部遺孀，有的本身也是幹部，所以會說漢語，能跟呼和浩特的漢族居民口頭交流。

此時，位在新城內蒙古黨委北側烏蘭夫故居的滕辦一片混亂。他們既害怕中央的譴責，也害怕蒙古族受害者的暴力復仇。因此，滕海清下令警衛保持克制，試圖安撫抗議者。寡婦們發現看守不開槍也不抓人，就衝破大門，占據了滕辦。當我跟趙宗志採訪她們時，看見孩子在辦公室跑來跑去，在地毯上大小便，現場一片狼藉。

正當「寡婦上訪團」鬧得不可開交之時，百名「孤兒上訪團」也來到呼和浩特。這些失去雙親的孩子，被新成立的「批滕總協調組」集結起來，以秦維憲（師院漢族）、扎爾嘎勒（內大蒙古族）、王建喜（內蒙古總工會蒙古族）和那順巴雅爾（內蒙古革委會蒙古族）為首。他們都是前造反派領導人。有些受害者年紀很小（五、六歲），有些則兄弟姐妹同行。許多人免費搭火車，身無分文，也沒有糧票。然而，與一九六六年大串連時的紅衛兵不同，我們當時靠著毛澤東和軍隊的支持，免費乘車吃飯，而這些孩子為了生存，不得不在途中乞討。批滕總協調組試圖提供住所和食物，來幫助寡婦和孤兒，但飯店和賓館房間已經住滿，所以內蒙古革委會，不得不同意向災民開放豪華的新城賓館。

我們為《內蒙古日報》撰寫內參，訪問了一些會說漢語的受害者。孤兒們講述他們遭到的迫害與孤立。當父母雙親都被監禁或殺害時，孩子失去食物來源，無處安身。還遭同學毆打，父母被咒罵。有的被迫在衣服上貼個「狗崽子」或「黑崽子」的標記，是階級敵人的孩子，甚至連鄰居們，都不敢公開救助他們。

寡婦上訪團有三位大媽，給大家展示一根蒙古馬鞭，木柄長二尺半，牛皮繩長約七尺。鞭子上面沾滿乾枯的血肉。人們一眼就能認出，文革前階級鬥爭展覽館裡，常常陳列同樣的鞭子。展覽解釋說，在萬惡的舊社會，牧主常用馬鞭鞭打蒙古奴隸，如今，共產黨用馬鞭鞭打內人黨嫌疑犯。「同樣的鞭子，折磨死了我們家畢生致力於革命的親人。」三名寡婦聲淚俱下，對全神貫注的觀眾說。她們還展示了被酷刑扯下的手指甲，解釋年輕的漢族打手們，如何用鋒利的尖刀插入指頭，拔掉整片指甲。

隨著挖肅罪行廣泛傳播，滕海清等人意識到事態嚴重性，紛紛撤退。挖肅積極分子們，很快關閉了挖肅辦和群專，焚燒檔案，湮滅證據，紛紛逃離或轉入地下。知青打手們，則從犯下暴行的地方消失，但當地幹部和打手，卻難以逃跑。最終，滕海清將數百名（或許上千名）參與酷刑的軍官，調往河北和山西的新崗位。據統計，八百名有挖肅血債的解放軍官兵，被迅速調往位於內陸地區的新單位，繼續拓展他們的職涯。

內蒙古革委會和內蒙古軍區，試圖阻止受害者發動新一輪報復攻勢，急忙聯合下發〈第一六五號文件（六九）〉，其中規定，「任何檔案都不能對外公開。凡被錯挖為內人黨分子（包括其他反動組織成員）的人，必須徹底解放。」依照新規定，給他們捏造的相關材料，必須當眾銷毀。〈第一六五號文件〉敦促要理性、溫和，呼籲人們忘記舊怨，展望「光明的未來」。受害者和加害者被告知：要團結起來，建立「新內蒙古」。[4]但他們不應該忘記，兇手仍然掌權，而受害者的親屬和同事，包括死去或傷殘的人，仍然被罵為「叛徒」，並沒有獲得任何形式的賠償。

內蒙古革委會也宣布，所有挖肅檔案，將在軍警監督下公開焚燒。每個單位，都被下令燒毀所有檔案，不許閱讀或拿走。大約一星期之內，每個單位的檔案都被當眾燒毀。《內蒙古日報》編輯部大樓前，全體工作人員，都目睹了檔案袋從辦公室裡拉出，並被當眾燒毀的過程。在武裝警衛的眼皮底下，十五麻袋的文件被高高堆起，付之一炬。就這樣，內蒙古革委會銷毀了它犯罪的關鍵證據，剝奪了受害者今後尋求正義的機會。

報社軍管會正副主任石克（主管挖肅跟行政）和金鋒（主管編報），試圖與旁觀的受害者握手言和，其中包括被長期關押的前副主編扎爾嘎勒，但遭大家冷落。在自治區直屬文宣單位中，《內蒙古日報》是受挖肅影響最小的單位之一。如果在酷刑較少的報社，加害者與受害者之間的對立都如此嚴重，那麼，重災區的情況更可想而知了。

滕海清逃逸

從一九六六到一九六七年，曾經在呼和浩特地區叱吒風雲的傑出造反派組織「呼三司」，是挖肅運動的另一個犧牲品。雖然「呼三司」的一些頭面人物地位很高，但已經不再是內蒙古政治中不可忽視的力量了。到一九六八年夏天，多數紅衛兵和其他造反派組織已被解散，前紅衛兵被下放到農村。在中央介入後，個別人又被重新提拔到領導崗位，但整體而言，在革委會中任職的造反派，在數量上被軍人和前領導幹部壓倒。文革初期，黨政軍大多數領導幹部，都支持保守派。被選進內蒙古革委會的最著名「呼三司」領導人，是高樹華、郝廣德和王金寶，都成為滕海清手下的常委，但沒一個是掌握實權的核心小組成員。由於「呼三司」一九六七年的短暫勝利，讓一些像我這樣的造反派成員，獲得了臨時工作職位，但遠沒有讓「呼三司」掌權，只是讓一些積極分子，在滕海清和軍方的大屠殺計畫中，勉強苟活下來，代價之一，是犧牲蒙古人的利益和生命。

一九六八年十一月之後，高錦明和滕海清之間的矛盾，使「呼三司」與滕辦和軍方發生衝突。當高錦明被滕海清批判時，不少「呼三司」造反派被攻擊為「小高錦明」，等於公然推翻了中央一九六七年四月十三日發布的內蒙古「八條決定」。該決定宣布「呼三司」、高錦明和權星垣，在與保守派領導人王逸倫、王鐸和內蒙古軍區的鬥爭中，獲得勝利。

一九六九年的「五二二指示」指責挖肅運動犯了「擴大化」錯誤，似乎給以前與「呼三司」等造反派組織有聯繫的人們，又注入了一些新活力。批滕聯絡站在內蒙古印刷廠、內蒙古出版社等單位迅速成立，包括如前所述，我們包頭電機廠五十二名大學畢業生，也很快建立一個東河區的「批滕聯絡總站」。我們貼標語、發傳單、開廣播車，譴責滕海清的罪行。造反派對滕海清的挑戰，既是為了同情挖肅運動中的蒙古族受害者，也是為了展現自己的造反傳統，一種在文革初期獲得過肯定的革命資格。

然而，隨著紅衛兵組織陸續解散，多數造反派成員分散到農村和基層，前領袖人物分裂成新的派別：郝廣德、霍道餘、王志友和那順巴雅爾，成為批滕派領導人；王金寶和楊萬祥，成為保滕「五二二派」領導人（高樹華屬於中間派，但傾向後者），因此，此時的「呼三司」，已經有名無實，無法對滕海清及其軍方支持者，行使任何有效的制約。

一九六九年六月十二日，各大學殘餘的造反派組織、內蒙古公安廳「批滕聯絡站」、自治區直屬機關「批滕聯絡站」，在呼和浩特召開了一次座談會，試圖讓造反派精神死灰復燃。[5]

公安廳的批判，對滕海清打擊力道最大。其中一位發言人，嘲笑滕海清一九六三年時「二〇六案件」針對新內人黨根源的陰謀論指控。發言人說，如果新內人黨真是一個祕密的反革命組織，怎麼能在無人知曉的情況下，從解放軍、中共幹部、工人和貧牧群眾中招募數十萬黨員呢？如果新內人黨真是一個紀律嚴明、單線聯絡的祕密組織，那麼，新內人黨的成員們，怎麼能認識數百名黨員呢？他的結論是：「說新內人黨吸收了幾十萬黨員，沒有一個人分裂背叛，彷彿是鋼鐵做成的；這種說法，完全否定了毛主席的崇高威望和黨的政策威力，違背了階級矛盾和對敵鬥爭的規律。」[6]

批判者指出，核心問題是所謂的新內人黨是否存在？如果存在，他們要求滕證明這一點。會議紀錄評論說：「這次會議抓住了新內人黨問題的關鍵，批判性分析了滕海清『挖新內人黨』及其『變種組織』存在的證據。他們的結論是：滕海清所說新內人黨在自治區是一個擁有中央、基層分支和數十萬成員的龐大的國際間諜組織，是完全不可信的。」[7]

鑑於毛澤東、周恩來和中央文革小組，在批評某些「過激行為」的同時，仍然堅持新內人黨的存在，並讚揚滕海清揭露新內人黨的貢獻，上述的批判非但有勇氣，而且具有遠見，不僅準確地描述了挖肅造成的悲劇，而且還準確而敏銳地預見到，中央試圖恢復秩序，對內蒙古邊境地區特別敏感，但不能再忽視日益高漲的批評聲音了。這些批評，揭露了大屠殺對內蒙古人民造成的破壞性後果。

滕海清保住了他在內蒙古的最高權力，長期拒絕像樣的自我批評。一九六八年六月二十四日，他遲來的「道歉」引起自治區各批滕聯絡站的斥責，大家總共提出五十個問題，要求滕「誠實反省、認真答覆」。這些「質問」刊登在《東縱報》上，廣為傳播，但《內蒙古日報》卻不予刊登。[8]

此時的內蒙古，實際上處於無政府狀態。每個單位都有受害者，其中包括曾經有權有勢的人物。有些倖存的受害者，在身體康復後重返工作崗位。但由誰真正負責？將落實哪些政策？一些曾經推動挖肅運動的人，已經消失。受害者和倖存的加害者之間，爆發了爭吵和衝突，混亂無所不在。

我曾強烈認同，那些為了個人利益而編造故事的人，也應該受到懲罰。相反地，那些拒絕服從命令，反對酷刑和捏造故事的人，以及懷疑和挑戰新內人黨荒誕故事的人，應該得到認可和提拔。但北京，沒有正式聲明新內人黨的故事是騙局和曲解，尤其滕海清還在繼續掌權，誰敢公開質疑中央的政策呢？

可憐的受害者們，有能力施加的壓力，就是向公眾訴說他們的痛苦。

在與日俱增的壓力下，即使像滕海清這樣年屆七十的強者，最終，也無法抵抗攻擊。經過多次公開羞辱，和與大多數常委隔離的日日夜夜，滕海清失去了往日的傲慢，禿頂、駝背、滿臉皺紋，一下子老了十五歲。一種奇怪的病開始折磨他，後來被診斷為美尼爾氏症。一九六九年七月，他到北京著名的三〇一軍醫院求診。中央批准他治療後，滕立刻消失蹤影，再也沒返回內蒙古。後來，在被發配到馬拉松式的「唐山學習班」學習一年半後，他恢復了原來的北京軍區副司令職務。再往後，調任濟南軍區副司令，職級待遇照舊，直到退休。

滕海清離開之後，內蒙古的平反運動，由兩位最重要的政治倖存者吳濤和高錦明領導。儘管兩人都曾經支持過政治迫害新內人黨，高還是最早的策劃者之一，但他們在運動後期，因開始醒悟而被滕迫害，使他們成為許多人心目中的英雄。然而，滕的支持者並不認輸，而是進行反擊，指責新領導層在平反方面太寬大，等於解放了烏蘭夫黑幫。而烏蘭夫黑幫，當時仍被視為內蒙古的頭號敵人。這位被打倒的自治區創始人，被中央安全地藏匿在湖南省某地，[9]但他像一把達摩克利斯之劍，高懸在內蒙古許多人的心中。

自治區被肢解

一九六七年四月十三日，中央的「八條決定」曾使內蒙古一度陷入混亂，最後只有局部軍管，才逐漸恢復秩序。這次也是一樣，一九六九年的「五二二指示」也無法恢復秩序。於是，中

地圖4 面積縮小後的內蒙古地圖，1969-1979年。

央再用軍管手段。因滕海清病休，內蒙古派系鬥爭惡化，中央下令批滕派、保滕派的二千名重要人物，集中到北京空軍學院，參加毛澤東思想學習班，從七月下旬一直持續到十月中旬。[10]

一九六九年七月二十三日，中央針對內蒙古動亂，做出令人震驚的決定：肢解自治區，將東部三盟（呼倫貝爾、昭烏達、哲里木）分別劃歸東北的黑龍江、吉林、遼寧三省。西部三旗（額濟納、阿拉善右、阿拉善左）分別劃歸甘肅省和寧夏回族自治區。這些地區的防務，也從北京軍區轉移到不同軍區（東北屬瀋陽軍區，西北屬蘭州軍區）。

早在一九六七年五月，內蒙古軍區就失去了「大軍區」地位，降格為省軍區級，隸屬於北京軍區。兩年後，自治區又失去了東三盟、西三旗（大約全區五分之三）的土地，以及約五分之二的人口，只保留了自治區的名稱和中部地區。烏蘭夫的反對者（包括中央高層與內蒙古的造反派和保守派）指控他犯下的最大罪行之一，是恢復蒙古歷史上擁有的土地。但這卻是毛澤東一九三五年代表中共中央，親自宣布的莊嚴承諾。

如今看來，早在一九六九年七月之前，中央就已經做出了肢解內蒙古的決定，但未立即執行。一九六九年二月四日，中央領導在北京會見滕海清的會議紀要，曾有以下內容：

謝富治同志：內人黨明面上是共產黨，但暗地裡卻是民族主義者。他們必須被摧毀。

康老：連軍隊裡都有內人黨，這個問題很嚴重。這樣的軍隊必須進行改革。你知道哪支軍隊有內人黨嗎？

江青同志：你們的邊防線那麼長，如果騎兵到處亂跑，那可就慘了。

康老：內蒙古就像拉丁美洲的智利一樣細長。如果戰爭爆發，你怎麼指揮？

總理：（我們）已經做出了把兩端分出去的決定。

康老：已經做出這樣的決定了嗎？我不知道。[11]

這個決定，明顯是基於對蒙古人的深刻不信任，目標是防止蒙古人可能構成的任何威脅。然而，內蒙古革委會一九六九年八月一日發布的〈第二〇六號文件〉，卻把中央的肢解決定，說成是一件有利於「內蒙古各族人民」的事情：「這個決定，是毛主席的偉大戰略部署，有利於加強領導，增強人民福祉，完全符合全國人民的利益，和內蒙古各族人民的根本利益，我們堅決支持這一英明決定。」[12]

一九六九年的領土分割，有雙重目的：一方面加強與蘇、蒙爆發戰爭的準備，同時也想盡快結束內蒙古延續了三年的內部動亂。然而，肢解內蒙古的直接影響，是以犧牲蒙古人的利益為代價，重塑漢蒙關係。內蒙古東西兩頭的土地和人民，分別劃歸四個不同省分和自治區，意味著這些地區的不滿，將無法在內蒙古權限內解決。新的管理當局，對內蒙古問題知之甚少，也不太同情，尤其那些對蒙古人口造成毀滅性影響的迫害問題。

內蒙古的分裂肢解，持續了十年，直到一九七九年七月，即周恩來和毛澤東去世三年以後，內蒙古才恢復到一九六九年的領土面積，將大部分蒙古人口重新統一在原來的「自治區」內。當然，自治區的政治權力，仍然牢牢控制在北京和漢人手中。

在內蒙古被肢解的同時，剛開始的受害平反工作，又被譴責為「走得太遠」（所謂第二個擴大化）。受害者再次被警告：不要前往呼和浩特或各盟府所在地上訪。被害人將依「因公殉職」對待，但不會依家屬要求，被認定為「烈士」，家人也不會得到合理賠償。而那些被分散到其他省分的人，連投訴的機會也沒有。

被肢解以後，內蒙古動亂的規模，並沒有明顯減少。從軍管期間中央領導人與內蒙古代表的頻繁會見，就可以看出來。一九六九年八月一日至九月十四日，僅一個半月時間，周恩來、陳伯達、康生、江青、姚文元等大部分等新當選的政治局委員，在北京軍區司令兼政委鄭維山、陳先瑞陪同下，黃永勝、吳法憲、邱會作、李作鵬、紀登奎、李德生等，多達八次接見內蒙古領袖。在邊境軍事摩擦持續不斷之際，中央優先考慮如何在內蒙古恢復秩序。

在八月十二日的第二次會議上，周恩來、康生批評內蒙古領導層，處理民族政策不當。周恩來提到，他收到錫林郭勒盟一位北京女知青的兩封信。周並沒有提及女孩的名字，但人們傳說，那是他北京的姪女周秉健，被下放到阿巴嘎旗伊和高勒公社陽光大隊。周恩來說：

一名國中畢業生，十幾歲的女孩，被下放到錫林郭勒盟邊境地區。在她剛去的時候，反高錦明「右傾機會主義」和「挖內人黨」的運動還沒有開始。

但後來，她給我寫了一封信，說她的生產隊有十幾戶人家，除了三戶以外，全都被扣上了「叛徒黨」的帽子。他們都沒有逃跑，而是繼續正常工作。有些民兵也被打成內人黨成員，但仍堅守崗位。內蒙古廣大群眾是好的，大多數牧民也是好的，廣大幹部也是如此，蒙漢關係很好！……

（後來）我又收到這個女孩的來信，說「五二二指示」公布後，當地民眾深受感動，非常支持。他們為偉大領袖毛主席解放了他們而歡呼，民族關係現在好多了。

擴大化的錯誤是嚴重的，但總有好的一面！……

漢族同志，應該對民族問題負主要責任。因為漢族占多數，他們也是革委會、核心小組、整個內蒙古自治區的多數，所以應該更自覺……相關責任人，應向少數族裔的受害者賠禮道歉。[13]

周恩來的講話，經常被人引用，以顯示周秉健的第一封信，對中央停止挖肅和反新內人黨鎮壓，從而拯救蒙古族受害者的重要性。然而，這種說法是站不住腳的。周秉健的第一封信是在一九六八年十月一日之前送達周恩來的，但周直到一九六九年秋天，差不多一年後，才公開提及這封信。

周恩來有權制止滕海清在內蒙古發動挖肅運動的「過激行為」。但他只是將這個消息轉達給了北京軍區政委陳先瑞。陳的辦公室，打電話通知呼和浩特的滕辦，要求防止酷刑和過度行為。滕海清的一位祕書接了電話，據報導，一九六八年底，他試圖將這一消息傳遞給錫林郭勒盟的挖肅辦，但沒引起重視，擴大化繼續蔓延。[14]

周恩來在會議上提到他姪女寫的信，但他並非針對蒙古人遭受的暴行表示真正的歉意，而是要向爭吵不休的內蒙古領導人通報，與蘇聯和外蒙古的戰事迫在眉睫。值得慶幸的是，儘管有大屠殺，邊境地區的蒙古人並沒有對中共失去信心。他敦促的出發點是優先考慮備戰，但無意中卻成了風中的吹哨人。總之，挖肅仍在繼續。

一九六九年九月十日，在中央指令下，北京空軍學院「毛澤東思想學習班」內蒙古班學員，起草了一封〈致全區各族革命人民的緊急電報〉，經毛澤東批准，十月四日發表，電報敦促民眾「警惕蘇蒙入侵」的可能性，並對無政府狀態發出嚴厲警告。

其中兩點特別重要。電報首先要求，立即解散所有跨行業的聯絡站、戰鬥隊和其他群眾組織。這反映出中央擔心，各單位分散的造反派，有可能再次聯合起來，對當局構成威脅。其次，支持革命的三結合，讓造反派加入革委會，使他們服從上級挑選出來的、由黨和軍隊主導的領導班子。電報重申毛澤東「革命委員會好」的話，嚴禁「以任何藉口衝擊革委會，毆打革委會工作人員，占領革委會辦公室，搶奪、毀壞、竊取革委會的文件、印章、財產和設備。」

電報呼籲的目的，是限制獨立的抗議和抵抗，或建立任何有效表達不滿的管道。中央無視源自滕海清和滕辦領導的軍事和國家暴力，試圖努力將難以駕馭的內蒙古，重新置於其控制之下，警告造反派不要採取暴力行動。其實，造反派唯一的潛力，在於能動員憤憤不平的公民，跟他們一起抗議。

內蒙古領導層，仍有嚴重分歧。吳濤和高錦明，試圖根據毛澤東對挖肅過度行為的擔憂，採取行動，為被誣告和逮捕的人平反。但滕海清（躲在北京）和他的軍方盟友，不但沒有開始平反，反而將許多被監禁的領導人，包括潮洛蒙、浩帆、陳炳宇，以及烏蘭夫的其他親信，從呼和浩特轉移到伊盟的勞改營。此外，巴彥淖爾盟西部煤城烏達的挖肅積極分子，組成「保滕戰團」，襲擊呼和浩特市的批滕組織，砸搶辦公室，綁架工作人員，搶劫車輛，圍攻自治區機關。

他們毆打革委會副主任、華北建築公司造反派領袖、批滕派領頭霍道餘。滕海清仍擔任最高職務，但是，僅憑遠端操控，滕無法彌補因挖肅運動和大清洗所造成的深刻分歧。

一九六九年十月中旬，北京空軍學院的馬拉松式「毛澤東思想學習班」宣布結束，所有人都被送回內蒙古恢復原來的工作。然而，一九六九年十月至十二月，內蒙古局勢依然混亂。滕海清已經喪失統治內蒙古的能力。高錦明取代他的野心，也不全是為讓受害者平反、恢復信任和社會秩序，而是為了贏得官員和群眾組織的更多支持。

石拐煤礦工潮：「最大的經濟主義妖風」

一九六九年夏天，我收到朋友紀寬的來信，他是石拐煤礦第三分礦的木工。跟我一樣，出身農村，也是一九五九年，從烏蘭察布盟的興和縣移民到包頭市，跟我朋友趙錄是同學，趙也是從興和移民到包頭的。我們在包頭建立批滕站後，紀寬來訪過，要求我們注意石拐罷工導致礦井關閉的情況。我把紀寬的信給金鋒看過，金鋒催促我前往調查：「請盡快寫份內參。雖然不能公開報導，但上級領導需要及時了解這一訊息。」

第二天，我返回包頭，邀請趙錄跟我同行。石拐區位於包頭市東河區東北約三十公里處，與塞外著名藏傳佛教寺廟五當召相鄰，有鐵路與包頭東河區連接。隔天早上九點多，紀寬在石拐火車站迎接我們。他穿著印有煤礦標誌的藍色工作服，留著短髮，圓圓的笑臉，興高采烈地說：

「歡迎你們來石拐做客！」

石拐區又稱「石拐溝」，是大青山深處的一段谷地，以蒙古語「舒貴」命名，意思是「森林」，是包鋼煤炭和其他礦產原料主要供應地之一。超過一萬二千名礦工在三個坑道網工作，其中九千名礦工在井下，三千名在地上。百分之九十五的工人是漢族。和內蒙古許多小城鎮一樣，石拐也是塵土飛揚，只有一條柏油路貫穿南北，連接三個分礦。示威活動的中心，在礦務局廣場，大約有兩三個足球場那麼大，附近的礦務局總部，是一棟四層紅磚樓房，面向廣場中心。

我們上午十點到達，發現數千工人及家屬，已經聚集在炎熱的陽光下。廣場兩端，各有兩輛廣播車，每輛車頂有四個擴音喇叭，面對廣場和總部大樓。廣場四周的大字報專欄，貼滿彩色標語口號：「革命造反有理，追討工資合法！」「工人階級是主人，必須補發血汗錢！」「不發欠薪，永不復工！」「損害工人階級利益的人，絕不會有好下場！」「打倒劉少奇！」「打倒烏蘭夫！」「打倒滕海清！」

紀寬介紹說，是礦工們自發性發動罷工，罷工人數從幾十人逐漸增加到數百人，最後達到數千人。最近，礦局革委會的兩位領袖成員（副主任楊秀、常委呂華），也開始聲援罷工。造反派工人自發性組織了糾察隊，全天候巡邏礦井的主要設施，防止有人想破壞和鎮壓罷工。

在礦務局大樓門口，我向警衛出示了我的《內蒙古日報》記者證，要求採訪礦務局領導。一名警衛進去通報，我問另一名警衛：如果有工人想繼續上工，怎麼辦？年輕人嚴肅看著我，說：「你是說工賊嗎？到目前為止，還沒看到一個。如果有人敢這麼幹，我們就打斷他的狗腿！」

門衛很快回來，邀請我們進入二樓會議室。礦務局領導和工人代表的談判，正在激烈進行中。大約有二十幾個人，圍成一圈座談，大多數人抽菸，室內煙霧繚繞。紀寬給大家介紹我們兩人：程鐵軍是《內蒙古日報》記者，趙錄是包頭東河區批滕聯絡站站長。我們跟著周永昌、楊秀、呂華一一握手。周永昌是包頭軍分區政委，以軍代表身分，任石拐煤礦局革委會主任；副主任楊秀，轉業軍人，十三級幹部，曾任礦務局工會主席。呂華，三十歲出頭，電工，造反派領導人，礦局革委會常委，群專指揮部主任。雖然地位很高，但作為「三結合」的一方，他的身分仍然是工人。[15]

楊秀說：「今天我們要開一整天會，局領導和職工代表座談，解決罷工問題，所以只能給你們半小時的採訪時間。」他身材高大，頭髮灰白，五十多歲，身穿深灰色中山裝，顯得優雅、學識淵博。

他說，罷工的原因，來自一九六六年初煤炭部的一項指令，要求提高所有煤礦工人的附加工資。文件規定，鑑於條件艱苦，井下作業工人每月補貼八點一五元，地上工人每月補貼六點一五元，追溯至三十八個月以前。指示明確規定，行政官員沒有補貼，但呂華有權領取補貼，雖然參加革委會，但繼續保留工人身分和工資待遇。

但石拐煤礦，是地方國營企業，不由煤炭部直接管轄，而是透過內蒙古煤炭局管理。鑑於當時內蒙古面臨財政困難，烏蘭夫單方面決定，暫時不執行調漲煤礦工人薪資的決定。在基層煤礦，工人和幹部甚至從未得知這項決定。

烏蘭夫倒台三年後，到一九六九年夏天，內蒙古煤管局的造反派幹部，在清理舊檔案時，無意中發現煤炭部一九六六年的文件。他們將擅自剝奪工人補貼的決定，認定為烏蘭夫的滔天罪行之一。大字報將文件轉發到基層煤礦後，激起石拐工人的憤怒，於是發起了自發性罷工。

楊秀說完之後，造反派領袖呂華開口說：

許多人認為，我是罷工的領導者，但事實上我不是。是那些「煤黑子」工人們自發地發起了罷工。幾個星期過去了，沒人理會他們的要求，他們就來詢問我的意見……我是工人造反派代表，應該站在工人的立場，代表他們的利益，不僅因為我自己也是工人，也因為他們的要求是正當的、合理的。

有人說，看看人家烏達煤礦的工人，他們為啥不罷工？因為他們是國家統配煤礦，人家的工資，自一九六六年以來，就已經按照中央的指示增加了……烏蘭夫不執行中央規定，是錯誤的。我正努力說服周主任和楊副主任，支持咱們的工人，但周主任仍然不同意。

呂華說完，工人代表鼓掌歡呼。楊秀接著介紹周永昌政委：「老周是我們局革委會主任，請他談談自己的看法。」

周永昌政委四十多歲，方臉通紅，身穿綠色解放軍制服，佩戴兩枚紅領章，他說：「我是一個普通解放軍幹部，政策和理論水準低，只是聽從上級的命令。目前，各地停工停產嚴重，國家經濟面臨困難。加薪要求如果鬧大，會讓事情變得更糟。咱們工人階級，和一切革命同志，都應該向雷鋒同志學習，多為國家著想，少關心個人利益。總之，沒有上級的命令，我不會支持罷工要求，這是嚴重的經濟主義妖風。」

「住口！」主任話音剛落，有些工人就憤怒高喊，「你們這些當官的，收入高，生活好，根本不知道我們工人的艱難。我們要求補發的錢，是我們用血汗和生命換來的。」

時間到了，事情的來龍去脈也清楚了，我們該離開會場了。我們跟大家揮手道別，楊秀讓大家冷靜下來，繼續開會討論。

在走回紀寬家的路上，他告訴我們：「只有少數膽小的幹部，附和周永昌政委的觀點，所有工人和大多數幹部，都同意呂華和楊秀的意見。」

在紀寬家吃午餐時，我們了解到，由於煤礦的事故和死傷率比較高，城裡婦女都不願意嫁給礦工。超過一半礦工與農村婦女結婚，但將配偶留在家鄉務農。還有許多光棍，找對象很難。公共住宅短缺。紀寬本人等了五年，才被分配到一間半小土房。農村妻子來到礦區後，因為沒有城鎮戶口，無法享有政府的口糧供應，只好在黑市購買高價糧。惡劣的生存條件，導致許多礦工染上酗酒、賭博和打架鬥毆的惡習。

據批滕聯絡站了解到的情況，當時昆都侖區和青山區的少數企業，也發生較小規模的罷工，而這裡是兵工廠集中的地區。市政府門前，幾乎每天都有抗議活動。有些工人要求加薪；臨時工與合約工，要求平等待遇；更多抗議者，還是內人黨受害者，要求落實政策，盡快平反和賠償。

我們辭別紀寬夫婦，傍晚搭火車回包頭，隔天就向報社發回了關於石拐煤礦罷工的電報稿。

一九六九年七月下旬，我回呼和浩特，向金鋒當面報告了包頭跟石拐的情況。他感覺，罷工持續的時間太長，將對內蒙古的經濟、社會和政治造成長期損害。「我們必須派更多記者，到現場觀察局勢。」他說，「我希望煤炭生產能盡快恢復，否則，中央一定會強力介入。」

後來在包頭電機廠，我跟趙錄又收到紀寬從石拐寄來的信，說一九六九年八月中旬，他們的罷工終於獲得勝利：拖欠的三百五十萬元已從銀行提出，依規定分配給工人。罷工立刻停止，煤礦不但迅速恢復生產，而且產量明顯增加，我們為此感到慶幸。

然而，中央政府隨後譴責石拐罷工，定性為文革中出現的「最大經濟主義妖風」。文革早期的一九六六年十二月，在造反派鼓勵下，工資最低、福利最差的上海臨時工與合約工，成立自己的組織（簡稱「全紅總」），批判「走資派」特權與社會不公，要求同工同酬。儘管最初得到江青、陳伯達、康生和中央文革小組其他成員的支持，但國家經濟危機，促使周恩來譴責他們是「經濟主義」。[16]一九六七年初，全紅總及其他全國性的復員軍人、知青、鐵路工人等造反派組織，很快就被宣布取締，主要領導人被捕。文革初期工人階級提出的最強大挑戰之一，就這樣被殘酷鎮壓下去。

也許受到石拐煤礦罷工勝利的刺激，或是受到湖北、湖南、廣西、四川等南方省分混亂武鬥的鼓舞，內蒙古愈來愈多的工人發起行動，要求保護工人的權利。一九六九年八月十四日，石拐罷工勝利僅一星期後，包頭第二機床廠（中國最大的高砲製造廠之一）的工人也舉行示威，要求提高附加工資。工人們包圍軍管會，衝進會議室，毆打軍代表和革委會成員。消息傳到北京，中央領導在北京空軍學院學習班上，批評內蒙古說：「你們內蒙古，連保障基本工資都困難，更別說提高附加工資了！若不執行中央的『七月二十三日通知』，任由經濟主義和無政府主義蔓延，如果蘇修、蒙修打過來，你們就得同歸於盡！」[17]

針對內蒙古日益高漲的抗議活動，中央命令滕海清和吳濤，於八月二十一日凌晨，在北京緊急召開電話會議：「堅決貫徹『七二三通知』，維持穩定，準備打仗。」當時，北京空軍學院的馬拉松學習班，還在繼續。吳濤批評石拐罷工，說：「示威者強迫煤礦領導簽字，打傷群眾，強行從銀行提款三百五十萬元。這是一股經濟主義妖風……受到中央領導的批評，必須堅決處理。」[18]石拐煤礦罷工和包頭工人示威，並不是領導人唯一關心的問題。滕海清也對日益嚴重的經濟危機和政治混亂，發出以下警告：

> 公安機關和軍管會，都迷失了方向，不履行職責……錫林郭勒盟和巴彥淖爾盟，在收繳槍枝方面取得了一些成績。但錫林郭勒軍分區仍有大量牧民上訪，應該動員他們回家……「批滕站」是什麼?「五二二戰團」有哪些?為什麼要組織「寡婦上訪團」?那些東西必須盡快解散……錫林郭勒盟有數百輛卡車，但道路未通，卡車也動不了，煤炭不能運出內蒙古，糧食也不能運進來。[19]

北京空軍學院學習班結束後，二千多名領導幹部，被派回內蒙古擔負維穩任務，但收效甚微。

全面軍管

一九六九年十二月十九日，中央終於直接介入，控制了動盪的內蒙古。北京軍區宣布，經中央批准，對內蒙古實行分區全面軍管，用一個強大的新軍事領導層，取代了滕海清領導層。新班子由林彪和陳伯達的親密夥伴鄭維山將軍（北京軍區司令）和他的副手領導。對內蒙古人民來說，鄭維山並不陌生。一九六七年五月二十二日的中央決定發布後，他的軍隊開進呼和浩特，控制鐵路、廣播電台、報紙和公安系統。現在，鄭維山親自出馬，擔任「北京軍區內蒙古前線指揮所」（簡稱「內蒙前指」）的一把手，加強北京軍區對內蒙古全境，實行新的軍政府統治。

後來，內蒙古革委會原常委、辦公室主任張魯，對一九六九年的情況有如下回憶：

> 十二月十九日的軍管命令，一經中央批准，內蒙古革委會的滕海清、吳濤、高錦明、權星垣、李樹德、李質、雷代夫、張平、張魯等人，立即被傳喚到北京。中央首長在人民大會堂會見並宣布對內蒙古實施全面分區軍管……隨後，內蒙古革委會成員，與前線指揮部領導鄭維山、杜文達、黃振堂、張正光，同機飛回呼和浩特（辦理交接手續）。[20]

一九六九年十二月二十一日，鄭維山赴內蒙古上任前，向上司陳伯達請示。陳告訴他：「你手裡有國家的尚方寶劍，要去內蒙古實施軍管。你們是征服者，而不是勝利者。」[21]意思是說，你鄭維山並非地方派系鬥爭的勝利者，而是接受中央委派，前往恢復秩序的欽差大臣。

鄭在呼和浩特的內蒙古黨校大院，設立軍事指揮部。該大院也是北京軍區內蒙古生產建設兵團總部所在地，兵團總人數在一九七二年達到十七萬高峰。除了半軍事建設兵團外，北京軍區還從鄰近省分向內蒙古調派野戰軍，配備了坦克、火砲、裝甲車和其他重型裝備。幾天之內，四支野戰軍（六十三軍、六十五軍、六十九軍、二十七軍）分別開進包頭、呼和浩特，以及巴彥淖爾盟、錫林郭勒盟、烏蘭察布盟和伊克昭盟等地。[22]

六十三軍副軍長曹步遲、副政委田銀東，分管包頭市、呼和浩特鐵路局、烏達煤礦、石拐煤礦、河西公司。六十三軍副軍長佘洪信及一八七師副政委王雩，則控制巴彥淖爾盟的不同旗縣。[23]

當時，解放軍野戰軍的平均規模，約為三至五萬人。於是，總共有十二至二十萬士兵，以軍管和備戰的名義，被派往內蒙古。由於中央全神貫注於中蒙與中蘇邊境的軍事衝突與戰爭威脅，軍隊不僅控制地方政府，也直接控制黨與地方部隊（號稱「部隊軍管部隊」）。從一九六九年十二月下旬至一九七〇年一月上旬，中央命令內蒙古大部分幹部上萬人，到河北唐山等地，舉辦另一場馬拉松「毛澤東思想學習班」。他們的職位空缺，由軍人或內蒙古以外的幹部填補。這種全面分區軍管模式，在清除地方黨政體系的同時，也徹底清除了滕海清原來安插的軍方勢力。

軍管與婚姻

戒嚴令將內蒙古依照盟市劃分，並限制跨盟市的人事調動，這在大學畢業生群體，特別是面臨工作分配的大學生之間，造成了婚姻危機。大家爭先恐後登記結婚，希望能和配偶分配到同一個地方。趙宗志與果祝萍、張達人與欒振平、孫磐石與斯琴，都很快宣布結婚了。

我跟王秦賢，也是一九六九年十二月三十一日匆忙結婚的。沒有住房，沒有家具，甚至沒有新衣服，我們的「婚禮」簡單到寒酸。我穿著包頭電機廠的工作服，秦賢的母親給她縫製了一件花罩衫，套在舊棉襖外面，權代婚紗。除夕之夜，我們邀請師院、醫學院、《內蒙古日報》報社的十幾位好友，到孫磐石臨時讓出來的單身宿舍（好在磐石家非常近），聚在一起「吃喜糖」。但不幸的是，那天風雪交加、天寒地凍，只有六七個朋友，能應邀來參加我們的「婚禮」。

一九七〇年一月三日，是個星期天，雪終於停了，天空放晴。父親和繼母堅持要在家裡補辦家庭「婚宴」，所以我們邀請了六個朋友。我父親拿出他珍藏多年的好酒。午餐之後，四個酒量大的好友（龐乃武、張達人、劉東昇、翟希民）繼續痛飲，直到晚餐之後方休。

劉東昇酩酊大醉，突然高喊：「狗日的林彪！為啥他被選為毛的接班人？甚至還寫入九大黨章！軍管內蒙古，也許就是他的餿主意哩！」張達人怕鄰居聽見，急忙把東昇推倒在炕上，拿枕頭壓著他的頭，說：「醉了，醉了，不會說人話了，趕緊睡吧！」這事雖小，但說明，在自治區和北京的矛盾尖銳之際，年輕一代的疏離感，明顯加深。

圖21　程鐵軍與未婚妻王秦賢，1969年6月17日，上寫「戰前」二字。

一九七〇年一月底，我和秦賢回河北饒陽老家探親。母親、弟弟、弟媳，和他們兩歲的小女兒晢晢，對我跟新娘回老家非常高興。我們程氏家族與近親，辦了幾場宴會，來慶祝我們的婚事。媽媽用她的德國縫紉機，為秦賢做了套新衣。那年二月六日，是農曆春節，依照農村習俗，新媳婦要給婆婆磕頭。但秦賢是城裡人，從小沒有磕頭習慣，母親以文革破四舊為由，就免了這禮數。但作為新家族成員，她跟著我們兄弟和族人，一同到祖墳祭拜，給已故的長輩燒紙上香。二月中旬，回到呼和浩特，秦賢到醫學院辦理好工作分配手續。那一年，中央嚴格執行毛澤東的「六二六指示」（把醫療衛生工作的重點放到農村去），所有醫學畢業生，都下放到基層，即鄉鎮人民公社級的診所。[24]幸運的是，她被分配到巴彥淖爾盟烏拉特前旗的新安鎮醫院，離包頭較近，乘火車一小時可達。我們一起去包頭拜訪同學之後，我先送她到醫院上班，再回電機廠，跟其他大學生們，繼續在車間勞動。

軍管會殺人立威：公開處決十人

轉眼到一九七〇年冬天，我從包頭回呼和浩特探親，再次見到翟希民同學，他被分配到呼和浩特鐵路三中，離運輸公司很近。他憤怒地告訴我，教師們當天下午開會，學習「內蒙前指」下發的通知。文件宣布，判處師院外語系教師金錫嘏等十名反革命犯死刑，立即執行。其中包括葉融，造反派臨時工；孫鳳才，河西公司造反派領袖；鐘崙，新華小學教師；還有呼和浩特鐵路局的一對右派夫妻，范玉生和林秀美等等。

這個消息猶如晴天霹靂！這十個人裡，我起碼認識金老師和工程師葉融；右派夫婦的故事，也非常熟悉，他們兩個上小學的女兒，曾到《內蒙古日報》報社宣講過，如何在軍代表誘導下，揭發自己父母的「反動言論」。

希民接著說：「公審大會，預定明天上午在新華廣場舉行。命令我校全體師生必須參加！軍管會的王八蛋們，正濫殺無辜！這些人犯了什麼他娘的罪行？都是好人！」

第二天，一個寒冷的星期日。上夜班的孫磐石還在睡覺，我披上他的皮大衣，穿越街心公園，站在電影宮的高台階上，面朝報社正門，等遊街車隊經過。也許因為對殺人現場記憶猶新，我痛恨公審大會，但必須給好友葉融和金錫嘏老師送別並致敬，希望見他們最後一面。他們都是受過高等教育的難得人才，以誠實和勤奮為國家做出貢獻。如今，他們的忠誠與厚道，要把他們帶往自己的墳墓！

公審大會結束後，十輛卡車組成的死囚車隊，將十名被判死刑的人，帶往呼和浩特北郊的臨時刑場，位於大青山腳下，離鐵三中的大操場很近。上午十一點半左右，車隊沿著新華大街，從西往東，緩緩駛過電影宮。葉融站在第一輛卡車上，周圍有兩名持槍士兵。當刑車從離我數公尺遠的地方經過時，我清楚看到他的雙臂被反綁。儘管不能發聲，他還是試著昂首挺胸，環顧四周，也許希望能最後看一眼他的妻子秦萍，和兩個可愛的孩子。

一九六七年春，韓桐被殺後，部隊和保守派圍攻師院期間，我認識了葉融、秦萍夫婦和他們的孩子。當時，葉融一家，跟許多造反派的遭遇相同，被保守派趕出家門，到師範學院主樓避難。高樹華是葉的朋友，他拿出自己在教職員單身宿舍的鑰匙，要我帶葉融一家人去那裡暫住。

葉融三十出頭，中等身材，身體瘦弱，總穿著一條髒兮兮的藍色工作褲，腳蹬破舊的大頭靴。他畢業於南京工業學院建築系，一九五〇年代初被分配到北京建築設計院。在一九五七年的反右運動中，因涉嫌藏匿父親一枝（根本不存在的）手槍，而被錯劃為右派，隨後，下放到內蒙古建築設計院。在一九六〇年代的社教運動中，更被開除公職，淪落為朝不保夕的臨時工。

葉妻秦萍，是內蒙古歌舞團的會計。一九六六年六月，她因揭露高層領導王逸倫與歌舞團演員的性醜聞，為丈夫撰寫批判王逸倫的大字報，提供資訊。兩人都成為造反派。葉是臨時工，沒有工作單位，而秦則被趕出本單位。一九六九年冬，葉在內蒙古革委會門前示威，身披標語，高舉木牌，要求平反錯案，恢復他的工作。被以攻擊「新生革命政權」的罪名逮捕。一年後，被內蒙古軍管會判處死刑。[25]

第二輛卡車上，是身材高大，面龐浮腫的金錫嘏老師。自從入獄以來，他妻子跟孩子拒絕探望他，所以，他沒有左顧右盼，而是昂首挺胸地站立，瞇起雙眼，似乎對這個世界不再留戀。跟葉融一樣，他臉上也沒有絲毫恐懼表情。[26]

金錫嘏老師，五十一歲，上海人，畢業於震旦大學（一九〇三至五二年間，上海著名的天主教大學），主修英語，並自學俄語。一九五〇年代，任中央馬列著作編譯局高級翻譯。但在反右運動中，被打成右派，下放內蒙古師院外語系任教。在我們系，只有金老師一個人，能同時教英俄兩種外語。他真正的惡夢，從挖肅運動開始。多數受害者，都被迫辱罵自己，向毛澤東畫像請罪，試圖減少精神和肉體痛苦。只有他，拒絕咒罵自己，也不跪拜毛像乞求寬恕。他說：「士可殺而不可辱！」這種大膽直率的性格，最後把他推上了不歸路。

挖肅積極分子先把他關進勞改隊，後來擔心他的反動言論擴散，又將他轉移到我們學生宿舍，占用了我空出來的床位。兩名負責「看守」的同學，經常輪流打他，以顯示自己「革命」。但金老師，愈挨打愈硬，故意高喊「林彪是奸臣」、「毛澤東是昏君」等「反動」口號。這些「反動口號」報告給上級，就成了他的犯罪證據。

有一天，我回宿舍找書，發現他一個人在寫檢討，臉上傷痕累累。趁看守不在，我就悄悄問他：「金老師，你為啥要喊那些口號，為自己增添『罪證』？」

他嘆息說：「鐵軍，你不知道呀，他們天天打我取樂。我故意喊這些口號，好把我案子搞大，讓他們把我送進監獄。那裡畢竟有法律，能依法審判呀！」

我當時想，像他這樣脫離社會的書呆子，有古怪想法，也不奇怪。師院當局，最終於一九六九年初，將他移交給內蒙古公安廳。一九七〇年冬，軍管當局，高調推動「一打三反」，將他列為典型之一，判處死刑。[27]原來，這就是金老師幻想中的「依法審判」！

第三輛車上是范玉生，第四輛車上是他的妻子林秀美。兩人都三十多歲，都是長沙鐵道學院畢業，因批評大躍進被打成右派，一九五九年分配到呼和浩特鐵路局當工程師，因業務優秀，成為鐵路局長胡常倫倚靠的技術骨幹。文革期間，夫妻經常在家中議論時政，從毛澤東到江青，無話不談。他們不知道，積極挖肅的鐵路局軍管會，正設法尋找證據，想把他們的右派問題再拿出來炒作，從中找尋走資派胡常倫的罪證，於是從兩個年幼的女兒下手，許諾讓孩子加入紅小兵（少先隊），戴上毛像章跟紅領巾，上台演節目等等，讓孩子偷聽父母談話，每天向老師報告。最後，他們的言論被湊到一起，當現行反革命分子逮捕，同時判處死刑。[28]

父母被抓之後，兩個孩子（九歲和七歲）被軍管會當成「大義滅親」的英雄，受到特殊保護，到處輪流演講，講述她們如何揭發父母的「反動言論」。《內蒙古日報》和《呼和浩特日報》，都曾刊登長篇報導，標題是：「毛主席的紅小兵，大義滅親，揭發父母的反動罪行。」

一九六八年冬，「挖肅」高潮期間，兩個女孩曾經來報社揭露她們的「反動父母」。我在禮堂門口，見過那兩個梳著羊角辮的姐妹，領她們來的，正是我們呼盟調查組的組長李志東，我的政敵。我聽說過她們的故事，但我拒絕聽她們演講，也沒見過她們父母。如今，右派夫妻的刑車，就從我面前駛過，也許因為獄中陰暗，英俊的臉龐，略顯蒼白。兩人都努力觀察下面的人群，環視街道，或許希望能看孩子最後一眼。他們哪裡知道，兩個懵懂的孩子，如今已成了軍管會的戰利品，被「特殊照顧」起來，連父母在哪裡，也不許她們打聽。

聽師院同學說，後面刑車上，還有個叫鐘崙的小學老師，原是鐵路一中的好學生，只因為在《毛澤東選集》上寫眉批，被人揭發，從他寫的文字中，挑選「反動字句」，也被判了死刑。想到我當年跟劉望的私人通信，被蘭州空軍政治部揭發，不由得心生懼怕。

想到這裡，我痛苦異常，不想再看後面的車隊，趕緊走下台階，跑回報社宿舍，蒙頭痛哭流涕。他們的臉孔和往事，久久縈繞在我腦海中。後來翟希民說，十名死囚的遺體，或因家屬不知情，或拒絕收屍，暴露在刑場的露天曠野，示眾了好幾天，招致流氓圍觀搜身，還有野狼下山覓食，威脅到鐵三中學生安全。在校方強烈抗議下，公安廳才匆匆派車，把屍體拉走，草草火化。

唐山學習班

話題回到唐山學習班。內蒙古軍管後，原來的大部分幹部，上萬人被強迫送往河北、山西、北京等地「整頓思想、統一認識」，統稱「唐山學習班」。

為確保中央能牢牢控制，全部送到內蒙古以外北京軍區管轄的地區，例如：自治區直屬機關七千七百六十九人，送往河北唐山。各盟市的三千三百三十七人，被送到山西陽高、河北柴溝堡、獲鹿等地。一小批高幹，先去北京的空軍學院，後來轉到唐山。[29]

主要地點，在唐山鐵道學院和唐山煤炭學院。學習班的組織架構和排程，高度軍事化。例如高樹華，就登記在第一大隊、第三連、第三排、第十三班。連長、排長都是現役軍官。包括滕海清、高錦明這樣年長的高級幹部，都要參加晨練出操，洗澡、吃飯、看電影等等，都需要排隊等候。

學習班實行軍事化管理，禁止打電話、探視和用少數民族語言溝通。所有信件，包括跟家人和同事的私人通信往來，都必須經過領導檢查。

學習資料，包括毛澤東著作、中央和內蒙古革委會、前線指揮所的正式文件，以及學習班領導小組準備的兩本小冊子：《滕海清錯誤一百例》和《高錦明罪行一百條》。前者聚焦滕在挖肅和反新內人黨運動中的擴大化錯誤，後者則關注高在執行毛澤東「五二二指示」時，平反一風吹，成為更嚴重的擴大化錯誤。所有學員，都必須批判滕海清，更要批判高錦明和烏蘭夫。

唐山學習班的高潮，是中央對反新內人黨運動的結論性表述。一九七〇年四月十六日，周恩來、康生、陳伯達、黃永勝，代表中央文革小組在北京發表講話，集中闡述了中央的觀點。學習班成員來自山西、貴州、四川、湖北、新疆、內蒙古。這些省區都因派系內鬥而分裂，中央試圖透過各地幹部參加學習班，解決這些問題。高樹華在他的筆記本上，做了以下紀錄：

周總理說：「去年四月毛主席號召搞備戰已經一年多了……內蒙古是邊境，工作做得不好，搞了兩個擴大化，挖內人黨擴大化，糾偏又擴大化，所以才派解放軍進去……現在內蒙古形勢大好。你們說是不是？」（大家喊：是！）

其他中央領導說：「內人黨有沒有？有，是有根子的，只是沒那麼多……內人黨與外蒙古保持聯繫，是反革命。」[30]

周恩來和中央堅持認為，存在著一個勾結外蒙古、分裂中國民族主義的地下政黨。他們遺憾的只是，挖肅的攻擊範圍太大，受到傷害的人太多。這是周提到的第一個擴大化，為此指責滕海清。第二個擴大化，是指一九六九年毛主席五月二十二日批示以後，高錦明為首給受害者的平反。相比而言，高錦明的錯誤是方向路線錯誤，而這個錯誤可能讓毛澤東、周恩來與中央的核心政策受到質疑。前一個「左傾錯誤」，可以從輕發落；後一個「右傾錯誤」必須嚴厲懲罰。

唐山學習班的再教育方式，有公開羞辱和自我批評兩種。與挖肅運動不同的是，以漢族為主的軍政幹部，並沒有遭受酷刑或殺害。他們接受洗腦訓練之後，可以重返崗位。儘管在類似監獄的條件下生活，但始終繼續領取正常工資。當然，長期的看管和再教育，也能導致精神錯亂，甚至自殺。包頭市一位老幹部，經過多次批判鬥爭，終於獲得「解放」，但不久，卻因心臟病突發，在學習班猝然去世。[31]

一九七一年四月底，學習一年半後，課堂氣氛變得輕鬆起來。五月，領導人布置了下一階段任務：每人寫一份自我評價，然後集體評估。從班開始，一直到排、連，完成個人的集體總結和考核之後，再分配工作任務。從一九七一年五月上旬至中旬，中央多次安排會議接見內蒙古學習班。在一次有周恩來、康生、江青、王洪文參加的會議上，康生反覆問在座的幹部：「學習一年半了，還想上訪嗎？還想給中央遞紙條子嗎？」大家都喊「不想了！」於是，毛澤東思想又取得了「偉大勝利」。周恩來還親自削了四枝鉛筆，送給四位造反派領袖（高樹華、郝廣德、王金寶、那順巴雅爾），鼓勵他們：「你們還年輕，要聽毛主席的話，努力學習。」[32]

一九七一年五月下旬，學習班結業後，大家面臨不同的命運。根據茂敖海（蒙古語：穆諾豪伊）的說法，分配方案有六類。[33]第一類：表現優秀，調任新單位並晉升更高官職，我的朋友或同事都不屬於這一類。

第二類：學習班成績合格，回內蒙古原單位，或調任同級其他單位。高樹華、郝廣德、王金寶、那順巴雅爾、張培仁和許多報社同事，就屬於這一類。

第三類：表現較不滿意，調任盟市旗縣下級單位，擔任副職。我報社的同事李志國（去了巴盟）、鐘拔元（去了伊盟）就屬於這一類。

第四類：案件懸而未決，歷史有待查清，政治態度需要糾正，送往巴彥淖爾盟或者土默特右旗的五七幹校，或農場、工廠進一步勞動鍛鍊，包括背景調查。

第五類：那些被認為政治上不可靠的人，被下放到農村進行勞動改造。比如，內蒙古社會科學研究所的王慎失（副所長）和太太樹志，就被發配到巴盟烏拉特前旗樹林公社七號大隊插隊落戶。直到七〇年代後期，才被調回內蒙古社科院，後來調任位於保定的河北大學副校長。

第六類：對少數人，宣布逮捕審判，或隔離審查。

內蒙古革委會最高領導成員呢？滕海清調回北京軍區，恢復原副司令職權。顯然，他應該屬於茂敖海說的第二類。一九七五年，又平調濟南軍區副司令，一九八〇年代離休。

高錦明，先被送到軍墾農場勞改兩年，因政治路線錯誤而受到懲罰，屬於茂敖海說的第五類。直到一九七〇年代中期，才被任命為河南省洛陽拖拉機廠的副廠長。一九七八年從該職位退休，改任北京的中央文史館館員，從未返回內蒙古，也從未獲得跟他級別相當的領導職務。

權星垣，先送到工廠勞動改造，後任甘肅省革委會副主任，一九八〇年退休。

最悲慘的命運，落在內蒙古革委會常委李質和郭以青身上。因康生懷疑李質是一九三〇年代的國民黨特務，所以留在學習班接受進一步調查，多年沒任何新發現，又被送到烏蘭察布盟豐鎮縣一家小工廠勞改，最後死在那裡。郭以青在河南接受批鬥審查之後，被開除黨籍和公職，送回內蒙古大學，靠微薄的補助金，度過風燭殘年。

只有李樹德比較幸運，又恢復了內蒙古革委會常委的職務。李是一九六八年一月成立的內蒙古革委內人黨調查組組長，也是滕海清挖肅運動的堅定支持者之一。但他官復原職，安然無恙，一九七六年因病去世。

只有一位內蒙古的大人物，沒去唐山學習班，那就是吳濤。他留在呼和浩特，繼續擔任內蒙古軍區政委，後來升任北京軍區副政委。他於一九八三年去世，享年七十二歲，是文革期間唯一一位獲得高位的蒙古人。他享有周恩來和中央文革小組其他領導人的特殊庇護，但他在內蒙古這些年裡，顯然沒有行使過多少權力。

一九七一年五月十三日至十八日，在唐山學習班結業的前幾週，內蒙古自治區第三次黨代會在呼和浩特舉行。二十七軍軍長、北京軍區副司令尤太忠，當選為第一書記兼革委會主任。事實上，兩個月前，尤已接替了因跟隨林彪和陳伯達而失去光環的鄭維山，[34]成為內蒙古前線指揮部司令，兼任內蒙古軍區司令。當選的四位書記中，包括吳濤，和從廣東調來的平反幹部趙紫陽。趙從一九六五至六七年擔任廣東省委書記，後來一直被關押到一九七一年，毛澤東和周恩來才將他解放，派往內蒙古。[35]此時的內蒙古高層，只有吳濤一個蒙古人。一九七五年二月，蒙古族女勞動模範寶日勒岱，被選為內蒙古自治區高層領導之一。她的家鄉伊盟烏審旗成了模範生產隊，被譽為「牧區大寨」，使這位牧羊女獲得提拔。不過，早在一九六三年，烏蘭夫就首次確認了她的勞模身分。

一九七一年，當上萬名內蒙古黨政軍幹部，在唐山完成再教育返回內蒙古的時候，他們原單位的工作崗位，已經被新任命的人員占據。許多新領導人多來自其他省分，已與家人定居內蒙古。前官員返回後，工作人員總數，自然翻了一番。結果，空喊「簡政放權」，實際上導致人浮於事。這個過程，在許多其他省分的革委會中，也被複製。

全面軍管對內蒙古的影響

總之，一九七一年六月六日，唐山的馬拉松學習班結束，火車專列，將學員送回內蒙古。內蒙古的分區全面軍管，於一九七二年一月十二日終結，但二百八十五名關鍵部門的軍管幹部，撤出速度緩慢，交接工作困難。有些地區，一直拖到一九七二年夏天。[36]若總結全面軍管對內蒙古的影響，起碼可指出三條：

首先，唐山學習班規模龐大、影響持久，各族幹部一萬一千多人參加，其中漢族占多數。不僅挖肅受害者無法得到平反，鄭維山一夥，甚至破壞了內蒙古革委會在「五二二指示」後開始的最低限度的平反努力。在鄭維山和尤太忠領導下，挖肅運動雖然規模縮小，但仍在繼續，並且新的受害者，仍然被關押迫害。例如，內蒙古公安廳原副廳長滕和，就在這時被折磨至死。[37]總之，鄭維山在內蒙古的所做所為，實為沒有滕海清的滕海清路線。

其次，在軍管期間，來自其他省分的漢族人口加速湧入，其中包括數十萬知青，以及類似數量的現役和轉業士兵、軍官及其家屬，構成最新一波移民潮，加劇了內蒙古的人口壓力和就業競爭。例如，一九七〇年夏天，軍管當局命令包頭電機廠，接收來自河北和山西農村的三百多名轉業軍人，大大增加了該廠的工資負擔和後勤供應壓力。轉業士兵不僅把自己的內地農村戶口轉為城市戶口，而且還把配偶的農村戶口也轉為內蒙古城市戶口。他們改變家庭成員戶口的數量規模，成為文革期間，中國唯一一次大規模「農轉非」的戶口變動，正是「全面軍管」使之成為可能。同時，鄭維山、北京軍區和中央，將約四百名團級以上解放軍蒙古族軍官，從內蒙古轉移到內地省分（河北、山西、天津和陝西），其中，既包括挖肅運動的責任人，也包括許多受害者，[38]使許多蒙古人失去在內蒙古黨政軍機構的升遷機會。在生態脆弱的草原地區，漢族移民的增加問題尤其嚴重。建設兵團為求糧食自給而過度開墾土地，造成草場退化、土地沙漠化、鹽鹼化，導致華北等地沙塵暴更為嚴重。

第三，是暴力鎮壓的副作用問題。當然，大規模逮捕、公開審判和大規模處決，並不是什麼新鮮事，也非僅限於內蒙古。從一九七〇到七二年，鎮壓活動以「一打三反」的名義，在全國各地廣泛傳播。一九七〇年春，軍管石拐煤礦的部隊，突襲了工人集會，大張旗鼓地逮捕楊秀、呂華等工人代表，軍方當眾宣布周恩來和中央對煤礦罷工的嚴厲批判，稱其為「建國以來，全國規模最大的經濟主義妖風，嚴重的反革命事件。」被捕的楊、呂二人，遊街批判，內定死刑，立即執行。工人已領取的補發工資也逐漸從他們的薪水中扣除。後來，周恩來擔心，這會惡化軍民關係與官民衝突，才將他們暫緩執行死刑，後來又減為有期徒刑，最終保外就醫。但無論如何，罷工和鎮壓，已經在石拐工人心中，留下長期創傷。至於中共在內蒙古文革鎮壓中更為嚴重和深刻的經驗教訓，我們將在本書最後一章「結語」中，詳細討論。

第十一章　批林整風後，告別內蒙古

林彪事件，餘波盪漾

上文提及，一九七〇年秋冬的包頭和全內蒙古，軍管當局透過政治壓力、逮捕、酷刑和處決，鎮壓了工人騷亂，但沒有消除問題的根源。不久，我們接到通知，包頭電機廠的勞動鍛鍊任務宣布結束，我們將被分派到各中學任教。大家和工人師傅一起過個年，吃完送別飯後，我們這些大學生就陸續分赴各學校。我和劉東昇、張達人，還有內蒙古大學畢業的賈之村共四人，分配到包頭十九中，開始了新的教師生活。

從一九六六年十二月起，全國中學宣布「停課鬧革命」，許多中學處於事實上的半關閉狀態。從一九六九年底開始，中央多次號召中小學「復課鬧革命」，但直到一九七〇年，只有很少學校恢復上課。在包頭，大多數中學幾乎空無一人。我的英語課堂應該有五十名學生，經過我們挨家挨戶動員，最後只有十幾個學生露面，而且，因為沒有課本，大家只能讀讀報紙，念念字母。我們每天的工作，主要是看報、讀毛澤東著作、喝茶聊天，什麼都不做，照樣掙著薪水。

而且，我一個人在包頭生活，與家人分開。一九七〇年十二月十二日，我們大兒子程鵬在呼和浩特出生。面對生活困境，我開始考慮離開內蒙古回河北老家。但說來容易做起難。比較方便的選擇，當然是妻子調到包頭工作，我們可以在同一個城市工作與生活。包頭的生活條件，肯定比家鄉饒陽農村的條件好許多。[1]但由於毛澤東的「六二六指示」（把醫療工作的重點放到農村去），使得大學畢業的醫務人員，無法從農村調動到城市。情不得已，我決定先調動到秦賢工作的新安鎮，等待機會再轉到河北饒陽。由於各學校都準備開設英語課，都歡迎英語老師，所以新安鎮中學和烏拉特前旗教育局，很快就批准了我的工作申請。我把老母親從河北饒陽接到新安鎮，身為她的長子，我應該照顧一家老小。母親很高興，能看到並照顧十個月大的孫子，秦賢也很高興有母親跟我們同住。這是自一九六九年底結婚以來，我和秦賢第一次有個家，在新安鎮醫院分配給的兩間土平房裡，住著祖孫三代四口人。

我任教的新安鎮中學，歷史悠久，始建於一九〇五年，當時是比利時傳教士維林登・雷米神父（Father Verlinden Remi）創辦的教會小學，專門教育蒙漢族兒童，最初由一所蒙古族學校和一所漢族學校組成。蒙古族學校於一九三四年被漢族定居者接管，不久後又解散。從一九三九年起，舊校址由綏遠省長傅作義的軍隊接收，改為新式學校。[2]一九四九年以後，學校擴建，包括小學、國中和高中。我去的時候，幾百名兒童來自鄰近的村莊，還有內蒙古生產建設兵團第十二團許多軍官家屬的孩子。校長想快點開英語課，但我們沒有課本或教材，也需要增添更多英語老師，所以讓我先教語文、歷史和政治。我每週教十二節課，每天兩節，週日休息。

文化大革命的關鍵轉折點，是林彪事件，發生在一九七一年九月十三日，但大多數人只是在幾週、甚至幾個月後才得知此事。多虧我有一台品質較好的「紅旗牌」短波收音機，幾乎馬上就知道了消息。有天晚上十一點左右，在我收聽英語節目時，偶然聽到的。那是林出事兩三天後，「美國之音」的特別英語節目說，蒙古人民共和國當局已確認，中國一架英製三叉戟1E飛機，墜毀在溫都爾汗，機翼上塗有中國空軍二五六編號，造成一名中國高級領導人及其妻兒，以及機組人員死亡。這個人很可能是中國的第二號人物林彪元帥！我大吃一驚：毛澤東「最親密的戰友和學生」，官方指定的「接班人」，怎麼會背叛他並試圖逃離中國呢？可能是造謠吧。換到其他頻道，我發現日本ＮＨＫ、莫斯科廣播電台、澳洲、台灣等外台，都在播放同樣的新聞。只有中國大陸官方電台，保持沉默。然後，我又嘗試了三個中國大陸的地下廣播電台（紅星廣播站、紅衛兵廣播台、中國共產黨廣播電台）。[3]那個自稱「中國共產黨」的地下電台，甚至宣稱，是毛澤東和周恩來，計畫了林彪暗殺事件。從多家報導來看，林彪似乎已經死亡，但我仍然疑竇重重。

毛澤東的接班人，死亡或被刺殺的消息，讓我震驚得睡不著覺。我無法確定是應該慶幸還是哀悼，並擔心更壞的情況發生。第二天一早，秦賢上班後，我把聽到的消息告訴母親。她警告說：「無論消息真假，都不要跟任何人說，包括秦賢。萬一傳出去，可能會毀了你的一生！還有全家的命運！」母親憂心忡忡的背後，隱藏著一個血淋淋的教訓：我們饒陽縣的許張保村，有個五十多歲的婦女許來格，在一九七〇年的「一打三反」運動中，僅僅因為說林彪長得像奸臣，江青像潑婦，就被判處死刑。我的外語老師金錫嘏被處決，也是因為他批評林彪和江青。

在中國官方媒體保持沉默的同時，領導幹部開始逐級傳達並通報林彪事件。到一九七一年十月中下旬，即林去世約五星期後，這個消息終於傳到基層黨委書記。直到年底的時候，普通教師和員工，才得知中央文件。

一九七二年一月中旬，根據烏拉特前旗軍管會的命令，我們中學停課一週，讓教職工學習中央文件。隨後，恢復半天上課，半天時間用於教職人員開會討論。我們的學習和討論，集中在兩份文件上。一份是中共中央對林彪事件的通知。另一份是附件，題為〈「五七一工程」紀要〉，概述林彪策劃的反毛軍事政變計畫，據稱是林彪之子林立果組織撰寫。[4] 林彪事件通知要求，全國幹部群眾要認真學習所附資料，批判林彪及其反黨叛國集團的罪行。

在〈「五七一工程」紀要〉的總結中，林彪稱毛澤東為「B-52」，將他描述為秦始皇在當代的化身，並暗示文化大革命就是「焚書坑儒」，把幹部和知識分子送到所謂的「五七幹校」，從事艱苦的農業勞動，就等於「流放」，知青上山下鄉就是「勞改」。根據中央文件要求，每個人都必須輪流批判林彪和他的一夥黨政軍高層領導人（陳伯達、黃永勝、吳法憲、林彪夫人葉群、李作鵬、邱會作等等）。

在學習過程中，老師們也一再討論到晚唐詩人章碣（八三六至九〇五年）所寫的一首詩〈焚書坑〉：

竹帛煙消帝業虛，關河空鎖祖龍居，坑灰未冷山東亂，劉項原來不讀書。①

這首詩之所以出現在文件中，是因為林彪集團成員，總參謀長黃永勝，在一次會議上背誦了最後兩句，將毛澤東比作臭名昭著的焚書皇帝秦始皇。毛澤東將這首詩收入中央文件，並附上〈「五七一工程」紀要〉，以供大家參考批判。於是，這首唐詩，當時借助林彪事件，傳遍中國普通百姓。

但中央文件並沒有具體說明，應該如何理解這首詩。語文教研組的組長王占福老師，被大家要求解釋這首詩。但王只是高中畢業，害怕說錯話，鼓勵我解釋。我同意試試，但預先聲明，我的專業是英文而不是中文，如果說錯什麼話，是水準不夠，敬請批評指正，別上綱上線就好。

我先把古詩譯成現代漢語，然後解釋說，它描述了秦始皇焚書坑儒與社會動亂的關係。秦始皇試圖透過焚書坑儒，防止帝國被推翻。但燒書與殺儒後不久，社會動亂之火，終於被陳勝、吳廣的大澤鄉起義點燃，兩位不讀書的起義領袖劉邦和項羽，最後還是推翻了秦王朝的江山。[6]言

① 譯注：隨著竹絲燃燒的硝煙散去，帝國日漸衰弱。函谷關與黃河，枉守秦國的疆域。焚書的灰坑尚未冷卻，崤山東邊原來的六國舊地，已經發生動亂。為首的劉邦和項羽，原來都不是讀書人啊。

下之意，焚書坑儒，並不能有效制止社會動亂。

此後，每當遇到文學與社會問題，老師們都喜歡問我，我也盡力解答。有一天，官方的內參（名為內部發行，實際人人都能買到）刊登了一篇文章，稱美國總統的妻子為「第一夫人」。一位老師問王玉校長，第一夫人是什麼意思？王校長說：「第一夫人，就是指總統的第一個老婆；他可能還有第二或第三個老婆。」

聽到校長的胡言亂語，我立刻糾正他：「不是那麼回事。第一夫人，意思是指國家元首的妻子。不只說美國，也可以說中國。例如，外國報紙，也稱毛主席的妻子江青為中國第一夫人。另外，美國法律跟中國法律一樣，禁止重婚。所以，總統不可能有幾個老婆，偷偷有婚外情也許可能。」

沒想到，我的解釋讓校長很尷尬，感覺下不了台，於是紅著臉反駁：「程老師，你說的不一定對吧？資本主義國家那麼頹廢腐朽，身為總統，怎麼能沒有幾個老婆呢？」

王占福老師，是校長的紅人，看到主子下不來台，趕緊出手相救：「這件事呀，我們得調查一下。如果程老師錯了，那可就有美化帝國主義的嫌疑了！」其他老師都哈哈大笑。我也以為，他只是開個玩笑而已，但事後證明，城府很深的王占福，可不是說著玩的。

王占福對第一夫人的「調查研究」，當然沒有下文。隨著批林運動的深入，上級要求大家，在教師和幹部中尋找錯誤言行，揭露林彪的同情者。王玉校長和王占福，終於找到了報復我的機會。

我和王占福的家，都住在公社醫院，他太太是藥劑師，跟我妻子同事。我們倆常結伴上下班，自然隨意聊過林彪事件，意見大都一致。其實，熟人朋友之間，沒有誰不聊這件事。得知我們私下討論過林彪事件，王玉要他回想我們的談話內容，從中找出程鐵軍的錯誤言行。為此，王占福寫了不少材料，真真假假，加油添醋，想給我羅織罪名。王玉拿到王占福編寫的「黑材料」，轉交給公社黨委，要求上級批准，讓學校召開一次針對我的批判會。

公社黨委經過研究，建議開成公開的教職員大會，把原來的「揭發批判」會，降格為「批評幫助」會：大家自由發言，批評與自我批評，最後總結經驗，修正錯誤，提高覺悟，改進工作。

於是有一天，王玉校長和校黨支部李書記，鄭重通知我，說有老師反映，我對林彪事件有些不健康甚至錯誤的看法，公社黨委批准學校召開會議，批評討論，讓我預先準備。我一下子傻了眼，因為只給我一天時間，準備回應。

開會通知一發布，同事們對我的態度，頓時冷淡起來。平常有說有笑的人，如今假裝沒看見我。有的瞄我一眼，不敢多言，匆匆離去，讓我想起七年前的社教運動，我成為批鬥對象的處境。如果沒有文革的鬥爭歷練，我可能會心生恐懼。但經歷過師院造反，再加上在《內蒙古日報》的歷練之後，我毫不恐懼，決心做好應戰準備。

會議地點在一間大教室。桌子圍成一圈，周圍坐滿教職員工和領導，包括公社的兩位幹部：文教主任老劉和公社祕書萬繼生，代表在旗裡開會的公社黨委書記（後來聽說，由於旗文教局不同意開針對個人的會，公社書記決定缺席，改派兩名下級幹部應付）。我在王占福對面坐下，方便看他的醜惡嘴臉。

教室鴉雀無聲。我輪流注視大家的嚴峻表情，幾個平常對我很熱情的老師，在拚命抽菸，空氣中瀰漫著菸草濃霧。王玉校長沒明說什麼罪名，直接讓我主動「交代」。他說，這次會議的目的，並非審問階級敵人，而是一次內部批評，讓教職員互相幫助。校長開場白之後，我講了大約兩個小時，充分運用辯論中磨練出來的技巧，把他們對我的可能指控，變成了對王占福先發制人的揭發批評，而且，嚴格遵循官方宣傳口徑，有理有節，針鋒相對，恰如其份。

我先介紹兩人的認知經過，再說私下談話的內容，深入剖析了王占福的錯誤觀點。例如：「王占福說過，〈「五七一工程」紀要〉看起來像拼湊罪名，而不像精心準備的政變計畫。它可能是別人的發明編造，試圖為林彪之死辯護。」我曾經反駁王的說法，我認為：「無論是林彪本人，還是他兒子林立果搞的，〈「五七一工程」紀要〉都是攻擊毛主席的綱領性文件，不可能是別人，為了抹黑他們而炮製出來的。如果是編造的，為什麼會有那麼多誹謗毛主席的言論？包括表面嘲諷秦始皇，實際上是攻擊毛主席的唐詩呢？如果我們，都像王占福一樣，懷疑這份文件的真實性，那怎麼教育我們的學生呢？」

我發言的時候，觀察到王占福的臉色，由紅變白，再由白變紅。類似的例證，我列舉了很多，都是閒聊話題，不管是誰的觀點，我都甩到他頭上，反正兩人談話，沒有第三者旁證。輪到他發言時，他驚慌失措，結結巴巴。他所準備的「程鐵軍錯誤言論」，好像是在抄襲我的講話，模仿我的口氣。唯一不同之處，我說是王占福的錯話，但王占福卻歸咎於我。但他不會運用媒體常見的標準語言，缺乏重點和層次，顯得蒼白無力，結果讓不少人搖頭嘆息。

王玉根本沒想到，會是這樣的結果。他的原定計畫，是在王占福講話之後，動員其他老師輪流攻擊我。但聽了兩個人的發言，大多數老師都同情我，相信我說的更真實可信，認為王的發言，語無倫次，沒有說服力。

王占福發言之後，王玉多次呼籲其他老師發言，但都無人回應。於是，王玉匆匆宣布會議結束，敦促大家進一步學習思考，並表示學校將安排更多類似的會議。

眼見王玉想擱置爭議，留待秋後算帳。於是我舉起手，大聲說：「王老師對我的揭發批判，我還沒機會回應。我請求給我五分鐘答覆，希望大家能同意。」王玉校長驚慌失措，猶豫不決，請示公社祕書，萬祕書點點頭，說：「程老師的要求合理，讓程老師答覆一下吧。」我站起來表示感謝，以下是我的發言要點：

首先，我感覺這次會議有點不尋常，因為在批林運動中，無論是在會內還是會外，大家都表達過類似觀點。畢竟，林彪事件很難說是個正常情況，如果說我們不思考，不談論，那是自欺欺人。但學校並沒有安排會議，讓大家都做批評和自我批評。只針對我一個人，好像我與眾不同，需要特殊對待，我為此感到榮幸，要特別感謝王玉校長的精心安排，感謝各位老師和公社領導，抽出寶貴時間給我特別幫助。

第二，我感到遺憾的是，在這次精心準備的會議上，只有王占福一個人發言，沒有聽到別人的批評。如果今天時間不夠，希望學校安排更多發言機會。最近結束的挖肅和挖內人黨運動，也對咱們新安鎮造成了嚴重破壞，導致多人死亡和傷殘，包括前公社書記，許多被拘留的受害者最近才被釋放。是毛主席的「五二二指示」和中央文件，才使他們獲釋。我們要牢記歷史教訓，避免重犯多疑、逼供、誤傷好同志的錯誤。

第三，希望我們能吸取這次會議的教訓，並開創學校新的工作環境與和諧氛圍。我來到這裡還不到三個月，卻得到了王玉校長的特別關照。為什麼？我能想到的唯一原因，就是我曾經公開糾正他對「第一夫人」一詞的胡謅，導致他日後報復我，讓我馴服。或許，我可以像王占福一樣，被他當成瘋狗，想咬誰就咬誰。今天的會議，暴露了我們學校不正常的政治氣氛，因此，我保留自己的合法權利，希望上級派人調查，看這種批判大會，是否符合黨的政策。

最後，想給王老師和王校長提幾句忠告。批林運動，應該觸及每個人的靈魂，提高我們辨別真假馬克思主義的能力，從現實生活中看到，哪些需要警惕，哪些需要改變。用這個標準來分析，我不得不說，王玉校長和王占福老師的所作所為，與林彪「台上握手，台下踢腳」的兩面派行為，本質上屬於同一性質。今天，我們在批判林彪的同時，應該用實際行動，改變造成林彪行為模式的社會環境，學會開誠布公，真誠待人，讓新安中學，成為毛澤東思想的大學校。

我的講話結束，大家報以熱烈掌聲，連兩個公社幹部都跟著鼓掌。王玉和王占福，臉紅如公雞，急忙逃離了教室。

當時，我真是無所畏懼，因為我對二王的不道德行為，感到憤怒。當然，有裁判身分的公社幹部在場，也讓我壯膽。如果他們不在場，我可能會重新考慮。雖然我本質上是個造反派，但畢竟來自外地，孤掌難鳴。中國古語叫「強龍不壓地頭蛇」，還是小心謹慎為妙。

幾週後，公社黨委和烏拉特前旗文教局，分別裁定對我的批判是錯誤的，王玉校長應承擔責任。他隨即被調往烏拉特前旗後山地區，比較偏遠的大佘太中學，任命李書記兼任新安中學的代校長。此後，學校的氣氛明顯好轉，大家開會時變得有說有笑起來。

抓捕軍閥余洪信

俗話說「一波未平，一波又起」，能很好地描述一九七〇年代初期內蒙古的情況。一九七二年春末，林彪事件尚未完全平息，轟動全國的「余洪信事件」（簡稱「抓余事件」），又突然發生。

林彪出事前的一九七一年五月，內蒙古軍管結束，大部分軍官逐漸撤出邊境前線。余洪信一直擔任巴彥淖爾盟軍管會主任，直到一九七一年秋，他才奉調返回山西太原的六十三軍總部，參加所謂「批陳整風運動」（表面批判陳伯達，實際批判「林陳反黨集團」）。

有天放學前，所有教職工，被召集緊急開會。會上宣布：有名重要罪犯，攜帶槍枝，從內陸省分逃跑，可能潛入內蒙古，逃往邊境和外蒙古。奇怪的是，罪犯的名字並未被提及。我們只收到了一份大概的描述。

兩週後，一份由國務院印製的通緝令，豁然出現在學校的公告欄上，上面附有逃犯的照片。大家驚訝地發現，他居然是我們巴彥淖爾盟軍管會的一把手余洪信司令！[7]一九七二年五月二十九日簽發的通緝令稱：「現行反革命分子余洪信，於五月十八日凌晨二時殺人潛逃。」還警告說，此人攜帶手槍和子彈，善於格鬥擒拿，駕駛吉普車逃亡，下令在全國範圍搜捕。

為此，所有男性青年教師和員工，都被分成小組，每組五人，配備三枝步槍和兩枝手槍，在指定地點，盤查過往車輛。大家都受過民兵訓練，會使用武器。我們的地點，是新安鎮北側一座公路小橋，有條通往中蒙邊界的砂石公路。為晝夜二十四小時守衛道路，還給我們配備了厚重的軍用皮大衣。每班四小時輪換。我們有權截停所有機動車輛（卡車、拖拉機、巴士、汽車和摩托車等），向司機展示通緝令，搜查車輛之後，才能放行。

余洪信司令，在這裡家喻戶曉，是軍管戒嚴時期巴彥淖爾盟的最高領導人。他擁有無可挑剔的軍事資歷：原籍河北省武強縣（與我們饒陽縣為鄰），抗戰期間參加革命，是當地抗日英雄。後來參加朝鮮戰爭，指揮六十三軍一八七師，據說在激烈的戰鬥中打敗過英國人。[8]

朝鮮戰爭結束後，余洪信被保送到南京砲兵學院培訓（此前沒受過任何正規教育）。據說他學習成績優秀，關於〈步砲協同作戰〉的研究論文，曾經引起鄭維山和林彪的注意，任命他為六十三軍副軍長（軍長徐信）。當徐信和余洪信同時派往內蒙古實施軍管時，徐負責包頭及周邊地區，余洪信負責巴彥淖爾盟大部分地區，包括三萬解放軍官兵、建設兵團和地方政府，管轄上百萬居民，和十五萬知青，[9]成為軍管權力體系中一顆冉冉升起的新星。

抓捕余洪信的消息很快傳開，儘管官媒不透露他殺了誰或為啥行兇，但一個現代軍閥的形象卻成為八卦：巴盟幹部形容余副軍長是技術精湛的拳擊手，出手很快，經常毆打他的保鏢、祕書，保健醫生，甚至他妻子。

據傳，余洪信曾在烏達煤礦的千人集會上，大發雷霆。他甚至掏出手槍，拍在桌子上，大喊道：「他媽的，你們聽著！老子是來軍管的，專管你們這些王八蛋。你們不是想平反，還要獎金和福利嗎？老實告訴你們，要錢沒有！要花生米（子彈），有的是！明天就殺一批給你們看！」不久之後，「一打三反」進入高潮，烏達果然開了一系列公審大會，每次都在沒有司法程序的情況下，處決幾個被指控的現行反革命分子，跟呼和浩特與包頭的情況類似。

余洪信也以貪婪和敲詐勒索聞名。軍管期間，他喜歡到各單位「檢查工作」，耀武揚威，喜歡什麼就拿什麼。在巴盟土特產中，他特別喜歡著名的「華萊士」蜜瓜，傳統中藥材鎖陽、肉蓯蓉、灘羊皮和山羊絨製品，[10]只給象徵性的低價，或完全免費，還要負責給他運回內地，作為禮物送給他的親友和上級。當地人形容他搜刮民財的順口溜是：「來時手提箱，走時卡車裝」。

另外，余洪信還是有名的好色之徒，凡是女青年集中的地方，如醫院、歌舞團、紡織廠、女知青連隊等，他都熱衷於「考察」。每當司令大駕光臨，職工們都會列隊迎接。然後，他會告訴單位領導，把他相中的女人，派到他辦公室，或招待所房間去「個別談話」，在那裡強暴，滿足他的獸欲。

難道沒人反抗？當然有。巴彥淖爾盟的受害者，多次向呼和浩特的內蒙古軍管會（前指），甚至北京的中央政府，提出指控，但都沒有結果。指控信全部退回給寄信人，上面加蓋一個公章和批示：「控訴資料，已經轉交相關單位，請等候調查處理」，從此再無下文。

俗話說「百密必有一疏」，也許是「惡有惡報」，余洪信最終還是因為情色醜聞而把自己絆倒。余洪信有個姓謝的老戰友，雖然級別比余低，但在中央軍委工作，也有一定勢力。聽說戰友余洪信成了巴盟的老大，謝告訴余，說自己的女兒被下放到巴盟建設兵團，希望余某多照顧她。余洪信果然不負重托，在巴盟化肥廠為她安排了一份舒適的工作。春節期間，姑娘回北京探親，父母問孩子，余叔叔照顧得如何？女孩淚流滿面，罵道：「他是禽獸！」得知女兒多次遭到強暴，老謝夫婦寫了一封指控信，交給全國婦聯主席鄧穎超，最後傳給了周恩來總理。在文革期間的口頭傳說中，許多人將周恩來視為當代包公。

周恩來查明余的罪行後，命令他立即返回太原六十三軍軍部，參加毛澤東思想學習班。余不得不離開內蒙古，啟程前往太原。他懷疑是與自己有矛盾的軍政委曹步遲，舉報了他的罪行。

學習班就在部隊家屬大院裡，約有十五人集中學習，隸屬於北京軍區，由政委曹步遲負責。有一天，妻子舉報余洪信毒打她，余在課堂上受到曹政委嚴厲批評。他憤憤不平，半夜拿著兩把手槍，去曹步遲家，對準臥室連開三槍，曹有經驗，蒙頭不動，沒有受傷。但他妻子從床上坐起開燈，不幸中彈。當曹的警衛聞聲趕到時，曹妻和一名保鑣已經身亡。余洪信迅速跳上吉普車，衝出大院，飛馳而去。

國務院的通緝令發布之後，山西、河北北部、內蒙古中西部等地，展開大規模搜捕行動。最後，在吉普車燃油耗乾以後，余將汽車扔進太行山的懸崖，徒步走到山西省榆次縣位於山溝的一片麥田裡，開槍自殺。

直到一九七二年六月中旬臨近麥收，兩個下地幹活的農民，發現了他的屍體和兩把手槍，經法醫鑑定無誤，就是余洪信本人。

余洪信案件，顯示了軍管部隊對平民實施暴力，而不受約束與懲罰的規模，也暴露出解放軍一個更大的問題，即槍桿子與政權穩定的辯證關係，林彪的未遂政變就是一個例子。如果說一九六〇年代，毛澤東可以利用軍隊控制國家，勉強遏止文革初期引發的派系鬥爭，那麼到一九七〇年之後，軍隊就開始對毛澤東的統治構成威脅。此時，毛澤東對軍隊從一九六七年一月份開始支左以來，所犯的暴行愈來愈感到擔憂。這段時間，沒有任何地方的軍隊暴行，超過內蒙古挖肅與挖內人黨運動的嚴重程度。毛澤東決定，內蒙古新黨委成立之後，立即結束軍管，同時，加強黨對軍隊的控制。一九七一年五月，內蒙古的全面軍管，名義上宣布結束，標誌著中國政治的重大變化，然而，落實速度相當緩慢，直到一九七二年八月，「抓余事件」數月之後，軍管部隊才全部撤離了內蒙古。[11]

外來調查陷阱

余洪信事件後不久，我家收到了一個意想不到的好消息。一九七二年夏有一天，我到新安鎮糧站，購買每個月的配給口糧（主要是麵粉和玉米粉）。經理老吳看了看我的糧本，問：「你家不是四口人嗎？為啥只有三個人的口糧？」我告訴他：「我母親是河北農村戶口，沒有國家供應的商品糧。」

老吳說：「嗨，我們糧站上週剛收到新規定，允許你母親這樣的農村戶，改變為城市戶口啦！」他隨手拉開抽屜，給我看內蒙古革委會的文件，白紙黑字，清清楚楚：凡是國家幹部職工的直系親屬（配偶、父母、子女），與該幹部共同居住一年以上的，允許把原來的農村戶口，轉變為城鎮戶口。我告訴母親，她很高興：「這下可好了，國家能保證我的口糧，不用再像一九六〇年那樣擔心饑荒了！」我趕緊給弟弟寫信，讓他去流滿公社，辦理母親的戶口和糧食轉移手續，很快地，我家的戶口簿和購糧本，就變成四口人了。

我最初認為，這可能反映國家的政策變化。然而，到一九七二年底，我才了解到，這根本不是全國政策，只是內蒙古的特殊政策，目的是為軍管期間，移入內蒙古的數十萬軍人家屬，辦理戶口變更手續提供方便。它凸顯內蒙古罕見的戶籍彈性，結果，讓大批黨政軍幹部和轉業軍人家屬，改變了戶口類別，從而增加了內蒙古的糧食供應與就業壓力。這讓我想起，自己的戶口變更經歷——一九五九年，大饑荒之前，我幸運搭上了從河北饒陽農村到呼和浩特的「戶口末班車」。

母親戶口變更後不久，內蒙古革委會有兩位幹部，來到新安中學，對高樹華進行「一打三反」的外來調查。[12]其中一人穿軍裝，來自內蒙古革委會政治部，高在去唐山學習班之前，曾在政治部上過班。他們對我態度很好，不像許多外調人員那樣，趾高氣揚。我問他們，怎麼知道我在這所學校工作。軍隊幹部笑著說：「只要在內蒙古的地盤上，無論你走到哪裡，我們都能找到你。」

他們的調查目標有兩個：第一是找一本專供高官內部閱讀的小說，義大利作家薄伽丘的《十日談》（中文版），這本書當時被認為是情色小說。高樹華在去唐山學習班之前，從內蒙古黨委資料室借了這本書。讀完後，他轉借給我。但我在報社沒時間看，就帶到包頭電機廠。在集體宿舍裡，大家輪流看，有人拿走後，再也沒有歸還。我告訴外調人員，書是我向高樹華借的，丟失由我負責賠償，罰款可從我的工資單扣除。

然而，他們的真正目的，是了解我們之間的關係，有無政治瑕疵，為此提出許多問題，例如：你為什麼參加高樹華的造反派？他為什麼推薦你到《內蒙古日報》工作？你為什麼委託他，把批滕大字報的底稿，轉交給周總理辦公室？高樹華對滕海清和高錦明是什麼態度？高樹華從唐山回來後，跟你談論林彪事件嗎？你聽過高先生談起毛主席、江青和其他中央領導人嗎？你知道他在北京、呼和浩特等地與「五一六」反革命陰謀集團有關的言論和行動嗎？「五一六」是指北京一個極左的紅衛兵組織，該組織利用毛澤東一九六六年五月十六日的通知，暗中發動了反對周恩來的非法活動。毛澤東一九六七年，曾經下令對該組織進行調查，並於一九七一年，再次發動全國性的「五一六專案」，抓捕了不少所謂的「五一六分子」。

從他們羅列出來的問題看，內蒙古高層，正在調查高樹華自唐山學習班以來，包括最近的政治活動，可能有兩個目的：一是清洗他，二是提拔他。無論哪種情況，都必須澄清他的政治歷史，以便人事部門能夠提交詳細的報告。我根據當時的情勢判斷，提拔他的可能性比較大。這一點，可從兩位幹部的態度中感受到。這次調查後不久（一九七二年六月），高就被內蒙古革委會任命為內蒙古教育局普通教育組組長，然後調任土默特左旗（烏蘭夫老家）的旗委副書記（一九七三年三月），最後提升到呼和浩特市委副書記（一九七六年三月至一九七七年十二月），從而達到他職業生涯的顛峰。

此前，我在《內蒙古日報》和包頭電機廠工作期間，也曾接待過對我朋友和同事的外來調查。我處理這類調查，嚴格遵循三個基本原則：一，不卑不亢，互相尊重；二，實事求是，不編造故事；三，只討論公開話題，不討論無法旁證的個人隱私。我依照上述原則，向他們講述了我在師院參加高樹華造反的經過。關於我們對滕海清反新內人黨運動的批評，我只是重複大字報上的內容。至於高樹華的其他事情，以及我個人的觀察，包括他對滕海清和高錦明的個人評價，內蒙古軍管和文革前途等等，雖然我們都談過，但我守口如瓶，什麼也不透露。

第二天下午，他們又來學校，給我看了對我的訪談紀錄稿，讓我確認，這是我告訴他們的內容。我仔細閱讀了他們的草稿，簽上名，並按了指紋。二人道謝告別，返回呼和浩特交差。這與洋人只認簽名不同，用紅色指紋背書文件，在中國被廣泛採用，直到今天，其悠久歷史，可以追溯到遙遠的先秦時代（西元前二〇〇年）。

無獨有偶，內蒙古革委會的外調人員離開一週後，另有兩名外調幹部，到中學找我。年紀較大的一位，四十多歲，漢族，另一位年輕人，是二十多歲的蒙古族小夥。他們從錫林郭勒盟的阿巴嘎旗趕來，調查我的好友馬樹起，一位漢族鼠類研究專家，畢業於內蒙古大學生物系，分配到位於錫林郭勒盟的內蒙古草原研究所，文革中當了造反派，成為研究所革委會副主任。

從一開始，我就明顯感受到他們的敵意。老者掏出一張紙，列著二十多個問題，說：「這是馬樹起本人的供述，請你證明，他是否發表過這些反動言論。」我看了一下清單，驚訝地發現，老馬竟然交代了我們私下說的每件事情。例如一九六九年夏天，他到《內蒙古日報》來看我，兩人共同談論、批判過滕海清，議論過黨政高層。如果當時被揭發，可能招致逮捕甚至死刑。儘管一九七二年軍管已經解除，但這些言論仍然性質嚴重，還會受到嚴厲懲處，最輕開除公職，更重可能判十年徒刑。老馬的交代要點，包括以下幾大類內容：

一、挖肅和劃除新內人黨運動的目的是什麼？是為了加強大漢族主義的專制統治，不僅給少數民族灌輸恐懼心理，而且還要打擊任何獨立思想，特別是知識分子的批判精神。

二、滕海清的主要目的，是鎮壓蒙古族人民，和各民族敢於表達獨立思想的知識分子。

三、高錦明等內蒙古地方幹部，根本無法對抗滕海清，因為滕海清背後，有北京軍區和中央文革小組的強大支持。

四、毛澤東將烏蘭夫和他的蒙漢族親信，貼上民族分裂主義標籤，是重大錯誤。從本質上看，毛澤東從來沒有真正信任過少數民族幹部。中國歷史上的漢族皇帝，歷來信奉「非我族類，其心必異」，從來也不信任少數民族。

五、雖然咱們現在支持造反派，但也需要反思文革的目的：它究竟是為國家和人民造福？還是會帶來民族災難？

六、毛澤東、林彪、康生、江青屬於極左；劉少奇、鄧小平屬於保守官僚階層，他們想否定毛澤東的權威，走蘇聯、東歐的修正主義道路。周恩來是中間派，想在文革左派和官僚右派之間進行調解，維持平衡。總之，中國的未來是不確定的，我們需要冷靜觀察，而不是盲目支持某一派系。

整體而言，這些問題我們兩個其實都討論過。但我無法想像，馬樹起竟然會承認這些事實和觀點，甚至向黨組織交代！這些原本只有我們兩人，在公園散步討論過的事情，怎麼可以隨便透露，自找倒楣呢？我意識到問題的嚴重性，決定一概否認，即使遭到監禁或死亡威脅，也絕不能鬆口。於是，我站起來憤怒抗議：

我說，這些所謂的「坦白交代」，完全是別有用心的捏造！我懷疑老馬，是被你們嚴刑逼供，胡說亂咬出這些無中生有的惡毒語言。他出身於貧農家庭，共產黨員，文革中又被提拔到研究所副所長的領導地位。他為什麼會對毛主席和共產黨產生這些懷疑呢？他為什麼要反對文化大革命呢？再說，如果他真有那些反動思想，為什麼要來《內蒙古日報》報社找我訴說？難道他不怕我揭發他嗎？如果我聽到過這些反動言論，而不向報社軍管會舉報他，那我自己，不也成了反革命分子嗎？

老幹部連連點頭，沒有說話。年輕人卻正色反駁我：「我們列的問題，是馬樹起跟你私下談話中整理出來的。我們來找你，只是驗證它們是否屬實。他說他跟你討論過，你也表達過類似觀點。難道你想否認嗎？」

聽到我們大聲爭論，李書記兼校長意識到情況嚴重，趕緊過來插話：「程老師，您不用生氣！好好想想，如果您的朋友確實說過這些話，請不要隱瞞任何事情，最好還是實事求是。」

我立刻反駁：「李書記，這可不是什麼小事。你看看清單吧，每一條都足夠把我們兩人打成反革命。如果我們真討論過這些反動言論，我怎麼可能忘記呢？」

老幹部馬上插話：「程老師，你說這提綱上列的言論，完全是編造，那我們也無法完成外調報告。您看這樣行不行？你來起草一份證詞，說明你們是如何認識的？當時都談過什麼話？談話的時間、地點和背景介紹？如實回憶並詳細寫下來，明天我們來拿，也好回去交差。」

為此，李書記給我放假一天，安排別人代課，讓我好好寫外調證詞。我詳細列舉了我和馬樹起，從一九六〇年代，在學校念書開始認識，以及他一九六九年夏天到《內蒙古日報》來看望我的情況。我主要強調老馬出身貧寒、黨員身分，以及我們長久以來的革命造反情誼。凸顯老馬是位優秀的革命同志。當時他來報社找我，也是討論「批滕」還是「保滕」問題，盡量避免重犯新的錯誤。最後，希望草原研究所領導，貫徹落實黨的政策，「不冤枉一個好人，也不放過一個壞人」，盡快「解放」他，恢復他的黨籍和領導工作。

第二天早上，我再仔細審視一次草稿，鄭重簽下了自己的名字，並按上手印。下午，兩位外調幹部看了我寫的「證詞」，裝進書包，滿意地走了。

幾年後，我在呼和浩特見到馬樹起，他們的研究所，已經從錫盟草原，搬遷到呼和浩特新城，改名為「中國農業科學院內蒙古草原研究中心」。當我問起那次「外調」的事情，他說，被關押一個多月後，他幾乎在嚴厲的審訊下崩潰。當時腦子一團亂麻，誤以為程鐵軍可能已經坦白了我們在滿都海公園的談話，如果他自己再不坦白交代的話，後果會很嚴重。這個案例，再次說明了囚徒困境理論。為了逃避懲罰，他最終交代出我們私人談話的全部內容，最終，很可能導致我們雙方，都受到嚴厲懲罰。

我憤怒異常，狠狠罵他：「簡直混蛋！難道你不知道，最危險的做法就是坦白並連累咱們兩個人嗎？」幸運的是，我當時馬上意識到危險，並堅決否認指控。他自己經過審查，沒找到其他問題，很快就恢復了黨籍和領導工作。那天，他多次向我賠禮道歉，罵自己糊塗，最後動情地說：「嗨，都怪我太天真，加上草原的閉塞，訊息不靈，頭腦簡單。如果不是你寫那份立場過硬的證詞，我可能今天還被關在監獄裡呢！」

內蒙古，再見

經歷兩次外調之後，一切恢復平靜。平淡無奇的生活，反而增加了我對內蒙古未來危險局勢的焦慮。隨著政治風向轉變，氣氛開始對前造反派不利。那麼離開內蒙古，似乎是最好的選擇。兩個原因，開始讓我擔心：第一，我深入參與過文革，有許多造反行為，不受現任當權者歡迎；第二，在報社工作期間，我認識了不少政府和軍隊高層，有些交往還比較深，如果他們中的任何一位陷入政治麻煩，我都有可能受到牽連。

另外，我也擔心母親的健康。母親喜歡內蒙古人的開朗個性和熱情好客，也愛吃河套地區的羊肉跟黃河鯉魚，但她無法適應來自蒙古和西伯利亞的寒流。

冬天氣溫常低於零下十五度，使她的氣喘和肺氣腫嚴重惡化。看著她整夜咳嗽、氣喘，緩解藥不起作用，我們又幫不上忙，心裡很難受。於是，我們全家商量，決定搬家，要麼搬回河北老家，要麼搬到南方更溫暖的地方去。為了跟弟弟全家團聚，最後傾向回河北饒陽。於是，我們先把母親送回饒陽老家，然後開始聯絡自己的工作調動。

最後，我跟秦賢調回河北的申請，很快就得到烏拉特前旗跟河北饒陽縣的雙重批准。因為她要在包頭醫院完成一年進修，所以，我先一個人去饒陽報到，暫時把兒子留給父親和繼母。一九七二年九月，我告別包頭跟呼和的親友，從呼和浩特火車站，登上第九十次特快列車，開往北京方向。回顧在內蒙古生活的十三年，是我一生最激動、也最痛苦的時光。從中學到大學，經歷了社教跟文革風雨，許多蒙漢族朋友，曾遭受酷刑，有的甚至失去生命，讓我永遠懷念。經歷了記者、工人、教師的工作磨練，我開始了解社會，思想趨於成熟，準備面對更嚴峻的生活考驗。

列車在烏蘭察布平原上一路往東，加速行駛，氣笛長鳴，鐵軌有節奏地隆隆作響。我凝視車窗外的山川風物，努力將如畫的風景，鐫刻在心中：遠方的大青山，宛若展開的山水長卷，藍天白雲下，遠近散布著村莊和蒙古包，牛馬在起伏的草地上吃草，羊群像珍珠一樣，點綴在綠色的天鵝絨上。懷著感恩與失望交織的心情，我努力回想內蒙古這十三個寒冬酷暑，不禁心潮澎湃，流下滾滾熱淚。

內蒙古文革，進入尾聲

一九七二年秋，回到闊別十三年的家鄉饒陽，發現文革痕跡幾乎無影無蹤。文革初期受過批鬥和關押的領導幹部，以及中學教師，全部平反，恢復了文革前的職務。[13]中學數量猛增，普及到公社一級。母校饒陽中學，先升格為「饒陽五七大學」，又改名「饒陽綜合技校」，主要任務是培訓鄉村教師、赤腳醫生、獸醫、電工，農機手，或其他技術人員。我負責培訓全縣十二所中學的英語教師，也教政治和語文。秦賢從包頭來饒陽後，負責訓練赤腳醫生，學生都是來自農村受過短期訓練的衛生員。

一九七六年，朱德、周恩來和毛澤東相繼去世，導致高層政變，「四人幫」被捕，標誌著十年文革結束，一連串重大事件，震驚全國。饒陽縣雖地處落後的農村，但與國家脈動同步。我除了教英語，也繼續觀察與研究社會動態，依舊非常關心國家政治發展的走向。一九七七年，鄧小平決定終止工農兵上大學，恢復高考制度，一九七八年，又恢復研究生考試。我決定報考研究生，轉向學術生涯。經過匆忙的英語複習與專業準備，有幸考上中國社會科學院研究生院，攻讀世界經濟與國際政治碩士，於一九八一年畢業。由於家屬進北京的戶口限制，我主動要求放棄自己的北京戶口，從中國社科院，調往剛成立的河北財經學院（後改名為河北經貿大學）任教，同時把秦賢調到學院的校醫室工作。

在石家莊工作一年之後，我獲得美國麻州大學阿默斯特分校經濟系的獎學金，一九八二年到美國讀研。又於一九八四年，轉到賓漢姆頓的紐約州立大學社會學系，對嚴厲的中國戶籍制度，做博士研究。這個極度陳舊的反動制度，把中國公民分成城鎮和鄉村兩個等級，城鎮戶口，又按行政等級分成若干階層。占大多數的農村人口（農業戶口者）遭到種種歧視，屬於事實上的二等公民。

一九八九年四月，中共總書記胡耀邦去世，引發天安門廣場民主運動，隨之而來的是社會動盪和流血衝突，導致北京「六四」屠城。身為賓漢姆頓大學中國學生會主席，我參與收集全美各大學中國留學生的請願簽名，捲入中國留學生的造反運動。一九九一年獲博士學位，開始在賓漢姆頓的社會學系兼職教學，並在多元文化與國際勞工研究所做博士後研究。一九九七至一九九九年，在自由亞洲電台任記者和編輯。之後，接受澳門大學「當代中國研究」的聘書，去澳門任教，二〇一〇年退休回美。如今，跟老伴兒住在舊金山灣區，離孩子們很近。

雖然離開呼和浩特四十多年，但我一直密切關注內蒙古的社會發展。畢竟，它是秦賢的故鄉，也是我成長的地方，是同學與親友們居住的地方。內蒙古師院最著名的造反派領袖之一，我的政治導師高樹華的命運變遷，為內蒙古的文革造反史，劃下一個悲涼的句號，也劃下另一個巨大的問號。

周恩來和毛澤東去世後不久，造反派開始遇到麻煩。一九七六年十月，毛澤東屍骨未寒，黨的新領導層，就開始抓捕與審判以江青為首的文革激進派「四人幫」，追究他們的法律責任。隨著華國鋒和鄧小平先後上台，長達十年的文革看似結束，但全國各地發起清洗「四人幫」及其同夥的新運動，等於把文革延續到一個新階段。

在內蒙古，清洗運動始於一九七六年十一月十二日，隨著呼和浩特鐵路局造反派領袖劉立堂被捕，高樹華稱為造反派「末日來臨」。很快地，所有前造反派領導人都被逮捕，無論職位高低，其中包括許多轉往其他省分工作的人，例如：在黑龍江的內蒙古黨委「紅旗」總部領袖李楓，在南京的「河西公司八一八」領導人王志友，在湖北的「華建井岡山」領導人霍道餘等人。不久，內蒙古革委會常委郝廣德和那順巴雅爾，也被「清查四人幫」辦公室拘留。

一九七七年五月一日，是內蒙古自治區成立三十週年紀念日。一週後，呼和浩特召開一次大型群眾集會，揭發批判「四人幫」及其「幫派分子」。在內蒙古任職的多數造反派領頭，包括高樹華、郝廣德、王金寶、王志友、那順巴雅爾，以及烏蘭巴干、額爾德尼烏勒等挖肅和反新內人黨的領袖，都接受公開批判與羞辱。在這些人物中，只有一位是當時的高幹，即原內蒙古大學黨委書記郭以青，他在擔任內蒙古革委會常委期間，成為挖肅先鋒。其他高層領導，如滕海清、高錦明、權星垣等，都被中央保護，轉移到其他安全職位。高樹華老師，於一九七七年十二月上旬被正式拘留。[14]

隔年（一九七八年），文革之後復出的老幹部周惠，出任內蒙古自治區黨委書記。他是江蘇人，一九五九年任湖南省委常務書記，因支持彭德懷元帥批評毛澤東的大躍進而受到懲罰。在擔任內蒙古自治區黨委書記的九年間，他推行家庭承包責任制，以個體農業和市場經濟取代集體經濟，從而提高了農業生產和農民收入。但農業和畜牧業的邏輯截然不同，將共用的草原，劃分為小塊有圍欄的土地，飼養數百隻綿羊和山羊，限制了游牧經濟的季節性遷徙，結果導致草原大規模沙漠化，對牧區經濟和牧民收入，造成毀滅性影響。周惠不懂游牧生產的特殊性和蒙古民族文化的複雜性，進而引發了新一輪的民族衝突。

在此期間，北京又發生兩起政治事件，都對內蒙古產生重大影響。一是中央對康生的重新定性；二是對林彪、四人幫兩個「反黨集團」的所謂公開審判。一九八〇年十月十九日，中共中央譴責康生的罪行，開除他的黨籍，撤銷對他的悼詞（一九七五年十二月十六日逝世），並把他定性為「林彪、江青反黨集團」的「十六大骨幹」之一。其實，本書內容充分證明，康生與周恩來一起，在滕海清崛起和內蒙古反新內人黨運動中，扮演了決定性角色。只不過，因為投鼠忌器，鄧小平和後毛時代的中共高層，不願意追究毛澤東和周恩來，在文革災難中扮演的更重要的主導作用。

一九八〇年十一月十二日，特別法庭在北京開庭，公開審判林彪、江青兩個「反黨集團」。起訴書第二十八條稱：「內蒙古自治區在康生、謝富治的慫恿下，發動內人黨冤假錯案，迫害幹部群眾三十四萬六千人，死亡一萬六千二百二十二人。」[15]

就這樣，內人黨大屠殺的全部罪責，就歸咎於康生和謝富治，而所有其他中共和軍隊的領導成員，特別是周恩來和毛澤東，以及內蒙古的許多人，尤其滕海清等人，則無罪過關。在內蒙古實施軍管的北京軍區司令鄭維山，早在一九七一年一月，就因與陳伯達的關係而受到處分。中央沒有向蒙古人和其他受害者道歉，即使在許多領導人受到批判的時候，黨仍然是（或永遠是）「偉大、光榮、正確」的。

一九八一年夏天，在我啟程去美國的前一年，我們全家回到闊別的內蒙古。由於不知道需要多長時間才能完成在美國的學業，我們決定，最好讓我妻子和兩個兒子程鵬（十一歲）和程輝（五歲），去呼和浩特與家人團聚。

「許多造反派領袖，都被判五至十年以上監禁，」在《內蒙古日報》報社大院與造反派朋友吃飯時，張培仁憤怒地告訴我，「但聽說，周惠一直找不到起訴高樹華的確鑿證據，因為咱們都知道，他沒任何罪過。」我追問：「他未經審判就失去自由，已經三年多了，你們估算，他什麼時候才會被審判，或無罪釋放？」

餐桌上的朋友都搖頭嘆息，說：「他一九七七年被拘留調查，一九七九年十二月才正式逮捕，還被指控為重要的幫派骨幹分子。看來，不給他定個重罪，走資派不會善罷甘休。」

吃完飯，我立刻跑到高樹華家，探望他的妻子。宗馥華老師告訴我，在高樹華被關期間，許多朋友，包括政府官員，都試圖幫助他。鑑於他們長期的私人友誼，高先生首先向烏蘭夫之子力沙克尋求幫助的可能性。特別是在一九六六至六七年力沙克被拘留期間，高先生曾祕密幫他越獄，去上海和妻子團聚。這件事，也成為挖肅派懷疑他是烏蘭夫死黨的主要原因。一九七〇年代中期，烏蘭夫及其子女恢復權力後，曾經承諾，如果高遇到麻煩，他們會提供協助。因此，高請妻子去北京探訪力沙克，看看他是否可以幫忙。但力沙克拒絕和她見面，僅在電話中表示，中央發起了「清理文革三種人」的新運動，在如此敏感的時期，他無能為力，不可能跟她見面。[16]

一聽這事，我肺都氣炸了，不由罵道：「這個王八蛋，毫無人性！」

宗老師試著安慰我：「鐵軍放心吧，樹華有信心，能夠解決這件事。」兩年後，一九八三年夏天，高給前共青團中央書記，文革之後復出的中組部長胡耀邦，寫了一封信。高提到，他在一九六九年中共九大時，曾與胡耀邦在同一個小組開會，討論過共青團問題，胡支持高的觀點：共青團應該恢復。看到此信，胡耀邦立刻給周惠打電話，詢問高的案情。胡說：「如果沒有犯罪證據，就應該早日釋放他，為啥老是關押？」在胡耀邦親自過問下，高樹華才於一九八三年七月二十五日獲釋，此時，距離他被捕，已經五年半了。[17]

二〇〇一年夏天，我跟秦賢，從澳門大學去中國內地，旅行了一個多月。先去饒陽探望弟弟一家（母親已於我出國留學前去世），然後去呼和浩特探望秦賢的弟妹，還有我妹妹家（我父親

圖22　高樹華參觀莫斯科新聖公墓的赫魯雪夫墓地，重新思考他在青年時期所批判過的修正主義問題，攝於1990年代。

和繼母，還有岳父母，都在我們旅美期間先後離世）。我請妹妹海英，先打電話給高樹華家詢問，看他是否方便見我。高回答說，只要在他家以外，任何地方見面都沒有問題。於是，在一個炎熱的星期日下午，我們在新城的蒙民餐廳二樓貴賓室，終於見面了。

高老師雖然略顯精瘦，但看起來依舊年輕，精力充沛。他剛從俄羅斯和東歐出差回來。獲釋之後，他失去了黨票和幹部薪水，繼續在內蒙電子廠接受勞改，僅靠每月四十元生活費度日。最終，他跟內蒙古安全部門達成協議，運用自己的俄語能力，前往俄羅斯、東歐、蒙古等地，為內蒙古的軍工企業，採購急需的稀有金屬。

我們點了久違的烤羊腿，風味獨特的涼拌莜麵，小籠蒸包，以及純正的馬奶酒，慶祝重逢。我們舉起酒杯，遵從蒙古習慣，首先敬天敬地，然後祭拜老朋友韓桐跟歐陽儒臣烈士，「靈魂不死，豪氣長存」；再勉勵碩果僅存的老朋友們，繼續保持造反精神；最後，也慶幸我們自己，終於獲得自由，久別重逢，可以再續友情，商量未來的合作了。

「聽說你在國外賺了不少錢，是真的嗎？」我好奇地問。

「別聽趙宗志和黃志高胡說，」他笑著回答，「他倆就喜歡誇大其詞。師院會俄語的人，幾乎都參與了對俄貿易。我們推銷中國消費品，進口他們的原材料（主要是能源礦產和木材），可以透過世界市場與自由貿易，過上體面的生活，僅此而已。只有少數跟權貴階級有關的人，才能獲得意外之財，一般生意人做不到。」接著，他話鋒一轉：「對了，鐵軍，我攢了點積蓄，決定不再做生意，想寫一本有關內蒙古文革的書，只有你能幫助我。」

我對高老師的計畫，非常興奮，堅決支持。我們立即開始起草大綱，確定這本書的主題和風格。我們的討論，從午餐一直持續到晚餐，再推遲到餐廳關門。接下來的幾天，我們商定合著的這本書的計畫，將圍繞著他對內蒙古文革的回憶。由他準備初稿，我再對初稿提出修改和完善建議，核對文件和歷史紀錄，收集數據資料並進行必要採訪。這將是一部口述歷史，旨在拯救被遺忘或扭曲的事實，盡量避免派系偏見和主觀判斷。

回到澳門後，我忙於教學和行政工作，約有兩年時間，沒機會再去內蒙古。二〇〇三年六月，突然接到呼和浩特來的電話，是宗馥華老師打來。

「鐵軍，我必須得告訴你，你們高老師，三天前已經走了。」她緩慢而平靜地說。

「宗老師，你說什麼？他去哪裡了？又是俄羅斯嗎？」

「不是，他去了遙遠的地方，永遠走了……他的葬禮是昨天舉行的。」

我嚇傻了，說不出話來，立刻開始抽泣，淚如泉湧，想起我的老師與好友，他一九六六年六月二日的那張大字報，改變了整個內蒙古師院，也改寫了我的人生軌跡。他剛剛六十二歲，只比我大兩歲而已呀！

宗老師最後說：「高老師相信，你一定會信守諾言。在彌留之際，他委託香港朋友，親自送一個包裹給你。」

一週後，我收到了一個褐色的牛皮紙大信封，裡面有許多不同尺寸和顏色的手寫稿紙，以及許多黑白照片，是高老師完整的手稿和相關資料，包括一頁短信：[18]

鐵軍：

當你看到這張紙條時，我可能已經去見韓桐和歐陽了。我原來的心臟小問題，似乎發展成一個大問題。家人堅持要我留在內蒙古醫院觀察治療。我把所做的一切，都放進了這個信封裡，我能做的，就是這些了。這是我最大的努力。我希望您能繼續我未完成的工作，並按照我們的計畫，完成這本書的出版……

高樹華，二〇〇三年六月初於呼和浩特

我大致翻閱了這份二千多頁的手稿，發現大部分草草寫就。有些書頁還沾有茶漬或淚痕。面對他的手稿，我心情沉重，夜不能寐。感覺這數千頁稿紙的撰寫，可能是他突發心臟病的原因之一。同時，蒼勁有力的字跡，再現了他堅強的性格，和不屈不撓的精神。

他的精神激勵著我，推動我在繁重的教學任務、持續的課題研究和瑣碎的行政職責之外，利用我所有的業餘時間，加快工作，起早貪黑，爭分奪秒，經過三年多努力，終於把他的手稿，編輯成一本可以付印的書稿：把原標題《忠與罰》改成《內蒙文革風雷：一位造反領袖的口述史》，最後於二〇〇七年，由紐約和香港註冊的明鏡出版社出版發行。

由於明鏡出版社的所有書籍，在中國大陸都被查禁，所以我必須想辦法，將這本書作為禮物，贈送給造反派朋友，以搶救被當局歪曲的歷史。最後，在朋友幫助下，我將這本六百頁的書，共購買約三百本，分寄給呼和浩特、包頭、北京、石家莊和呼倫貝爾盟的個人和圖書館。為了保護收件人不因「非法經營」而受到懲罰，我在每本書的內頁上，都加蓋了包含我姓名和電子郵箱的印章，還添加一句中文：「蒼天有眼，明鏡高懸，本書作者贈閱」，下面是我的簽名。

在北京見到宗馥華老師時，我把書鄭重地遞給她。她用微微顫抖的雙手，慢慢翻閱一頁頁精美的照片和文字，仔細觀看韓桐、歐陽儒臣、高樹華的肖像。最後，她緊握著我的手，眼含淚水說：「鐵軍，非常感謝你完成了高樹華的遺願。我會將這本書，連同你的簽名，和內蒙古大學的收藏證書，一起貢獻在高樹華的墓前。」

後來，在內蒙古大學和內蒙古師大（一九八三年由學院升格為大學）之間的圖書市場上，有家專賣內蒙圖書的小書店，年輕的蒙古族老闆問我，是否對非官方（即非法）出版的書籍有興趣。我說：「當然。」然後他從桌子底下，摸出兩本違禁書：一本是茂敖海的書《夢幻人生——回憶錄》，另一本是阿拉騰德里海（又名巴彥泰）的書。茂敖海是蒙古族持不同政見知識分子的領軍人物之一，他因支持一九八一年蒙古族學生示威而受到迫害。阿拉騰德里海，是內蒙古黨委少數的蒙古族造反派巴彥泰的筆名。他一九九九年出版的地下出版物《內蒙古「挖肅」災難實錄》提供了蒙古人對反新內人黨運動的看法與許多珍貴歷史文獻。

買到這兩本珍貴的圖書後，我送給他兩本我們自己的書，作為禮物。兩天後，他打電話來，說很多人想買這本書，問我是否可以多提供幾本。我告訴他，這本書只贈不賣。「如果人們想買，你們可以盜版印刷，但請保持低價。」蒙古人對我們這本書感興趣，說明本書，提供了對內蒙古文革的造反派視角，獲得不少共鳴，這讓我感到非常滿足。

接下來幾年，內蒙古的朋友告訴我，在呼和浩特的地下圖書市場，已經有盜版售賣，價格相對合理，只要人民幣三、五十元。後來一次旅行，我花五十元買了一本。相較而言，香港明鏡的原版書定價，則高達一百二十五港幣。

我們希望，這本由英文翻譯而成的中文書，涵蓋我自己的政治回憶錄，以及內蒙古邊疆四分之三個世紀的歷史變遷，能夠被漢族和蒙古族朋友，視為另一個造反派的鬥爭紀錄。我的青年時代，參與了該地區動盪歲月中的重要運動。雖然我的政治地位，沒有高樹華那麼高，但身為紅衛兵和《內蒙古日報》記者，我有機會接觸到更底層的人民群眾，看到更開闊的社會視野。

圖23　2004年夏天，程鐵軍（右）和妻子王秦賢（左）與蒙古友人及香港朋友，在呼倫貝爾草原上合影留念。

回首往事，作為記者的經歷，使我與大多數造反派有所區別。他們有些人，後來成為挖肅運動的工具，給蒙漢民族帶來悲慘後果。然而，文革以後，將造反派當作單獨的代罪羔羊，讓他們對那個時代的暴行負責，是試圖掩蓋這樣一個事實：發動和指揮這些運動的，是黨和軍隊的掌權派。運動參與者們，被分為兩派，互相殘殺，結果保守派和造反派，都成為政治遊戲中的棋子。內蒙古的突出之處在於，曾堅定支持中共，為共和國的建立和早期發展做出巨大貢獻的蒙古人，卻因子虛烏有的「反政府行為」和「地方民族主義」，遭受有組織的政治迫害與大規模屠殺。在挖肅大屠殺中，中國政府動員了正規軍和準軍事力量，包括「群眾專政」，來攻擊手無寸鐵的忠誠少數民族。

讓我們深感遺憾的是，中國政府從未公開道歉，更沒有認真審視制度本身的缺陷，只是將少數落馬官員作為代罪羔羊，而免除最高領導人，特別是毛澤東和周恩來不可推卸的責任。一個不反思歷史的國家，注定會重蹈覆轍。

如今，政治鎮壓仍在邊疆發生，特別是在西藏、新疆、內蒙古，甚至香港，當地漢人被動員起來反對所謂的分離主義。習近平時代，中國發生的許多事情，尤其是南北邊疆地區的社會矛盾與族群衝突，都讓我回想起親身經歷過的內蒙古文革悲劇。

總之，搶救歷史，恢復真實，總結教訓，是我們義不容辭的責任。

中文版完稿於二〇二五年二月五日，韓桐遇害五十八週年

結語　定居者殖民主義，少數民族和政治滅絕

——從邊疆視角重新審視文化大革命

這本書講述了內蒙古自治區這片中國邊疆土地上的苦難記憶。程鐵軍，書中的作者與譯者之一，既是這段歷史的親歷者，也是見證人。他的敘述，不只是對個人命運的回望，也是一種深思：把自身的經歷放進中國邊疆的歷史與地緣政治之間，重新理解那場時代風暴。比起十九、二十世紀那些在饑荒中遷徙到邊地、最終在那裡扎根的華北移民，程的「流亡」或許只是邊地生存艱辛的又一注腳。但他所經歷的年代，動盪劇烈，遠遠超出個體命運的軌跡：它改變了邊疆，也重塑了整個中國。而這種改變，往往悄無聲息地發生在社會不曾注視的角落，有時甚至要以鮮活的生命為代價。程和許多人一樣，被捲入「無產階級文化大革命」（一九六六至一九七六年）這場巨大的歷史浪潮。在毛澤東號召「打倒走資派」的動員下，他選擇投身運動，試圖透過造反來改變國家的未來。當社會撕裂成保守派與造反派兩大陣營，彼此都堅信自己才真正理解毛的意

圖、並將對方視為反革命敵人時，他成了一名堅定的紅衛兵。這段造反的經歷，以及後來對它的反思，構成了本書的敘事主線。

中國當局對文化大革命的權威解釋（也被英語學術界廣泛採納）認為：毛澤東基於「無產階級領導下的繼續革命」，錯誤地發動了群眾運動，對黨和國家造成了嚴重破壞，並引發長達十年的社會動亂。一九七六年毛去世後，新一代的領導階層逐漸否定了文革的合法性，並最終在一九八一年明確宣布：階級鬥爭已不再具有現實必要性，毛所宣導的反對「修正主義」所做的政治動員路線也被放棄。儘管如此，當局並未否認毛本人在革命中的歷史功績，也未追究其激進路線所造成的後果。此後，中國共產黨轉向改革開放的復興道路，將經濟發展與社會穩定視為核心任務，並承諾推動「共同富裕」。這一系列政策，構成了中國後來的國家資本主義體制，也就是領導人所稱的「中國特色社會主義」的基本前提。一九七八年起，在鄧小平及其繼任者領導下，中國開啟改革開放，僅用三十年時間，中國便躍升世界第二大經濟體和主要貿易國，大幅削減了貧困人口。至少在中美衝突在川普與拜登政府任內達到頂峰之前，國際社會普遍預期，中國將在十年內超越美國，成為世界最大經濟體。

許多當代國際學者指出，是文革時期的災難促成了隨後的改革和無與倫比的經濟成長。馬若德和沈邁克概括說：「沒有文革，就沒有經濟改革。文化大革命的災難如此巨大，以至於觸發了更為深刻的、正是毛想要阻止的『文化革命』。」[1]

跟任何劃時代的運動一樣，文化大革命的遺產也充滿爭議。隨著中共推諉文革動亂的責任，當局聲稱，他們自己也是「一小撮壞人」（尤其「四人幫」、林彪、康生）的受害者。無論當時或此後，很少有人為運動後果擔責。[2]當許多儒家文化論者，把文革說成意識形態的「十年浩劫」，毀滅了偉大文明，摧殘了國人靈魂。[3]許多流亡在美國的前造反派，及英語世界的學者也都認為，無論罪責歸誰，文革都為中國一九八〇年代以來的民主運動鋪平了道路。[4]千百萬人為此耗盡了青春年華：不少人出發點是革命理想，但結果往往演變成大規模武鬥，造成無辜的傷亡，殘酷的殺戮。但就高層而言，儘管時代對其合法性經常提出挑戰，他們仍然夜以繼日的封鎖文革的文獻紀錄，壓制人們的公開討論。

然而，從邊疆地區，特別從內蒙古看，那裡的文革，呈現出一幅獨特的畫面，可以讓我們管窺中國的性質，以及漢族與少數民族關係的本質。而這個「獨特畫面」的核心，是一場針對蒙古人的屠殺：根據官方統計，共造成一萬六千多人喪生（其中絕大多數是蒙古人），而傷殘人數則是死亡數字的五倍多。這場蒙古人自己的「浩劫」，來自黨政軍最高層對基層組織的全面動員，當然也得到許多紅衛兵群眾組織和城市漢族知青的支持。而這場運動，也徹底擊碎了中國治理邊疆的核心前提：少數民族區域自治。我們不禁要問：這究竟是偏離了文革的目標？還是僅僅是一場超越黨國控制的民族衝突？更值得人們深思的是，我們到底該如何解釋在烏蘭夫領導下，號稱全國民族區域自治樣板的內蒙古，居然發生了漢人針對蒙古人的暴力仇殺？

內蒙古的悲劇涉及敏感的民族問題。人們在反思文革時，往往關注其他方面，而忽略了民族衝突這一層面。但如果認真審視內蒙古以及其他少數民族地區在文革中的遭遇，就會對中國的治理模式產生根本的懷疑。特別重要的是合法性問題：從文革至今，官方意識形態一直在邊疆和少數民族聚居區推行自治政策，但同時又將控制敏感邊疆地區的少數民族作為國家安全的重點——這兩者之間存在根本矛盾。這些問題在今天尤為緊迫。西藏、新疆、內蒙古等邊疆地區都面臨著日益嚴厲的安全管控和社會監督，少數民族的語言、文化、宗教也遭到衝擊。漢族沙文主義的抬頭，讓所謂的區域自治和民族平等原則變得名存實亡。

本結語關注兩個基本問題，對於理解文革期間內蒙古的悲劇，和當前中國對邊疆少數民族的攻擊，至關重要。因為這兩個問題為中國的少數民族政治，提供了新視角。首先，我們要討論「定居者殖民主義問題」，這是分析中國民族衝突的基本前提，也是中國和國際學術界，在中國民族政治的學術研究中，長期忽略的問題。

西藏、新疆和內蒙古等邊疆地區，歷史上並非漢族的家園。它們併入中國，經歷了從帝國向民族國家的轉變：由滿清帝國（一六三六至一九一二年）而中華民國（一九一二至一九四九年），再而中華人民共和國（一九四九年至今），幾經易代之變，方成今日之局。在這個延續至今的過程中，國家一直鼓勵漢人大量移居邊疆——實質上就是征服與殖民。以內蒙古為例：清廷雖曾試圖隔離蒙漢，控制漢族移民，給滿蒙盟友留下緩衝地帶，但漢人農業定居點還是愈來愈多。到二十世紀中葉，草原大面積被開墾，建起大城市，漢人比例高達八成。

其次，中國近來對新疆維吾爾族和其他穆斯林少數民族的鎮壓，以及對少數民族權利的其他侵犯，被許多國際觀察家譴責為「種族滅絕」。與本書記載的，文革期間由漢族主導的內蒙古大屠殺相比較，有個突出事實，即這兩起事件，都由長期標榜為少數民族「救世主」的中國共產黨政權所為。事實上，文革期間的許多蒙古族受害者，都是中共黨員或進步人士。這一事實，迫使我們對大屠殺和當代漢族與少數民族的關係，提出另一種觀點：即認真對待中共對少數民族的定義，以及他們在中國歷史和未來的定位，並看到兩者之間，可能存在的某些深刻差異。

作為漢族定居者殖民地的內蒙古

定居者的殖民遺產與競爭性民族主義

「自治區」這一概念最早由中國共產黨在一九四九年建國時提出，建立在兩年前成立的內蒙古自治政府基礎之上，標誌著內蒙古自治區的設立。一九四九至一九六六年間，在烏蘭夫領導下、以蒙古人為中心的政權治理下，內蒙古一度成為《中華人民共和國憲法》所規定的民族區域自治的典範。雖然一九七六年毛澤東去世後，中共明確否定了「文革」，並形式上恢復民族區域自治制度，但導致對蒙古人實施暴力、破壞早期自治實踐的一系列關鍵政策與結構性因素，至今依然存在。換句話說，「文革」時期確立了一種雖未被憲法承認、卻在實際操作中清晰可辨的漢族霸權模式。這種模式不僅在內蒙古及其他少數民族地區持續發揮作用，也在漢族內部區域（如粵、滬、閩等擁有獨特語言和文化傳統的地區）造成了區隔與分裂。在內蒙古，衝突的核心在於占多數的漢人與少數蒙古人之間的張力。但我們必須強調，這種民族間的結構性分歧，並非現代民族國家建構中的「發明」，更非中華人民共和國的獨創，而是深植於中國與其內亞邊疆之間漫長歷史互動與權力對抗的結果。

在注意到文化大革命遺產的同時，我們認為，不能僅僅透過黨內派系之間的意識形態鬥爭，來理解內蒙古所發生的悲劇。相反地，當我們重新審視清末民初蒙古人爭取獨立的歷史，會發現內蒙古從蒙古人的故鄉到中國殖民地的轉變有其必然性。根據佩內洛普・艾德蒙茲（Penelope Edmonds）的觀察，「定居者殖民主義的核心動力是取代，即一種基於原住民的流離失所，以及被定居者取而代之的勢能。」或者，正如帕特里克・沃爾夫（Patrick Wolfe）所深刻指出的，定居者殖民主義是「一種結構，而非一個事件。」[5]此外，奧德拉・辛普森（Audra Simpson）在討論白人定居者對北美原住民土地的控制時認為，由此行為所製造的是一種「剝奪和被剝奪結構」。[6]這些理論觀點，亦為我們理解中國邊疆的歷史提供了關鍵視角：自二十世紀初以來，內蒙古作為漢族定居者的殖民地，長期處於暴力與戰爭的陰影之下；蒙古人的土地被不斷掠奪，已成為一種普遍且持續的現象。

定居者殖民主義不僅僅是外來人口對領土的征服，而是在永久占領和定居的基礎上，攻擊／剝奪／或取代當地原住民的文化和語言——正如蒙古人、藏人和維吾爾人在他們故鄉所經歷那樣。在此過程中，這一「結構」還在原住民和占領者之間建立權力等級關係，並試圖改變、同化和破壞原住民的政體、宗教信仰體系、文化、語言、經濟、社會，甚至人文景觀。[7]然而，內蒙古的殖民歷史，並不能簡化為弱小民族在二十世紀中遭到壓倒性強權征服的線性敘事。相反地，我們應將其置於中國與內亞之間更為悠久而複雜的權力互動脈絡中加以理解；更重要的是，還必須放在中國現代地緣政治和意識形態轉型的背景下才能理解這一切。

關於內蒙古的特殊歷史環境，有兩點值得特別強調。第一，涉及其作為中國北部邊疆的地位，歐文·拉鐵摩爾（Owen Lattimore）在反思一九一一年革命後的蒙古歷史時，曾長期堅持這一觀點。他一九三五年撰文指出，蒙古宣布從中國獨立，最終於一九二四年成立蒙古人民共和國，「只不過是對歷史原則的陳述，即蒙古不是中國的一部分……中華民國聲稱繼承滿人在蒙古統治權的想法，在歷史上並不合邏輯。」[8]拉鐵摩爾指出，清帝國的多民族政體有五個主要的官方分類群體（即滿、蒙、漢、回、藏），每個族群在帝國中占據不同地位，並且大部分在行政、人口和領土上互不隸屬。更重要的是，這一立場否定了中國國民黨與中國共產黨所共同提出的中國民族主義主張——即中國對清帝國遺產的「自然繼承權」，尤其是對非漢族人民與其領土的繼承權。實際上，這些人口與領土本是滿人外交手腕與軍事征服的成果。在拉鐵摩爾判斷的基礎上，我們在此還可以補充一點：在十七至二十世紀初的滿清時期，雖然蒙古人成為滿人征服中國的從屬盟友，但中國人本身卻是一個被征服的民族。因此，一九一一年革命中達到高潮的中國民族主義的衝動，主要是針對滿洲統治者及其蒙古盟友的反殖民衝動，正如「驅除韃虜，恢復中華」的口號所體現的那樣。

當然，這並不意味著清朝時期滿蒙關係完全友好，也不代表他們在各個領域都有共同利益。

如果說，蒙古人是清朝兩個半世紀統治的受益者，在清朝統治期間，此前互有征伐的蒙古內部的亞族群形成了集體的「蒙古」身分，[9]那麼，他們自然也失去了獨立性，淪為滿人統治者的附屬物。事實上，那些反抗清朝的蒙古人，例如準噶爾蒙古人，早在十八世紀中葉就被消滅了。[10]另外，到十九世紀中葉，大多數蒙古軍隊在清朝日益衰弱之際，被徵召為最後的軍事支柱。他們不僅被派往各地鎮壓漢人的太平天國與捻軍叛亂，也參與了對西北回族穆斯林的鎮壓行動，並在第二次鴉片戰爭中於天津及北京與英法聯軍作戰，最終損失慘重。[11]到最後，在滿人征服中國及隨後挑戰漢人過程中，曾經發揮過關鍵作用的蒙古人在漢人和國際列強的多重挑戰面前，已經無力保護其自身的利益了。

第二，蒙古歷史家園的轉變可以追溯至十七世紀，當時蒙古經歷了兩種形式的殖民進程：首先是清朝的征服，其後是自十九世紀末開始、持續至今的中國定居者殖民。這兩個過程彼此獨立，卻又密切相連。在第一階段，儘管（甚至可以說正因為）部分蒙古集團對清朝的帝國野心構成潛在威脅，清廷仍嚴重依賴蒙古軍力來擴張與平定疆域。為防止蒙古人建立足以挑戰其權威的獨立政體，滿人採取一系列措施加以遏制。他們將蒙古人劃分為旗與盟等彼此隔絕的行政社區，並統一置於由滿人主導的行政體系之中。清朝設立理藩院（理藩院，直譯為「邊疆事務管理院」），最初便是為了管轄蒙古地區。[12]這一體系的建立，既依賴於聯盟與征服的交替運作，也包括切斷蒙古與中國及俄羅斯之間的直接聯繫。然而，蒙古與漢地之間的邊界從未完全封閉——自清朝中期起，許多逃荒的漢人農民，乃至受蒙古王公邀請的墾民，便不斷進入蒙古地區定居。[13]

十九世紀末二十世紀初，面對俄國和日本對蒙古和滿洲的日益侵犯，以及蒙古軍事力量的削弱，滿清王朝開始依賴漢人維持政權，導致長期實行的種族隔離政策被放棄。隨著蒙古甚至滿人的故土向漢人開放定居，數百萬渴望土地的漢人湧入，迅速占領最肥沃的土地，數量遠遠超過當地的蒙古人和滿人。這導致漢人定居者的地位發生了變化，「從非法但被容忍，再到受控和臨時，最後到雖受法律制約，但獲國家資助的移民。」[14]

漢人移民內蒙古的規模，可從以下數字窺見一斑：一八〇〇年代初期，內蒙古有二百一十五萬人，其中蒙古人約一百零三萬，漢人約一百萬，此外還有滿族、回族、達斡爾、鄂溫克、鄂倫春等其他民族。當時許多漢人都是季節性移民，春夏耕種蒙古土地，秋冬回到家鄉。然而到一九一二年，由於十九世紀末的戰爭傷亡，蒙古族人口降至八十二萬八千九百七十七人，而漢族人口則猛增至一百五十五萬，其中許多人成為永久居民。一九三七年，蒙古族人口停滯在八十六萬四千四百二十九人，而漢族人口卻增加了一倍多，達到三百七十二萬人。到一九四九年，蒙古族人口進一步下降至八十三萬五千人，而漢族人口則增加至五百一十五萬人。[15]定居者占據了多數內蒙古的肥沃土地，迫使蒙古牧民到偏遠的草場謀生。總之，旗盟制度（清朝對蒙古人分而治之政策的關鍵）最終未能保護蒙古人免受定居者的殖民威脅。

一九一一至一九四五年間，內蒙古邊疆地區經歷了一連串劇變：清朝滅亡、中華民國的軍事與行政占領、泛蒙古獨立運動的興起、在蘇聯支持下蒙古人民共和國的建立，以及日本的入侵。這片地區最終成為拉鐵摩爾所說的「衝突的搖籃」。[16]隨著這一地區逐漸轉變為漢族定居者的殖民地，蒙古人與漢人各方勢力圍繞主權與認同形成對立的意識形態，並以武裝衝突爭奪這片動盪的土地。蒙古民族主義的形成，建立在反抗中國殖民主義之上；而中國民族主義則將邊疆的控制正當化，聲稱是為了保衛中國領土免於被「野蠻人」（蒙古人與滿人）以及外國帝國主義者（特別是俄羅斯與日本）瓜分。[17]在中國民族主義的語境中，漢族定居者被視為捍衛國家的守護者，而那些被標籤為「野蠻人」的少數民族，則始終被視為潛在的分裂主義者。

然而，隨著一九二一年後共產主義革命席捲蒙古草原與中國，這一二元對立的政治圖式變得日益複雜。中蒙之間逐步建立起跨國與跨民族的革命聯盟。一九四七年，中國共產黨領導下的內蒙古自治政府成立，成為中華人民共和國建立過程中的里程碑，其意識形態基礎正是民族自決與殖民解放的共產主義觀念。在這一理念中，蒙古人被中共視為受漢族殖民、壓迫與剝削的弱小民族，同時也是潛在的革命盟友。

在下文，讓我們將視線先轉到內蒙古，重新審視一下這一地區如何作為清朝領土實體在歷史中出現，以及清朝之後又如何淪為漢族定居者的殖民地。

內蒙古的殖民化過程

清朝對蒙古人的統治主要透過人口分類和領土管理兩種殖民技術實現。首先，清廷將蒙古分為兩大對立的類別：「外藩蒙古」和「內屬蒙古」。前者由享有自治權的世襲親王領銜的一眾政治團體組成，後者則由清政府直接控制。後來，外藩蒙古進一步劃分為外蒙古和內蒙古，其差異在於地方王公在組織上與清帝國中心的親近程度：前者保留更大自治權，而後者則因為接近清朝權力中心，相較前者享有更多的特權。自二十世紀初起，內蒙古與外蒙古逐步按地理疆界被分割並組織起來，這一過程既是蒙古民族主義運動的空間構造結果，也是俄羅斯與日本帝國主義競逐的產物：前者影響外蒙古，後者則控制內蒙古與滿洲。[18]

對蒙古的瓜分，透過一九一五年《恰克圖條約》被正式制度化。這是一項由俄羅斯、蒙古和中華民國三方簽署的協議，實質上否定了蒙古在一九一一年十二月、清帝國垮台時所宣布的獨立，將北部地區劃為「自治的外蒙古」，並承認中華民國作為清朝的繼承國對其擁有宗主權。[19]一九二一年，在蘇聯紅軍的協助下，蒙古再度發動革命，走上從中國獨立的道路，最終於一九四六年一月獲得法律承認。然而，蒙古的南部（即內蒙古）並未同時獨立建政，其西部被劃分為幾個「特別行政區」——寧夏、綏遠、[20]察哈爾與熱河，而東部，則分別併入黑龍江、吉林和奉天（遼寧）三個東北省。一九二八年，新成立的南京國民黨政府，以討伐軍閥的名義北伐，擊敗了北京的北洋政府，將這些「特別行政區」變成了省分。[21]總之，中國自身的國家建構進程，實際上伴隨著對北部邊疆蒙古族及其他非漢族群體的去整合與重編。

在失去對自身領土的集體治理權之後，蒙古地區被納入中國省級政權的直接控制，並被劃分為「蒙旗」單位——相當於中國本部的縣，是民國時期省以下所允許的最高層級自治形式。[22]但真正的縣級自治，對蒙古人來說仍然是一種罕見的奢侈。綏遠省和察哈爾省的主席傅作義與宋哲元等人，由軍閥變為國民黨將領，在其所控制的旗地上設立縣級行政單位，進一步推動漢人殖民

地圖5　中華民國地圖，顯示1928年在內蒙古領土上設立的西部四省，和占據內蒙古東部的東北三省。

化進程。這一行動引發了自一九二九年起，由德穆楚克棟魯普親王（德王）領導的前所未有的蒙古民族自治運動。而當時，正值日本對中國的侵略態勢日益加劇。[23]

自一九三一年起，日本占領滿洲。次年，在日本控制下，溥儀，清朝的末代皇帝，建立了名義上獨立的滿洲國，此舉無疑讓蒙古人看到從中國殖民主義中解放出來的希望。[24]該運動內部分為東蒙古與西蒙古兩大族群：東蒙古包括卓索圖盟、哲里木盟、昭烏達盟及呼倫貝爾地區，後被滿洲國劃入新設的興安省；西蒙古則主要由錫林郭勒盟、烏蘭察布盟與伊克昭盟（尤以後兩者的東部旗區為主）構成，並在德王及其王公盟友的領導下，於一九三七年成立了日本支持下的蒙古邊疆政府（蒙疆政府），並於一九四二年擴編為蒙古自治邦。

儘管蒙古人的努力，在一九三一至一九四五年間取得了進展，尤其是透過與日本合作，組織了獨立的自治政體，但蒙古民族主義的領土統一願景，還是破滅了。統一的內蒙古政權，無論在中華民國，或是在大日本帝國的大東亞共榮圈都沒有地位。它，只有在蒙古和中國共產主義運動的間隙中，才有被想像的可能。

一九二四年，蘇聯和共產國際支持的蒙古人民共和國成立，不過在二十世紀的世界史上鮮為人知的是，它是世界上第一個「人民共和國」。透過拿掉「外蒙古」這個名稱（暗示與中國的朝貢關係），[25]該人民共和國宣布從中國獨立。同年，內蒙古的民族主義者響應列寧反殖民主義的號召，[26]在共產國際領導下，與蒙古人民革命黨和國共兩黨支持下，成立了內蒙古人民革命黨（簡稱內人黨）。成為第一個使用「內蒙古」（蒙古語Dotood Mongol）來想像一個新的內蒙古實體的人群。然而內人黨的目標，是在將來，把中國所有蒙古人，與蒙古人民共和國，和布里亞特蘇維埃社會主義自治共和國（成立於一九二三年）全聯合到一起，實現全蒙古的統一，成為與蘇聯結盟的單一蒙古國家。一九二八年，國民黨透過軍事征服，統一了包括蒙古領土在內的中國大部分地區之後，蒙古人夢想的國際實驗遭遇了挫折。

七年後，內蒙古再次被提及，這一次是由中國共產黨提出，當時這個政黨因國民黨的圍剿而

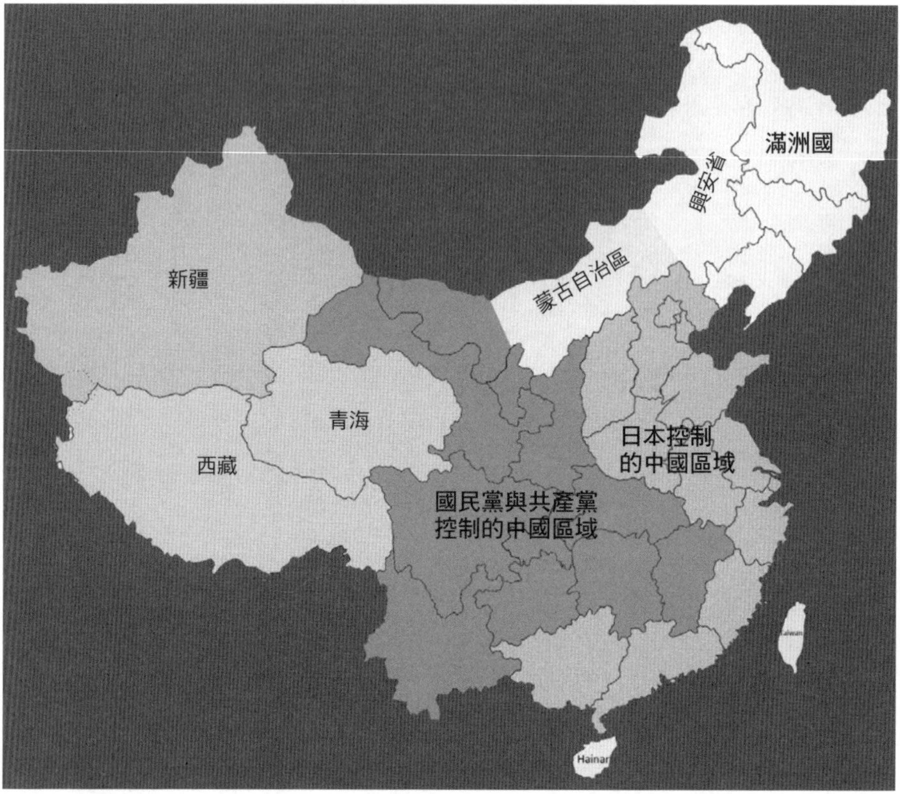

地圖6　中國地圖，顯示1942至1945年蒙古自治區，和滿洲國興安省控制的蒙古地區。

喪失其位於中國中部的根據地（江西蘇維埃共和國），成為一支流亡中的游擊力量。一九三五年十二月，毛澤東在完成「長征」、抵達位於蒙古草原邊緣的延安不久後，代表中華蘇維埃政府向內蒙古人民發表宣言。毛承諾廢除中國人在內蒙古設立的縣與省，將所有原屬於內蒙古的土地歸還蒙古人，以爭取他們支持抗日戰爭與反抗國民黨。此一宣言甚至允許蒙古人尋求獨立。[27]也就是說，內蒙古作為一個有明確領土和行政邊界的政體，是中共首先提出的，或更確切地說是承諾的。條件是，在內蒙古大部分地區處於日本控制下時，蒙古人必須站在他們一邊。十年後，土默特蒙古的共產黨員烏蘭夫，成為內蒙古共產黨的最高領導人，此後，他將肩負起兌現承諾的任務。

一九四五年，為蒙古人提供了一個歷史性的機遇，讓他們再度思考，在戰後解決方案中，將蒙古人民革命黨和飽受戰爭蹂躪的內蒙古統一起來的可能性。但事與願違，史達林、羅斯福和邱吉爾談判達成的雅爾達協定，以及蔣介石決定透過公投（一九四五年十月二十日舉行）承認外蒙古獨立，以換取蘇聯承認中國對滿洲和內蒙古的控制，從而確保內蒙古仍是中國的一部分。[28]

一九四七年五月一日，內蒙古自治政府成立，烏蘭夫為主席，原滿洲國的蒙古人哈豐阿為副主席。隨著國共兩黨爭奪對滿洲及其他蒙古人土地的控制權，內蒙古首次成為有領土的政治實體，中文名稱為「內蒙古」，但蒙古語則由Dotood Mongol（內蒙古）改為Övör Mongol（前面的蒙古，或南面的蒙古）。以當地的地名傳統，Övör一詞，總是與Ar配對，共指山的前後兩側。因此，在這種語言想像中，Övör Mongol（南蒙古或內蒙古），隱密地嵌入了Ar Mongol，變成了單一的地理實體。

一九四九年，內蒙古成為新成立的中華人民共和國的自治區，中國的「蒙古問題」終於解決。不過，這也得益於新的國際局勢：中國，首次加入與蘇聯和蒙古人民共和國相同的意識形態陣營。內蒙古自治區所體現的自治制度，以三個「統一」為前提：內蒙古與中國統一，蒙古人在中國行使部分自治權；漢人和蒙古人統一在一個政體；以及將大多數蒙古族群，統一到中國的一

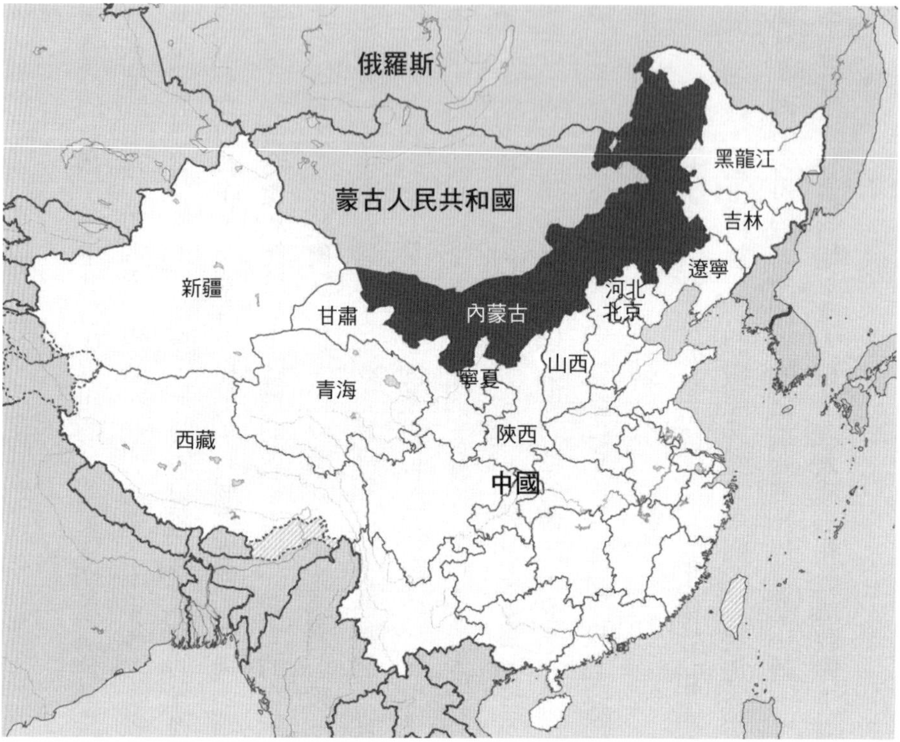

地圖7　當前中國地圖，內蒙古部分呈深灰色。

個行政機構——內蒙古自治區之下：西部的阿拉善旗和額濟納旗，於一九五六年併入，所以內蒙古的統一過程，經歷了六年時間才最後完成。隨著綏遠省解散，呼和浩特一九五四年成為自治區首府，正是程鐵軍一九五九年來此定居的五年前。[29]

但問題在於，這種同時包含共產主義與民族主義的內蒙古區域自治，其本質究竟為何？一九四九年內蒙古作為自治區併入中華人民共和國後，在這片以漢族為多數的邊疆地區，蒙古人名義上居於領導地位，那麼，定居者殖民主義的歷史遺產與競爭性的民族主義，真的會從人們的記憶中消失嗎？在中國共產黨的統治下，蒙漢關係又將如何展開？問題不僅在於這片地區有著殖民與民族主義糾纏的歷史，更在於，在「階級鬥爭」成為新政權壓倒一切的政治綱領之時，人口遠遠少於漢族定居者的蒙古人，如何行使其民族自治權？

共產主義定居殖民下的邊疆：民族自治問題再思考

內蒙古的形成史表明，該區並非地處化外、簡單等待外人的征服或啟蒙。恰恰相反，它曾經是草原帝國的中心，是十三世紀蒙古世界帝國鼎盛時期征服周邊和全球的跳板。也是十八世紀滿人勢力擴張的核心要素，只是後來，逐漸被滿清王朝邊緣化。繼之，於十九世紀末和二十世紀大部分時間，捲入帝國衝突、競爭性民族主義，領土與民族爭執，意識形態鬥爭，以及持久的戰爭漩渦。然而，要解釋文革暴力的嚴重性（文革摧毀了內蒙古自治區二十年的成就，並暴露自治概念的結構性問題），我們需要審視民族結構、制度安排，以及毛主義意識形態的前提，即「民族鬥爭的實質，是階級鬥爭問題。」

自一九四七年內蒙古自治政府成立以來，關於自治權應如何行使，特別是領導權應由誰掌握，蒙古人內部，以及蒙古人與漢人之間，始終存在激烈爭論。有人主張應由內人黨領導（這是一個重建於一九四五年的左翼蒙古民族主義政黨），也有人主張由中國共產黨在同年設立的內蒙古自治運動聯合會接管主導權。爭論的實質是：內蒙古究竟應是一個由蒙古族主導的自治政體，還是一個對漢族與蒙古族共同開放的「民族融合」政體？是否應接受漢人在數量上的絕對優勢，並將協調民族關係置於首要地位呢？最終，中共及其代理人所主張的後一種模式占了上風：內人黨被整合進中共體制，其部隊編入中國人民解放軍，政黨本身也隨即宣告解散。然而，這種「自治」並不意味著真正的自我主權。一九四七至一九六六年間，雖然蒙古族在名義上擔任自治區領導人職位，但與其他省區無異，他們的權力受制於中共中央，並不對蒙古人民直接負責。

一九四七年，在內蒙古自治政府控制地區（即所謂解放區）進行的土地改革中，發生了民族暴力事件，戳破了共產黨關於民族友誼的承諾。中共將階級鬥爭方法，運用到內蒙古東部的蒙漢雜居地區。當地漢族農民主要是耕種蒙古土地的佃農，而許多蒙古人被歸類為地主，後者在遭受階級鬥爭的同時，其土地被重新分配。此外，蒙古人也被指控歷史上曾勾結滿洲國的日本侵略者。基於這些血的教訓，也為了在中國內戰時能穩定作為戰略後方的內蒙古，並贏得蒙古人支持，烏蘭夫於一九四八年推出了中共的第一個民族政策：「三不兩利」政策（不鬥、不分、不劃階級；牧主和牧工兩利）。這項政策適用於牧區，保護蒙古牧民的土地，免受漢族搶奪和重新分配之苦。[30]

在班納迪克・安德森（Benedict Anderson）對民族主義的開創性研究中，曾對共產國家之間的暴力衝突感到困惑。[31]他把衝突歸因於民族主義興起，但未解釋如此慘烈的原因，也沒觸及一些共產國家為何鎮壓少數民族。蘇共和中共都試圖在多民族帝國的基礎上建立社會主義政體，然而正如歷史學家、社會學家和人類學家的研究所揭示的，兩者在合併邊緣地區和人民，以及推動社會轉型過程中，往往都充滿暴力，並透過結合階級鬥爭與民族鬥爭，使占多數的俄羅斯族與漢族享有制度性特權。[32]我們可將內蒙古文革時期暴力的根源，追溯至共產主義與民族主義之間內在而深刻的張力；更具體地說，是共產主義政黨內部不同民族間因利益分配而引發的矛盾，蒙古人加入由漢族主導的中國共產黨，正清楚反映了這一點。隨著中國與蘇聯及其盟國之間的衝突日益加劇，我們開始追索中國民族主義日漸惡化的跡象——正是在這樣的歷史進程中，內蒙古作為一個自治區的存在，被重新定位為中國的國家安全風險。

一九四七年五月，內蒙古自治政府成立，轄區包括原滿洲國的蒙古地區（即興安省），和原蒙古自治州的錫林郭勒盟和察哈爾盟，由蒙古族領導。然而，一九四九年十月，內蒙古自治政府被納入新成立的中華人民共和國，成為一個「民族區域自治」的多民族自治區。從此，它喪失了作為民族政體的「民族自治」，變成一個以蒙古族作為名義上的「主體民族」，但實際上由占絕對多數的漢族主導的行政單位。[33]隨後六年，內蒙古自治區向西擴展，恢復了蒙古人在熱河、察哈爾、綏遠和寧夏等省分的疆域，最終確立了今日內蒙古自治區的大致版圖。[34]在此過程中，漢人在蒙古土地上建立的部分省縣被撤銷，漢族接受新成立的盟旗領導。如果這代表兌現了一九三五年毛澤東對蒙古人的承諾，問題也隨之出現：撤銷原有的省縣體制並併入內蒙古自治區，既回應了蒙古民族主義恢復失地的訴求，也體現了中共黨內的制度設計思路——即透過建立一種新的民族互動模式來整合邊疆。這種制度在初期可能為蒙古人帶來某些特權，但最終卻削弱了他們作為民族集體的主體性，因為事實證明，在漢人占多數的地區，蒙古人難以真正行使自治權。[35]

無論是在資本主義國家或共產主義國家，無論「民主」或「人民民主」，現代性都有利於多數人，不利於少數人。在中華人民共和國，黨認為文化和思想上較為先進的漢族，在少數民族邁向社會主義和共產主義的過程中，肩負著啟蒙少數民族的重任。具體來說，中華人民共和國的民族自治被設計成一個過渡階段，即「民族區域自治」，該制度是為了改變少數民族的社會結構和政治意識，促使他們融入中國社會。[36]此政治理念的提出，使得漢族被視為「先進人民」，是國家改造邊疆的代理人，因而享有特權。他們的語言（即漢語）在內蒙古占主導地位，尤其在漢族人口占絕對多數的中心城市中更為明顯。儘管蒙古人能發展以蒙古語為媒介的教育體系，在蒙古族聚居的農村牧區維持新的蒙古文化，但這種文化被要求「民族的形式，社會主義的內容」。蒙古族的黨政幹部與教育工作者常會搬遷到首府呼和浩特或各盟旗中心，這些地區多為漢族商人與來自內地移民的聚居之地，許多社區更是在蒙古寺院周圍發展起來的漢族聚落。在這樣的環境中，蒙古族逐漸脫離蒙古文化，其子女或後代也迅速喪失了蒙古語的能力。[37]

一九五〇年代，內蒙古經濟快速發展和漢族人口加速遷入，無疑是一把雙面刃，對蒙古人造成自我矛盾的影響。一九五〇至一九五七年間，超過一百五十萬漢族移居到內蒙古。其後三年，又有一百九十萬漢族湧入。到了一九六〇年，內蒙古一千二百萬人口中，蒙古族人口下滑到一百二十萬，僅占百分之十；漢族人口則占百分之八十七，遠超過蒙古族和其他少數民族的總和。[38]一九五〇年代，在蘇聯支持下，內蒙古的工業成長顯著，但也加劇了蒙古族和當地漢族熟練工程技術人員的短缺問題。因此，大量熟練的漢族勞動力，從華北和東北城市被調入內蒙古。隨著共產國際主義盛行，以及內蒙古被納入中國的政治經濟體系，漢族人口在一九五〇年代大量湧入自治區中相對繁榮的城市與工業地區，這一趨勢明顯加速。[39]當然，新移民中也包括像程鐵軍這類逃離饑荒的難民，拚命擺脫大躍進製造的災難。[40]

今天，內蒙古的蒙漢民族，都將中華人民共和國的頭十年視為民族關係的黃金時代。然而，儘管烏蘭夫在民族和諧、國家團結和經濟發展方面有精細的管理，但到一九五〇年代末，民族間的緊張局勢還是加劇了。這是兩個民族的衝突，每個人都透過階級和民族的稜鏡，看待彼此。一方認為自己是「弱小民族」，土地被漢族定居者殖民；另一方則認為，自己是絕對多數，是有權居於領導地位的先進階級，同時感覺其權益受到有名義地位的少數民族威脅。蒙古人因行政合併失去土地，也因漢族日益集中而被邊緣化（不只在中心城市、工廠和大學如此，在農村地區亦然）。他們覺得自己為外來定居者犧牲了太多。

漢族定居者則不滿因解散縣、省而失去權力。漢族會抵制蒙古人「接管」權力，既是意識形態上的，也是現實利益上的：當漢族不再「壓迫」或「剝削」蒙古人時，為什麼蒙古人還要在一個人人都「解放」的國家實行「自治」呢？蒙古人的自治，難道不是一種民族主義，把漢族視為蒙古人的壓迫者和剝削者嗎？這些矛盾，根本上源於中國共產黨對民族主義的理解：共產黨將民族關係視為階級鬥爭的延伸，而非作為政治自決或文化權利的表達。這種理解不僅削弱了蒙古人訴求自治的正當性，也傷害了漢族群體的道德自我認同——因為漢族自認為並未壓迫他人，反而是在推動國家的現代化進程。在這樣的邏輯下，蒙古人訴求自治就被視為一種「民族主義傾向」，而民族主義在一個自認正邁向共產主義的國家中，是不被容許的存在。41

我們該如何描述這段歷史和這片土地呢？國家的、跨國的或帝國的視角在此刻都如此捉襟見肘，它們無一例外拙於捕捉內蒙古作為一個民族、文化和多民族邊疆的獨有特徵，更無法透過程鐵軍和他們這一代漢族的看法，來解釋本書所記錄的暴力浪潮。這是一個具有獨立色彩、定居者在邊疆殖民的傳奇故事。如果說一九四七年的自治承諾曾幫助中共在內戰中爭取蒙古人支持，那麼十九年後，當中蘇蒙邊境關係緊張加劇，中共高層開始將蒙古人不滿其自治權利被削弱的情緒，視為對中國主權的潛在威脅。及至文化大革命期間，中共黨政軍系統極度懷疑自己長期培養的蒙古族幹部與戰士，動員占人口多數的漢族力量鎮壓蒙古人，一併抹除了自治制度連同其實質內容，「自治」，最終只剩下一副軀殼。

政治滅絕

究竟是種族滅絕，還是政治滅絕？

一九六〇年代初，「大躍進」的失敗導致全國饑荒，中共領導層出現分裂，北京開始向地方施壓，在全國範圍打擊「修正主義」（包括針對蘇聯和中國內部），重提階級鬥爭。從一九六三年開始，由毛澤東推動、最初讓劉少奇領導的「四清運動」（即社會主義教育運動，簡稱「社教」）拉開序幕。華北局威脅要在內蒙古重演土改時期的蒙漢民族對抗。身為緩和階級鬥爭、促進蒙漢和諧的原始民族政策設計者，烏蘭夫敏銳地感到運動有失控危險。他一再警告，階級鬥爭將破壞蒙漢關係。然而他的警告，引起黨內最高層的猜疑，認為烏蘭夫在煽動蒙古民族主義。

在社教運動期間，華北局第一書記李雪峰（烏蘭夫是第二書記）領導了對烏蘭夫的批判。為挫敗李雪峰，烏蘭夫重新提起毛澤東在一九三五年的承諾——給予蒙古人高度自治，並改組內蒙古的黨政機構。烏蘭夫的目的，是要挫敗外界對內蒙古民族自治制度的挑戰，並合法化他的領導地位。然而，由於邊境地區國際緊張局勢加劇，中央認為烏蘭夫是要追求內蒙古獨立，是要搞政變。隨著一九六〇年代初中蘇關係惡化，一九六六年一月十五日，蒙古人民共和國與蘇聯簽署了新的友好合作互助條約，其中包括祕密協議，允許蘇聯駐紮部隊、戰機和洲際導彈。[42]因此，文革的爆發，既是為了解決以階級鬥爭為中心的意識形態爭端，也是為了對抗蘇蒙對邊境地區的軍事威脅。

一九六六年六月，隨著中蘇蒙邊境局勢日益緊張，中央進一步加強對內蒙古，特別是軍隊系統的全面控制。內蒙古軍區大規模清洗烏蘭夫及一批蒙古族將領，同時從山西、河北等地調派數百名漢族軍隊幹部進入內蒙古接管要職。這是摧毀自治區蒙古勢力的關鍵一步。這個過程分三步驟完成：首先一九六七年，中央任命北京軍區副司令滕海清將軍，統管內蒙古新領導層。再者，軍方領導「挖肅運動」，目的在消除烏蘭夫在內蒙古軍界的影響力；最後，發動深挖「新內人黨」的運動。第三步是個莫須有指控，雖然該組織於一九四〇年代末解散，但據稱他們又於一九六一年祕密「復活」，目的是推動內蒙古自治區與蒙古人民共和國統一。一九六九年，該運動以宣布全區軍管，並肢解內蒙古自治區而告終。自治區東部劃歸黑龍江、吉林和遼寧三省；西部則劃歸甘肅省和寧夏回族自治區。這一切，皆得到毛、周控制的中央文革小組的支持。簡而言之，文革徹底摧毀了內蒙古僅存的自治空間，徹底排除了蒙古人在政治體系中的主導地位，並以其集體權益為代價，上演了一場針對少數民族的恐怖統治。

因此，內蒙古的文革與全國其他地區，甚至與西藏、新疆的發展軌跡相比，都展現出根本性的差異。藏學家梅爾文．戈爾茨坦（Melvyn C. Goldstein）及其研究團隊在針對西藏文革的開創性研究中指出，西藏的文革暴力主要源於派系間的鬥爭，而非基於民族衝突。[43]茨仁唯色對西藏文革的精采研究也顯示，拉薩最為血腥的武鬥發生在造反派紅衛兵與解放軍之間。她援引父親留下的照片作為證據，指出這場暴力主要源於政治派系衝突，幾乎沒有跡象顯示民族主義或種族仇恨在其中發揮過作用。西藏文革，總體上給了西藏「翻身農奴」報復前貴族和高級喇嘛，以及寺廟和舊階級殘餘的機會。與內蒙古不同的是，一些最血腥的衝突都發生在藏人之間。[44]

新疆的文革，則在兩條戰線展開：一是漢族之間，二是少數民族之間，兩場文革並行。詹姆斯．米爾沃德（James Millward）認為，新疆的維吾爾人和其他少數民族，基本上沒有遭遇派系武鬥，主要都是漢族間的衝突，「看來北京領導層，起碼周恩來總理想急於防止新疆的少數民族政治化，或捲入派系鬥爭。」[45]因此，少數民族（特別是維吾爾人和其他穆斯林民族）的文革運動會僅限於針對習俗，例如說文化和宗教領域，舉凡焚燒《古蘭經》，關閉和褻瀆清真寺、市場、宗教學校和墓地等等。在維吾爾人記憶中，最大的侮辱就是被迫在清真寺養豬。正如莫里斯・羅薩比（Morris Rossabi）認為的那樣，如果說文革期間新疆難免遭受針對維吾爾人和伊斯蘭教的暴力影響，那麼其暴力程度，特別是漢族針對維吾爾人的暴力，從未達到內蒙古大屠殺的程度。[46]

內蒙古文革衝突，本質上屬於民族衝突。漢人帶頭對蒙古人實施暴力，造成大量傷亡。從一九六七年底開始，在黨和軍隊積極分子以及漢族知青的高壓下，挖肅運動如火如荼，直到一九六九年中才歇止。根據官方統計，兩年內，大屠殺奪去了一萬六千二百二十二條生命，造成八萬七千一百八十八人傷殘，三十四萬六千六百五十三人遭受迫害。絕大多數受害者，都是人口一百四十萬的蒙古人。[47]每一千名蒙古人就有十一點五人喪命，這是文革期間各省市自治區，單一少數民族死亡比例最高的紀錄。

根據安德魯・沃爾德（Andrew Walder）的統計，一九六六至一九七一年間，中國因文革暴力而死亡的人數為一百六十萬人，即每千人有二點二人死亡。他從中國國家數據庫找到了五個縣，報告的死亡率超過百分之一，即每千人中有十人死亡，「其中三個在內蒙古。根據公開紀錄，死亡率在百分之十四到十七之間……這些地區暴力事件的強度，即便放在世界近代史中諸多臭名昭著的案例中都名列前茅。」[48]

而根據蒙古人自己的紀錄，針對蒙古族的暴力規模，要遠比官方數據大得多。一九八一年八月一日，內蒙古自治區黨委第二書記廷懋，致信黃克誠將軍，呼籲起訴策劃挖肅運動的滕海清，他提到文革期間，內蒙古有二萬多人被殺，十七萬人傷殘，超過一百萬人遭受迫害，[49]但廷懋的呼籲最終石沉大海。蒙古族學者郝為民主編的半官方著作《內蒙古自治區史》，將死亡人數提高到二萬七千九百人，傷殘人數超過十二萬人，死亡率為每千人十九點九人。[50]而指控中共在內蒙古施行種族滅絕的日本蒙古學者楊海英，根據蒙古人消息來源估算（把當時被殺人數與出獄後死亡人數合併計算），蒙古人死亡人數約為三十萬。[51]這個數字，將死亡比例拉高到每千人二百一十四人，雖然略低於紅色高棉治下柬埔寨的死亡率（每千人二百二十四人），但遠高於沃爾德援引的一九九四年盧安達圖西族大屠殺中每千人一百三十三人死亡的數字。當然，在檔案封閉、報導高度政治化的情況下，我們無法準確估算受害者的實際人數。但現有證據顯示，文革期間，蒙古人的死傷率是所有群體中最高的。值得注意的是，許多遭受酷刑、傷殘甚至被殺害者，並未參與造反派與保守派的政治鬥爭，其中許多人甚至從未參與過任何政治活動，只因其蒙古族身分而成為代罪羔羊。此外，至今並無證據顯示中共曾對這場極可能是共和國史上規模最大的種族屠殺，展開過任何嚴肅的調查，更遑論發表正式道歉。

逮捕、酷刑與死亡，遠不是文革對蒙古人及其所處地區造成的唯一創傷。在一九四九至一九六六年間，內蒙古一度被視為民族區域自治的典範，而其後的命運，卻深刻揭示了蒙古人政治地位的脆弱。蒙古族在其歷史家園中發揮主導作用的能力，於文革期間被徹底瓦解。此後，儘管仍有少數蒙古族官員在黨政軍系統中擔任領導職務，但他們的權力與影響力卻已大幅削弱，實際上難以有效維護本族的核心利益。事實上，自一九六六年以來的半個多世紀裡，在全中國範圍內，從未有任何少數民族官員出任其自治區的黨委書記這一最具實權的職位。[52]儘管中英文學術文獻偶爾提及文革強化了漢族在中央與省級黨政軍機構中的權力基礎，但對此現象的系統分析仍然十分有限。

也許本書面臨的最艱鉅挑戰是如何描述內蒙古文革的深遠後果——種族滅絕，以及中華人民共和國賴以建構其國體的少數—多數民族結構。雖然中文經常用「浩劫」或「災難」指稱文革災難，但「浩劫」或「災難」歸根結柢只是個平淡的描述性術語，無法界定道德或政治責任，也難進行嚴謹的分析。西方學術界長期來並未將文革期間內蒙古發生的民族屠殺定性為種族滅絕。相比之下，近年來部分學者與人權組織已開始指控中國對藏人與維吾爾人的政策，形同「文化滅絕」乃至「種族滅絕」。[53]與此同時，海外蒙古人社群也發起一系列倡議與行動，呼籲將一九六〇年代末的內蒙古大屠殺認定為種族滅絕行為。[54]二〇二一年一月十九日，美國國務卿龐培歐（Mike Pompeo）在卸任前夕曾公開表示，中國政府在新疆的政策構成「種族滅絕」。此後，此一立場在國際上獲得更廣泛的迴響，包括拜登政府、比利時、荷蘭、加拿大和英國等國的官方聲明均表達了類似觀點。

在挖肅運動期間，內蒙古普遍存在的基於民族的酷刑和殺戮，無論應該受到何種譴責，「種族滅絕」的概念，都無法解釋文革期間的內蒙古，和近年來新疆事件的動機與後果。依照一九五一年聯合國的權威決議，種族滅絕的定義如下：「意圖部分或全部摧毀一個民族、種族或宗教團體本身。」但問題是，要如何證明「意圖摧毀」這些傳統種族滅絕的目標（無論是透過殺戮還是強迫移民），例如納粹消滅猶太人和羅馬人、土耳其消滅亞美尼亞人，以及最近盧安達消滅圖西族人，或者緬甸消滅羅興亞人。[55]

挖肅和挖新內人黨運動，對叛徒的定義如此寬泛、如此陰謀化，實際上讓所有蒙古人都成為目標，包括許多從未參與過政治運動的人，和終生忠於中共的人。在清查新內人黨嫌疑人的過程中，以酷刑逼供來迫使受害者交代所謂的叛徒名單，導致數萬人死亡，更多人遭受重傷。這場暴力構成了反人類罪。然而，我們仍需要區分內蒙古事件與傳統種族滅絕案例，以及文革期間及其後發生的其他類型政治暴力。

我們將內蒙古大屠殺定義為「政治滅絕」（Politicide）。該詞由芭芭拉・哈夫（Barbara Harff）和泰德・古爾（Ted Gurr）於一九八八年提出，用以指稱針對政治敵人的大規模屠殺，目標「主要依據他們在等級體系中的地位，或他們對政權及主導群體的政治反對來界定。」[56]正如克拉克・麥考利（Clark McCauley）所言，「政治滅絕是一種按類別進行的殺戮。其受害者並非因任何個人特質或個體行為被選中，而是由於他們與某一社會群體的連結或其成員身分。」[57]受哈夫和古爾影響而發展中的「政治滅絕」研究，往往未能跟「種族滅絕」清楚區分開來，兩者唯一的區別，在於政治滅絕是出於政治動機的種族滅絕。[58]相對而言，我們採納巴魯克・金梅林（Baruch Kimmerling）對政治滅絕的詮釋更具啟發性，他以此術語描述以色列系統性破壞巴勒斯坦的建國能力。在金梅林看來，政治滅絕是一場多層次的社會、政治與軍事行動，旨在摧毀一個社群的政治與民族存在，從而徹底剝奪其自決的可能。[59]

我們強調，種族滅絕與政治滅絕之間的根本區別，在於其滅絕目標的定義方式和意圖指向。種族滅絕針對的是被廣泛界定為民族、種族或宗教群體的人群，這些身分既可以是歷史形成的，也可能是社會建構的，例如美國社會中的天主教徒、猶太人、拉丁裔或非裔群體，或其他地區的民族與宗教社群。相較之下，內蒙古的政治滅絕將蒙古人視為一個具有明確政治象徵與制度承載的民族群體。這一群體不僅因其種族特徵而被辨識，更因其民族身分所承載的理念、制度實體與物質基礎，而正式構成了一個「民族」——一個被中國國家制度正式命名並授予自治區名義的政治實體。[60]

我們指出，文化大革命期間內蒙古發生的大屠殺，雖以「肅清蒙古族叛徒」為名，實際上摧毀了民族區域自治的制度基礎，並將蒙古人置於中國極端高壓的政治體制之下，使蒙古人在政治、社會與文化層面全面屈服，造成大規模傷亡。這場運動的首要打擊對象是被指控為民族分裂分子的蒙古族中共黨員（所謂「新內人黨」成員），他們被酷刑逼供，交代不存在的叛國行為與同黨名單。與種族滅絕不同，此次暴力行動的目標並非為了徹底消滅蒙古人或將其驅離中國，而是迫使蒙古人，特別是政治活躍分子徹底屈從，瓦解其以民族為單位進行政治組織及政治反抗的能力與意志，最終確保其效忠中國國家。這是一場以逮捕、酷刑與死亡為手段的有組織暴力行動，構成了典型的政治滅絕。[61]而最殘酷的諷刺在於，針對內人黨所謂「民族分裂運動」的指控，從頭到尾都是子虛烏有的。

然而，文革期間對內蒙古自治的破壞過程有個關鍵特徵。比方說，它不像巴勒斯坦人被以色列當局和許多以色列民眾視為異類和危險的另類，認為巴勒斯坦人構成對以色列國家及其人民的威脅。一九四七年之後，內蒙古自治是中共政策的制度化體現，歷屆中共憲法都規定少數民族在自治區、州和縣的作用，這是由北京創建與管理的獨特制度。換句話說，即便蒙古人不再是一個獨立的民族，他們仍是中華人民共和國憲法所承認的少數民族，並且在一九四九至一九六六年間，作為內蒙古的「主體民族」，由一個凝聚有力的蒙古族共產黨人群體領導。此外，隨後這場政治滅絕運動的打擊對象，還包括許多忠貞的中共黨員與政治活動人士。他們被指控為潛在的民族主義者與分裂主義分子，被認為威脅到毛澤東的政治路線與中國的國家主權，因此遭到清算與迫害。

中國政治滅絕的運作邏輯

文革初期，內蒙古針對烏蘭夫的「修正主義」傾向與其對領導班子的「非法改組」發起批判，但最初並未明確涉及民族問題。當時中央對漢族與蒙古族發出相同的造反號召，將階級敵人界定為「走資本主義道路的人」，並指責其拒絕參與革命。這一鬥爭的主要依據是中國內部的階級結構，其次則是來自蘇聯與外蒙古的修正主義威脅——當時蘇蒙兩國在邊境陳兵百萬，國際局勢高度緊張。

然而，一九六六年五月到七月，在北京前門飯店召開的政治局擴大會議上，中央下令清洗烏蘭夫，並將內蒙古的文革議程調整為攻擊蒙古人掌握的權力。其結果是，內蒙古的左派力量（無論是自詡為造反派還是保守派）迅速集中火力，不僅譴責這位前領導人，還將矛頭指向他們所謂的「黑幫」同夥。在烏蘭夫垮台後短短數星期內，幾乎整個自治區的蒙古族領導層遭到罷黜，其中也包括多位與烏蘭夫關係密切的漢族官員。

在針對烏蘭夫及其同僚的清算中，批判蒙古民族主義被塑造成道德高地，與對毛澤東及革命的忠誠並列。儘管社會主義與資本主義等抽象原則難以掌握，但在內蒙古的文革語境中，這些原則被人格化，具象為政治忠誠的行動標準。無論是保守派抑或造反派，都以同樣的激烈語氣，譴責被標籤為「民族分裂主義」的蒙古民族主義，該指控最初與烏蘭夫聯繫在一起，隨後又與虛構的「新內人黨」綁定。烏蘭夫被塑造成蒙古民族分裂主義的代表人物，由此拉開了「挖烏蘭夫黑線、肅烏蘭夫流毒」（簡稱「挖肅」）的政治運動序幕。所有與烏蘭夫有關聯者，不論是曾獲烏蘭夫提拔、保護，還是與其交往密切者，尤其是那些被懷疑為新內人黨成員的蒙古族幹部，都成為清算對象。整個迫害過程倚靠酷刑，從懷疑開始，逼迫蒙古幹部「交代問題」，供出（實則編造）所謂同黨。要想結束酷刑、活下來，唯一的希望就是透過指認其他人為「新內人黨陰謀家」，並否認自己的民族主義立場。

反烏蘭夫與反蒙古民族主義的政治運動持續多年，卻始終未能發現任何一例有真憑實據的內人黨活動。一九六六到一九六九年間，傷亡人數不斷攀升。這在某種程度上可解釋為毛澤東的策略性安排。烏蘭夫的職務和權力被分階段剝奪，使批判他的人，始終對中央，尤其是對毛的真正意圖存疑。即便在官方宣布取消烏蘭夫所有黨政軍職務之後，內蒙古掀起針對其親信的全區性攻擊潮，但僅數日後（一九六六年八月三十一日），烏蘭夫卻仍出現在天安門城樓上，與毛澤東和林彪並肩而立。這一出人意料的公開亮相，暗示著政治局勢仍有迴旋餘地，儘管當時紅衛兵運動已經席捲全國。

毛澤東與周恩來主導的中央文革小組，以及軍方系統，持續鼓勵並公開批判烏蘭夫，將其塑造為內蒙古的「當代王爺」與「民族分裂主義分子」，罪名之重，足以處以極刑。但與國家主席劉少奇的遭遇不同，烏蘭夫始終受到嚴密保護。烏蘭夫開始留在北京，後又轉至湖南，從未被遣返回內蒙古，面對「革命群眾」的鐵拳或公開批鬥。除鄧小平等少數幾個領導人外，沒有其他高階領導，在倒台後仍享有如此程度的特權。這種特殊的懸置狀態，使毛澤東成功將烏蘭夫變成懸掛在批判者頭上的「達摩克利斯之劍」：他的命運未定，使整個政治運動保持高壓與不確定性。正因如此，對烏蘭夫的清算最終演變為針對新內人黨陰謀的全面政治迫害，並籠罩整個內蒙古自治區。

這次大屠殺的隱密特徵之一，是缺乏蒙古人作為民族群體的明確指控與公開敵意。這實際上是經過深思熟慮的策略，意在區隔這場政治滅絕與國際上定義的種族滅絕。早在一九六六年五月至七月於前門飯店召開的會議上（即打倒烏蘭夫的轉捩點），中央就煞費苦心確保這場運動不被視作漢族迫害蒙古族的行動。相反地，他們刻意安排蒙古族內部的反對者出面發聲，公開譴責長期掌控自治區的領導人。在這場表面上的「內部批判」中，最激烈的反蒙古言論卻來自蒙古族作家兼文化官員烏蘭巴干。他的演說極富煽動性，聲稱蒙古人密謀屠殺漢族、背叛中國，並策動內外蒙古統一，進而激發漢族群眾對蒙古族的恐懼與仇恨。

作為中央文革小組核心人物之一，康生曾敏銳地指示滕海清，在批判民族主義與分裂主義之餘，必須安排蒙古族幹部出面發聲。於是在挖肅運動中，滕將軍與蒙古族高級軍官吳濤政委搭檔共事（吳擔任副手，也是少數在政治浩劫中毫髮未損的蒙古族高層之一）。這種藉由蒙古人的面孔與聲音發出指控的策略，無論參與人數多寡或發言力度強弱，都給予蒙古族群體一絲「不被視為整體對象」的心理緩衝，也讓部分人抱持著能夠脫身的幻想。這無疑助長了蒙古人中對烏蘭夫及新內人黨的批判浪潮。然而，隨著清洗擴大，幾乎所有人都被懷疑與烏蘭夫或新內人黨存在某種隱密聯繫。即便如吳濤這樣表面上的「忠誠派」，最終也被指控為新內人黨的潛在成員。官方的邏輯是尖銳而諷刺的：若他並非其中一員，那他為何對這場運動表現得如此不積極？

在這場「你方唱罷我登場」的三角鬥爭中——蒙古族與漢族、造反派與保守派、左派與右派——隨著運動的推進，官方口號與其所指涉的對象不斷變化。整場運動的邏輯在於：每個人都可能被指控為叛徒或新內人黨成員，但每個人也都有可能被赦免。例如，時任自治區黨委書記、具滿族背景並偽裝為漢族的高錦明，曾以支持造反派的姿態上台，出任內蒙古革命委員會的最高文職領導，並率先提出新內人黨的理論。然而，即使是他，最終也未能倖免於難，被指控是新內人黨的祕密成員。令人啼笑皆非的是，正是這位最早提出陰謀論的人，後來竟成為陰謀的一部分。幸得中央領導人周恩來出面干預，高錦明才逃過一劫。正是在烏蘭夫倒台前後，周恩來透過中央文革小組，一直密切關注並斡旋內蒙古的政治局勢。

本書已經表明，這場運動的核心機制，是迫使每個人揭發所有與自己有私人關係的人，聲稱他們是新內人黨成員。這意味著，無論是家人、朋友還是同事，都要一一被點名；隨著揭發的範圍擴大，幾乎涵蓋了所有蒙古人，連部分漢族也受牽連。這場運動構成了一場典型的政治迫害：每一位蒙古人（尤其是那些被視為「雙面人」的中共黨員，即名義上效忠黨卻暗中支持民族分裂的人）都被要求揭發他人，以此證明自己的清白。在酷刑威脅下，給出同伴的姓名、揭露那些被認為偽裝成朋友的所謂「敵人」，成了結束折磨、保住性命的唯一出路。

這一制度化運作邏輯與傳統意義上的種族滅絕根本不同。種族滅絕的目的是消滅整個群體，而在這場運動中，則是強調「任何人都有可能被赦免」，前提是他能夠透過揭發他人來為自己贖罪。這樣的懲罰機制，使每一位嫌疑人都被逼迫指名道姓，以自證清白。然而，在挖肅運動中，大批人遭受精神與肉體上的折磨，許多人傷殘，上萬人死於酷刑或其後遺症，而這一切長期無人可制止。唯一有權終止這場屠殺的，只有毛澤東本人。一九六九年五月，他終於透過承認「內蒙古已經擴大化了」才制止了屠殺。當然，他沒有為這一後果負責。

許多倖存者的餘生都活在恐懼與內疚之中，不僅因害怕再度遭受中共酷刑，更因在刑訊下屈服，導致自己親手將同事、朋友甚至親人送上酷刑台。在這場以酷刑為工具的共謀體系中，許多人為了保命而出賣他人，這也部分解釋了為何在事後極少有人願意為受害者申冤、追究責任。這一點再次與傳統種族滅絕形成鮮明對比，後者往往會在暴行後被廣泛追訴和清算，而在內蒙古，儘管經歷了中國境內規模最大的一次民族屠殺，整個地區卻陷入了異常的沉默。這種沉默本身，正說明這場政治滅絕的「成功」：它不僅摧毀了蒙古人的抵抗意志，也讓中國與全球對這場大屠殺在中國革命歷程中的位置與意義，幾乎集體失語。

沒有敵人的革命戰爭

我們不妨思考這樣一個問題：面對一九六六至一九六九年中共對內蒙古政體和蒙古人的大規模打擊，為什麼蒙古人未能像二十年前國共內戰期間那樣，在烏蘭夫的領導下團結一致並肩作戰，從而促成一九四七年內蒙古自治政府的建立，並迎接一九四九年中華人民共和國的成立呢？我們認為，關鍵在於中共自身的權力結構。

到了一九五〇年代末，所有蒙古人都已被整合進中國的黨國體制之中，黨外不再存在任何獨立的社會權力結構。任何拒絕歸順的人都被貼上「蒙匪」的標籤，不是遭到鎮壓就是被監禁。大多數寺廟被關閉，喇嘛被還俗，蒙古貴族則或被拉攏，或被邊緣化。烏蘭夫曾統率一支龐大的蒙古軍隊，主要駐紮在內蒙古，但早已在林彪與毛澤東的領導下併入人民解放軍。烏蘭夫在一九六六年前的政治生涯清楚顯示，蒙古族領導人一度能夠在體制內為本族的核心利益爭取空間；但最終，他們仍受到黨的紀律約束，並服從於集權的中央權威。即便是烏蘭夫本人，也無法保護蒙古人免遭文革時期大屠殺的生死威脅。他的遭遇正體現了這一悖論：作為內蒙古的最高領導人和中國地位最顯赫的少數民族高級幹部之一，他長期擁有權勢，卻在政治滅絕面前顯得束手無策。[62]

無論過去還是現在，中國共產黨的權力結構決定了，只有最高領導人——毛澤東，以及後來的鄧小平與習近平，能夠做出例外性的政治決策。這一點正如卡爾·施密特（Carl Schmitt）所言：唯有制定法律的主權者，才擁有做出例外判斷的權力。[63]毛澤東透過週期性的「垂簾聽政」，讓下屬輪番上台再被整肅，來掌控黨內秩序。他時而威脅說，如果自己的路線遭到背離，他將「重返井岡山打游擊」。一九六六年，在前門飯店會議上罷黜烏蘭夫期間，一些蒙古族官員曾呼籲「返回大青山打游擊」，但失敗，並導致大量蒙古族軍官被解除武裝並立即逮捕。只要烏蘭夫及其蒙古族同志仍在這一不確定的政治結構中掌權，他們就可能隨時被免職。糾正錯誤的唯一方式，是上訴至黨，最終指望毛澤東本人改變決策。

「和以往歷史上的各種革命都不同，文化革命──如果你硬要稱它是革命的話──是一場沒有真正對手的革命。」流亡美國的持不同政見學者、《北京之春》名譽主編胡平如是說。[64]因為這場革命是由最高領袖精心策劃和發動的，其目的是清除他所認定的偏離路線的行為。儘管群眾之間的鬥爭表現為對立的陣營，但這並不是正統與異端之間的分野；相反地，這兩個陣營都是在爭奪正統的位置，力求得到最高領袖的認可。

胡平的分析亦可延伸至民族關係。文化大革命期間以及其後，中國國內從未有人公開宣導蒙古民族主義、內蒙古獨立，或與外蒙古合併。然而，這並不意味著沒有蒙古人支持民族自治、接受蒙語教育，或維護蒙古身分與文化的權利。諷刺的是，在文革大屠殺的背景下，即便他們真誠地否認民族主義立場，仍常常招致更加嚴酷的酷刑，逼迫他們承認自己懷有反漢、反華的民族主義思想。圖們與祝東力筆下滿是血腥的蒙古人抗議活動，正充分揭示那些被視為「敵人」的人，是如何奮力抵抗的：

錫盟有位邊境牧民被打成內人黨後，沒有往相距只有幾十華里的外蒙跑，而是騎著駱駝，千里迢迢趕往北京，找黨中央、毛主席告狀。邊境派出所的年輕小夥子畢力格，被打成內人黨後，把毛主席像章戴在胸肌上，從遙遠的戈壁灘走向北京。騎五師戰士郭建奇遭受嚴刑拷打。當抽打他到一千六百多次後，他申辯道：「我不是內人黨！你們不信，我把心掏出來給你們看！」果然，他趁上廁所，就割肚剖腹，掏出了自己鮮紅還在微微搏動的心……[65]

問題不在於這些故事悲愴細節的真偽，而在於其廣為流播之效，意圖證明：昔日激進的蒙古人，已矢口否認自身的反華民族主義傾向。

結論：定居者殖民主義邊疆地區的造反與民主問題

我們希望以對內蒙古文革經驗之於社會正義與民主化的反思，作為本書的結語。這些目標，正是許多造反派當年奮鬥的理想。起點是這樣一個觀察：自一九七〇年代末以來，中國陸續出現民主運動，至一九八九年六四事件達到高潮，卻遭嚴厲鎮壓。其後，大批參與者被迫流亡海外，主要流向美國，亦遍及歐洲與亞洲多地。在這些流亡者中，不乏文革期間的造反派與一九八九年民運的積極分子，他們日後成為中國民主運動的重要支持者。其影響力也延伸至台灣、香港的後續民主運動，乃至全球華人僑民社群。

文革時期的造反派程鐵軍，後來於一九八〇至一九九〇年代成為美國的民主人權活動人士。有趣的是，一些美國的民主運動參與者將中國民主運動的源頭，追溯至一九六六年八月八日〈關於無產階級文化大革命的決定〉中的「十六條」，而該文件後來催生了《七五憲法》中所載的「四大自由」，即「大鳴、大放、大字報、大辯論」。中國及海外的民主倡導者譴責，這些被稱為「大民主」的憲法權利，在鄧小平一九七九年鎮壓「民主牆」運動之後，透過一九八〇年修正《七八憲法》，被正式取消。[66]

這些民主理念突破了對投票權的狹隘理解，強調每個人都有權直接挑戰權威、賦權於弱者。然而，這也留下了一個隱患：動員式民主政治可能以「大多數」的名義，剝奪少數群體的基本權利。這種悲劇性後果於文革期間已在內蒙古清晰展現；而今，即便不再依賴自下而上的群眾動員，這一邏輯依然在新疆、西藏、內蒙古等少數民族聚居地區持續重演。

因此，內蒙古的文革經驗，對中國治理的核心原則（包括漢族與少數民族關係的基本結構，以及憲法所保障的政治權利）提出了獨特而深刻的挑戰。一九六七年初，內蒙古的造反派在與保守派和軍方的對峙中，處於壓倒性的劣勢。軍方掌握著武力，以及國家機構、經濟與政治資源。但當毛澤東發出將矛頭對準「走資派」的號召，而內蒙古又爆發軍官槍殺學生造反派的事件後，中央文革小組（由周恩來主持），乃至毛本人，開始支持造反派，並促成該地區黨政軍的全面改組。造反派的地位急劇上升，迅速接近自治區的權力核心。當時尚未大學畢業、甚至被禁止入團的程鐵軍，與其他學生一同被任命為《內蒙古日報》記者，成為中共在區內的宣傳喉舌。他在師院的兩位造反派同伴（一位教師與一位學生）更被任命為新成立的內蒙古革命委員會常委，進入自治區領導層。儘管如此，實權依然牢牢掌握在軍隊與黨的「核心小組」手中。

正如本書所指出，一九六六年，造反派與忠於黨的保守派一同批判烏蘭夫及其「黑幫」，指責他們搞民族主義、分裂主義等嚴重罪行，並競相表演，力圖在聲勢與立場上超越對手，以顯示徹底與「敵人」切割。與此同時，在軍方主導的挖肅運動中，蒙古族造反派自身也成為被清算的對象，而掌握權力的漢族造反派，在極少數例外之外，大多積極支持這場屠殺。由此可見，中國動員型政治中，那種以製造「受害者」為手段的政治文化，在針對蒙古人的政治清洗中表現得尤為深刻。在文化大革命之前的二十年間，蒙古人在烏蘭夫主政的內蒙古政權中一直扮演著積極角色。但在這場大屠殺之後，他們幾乎失去了任何有效的政治能動性。代罪羔羊政治並不限於某一派別，它本身就構成了對建立能夠調解社會深層分歧的民主制度的挑戰。有人主張，流亡海外的前造反派是中華人民共和國最早的「民主派」，但他們所謂的「民主」並非來自於對投票制度的訴求，而是致力於擴大那些能夠在政治結果中發揮作用的社會階層。然而，內蒙古大屠殺也提醒人們，即便是「民主派」在面對「他者」時——無論是少數民族、共產黨人、地主、知識分子，還是宗教信仰者，仍同樣可能施加壓迫。歷史也揭示這樣的悖論：中國共產黨在一九三〇至一九四〇年代曾嚴厲批評國民黨壓迫少數民族，率先提出建立民族區域自治制度，以保障少數民族權益，但到了文化大革命，卻是他們親自發起了對蒙古人的大清洗；進入二十一世紀，又在西藏、新疆等地實施大規模的民族鎮壓。

民主，作為一種政治制度和文化形式，常被視為防止種族滅絕、民族屠殺等集體暴力的良方。但本書想提醒讀者，一個真正值得追問的問題不僅屬於中國，也屬於所有面向未來的民主社會：少數民族的權利，究竟該如何保障？在一個多民族國家中，憲法是否應在某些情況下（如果有的話）對「多數」加以限制，尤其當這個「多數」本身就是在某一區域或全國占壓倒性人口和權力優勢的民族、種族或宗教群體？又或者說，如何在尊重民主原則中「多數決定」的同時，確保「少數」的權利和生存不被犧牲？這一張力，不僅貫穿中國的政治現實，也同樣存在於當代美國、歐洲，以及歐美現在或過去的殖民地與半殖民地中。只需看看當下的美國便可明瞭：白人至上主義根深柢固，警察暴力頻頻針對非裔、美洲原住民、亞裔及其他有色人種；在歐洲，極右翼民粹主義則將移民視作攻擊目標。在全球北方，教育體系也正經歷一場劇烈的撕裂：支持去殖民化的學者與批判種族理論的反對者之間，爭執不斷。這場衝突本身，正是種族主義持續影響社會結構的明證。

問題在於，我們是否應當用西方，尤其是美國社會所使用的分類方式，來理解中國內部的民族與文化多樣性。威廉・基姆利卡（William Kymlicka）提出，應當將「少數民族」與「族裔群體」做出明確區分。這兩類群體有著不同的歷史淵源，其形成與國家建構的過程密切相關。他所說的「少數民族」，是指那些原本擁有自治權、地域上相對集中、具有自身文化傳統的群體，這些群體後來被納入一個由異質文化或族群主導的更大國家之中。而「族裔群體」則通常由透過遷移而定居在新國家或地區的個人及家庭構成，是一種較為鬆散的社會聯合體。由於形成路徑不同，這兩類群體對於國家的期待也不盡相同。少數民族往往希望保持自身的獨特社會形態，能夠與主流文化並行共存，並爭取各種形式的自治，以保障自身作為一個獨立群體的延續。而族裔群體則多半希望融入主流社會，並被視為其正式的一員，獲得平等對待。[67]

兩者的區別，經常被進步派政治人物、學者以及人權運動者忽略，尤其是在美國與其他一些西方國家。他們往往忽視，甚至拒絕「少數民族」這一分類，將其視為共產主義話語的產物，而堅持使用「族裔群體」這一稱呼。然而，釐清這兩者的差異至關重要。舉例來說，當我們比較蒙古人、維吾爾人和藏人（這些居住在本民族歷史地區的少數民族）與遷入這些地區的漢人時，這種分類的意義尤為明顯。若不做區分，或不自覺地套用與多元族裔國家相關的政治倫理，將可能誤解少數民族的訴求，甚至在幫助他們的過程中，造成進一步的不公。[68]例如，外界對中國政府或漢人歧視少數民族的批評，常常立基於民族團結與族群平等的理想之上，而這些理想忽視甚至否認了少數民族希望在其歷史家園中實現文化與政治自治的願望。結果便是，這種批評立場可能無意中與中國打壓所謂「民族分裂主義」及推行同化政策的行動站在了同一陣線上。

文革時期，一些漢族造反派以「大民主」和「平等」為名，猛烈抨擊所謂「蒙古民族分裂主義」，他們的激烈言行在事後看來，與隨之而來的大屠殺之間有著令人不寒而慄的聯繫。這提醒我們，內蒙古（這個歷史上屬於蒙古民族的故鄉）已經轉變為一個漢族的定居殖民地，這一現實構成了蒙古人行使與漢族相對獨立的自治權利，或在名義上維持其作為「主體民族」的地位的結構性障礙。在這片土地上，相較於占絕對多數的漢族人口，蒙古人早已成為絕對少數。

截至二〇二二年，內蒙古的人口結構中，蒙古族占百分之十八，漢族占百分之七十九，其餘為其他少數民族。[69]漢人在內蒙古的定居殖民，早在晚清和民國時期便已開始。一九六六年烏蘭夫及其蒙古族盟友被罷黜之後，接下來的五十年間，多次大規模移民潮不斷推進，使得政治控制權徹底落入漢人之手。回看二十世紀上半葉，漢族移民在邊疆對當地民族的壓制方式，不禁讓人聯想到美國西進運動期間，牧場主和農民如何驅逐乃至屠殺美洲原住民——只是中國的情形缺少了美國那套「牢固民主傳統」的制約機制。一九三〇年代和一九四〇年代，在日本入侵之後，許多西北和西南邊境的漢人本身就是難民。儘管如此，中華人民共和國在建國初期，仍以「反帝」和「反分裂」為名，對邊疆的土著群體採取嚴厲甚至殘酷的手段。這種程度的暴力，最終也引起了中共高層的憂慮。一九五〇年，時任總理的周恩來，罕見地向少數民族發表了公開道歉：

> 我國歷史上，各民族之間矛盾很大。在漢族同少數民族的關係上，是漢族對不起少數民族。今後我們漢族同志要代為受過，並向他們賠不是。要多做解釋工作，說明今天的中國和過去不同，不會再去壓迫少數民族了。說一次不行就再說一次，不怕多說幾次。人家終究會知道你的話是對的。[70]

中共在建國初期，刻意將自己與傳統的漢族政權區分開來，尤其是與國民黨和軍閥勢力劃清界線，並向少數民族表達歉意，借此為民族和解鋪路。正是在這樣的背景下，許多少數民族在共和國成立之初，選擇了與中共偕同。一九四七至一九六六年，烏蘭夫主政內蒙古期間，蒙古人在治理體系中占主導地位，在經濟上也取得了發展；與此同時，漢族移民的權益亦受到保護。然而，中共的道歉並未伴隨政策性撤離漢人移民。[71]相反地，這是一項有意為之的政治策略，其目的在於透過持續推動漢人定居來加強邊疆控制，同時緩解少數民族的抵抗情緒。文革期間，尤其是在挖肅運動全面展開之後，早期的悔意徹底消失。黨國政權借「蒙古民族分裂主義」之名，展開了大規模政治清洗。大量蒙古人遭到殺害或致殘，倖存者普遍經歷嚴重的心理創傷，而原有的政治自治制度也被徹底清除。最終，毛澤東下令停止清洗，只留下一句輕描淡寫的批示：「在清理階級隊伍中，內蒙古已經擴大化了。」

問題的核心在於：少數民族權利這一政治議題，雖然在世界各國均以不同形式存在，當代中國是否能夠給予有效保障，仍是個根本性的問題。文革期間內蒙古的政治歷史，以及新疆、西藏和內蒙古當下的發展現實，以不同方式凸顯了保障少數民族權利所面對的阻礙。文革期間實施的政治滅絕留下了一種持久的後果：少數民族在多數人和國家權力機關眼中，往往不再被視為遭受中國剝削或壓迫的受害者，而是可能叛國的「第五縱隊」；與此同時，漢人則被看作是在中共領導下捍衛中華民族的堅定力量。

從這個角度來看，內蒙古文革的經驗，無疑為我們審視近年來新疆的種種提供了一個視角。

自二〇一七年以來，中國政府在新疆實施了嚴厲的政策，監禁了數十萬或更多的維吾爾人及其他穆斯林公民，聲稱要對他們再教育，讓他們成為「更好的」中國公民。[72]與維吾爾人生活、語言、宗教、飲食相關的文化規範、音樂及藝術成為破壞的目標，許多代表性文化人物失蹤、被捕、噤聲。[73]現行政策的出台，固然跟某些漢族知識分子的攻擊有關：他們批評國家對少數民族的優惠政策，例如在高考中，為少數民族加分，或免除「一胎化」政策。但更重要的是，一些著名中國學者批評民族政策，特別是自治制度，助長了維吾爾分離主義。[74]這些批評與文革期間的譴責密切相關，也是中國政府唯一一次公開支持對其民族政策的攻擊。[75]與文革時期的內蒙古情形相仿，如今幾乎所有少數民族地區，特別是邊疆地區的漢族定居者，普遍對當地少數民族「自認為家園主人的態度」感到不滿。中國政府則藉此不滿情緒為憑，以打擊民族分裂主義與少數民族暴力之名，壓制其所謂的民族主義訴求。

一九六七至一九六九年，在挖肅與新內人黨運動中，蒙古人的遭遇與二〇一七年以來新疆的鎮壓，相似之中又存在顯著差異。最重要的不同在於，新疆的穆斯林是多數群體，其語言與文化的同化程度遠低於蒙古人。相比之下，自一九六〇年代以來，蒙古人在內蒙古的人口比例始終低於百分之十八，在城市人口中的占比更低。這或許解釋了中國政府為何大規模監禁維吾爾族，被一些國際批評者稱作「緩慢的種族滅絕」──透過絕育與墮胎壓低生育率，同時加速漢族移民新疆，意在讓漢族成為當地多數。[76]兩個邊疆地區的共同之處在於：漢族定居者的廣泛動員。他們中的許多人認為自己正參與一場生存戰爭，自行執法，採取暴力行動。在這兩種情形中，都是國家制定議程、指揮進攻，而非調解對立的社群。我們稱內蒙古的大屠殺為「政治滅絕」，意指中國共產黨主導並實施，旨在徹底摧毀蒙古人自我組織的政治能力。歷史學家米華健（James Millward）也將近年來針對新疆維吾爾人和其他穆斯林的暴行，定性為「制度化的族群滅絕」（institutionalized ethnocide），其中包括持續的監控、大規模關押、壓制生育和強迫勞動。[77]

二〇二〇年，少數民族權利問題在全國各地重新浮現，包括內蒙古這片民族自治所剩無幾、語言、文化與社會高度同化的土地。絕大多數蒙古人講漢語，多數以漢語為第一語言。只有極少數蒙古人，特別是鄉村地區的家庭，仍將孩子送入蒙古語授課的學校，這是中國憲法所保障的權利。以「母語」接受教育，或可被視為少數民族所剩不多的自治權之一，亦即管理其「內部事務」的權利。然而，二〇二〇年八月下旬，中國政府削弱了這一憲法權利，推行普通話教學改革，擬在三年內分三階段，逐步取消蒙古語教學。這意味著已長期式微的蒙古語正被進一步驅離公共領域。[78]在習近平宣導的「中華民族共同體」這一新公共領域中，國家正試圖建構一個以「國家通用語言」（普通話）為基礎的語言共同體，所有成員須使用普通話進行交流。簡而言之，不僅蒙古語，所有少數民族語言的地位都被壓縮。少數民族不再是享有領土、政治、文化、語言等憲法賦權的「民族」，而是變為須融入「中華民族共同體」的「族群」。[79]

因此，當我們思考如何在內蒙古、新疆、西藏這些多民族邊疆地區實現民主和平等的成果時，一個核心問題也隨之浮現。內蒙古的文革，最終發展成一場毀滅性的政治滅絕；此後，新疆維吾爾人遭到嚴厲鎮壓；而近年來，內蒙古自治區及其他民族自治區的少數民族語言教育，也面臨廣泛削弱。這些事態的發展，或許正預示著中國多民族邊疆未來的走向。

今天的中國，正如文革時期一樣，正進入一個新的階段：邊疆政策被推向國家事務和對外戰略的中心位置，民族政策也由此成為國家未來藍圖中不可忽視的一部分。與此同時，我們也正處在一個全新的世界格局中。作為當今全球最具實力的兩個國家，中美之間的關係，已從過去的廣泛合作轉向激烈對抗。兩國互相批評對方的人權紀錄：美國及其盟友嚴厲指責中國對邊疆少數民族的做法是「種族滅絕」，而中國則反擊，提醒世界美國自身在歷史上對美洲原住民的屠殺，以及奴隸制度和針對非裔、拉美裔、亞裔等移民群體的系統性歧視。我們所能做的，也許只是希望，這段被記錄下來的政治滅絕歷史，以及我們嘗試提出的分析視角，能為人們更好應對中國、美國，乃至其他多民族國家正在逼近的不確定未來，提供一些準備和反思的空間。

譯後感言

身為共同作者之一，我們三人對本書的整體介紹和熱烈期待，已經在中文版序言中做了說明。但作為譯者，我還想說說本書翻譯過程的經歷和感受，大致四點，或許對讀者了解本書背景，有所啟發。

首先，翻譯並非我的本行，我沒受過嚴格的翻譯學訓練。雖然大學本科四年級是有翻譯學這門課的，只因文革爆發，學業中斷，講這門課的老師，要麼遭受批鬥，要麼坐牢甚至殺頭。當時大家都感覺，外語非但無用，甚至危險，導致學業荒廢，遑論中英翻譯。文革之後，臨時抱佛腳，匆忙補課，最終成不中不西的半瓶醋，始終沒能在文字翻譯上成為內行。

其次，翻譯過程中，遇到不少為難的例證。翻譯學上講的「信、暢、達」三原則（信是忠實原文，不能隨意發揮；暢是譯文通順流暢，不能磕磕絆絆；達是完整傳達原文含義），出發點當然不錯，但實際運用並不容易，常無法兼顧：信則不暢，暢則不達。不僅因為翻譯涉及兩種文字的習慣不同，甚至還會遇到思維邏輯上的差異。面對大陸思維邏輯時，更是如此。有種說法講：世界上有兩種邏輯，一種叫邏輯，另一種叫中國（中共）邏輯。這種現象，不僅表現在中外文互譯上，甚至在簡中圈（簡體中文圈）跟台灣正體的表達習慣上，也能遇到。所以，我有時感嘆社科院老同學、作家兼史家張承志先生說過的那句名言：「美文不可譯、譯者不可量。」

第三，在翻譯過程中，偶然發現幾處英文原作有敘事方面的疏忽錯漏，我也順便做了更正。

第四，作為一本嚴肅紀實作品，我必須為翻譯品質負責，特別希望讀者能指出譯文的謬誤與疏漏。翻譯品質是否過關，還得請各位專家，特別是研究民族關係史的學者們，不吝賜教，給予斧正。

中文譯者程鐵軍謹識
二〇二五年六月四日
於舊金山灣區

Beijing's Population Optimization trategy in Southern Xinjiang," *Central Asian Survey* 40, no. 3 (2021): 291–312; Nathan Ruser and James Leibold, "Family De-planning: The Coercive Campaign to Drive Down Indigenous Birth-Rates in Xinjiang," Australian Strategic Policy Institute Policy Brief Report, no. 44 (2021), https://www.aspi.org.au/report/family-deplanning-birthrates-xinjiang.

77. Millward, *Eurasian Crossroads*, 393.
78. Christopher Atwood, "Bilingual Education in Inner Mongolia: An Explainer," *Made in China Journal*, August 30, 2020, https://madeinchinajournal.com/2020/08/30/bilingual-education-in-inner-mongolia-an-explainer/; Antonio Graceffo, "China's Crackdown on Mongolian Culture: A New Policy Promoting Mandarin-Language Education Has Sparked Protests in Inner Mongolia and Outrage across the Border," *The Diplomat*, September 4, 2020, https://thediplomat.com/2020/09/chinas-crackdown-on-mongolian-culture/.
79. Uradyn E. Bulag, "Minority Nationalities as Frankenstein's Monsters? Reshaping 'the Chinese Nation' and China's Quest to Become a 'Normal Country,' " *China Journal* 86, no. 2 (2021): 46–67; Uradyn E. Bulag, "Mandarin Chinese as the National Language and Its Discontents," in *Southernizing Sociolinguistics: Colonialism, Racism, and Patriarchy in Language in the Global South*, ed. Bassey E. Antia and Sinfree Makoni (London: Routledge, 2023), 186–205.

藏撤出數千名漢族幹部。但這並不是給予藏人民族自治權。相反地，它是為了增加仍在中共統治下的地區藏族幹部的比例。結果是，短暫推行了較為溫和的民族政策，導致少數族群文化得到一定程度的復興。

72. Darren Byler, "Violent Paternalism: On the Banality of Uyghur Unfreedom," *Asia-Pacific Journal* (2018), https://apjjf.org/2018/24/Byler.html; Bethany Allen-Ibrahimian, "Exposed: China's Operating Manuals for Mass Internment and Arrest by Algorithm," *China Cables*, 2019, https://www.icij.org/investigations/china-cables/exposed-chinas-operating-manuals-for-mass-internment-and-arrest-by-algorithm/; Linda Maizland, "China's Repression of Uighurs in Xinjiang," *Council on Foreign Relations*, 2020 https://www.cfr.org/backgrounder/chinas-repression-uighurs-xinjiang.
73. Magnus Fiskesjo, "Bulldozing Culture: China's Systematic Destruction of Uyghur Heritage Reveals Genocidal Intent," *Cultural Property News*, June 23, 2021, https://culturalpropertynews.org/bulldozing-culture-chinas-systematic-destruction-of-uyghur-heritage-reveals-genocidal-intent/。有關中國在新疆鎮壓的更多文獻，請參閱《新疆文獻計畫資料庫》：https://xinjian.sppga.ubc.ca/.
74. 最猛烈的攻擊，來自2011年清華大學學者胡鞍鋼和胡聯合的文章，〈第二代民族政策：促進民族交融為一體和繁榮〉。
75. David Brophy, "The Minorities: Civilised Yet?" in *China Story Yearbook 2013: Civilising China*, ed. Geremie R. B. Barme and Jeremy Goldkorn (Canberra: Australian Centre on China in the World, Australian National University, 2013), 309, https://www.thechinastory.org/content/uploads/2013/10/Civilising-China-Geremie-R.-Barme_sml.pdf.
76. Adrian Zenz and Erin Rosenberg, "Beijing Plans a Slow Genocide in Xinjiang: Chinese Officials' Own Words Speak to Plans to Reduce Uyghur Births," *Foreign Policy*, June 8, 2021, https://foreignpolicy.com/2021/06/08/genocide-population-xinjiang-uyghurs/; Adrian Zenz, "End the Dominance of the Uyghur Ethnic Group": An Analysis of

(Chicago: University of Chicago Press, 2005)。編按：Agamben的著作有中譯本，請參考《例外狀態》（台北：春山出版，2023年）。

64. 胡平，〈比賽革命的革命：文化革命的政治心理學分析〉，載《北京之春》，第6期，1996年，https://sites.google.com/site/hupin gwenji/wenge/wenhuageming；另請參閱Luo Siling, "An Exiled Editor Traces the Roots of Democratic Thought in China," *New York Times*, October 28, 2016.
65. 圖們、祝東力，《康生與「內人黨」冤案》（北京：中央中央黨校出版社，1995年），頁225。
66. Robert L. Worden, Andrea Matles Savada, and Ronald E. Dolan, eds., "The Government," in *China: A Country Study* (Washington, DC: GPO for the Library of Congress, 1987).
67. William Kymlicka, *Multicultural Citizenship* (Oxford, UK: Clarendon, 1995), 10–11。可以肯定的是，一些種族或宗教團體，例如美國和全球的正統猶太人以及許多國家的穆斯林，都致力於保留他們的著裝規範、飲食方式或其他顯著特徵，但這在多元文化主義方面得到了典型的表達，而非與領土自治或獨立有關。
68. 關於在討論內蒙古民族政治時，早期運用Kymlicka區分概念的研究，請參閱Uradyn E. Bulag, *Mongols at China's Edge*，特別是引言部分。Mark Elliott是最早提出承認中國少數民族群體的領土性（即本土性）維度的人之一。參見"The Case of the Missing Indigene: Debate over a 'Second-Generation' Ethnic Policy," *China Journal*, no. 73 (January 2015): 186–213.
69. 根據2020年第七次全國人口普查，內蒙古常住人口約2,400萬，其中蒙古族424.7萬，漢族1893.5萬人。參見〈內蒙古常住人口為2,404.9萬人，平均每戶家庭2.35人〉，中國新聞網，https://www.chinanews.com/gn/2021/05-20/9481795.shtml#:~:text=中新网呼和浩特5,的人口2.35人%E3%80%82.
70. 周恩來，〈關於西北地區的民族工作〉，1950年6月26日，見https://www.marxists.org/chinese/zhouenlai/234.htm/.
71. 1980年4月，中共總書記胡耀邦視察西藏，向藏人道歉，並下令從西

xinjiang-equivalence-chinas-recent-policies-its-far-west.

56. Barbara Harff and Ted R. Gurr, "Toward Empirical Theory of Genocides and Politicides: Identification and Measurement of Cases since 1945," *International Studies Quarterly* 32, no. 3 (1988): 360. See also their "Victims of the State: Genocides, Politicides and Group Repression since 1945," *International Review of Victimology* 1 (1989): 23–41.
57. Clark McCauley, " 'Killing Them to Save Us': Lessons from Politicide for Preventing and Countering Terrorism," in *Handbook of Terrorism Prevention and Preparedness*, ed. Alex P. Schmid (The Hague: ICCT Press, 2020), 146.
58. 例如，在最近對內戰期間種族滅絕和政治滅絕的調查中，Uzony和Demir將種族滅絕和政治滅絕並列使用，但沒有加以區分。Gary Uzony and Burak Demir, "Excluded Ethnic Groups, Conflict Contagion, and the Onset of Genocide and Politicide during Civil War," *International Studies Quarterly* 64 (2020): 857–66.
59. Baruch Kimmerling, *Politicide: Sharon's War against the Palestinians* (London: Verso, 2003), 4.
60. 無論從原則和法律上講，這些都是政治安全的典型屬性，根據Buzan的說法，政治安全「關係到國家、政府體係以及賦予其合法性的意識形態的組織穩定性。」B. Buzan, "New Patterns of Global Security in the Twenty-First Century," *International Affairs* 67, no. 3 (1991): 433.
61. 關於政治滅絕概念在內蒙古的早期應用，請參閱Uradyn E. Bulag, "Twentieth Century China: Ethnic Assimilation and Inter-Group Violence," in *The Oxford Handbook of Genocide Studies*, ed. Donald Bloxham and A. Dirk Moses (Oxford: Oxford University Press, 2010), 426–44.
62. Uradyn E. Bulag, "The Cult of Ulanhu: History, Memory, and the Making of an Ethnic Hero," in *Mongols at China's Edge*.
63. Carl Schmitt, *Political Theology: Four Chapters on the Concept of Sovereignty*, trans. George Schwab (Chicago: University of Chicago Press, 2005). See Giorgio Agamben, *State of Exception*, trans. Kevin Attell

文化滅絕來描述中國在新疆的侵犯人權行為，收於*Journal of Political Risk* 7, no. 7 (2019): https://www.jpolrisk.com/break-their-roots-evidence-for-chinas-parent-child-separation-campaign-in-xinjiang/。他的文章在媒體報導中被廣泛引用，並為國際社會對侵犯新疆人權的中國官員實施制裁，以及美國禁止從新疆進口棉花提供了重要證據。Joanne Smith Finley在她的文章〈為什麼學者和活動人士愈來愈擔心新疆的維吾爾人種族滅絕〉（Why Scholars and Activists Increasingly Fear a Uyghur Genocide in Xinjiang）中，使用了種族滅絕，載*Journal of Genocide Research* (2020): https://doi.org/10.1080/14623528.2020.1848109。然而，許多有影響力的新疆研究人員，都迴避使用「種族滅絕」或「文化種族滅絕」這樣的術語，例如Darren Byler，他更喜歡提及集中營、恐怖資本主義等。請參閱Darren Byler, Ivan Franceschini, and Nicholas Lobere, eds., *Xinjiang Year Zero* (Canberra: ANU Press, 2022); Darren Byler, *Terror Capitalism: Uyghur Dispossession and Masculinity in a Chinese City* (Durham, NC: Duke University Press, 2022).

54. 種族滅絕指控的基礎文本，是蒙古裔日本學者楊海英的日本研究，《沒有墓碑的草原》詳細描述了十幾位來自不同背景的蒙古受害者的經歷，包括黨的領導人、解放軍軍官、知識分子和牧民，以及作者的家人，生動描繪了精神和肉體上的酷刑，指責漢人和中共對蒙古人進行種族滅絕。

55. Robert Barnett警告說，不要輕易將西藏等同於新疆，也不要將新疆使用的種族滅絕或消滅等概念，應用於西藏的局勢。與他關注的這兩個地區的壓迫程度不同，我們認為，我們建議採用不同的概念，可以更準確地描述中國在這兩個地區和其他自治區的政策性質。參見Robert Barnett, "China's Policies in Its Far West: The Claim of Tibet-Xinjiang Equivalence," March 29, 2021. https://www.cfr.org/blog/chinas-policies-its-far-west-claim-tibet-xinjiang-equivalence。針對Barnett有關西藏新疆觀點的反駁，見Tenzin Dorjee, "The Question of Tibet-Xinjiang Equivalence: China's Recent Policies in Its Far West," *Asia Unbound*, Council on Foreign Relations, June 3, 2021, https://www.cfr.org/blog/question-tibet-

43. Melvyn C. Goldstein, Ben Jiao, and Tanzen Lhundrup, *On the Cultural Revolution in Tibet: The Nyemo Incident of 1969* (Berkley: University of California Press, 2009).
44. Tsering Woeser, *Forbidden Memory: Tibet during the Cultural Revolution* (Lincoln, NE: Potomac Books, 2020)。編按：唯色的這本書有中譯本，請見《殺劫：不可碰觸的記憶禁區，鏡頭下的西藏文革，第一次披露》（台北：大塊文化，2023年）。
45. Millward, *Eurasian Crossroads*, 267.
46. Morris Rossabi, *China and the Uyghurs. A Concise Introduction* (Lanham, MD: Rowman and Littlefield, 2021), 60–61.
47. 此為1964年底進行的人口普查，宋迺工等主編，《中國人口：內蒙古分冊》，頁349。
48. Andrew G. Walder, *Agents of Disorder: Inside China's Cultural Revolution* (Cambridge, MA: Harvard University Press, 2019), 192。編按：中譯本參見魏昂德，《失序的造反：文革初期集體行動的內在機制》（香港：香港中文大學出版社，2024年）。
49. 引自巴彥泰，《內蒙古「挖肅」災難實錄》，未出版書稿，南蒙古人權資訊中心整理，日期不詳，頁136，https://www.smhric.org/IMPRP.pdf.
50. 郝為民主編，《內蒙古自治區史》（呼和浩特：內蒙古大學出版社，1991年），頁313–314。
51. 楊海英，〈中國文化大革命期間蒙古人種族滅絕真相〉，載《亞洲研究》（靜岡大學），2017年3月，第1期。
52. 一批少數民族幹部，被派到本省以外的省區擔任領導職務。例如，彝族幹部吳景華，於1985年5月至1988年12月，任西藏自治區黨委書記；蒙古族的巴音朝魯，於2014年8月至2020年11月，任吉林省委書記；唯一的例外諶貽琴，是來自貴州省的白族女性，自2020年11月起擔任家鄉貴州省委書記。貴州雖是多民族省分，但不是自治區。
53. 德國人類學家Adrian Zenz（鄭國恩）在2019年發表的文章〈斷其根：中國在新疆親子分離運動的證據〉（Break Their Roots: Evidence for China's Parent-Child Separation Campaign in Xinjiang）中，率先使用

Eight Banners and Ethnic Identity in Late Imperial China (Stanford, CA: Stanford University Press, 2001).

36. 這對最近中國學術界的觀點提出了挑戰。該觀點認為，民族區域自治制度和民族政策強化了少數民族的民族主義，助長了他們的分裂主義傾向。這種論斷，導致中國政府在西藏、新疆和內蒙古制定了新政策。其基礎文本是胡鞍鋼和胡聯合的文章，〈第二代民族政策：促進民族交融為一體和繁榮〉，《新疆師範大學學報》，第32卷，第5期，2011年，頁1–13。
37. Uradyn E. Bulag, "Mongolian Ethnicity and Linguistic Anxiety in China," *American Anthropologist* 105, no. 4 (2003): 753–63.
38. 宋迺工等主編，《中國人口：內蒙古分冊》（北京：財政經濟出版社，1987年），頁82；田學源，《中國民族人口》（北京：中國人口出版社，2002年），第1期，頁117。
39. Uradyn E. Bulag, *Collaborative Nationalism*，特別是第5章。
40. Frank Dikötter, *Mao's Great Famine: The History of China's Most Devastating Catastrophe, 1958–1962* (New York: Walker, 2010)。楊繼繩在對大饑荒的權威描述中，提出了一個更為溫和的數字：3,600萬。楊繼繩，《墓碑：中國六十年代大饑荒紀實》（香港：天地圖書，2008年）。該書的英文刪節版，由毛雪萍（Stacy Mosher）與郭健合譯，在美國出版（紐約：Farrar, Straus & Giroux，2012年）。編按：Frank Dikötter（馮客）的書有中譯本，參見《毛澤東的大饑荒：中國浩劫史1958–1962年》（台北：聯經出版社，2021年）。
41. Uradyn E. Bulag, "Good Han, Bad Han: The Moral Parameters of Ethnopolitics in China," in *Critical Han Studies: The History, Representation, and Identity of China's Majority*, ed. Thomas S. Mullaney, James Leibold, Stéphane Gros, and Eric Vanden Bussche (Berkeley: University of California Press, 2012), 92–109, 282–85.
42. Sergey Radchenko, "The Soviets' Best Friend in Asia: The Mongolian Dimension of the Sino-Soviet Split," CWIHP Working Paper No. 42, Cold War International History Project, Washington, DC, 2003.

of Class and Ethnicity in 'Socialist' China," in *Mongols at China's Edge*.

31. Benedict R. O'G. Anderson, *Imagined Communities: Reflections on the Origin and Spread of Nationalism* (1991; London: Verso, 2006)；亦可參見 Benedict Anderson, *Spectre of Comparisons: Nationalism, Southeast Asia and the World* (London: Verso, 1998)。編按：兩本書皆有中譯本，《想像的共同體》（台北：時報出版，2010年），《比較的幽靈》（台北：衛城出版，2024年）。
32. Terry Martin, *The Affirmative Action Empire: Nations and Nationalism in the Soviet Union, 1923–1939* (Ithaca, NY: Cornell University Press, 2001); Francine Hirsch, *Empire of Nations: Ethnographic Knowledge and the Making of the Soviet Union* (Ithaca, NY: Cornell University Press, 2005); Dru C. Gladney, *Dislocating China: Muslims, Minorities, and Other Subaltern Subjects* (Chicago: University of Chicago Press, 2004). Uradyn E. Bulag, *Mongols at China's Edge*.
33. 一個有用的比較，是中華人民共和國成立初期與西藏的關係。1959年之前，西藏有個西藏政府，並於1951年與中華人民共和國政府簽署了十七點協議。1959年，中國政府撕毀協議，導致達賴喇嘛流亡印度。1965年，由中央任命的官員組成籌備政府，成立了西藏自治區，權力由中國官員牢牢掌握。與內蒙古收復了大部分歷史上丟失的領土不同，西藏的康區和安多地區，分別被四川、雲南和青海奪走，意味著大量藏族人口居住在其他省分，某些情況下，成為藏族自治州或自治縣。
34. 察哈爾、綏遠、熱河三省，分別於1952年、1954年和1955年撤銷。撤省後的蒙旗行政轄區，劃歸內蒙古，而漢人所占領土，則劃歸遼寧省和河北省。綏遠是唯一完全建立在蒙古領土上的省分，因此，併入內蒙古後，與鄰近省分的領土爭端較少。1954年，寧夏併入甘肅省。1956年，擴大後的甘肅省，把原屬於蒙古人的部分領土劃歸給給內蒙古。1958年，在甘肅的其餘蒙古族地區，又劃出一個寧夏回族自治區。
35. Mark Elliott（歐立德）引入了民族主權的概念，以理解滿人在清朝統治大片領土時，對保持自己身分的焦慮。而在這些領土上，他們的數量遠遠少於被征服的臣民。參見Mark C. Elliott, *The Manchu Way: The*

期，2018年，頁4–28。這種觀點，使作者能夠脫離中國的主流敘事，並承認邊緣地區（滿清時代非漢族居住的邊疆地區）的併入，是一個殖民化過程。

26. Christopher P. Atwood, *Young Mongols and Vigilantes in Inner Mongolia's Interregnum Decades, 1911–1931*, 2 vols. (Leiden: Brill, 2002); Liu, Frontier Passages, 47–49.
27. 宣言的前兩項內容為：第一，我們主張內蒙古六盟、二十四部、四十九旗，察哈爾土默特二部，及寧夏三特旗之全域，無論是已改縣治或為草地，均應歸還給蒙古人民，作為內蒙古民族之領土，取消熱、察、綏三行省之名稱與實際行政組織，其他任何民族不得占領或藉辭剝奪內蒙古民族之土地。第二，我們認為，內蒙古人民自己才有權利解決自己內部的一切，誰也沒有權力用暴力去干涉內蒙古民族的生活習慣、宗教道德以及其他的一切權利。同時，內蒙古民族可以隨心所欲地組織起來，它有權按自主的原則，組織自己的生活，建立自己的政府，有權與其他的民族結成聯邦的關係，也有權完全分立起來。總之，民族是至尊的，同時一切民族都是平等的。Stuart Schram, ed., *Mao's Road to Power. Revolutionary Writings 1912–1949*, vol. 5, *Toward the Second United Front January 1935–July 1937* (Armonk, NY: M. E. Sharpe, 1999), 71–72.
28. Christopher P. Atwood, "Sino-Soviet Diplomacy and the Second Partition of Mongolia, 1945–1946," in *Mongolia in the Twentieth Century: Landlocked Cosmopolitan*, ed. Bruce A. Elleman and Stephen Kotkin (Armonk, NY: M. E. Sharpe, 1999), 137–61; Sergey Radchenko, "The Truth about Mongolia's Independence 70 Years Ago: A Referendum in Mongolia Seventy Years Ago Sheds Light on the Country's Path Since," *The Diplomat*, October 22, 2015.
29. Uradyn E. Bulag, *Mongols at China's Edge*; Uradyn E. Bulag, *Collaborative Nationalism: The Politics of Friendship at China's Mongolian Frontier* (Lanham, MD: Rowman and Littlefield, 2010).
30. Uradyn E. Bulag, "From Inequality to Difference: Colonial Contradictions

17. 關於中國對蒙古和邊境的領土思考，請參閱Liu Xiaoyuan, *Reins of Liberation: An Entangled History of Mongolian Independence, Chinese Territoriality, and Great Power Hegemony, 1911–1950* (Stanford, CA: Stanford University Press, 2006)；蘇德比力格（Sudebilige），《晚清政府對新疆、蒙古與西藏政策研究》（呼和浩特：內蒙古人民出版社，2005年）。
18. 蔡鳳林，《日俄四次密約：近代日本「滿蒙」政策研究之一》（北京：中央民族大學出版社，2008年）。
19. 張啟雄，《外蒙主權歸屬交涉1911–1916年》（台北：中央研究院近代史研究所，1995年）。
20. 綏遠（1928–1954年）是邊疆省分中最強大、漢族定居者最集中的省分。參見Justin Tighe, *Constructing Suiyuan: The Politics of Northwestern Territory and Development in Early Twentieth-Century China* (Leiden: Brill, 2005).
21. 同年，在安多藏族、蒙古族、回族穆斯林聚居的科科努爾地區，設立青海省。歷史上西藏的康區於1939年劃為西康省。在香港和澳門分別於1997與1999年主權回歸後，中華人民共和國也以特別行政區命名。在民國時期，特別行政區，往往是省和中央全面直接控制非漢族地區的準備階段。
22. 國民政府於1928年設立的蒙藏委員會，其正式職權範圍是外蒙古（即蒙古國）和西藏，其使命是透過建立省分來征服和殖民這兩個「地區」。
23. Sechin Jagchid, *The Last Mongol Prince: The Life and Times of Demchugdongrob, 1902–1966* (Bellingham: Center for East Asian Studies, Western Washington University, 1999).
24. James Boyd, *Japanese-Mongolian Relations, 1873–1945: Faith, Race and Strategy* (Folkestone, UK: Global Oriental, 2011).
25. 作為一個不斷變化過程的反思，中國最近對「天下」的概念，劃分為內部和外部。參見葛兆光，〈歷史中國的「內」與「外」：有關「中國」和「周邊」概念的再澄清〉，載《中國歷史研究》，第51卷，第1

蒙古社會的影響，可從鄂爾多斯地區蒙古人口的急劇減少衡量。1839年鄂爾多斯五旗總人口162,233人；1885年，這一數字降至110,995人，減少近32%。戴曉，〈同治年間西北回民起義對伊克昭盟人口的影響〉，載《陰山學刊》，第33卷，第2期，2020年，頁33–36。

12. Uradyn E. Bulag, "Clashes of Administrative Nationalisms: Banners and Leagues vs. Counties and Provinces in Inner Mongolia," in *Managing Frontiers in Qing China: The Lifanyuan and Libu Revisited*, ed. Dittmar Schorkowitz and Chia Ning (Leiden: Brill, 2016), 349–88; Nicola Di Cosmo, "Qing Colonial Administration in Inner Asia," *International History Review* 20, no. 2 (1998): 287–309.
13. 在整個滿清王朝，雖然清朝內部的主要群體都相互隔離，但滿人特別熱衷於將蒙古人和中國人分開，以防止蒙古人征服中國，防止蒙古人與中國人結盟挑戰滿族至上。滿人還建造了柳條邊，這是一種種植柳樹的堤壩和溝渠系統，以防止蒙古人和朝鮮人在十七世紀末進入滿洲。James Reardon-Anderson, "Land Use and Society in Manchuria and Inner Mongolia during the Qing Dynasty," *Environmental History* 5, no. 4 (2000): 503–30. Uradyn E. Bulag, "Rethinking Borders in Empire and Nation at the Foot of the Willow Palisade," in *Frontier Encounters: Knowledge and Practice at the Russian, Chinese and Mongolian Border*, ed. Franck Billé, Caroline Humphrey, and Grégory Delaplace (Cambridge, UK: Open Book Publishers, 2012), 33–53.
14. Ki Yip Yee, "Han Migrant Farmers in Qing Inner Mongolia Reluctant Pioneers or Human Great Wall?" *Central Asiatic Journal* 62, no. 1 (2019): 119–40.
15. 宋迺工等主編，《中國人口：內蒙古分冊》（北京：財政經濟出版社，1987年），頁50–57；Yi Wang, *Transforming Inner Mongolia. Commerce, Migration and Colonization on the Qing Frontier* (Lanham, MD: Rowman and Littlefield, 2021), 25.
16. Owen Lattimore, *Manchuria: Cradle of Conflict* (New York: Macmillan, 1932).

關於定居者殖民主義概念對內蒙古的早期分析，參見Uradyn E Bulag, "From Yekejuu League to Ordos Municipality: Settler Colonialism and Alter/Native Urbanization in Inner Mongolia," *Provincial China* 7, no. 2 (2002): 196–234; Uradyn E. Bulag, "From Inequality to Difference: Colonial Contradictions of Class and Ethnicity in 'Socialist' China," in *The Mongols at China's Edge: History and the Politics of National Unity* (Lanham, MD: Rowman and Littlefield, 2002), ch. 6。編按：Peter C. Perdue（濮德培）的著作有中譯本，請見《中國西征：大清征服中央歐亞與蒙古帝國的最後輓歌》（台北：衛城出版，2021年）。

8. Owen Lattimore, "Prince, Priest and Herdsman in Mongolia," *Pacific Affairs* 8, no. 1 (1935): 35–47, at 44. See Xiaoyuan Liu, *Reins of Liberation. An Entangled History of Mongolian Independence, Chinese Territoriality, and Great Power Hegemony, 1911–1950* (Washington, DC: Woodrow Wilson Center, 2006), 9–11.
9. Christopher P. Atwood, " 'Worshipping Grace': Guilt and Striving in the Mongolian Language of Loyalty," *Late Imperial China* 21 (2000): 86–139; Johan Elverskog, *Our Great Qing: The Mongols, Buddhism and the State in Late Imperial China* (Honolulu: University of Hawai'i Press, 2006); Pamela Crossley, "Making Mongols," in *Empire at the Margins: Culture, Ethnicity, and Frontier in Early Modern China*, ed. Pamela Crossley, Helen Siu, and Donald Sutton (Berkeley: University of California Press, 2006), 58–82.
10. Peter Perdue, *China Marches West*; Christopher P. Atwood, *Encyclopedia of Mongolia and the Mongol Empire* (New York: Facts on File, 2004), 621–24; Fred W. Bergholz, *The Partition of the Steppe: The Struggle of the Russians, Manchus, and the Zunghar Mongols for Empire in Central Asia, 1619–1758* (New York: Peter Lang, 1993).
11. 卓渤海，《僧格林沁若干問體研究》（中央民族大學博士論文，2012年）；烏・額・寶力格，〈僧格林沁與英國二等兵：英國帝國主義是如何愛國的〉，載於朱慶寶、孫江合編，《新學衡》，第3期（南京：南京大學出版社，2018年）。關於回族穆斯林（1862–1873年）叛亂，對

California Press, 1997), 149–80.

4. Luo Siling, "An Exiled Editor Traces the Roots of Democratic Thought in China," *New York Times*, October 28, 2016.
5. Penelope Edmonds, "Unpacking Settler Colonialism's Urban Strategies: Indigenous Peoples in Victoria, British Columbia, and the Transition to a Settler-Colonial City," *Urban History Review* 38, no. 2 (2010): 5; Patrick Wolfe, "Settler Colonialism and the Elimination of the Native," *Journal of Genocide Research* 8, no. 4 (2006): 388.
6. Audra Simpson, *Mohawk Interruptus: Political Life across the Borders of Settler States* (Durham, NC: Duke University Press, 2014).
7. 許多學者，最近開始將這一觀點應用於西藏研究：如Carole McGranahan, "Afterword: Chinese Settler Colonialism: Empire and Life in the Tibetan Borderland," in *Frontier Tibet: Patterns of Change in the Sino–Tibetan Borderlands (517–540)*, ed. S. Gros (Amsterdam: Amsterdam University Press, 2019), 517–39; Gerald Roche, James Leibold, and Ben Hillman, "Urbanizing Tibet: Differential Inclusion and Colonial Governance in the People's Republic of China," *Territory, Politics, Governance* (2020): https://doi.org/10.1080/21622671.2020.1840427。新疆（新邊疆），顧名思義，是優越的定居者殖民地。十八世紀中葉，蒙古準噶爾汗國滅亡後，該地區被納入清朝統治。1884年清政府收復該地區後，該地改為省。1954年，即該省成為維吾爾自治區的前一年，中共建立了一個名為「新疆生產建設兵團」的定居點，由從中國內地調來的漢族士兵負責指揮。有關清朝／中國對新疆的征服和殖民化的研究，請參閱Peter C. Perdue, *China Marches West: The Qing Conquest of Central Eurasia* (Cambridge, MA: Harvard University Press, 2010); James A. Millward, *Eurasian Crossroads: A History of Xinjiang* (London: Hurst & Company, 2021); James D. Seymour, "Xinjiang's Production and Construction Corps, and the Sinification of Eastern Turkestan," *Inner Asia* 2, no. 2 (2000): 171–93; James Leibold, "Beyond Xinjiang: Xi Jinping's Ethnic Crackdown," *The Diplomat*, May 28, 2021。

Pickowicz, and Mark Selden, *Revolution, Resistance and Reform in Village China* (New Haven, CT: Yale University Press, 2005).

14. 高樹華、程鐵軍，《內蒙文革風雷：一位造反派領袖的口述史》（紐約：明鏡出版社，2007），頁473。
15. 圖們、祝東力，《康生與「內人黨」冤案》（北京：中央中央黨校出版社，1995年），頁2。
16. 高樹華對他與烏蘭夫一家關係的回憶，參見《內蒙文革風雷》，頁564–570。
17. 高樹華生平及事業詳情，參見《內蒙文革風雷》。
18. 他的筆記，寫於「前言：我最後的願望」，載於《內蒙文革風雷》，頁25–28。

結語

1. Roderick MacFarquhar and Michael Schoenhals, *Mao's Last Revolution* (Cambridge, MA: Belknap Press of Harvard University Press, 2006), 3.
2. 只有宋彬彬這樣的少數前紅衛兵，為自己的行為道歉。而宋的道歉，也是半個世紀後的事了。Tylor Roney, "Famous Chinese Princeling Apologizes for Cultural Revolution," The Diplomat, January 16, 2014, https://thediplomat.com/2014/01/famous-chinese-princeling-apologies-for-cultural-revolution/。宋彬彬因1966年在天安門城樓為毛澤東戴上紅臂章而聞名，隨後因隱瞞參與文革暴力（包括殺害高中副校長）而受到批評。關於這場爭議，請參閱Chris Buckley, "Bowed and Remorseful, Former Red Guard Recalls Teacher's Death," *New York Times*, January 13, 2014。亦可見Timothy Ma, "Rethinking Apology in Chinese Culture," in *Doing Integrative Theology: Word, World, and Work in Conversation*, ed. Philip Halstead and Myk Habets (Auckland: Archer Press, 2015), 176–94.
3. Tu Wei-ming, "Destructive Will and Ideological Holocaust: Maoism as a Social Source of Suffering in China," in *Social Suffering*, ed. Arthur Kleinman, Veena Das and Margaret Lock (Berkeley: University of

特：遠方出版社，2001年），第1集，頁352。

2. 陳建生，《新安小學史》，烏拉特前旗文史資料，1986年，第2集，頁62–76。
3. 這些地下廣播電台，主要出現在1967至1972年，以批評毛澤東、江青、周恩來等人為主。有關電台列表，請參閱2015年1月13日的YouTube網頁：「中國祕密電台廣播頻率（1966–1989年）」，https://www.youtube.com/watch?v=3UFS 6kHBv5w。他們的位置和出處，尚難最終確定，但蘇聯、美國和台灣，可能性最大。
4. Stephen Uhalley Jr. and Jin Qiu, "The Lin Biao Incident: More Than Twenty Years Later," *Pacific Affairs* 66, no. 3 (1993): 386–98.
5. "Burning of books and burying of scholars: 213–212 BCE philosophical purge in ancient China," https://www.wikiwand.com/en/Burning_of_books_and_burying_of_scholars.
6. 劉邦和項羽推翻了秦朝（西元前221至西元前206年），兩者又爆發內戰，劉最終擊敗項，建立了漢朝（西元前206至西元220年）。
7. 「余洪信被舉報，侮辱婦女多人，走極端射殺政委愛人，後畏罪，開槍自殺」，見網站https://www.mdeditor.tw/dl/1gaVw/zh-hk.
8. 關於志願軍六十三軍一八七師在朝鮮的戰鬥，見〈朝鮮戰場：英國軍隊與志願軍交戰，三戰三敗〉，http://news.ifeng.com/history/1/jishi/200811/1124_2663_892034.shtml.
9. 內蒙古半軍事建設兵團的劃分及駐地，請參閱「內蒙古生產建設兵團」，https://baike.baidu.com/item/內蒙古生产建设兵团/4807468.
10. 鎖陽和肉蓯蓉，被認為可以增強男性荷爾蒙，就像威而鋼一樣。
11. 高原，〈內蒙全面軍管與余洪信事件〉，載《回憶》，第56期，2010年8月30日，https://difangwenge.org/forum.php?mod=viewthread&tid=5016&extra=page%3D1.
12. 外調的目的，是在幹部人事晉升或處分過程中，特別是在「一打」、「三反」等運動中，檢視人們的政治行為、社會關係、家庭背景等情況。
13. 關於饒陽縣與河北省的文化大革命，請參見Edward Friedman, Paul G.

amazing tales) (Morrisville, NC: Lulu Press, 2019), 56–66.

27. 1970年2月發起的「一打三反運動」，其中「一打」指「打擊現行反革命破壞活動」;「三反」指反對「貪汙腐敗」、「投機倒把」、「鋪張浪費」等。參見Andrew Walder, *China Under Mao: A Revolution Derailed* (Cambridge, MA: Harvard University Press, 2015), 283.
28. 有關這對夫婦的更多資訊，請參見程鐵軍*Xin Pai'an Jingqi*, 66–77.
29.《內蒙文革實錄》，頁441–442。
30.《內蒙文革風雷》，頁414–415。
31.《內蒙文革實錄》，頁450。
32. 同上。
33. 茂敖海，《夢幻人生》（香港：天馬圖書有限公司，2003年），頁212–213。
34. 關於毛澤東對鄭維山的清洗，參見夏偉，《見證一段鮮為人知的歷史》（北京：中國青年出版社，2015年），頁101–122。
35. 趙紫陽於1972年3月離開內蒙古。調任四川省委第一書記，1980年任國務院總理，1987年任中共總書記。1989年，因為對學生運動的不同意見，跟鄧小平決裂，導致下台並被軟禁，直到2005年去世，成為中共級別最高的政治犯。
36. 編委會，《內蒙古自治區志：政府志》（北京：紡織出版社，2001年），頁514。
37. 詳細資料，參見《內蒙古「挖肅」災難實錄》，頁98。內人黨嫌疑人包括王再天、暴彥扎布、巴圖、木倫、特古斯、畢力格巴圖爾、廷懋、孔飛、潮洛蒙、官布扎布等，被轉移到伊克昭盟繼續關押，直到1973年春。
38.《康生與「內人黨」冤案》，頁272。

第十一章

1. 根據1964年人口普查，包頭市人口為1,075,700人，其中581,500人居住在市區，其餘居住在郊區和市轄旗縣。載《包頭市志》（呼和浩社，1995年），頁268。

14.《內蒙文革實錄》，頁321、424；《康生與「內人黨」冤案》，頁267。

15. 在中國企業中，工資和福利遵循兩種獨立的員工制度：幹部和工人。幹部隊伍共有二十三級。十三級和以上屬於高級幹部，相當於政府系統的地委或軍隊的師長級別（俗稱地師級）。而工人級別，則從學徒工開始，最高到八級技工。

16. Elizabeth Perry, *Proletarian Power: Shanghai in the Cultural Revolution* (Boulder, CO: Westview, 1997), 100–103；楊繼繩，《天翻地覆：中國文化大革命史》（香港：天地圖書，2018年），頁317–333。

17.《內蒙文革實錄》，頁428。

18. 吳濤的演講全文，見《內蒙古文化大革命期間，與蒙古種族滅絕相關文獻》，第1卷，頁692–697。

19. 同上，頁687–690。

20. 張魯回憶錄，見《康生與「內人黨」冤案》，頁271。

21.《內蒙古「挖肅」災難實錄》，頁164。

22. 中共內蒙古自治區委員會組織部編寫，《中國共產黨內蒙古自治區組織史資料：1925.3–1987.12》（呼和浩特：內蒙古人民出版社，1995年），頁240。

23. 同上。

24. 1965年6月26日，毛澤東發表〈關於醫療衛生工作的指示〉，指出：「把醫療衛生工作的重點放到農村去！」該指示催生了「赤腳醫生」制度，及其在農村醫療保健系統中的作用。見毛澤東，〈關於醫療衛生工作的指示〉（1965年6月26日），載《毛澤東選集》，第9卷，https://www.marxists.org/reference/ archive/mao/selected-works/volume-9/mswv9_41.htm；另見Chunjuan Nancy Wei, "Barefoot Doctors," in *Mr. Science and Chairman Mao's Cultural Revolution: Science and Technology in Modern China*, ed. Nancy Wei Chunjuan and Darryl E. Brock (Lanham, MD: Lexington Books, 2012), 251–80.

25. 有關葉融的更多資訊，請參見《內蒙古文革風雷》，頁574–580。

26. 有關金錫嘏的更多資訊，請參見程鐵軍的*Xin Pai'an Jingqi* (New

1991年），頁316–320。另請參閱滕海清1969年6月23日的「自我批評」，載《內蒙古文化大革命期間，與蒙古種族滅絕相關文獻》，第1卷，頁683–686。

第十章

1. 這封信的標題是「滕海清同志在中央背後做了什麼：給中央的一封信」，參見楊海英主編，《內蒙古文化大革命期間，與蒙古種族滅絕相關文獻》，第1卷，頁703–710。
2. 啟之，《內蒙文革實錄》（香港：天行健出版社，2010年），頁408–409。
3. 巴彥泰，《內蒙古「挖肅」災難實錄》，未出版手稿，南蒙古人權資訊中心整理，日期不詳，頁53。
4. 文件的全文，請見《內蒙古文化大革命期間，與蒙古種族滅絕相關文獻》，第1卷，頁680–682。文件結尾如下：「該文件可以掛在牆上，但不能在報紙上發表或廣播。」
5. 該論壇上的三場主題演講，請參閱《內蒙古文化大革命期間，與蒙古種族滅絕相關文獻》，第1卷，頁740–755。
6. 同上，頁752–753。
7. 同上，頁742。
8. 同上，頁762–772。
9. 烏蘭夫從1966到1969年，一直被軟禁在北京的海軍大院，隨後被軍方軟禁在湖南省會長沙。1971年冬季獲釋，回到北京。從1973年8月當選為中共中央委員起，逐步恢復政治生活。參見王樹生、郝玉峰主編，《烏蘭夫年譜》（北京：中央文獻出版社，2013年），頁481–490。
10. 高樹華、程鐵軍，《內蒙文革風雷：一位造反派領袖的口述史》（紐約：明鏡出版社，2007年），頁399–400。
11. 《內蒙古「挖肅」災難實錄》，頁36。
12. 《內蒙文革實錄》，頁418。
13. 圖們、祝東力，《康生與「內人黨」冤案》（北京：中央中央黨校出版

17. 伊克昭盟是本書合著者寶力格的家鄉。有關當時當地人的記憶，請參閱楊海英，《墓標なき草原——内モンゴルにおける文化大革命・虐殺の記 》（東京：岩波書店，2009年）。楊提供了他在烏審旗的家人和親戚遭受酷刑的生動細節。編按：中譯本為《沒有墓碑的草原：內蒙古的文革大屠殺實錄》（台北：八旗文化，2014年）。
18. 齊逢源，《巴圖巴根在伊克昭盟》（海拉爾：內蒙古文化出版社，1997年），頁14。
19. 《內蒙文革實錄》，頁15。
20. 《內蒙文革風雷》，頁369–371。
21. 同上，頁374–375。
22. 有關酷刑和大屠殺規模的更多生動描述，請參閱楊海英，《沒有墓碑的草原》。
23. 《內蒙文革實錄》，頁382。
24. 毛澤東，〈抗日戰爭勝利後的時局和我們的方針〉，1945年8月13日，http://www.marxists.org/reference/archive/mao/selected-works/volume-4/mswv4_01.htm.
25. 滕海清、吳濤從北京給呼和浩特權星垣的第二封信（日期不詳）提到高錦明復職，引自《內蒙文革實錄》，頁386。
26. 與蒙古種族滅絕相關的文件全文，參見楊海英主編，《內蒙古文化大革命期間，與蒙古種族滅絕相關文獻》，第2卷，頁612–613。
27. 《內蒙文革風雷》，頁387。
28. 同上，頁388。
29. 《內蒙文革實錄》，頁399–401。
30. 中央領導人包括周恩來、陳伯達、康生、江青、謝富治、黃永勝、吳法憲、葉群等。其中有兩個新面孔：北京軍區司令鄭維山和北京軍區政委陳先瑞。
31. 5月22日中央文件全文，見《內蒙古文化大革命期間，與蒙古種族滅絕相關文獻》，第2卷，頁625–640.
32. 《康生與「內人黨」冤案》，頁242。
33. 郝為民主編，《內蒙古自治區史》（呼和浩特：內蒙古人民出版社，詳，頁144。

4. 《內蒙古「挖肅」災難實錄》，頁144。
5. 1969年2月4日，中央領導接見滕海清時的批示，引自《內蒙古「挖肅」災難實錄》，頁84。
6. 啟之，《內蒙文革實錄》（香港：天行健出版社，2010年），頁352–353。
7. 《康生與「內人黨」冤案》，頁227。
8. 《呼三司》，1969年8月4日。
9. 《內蒙古「挖肅」災難實錄》，頁84。
10. 據程鐵軍的個人記憶，另見高樹華、程鐵軍，《內蒙文革風雷：一位造反派領袖的口述史》（紐約：明鏡出版社，2007），頁364。
11. 土爾扈特是四大衛拉特蒙古族部落之一。1620年代，土爾扈特人從今天的新疆和蒙古西部，遷徙到伏爾加河地區。部分人於1771年返回，大部分定居在新疆。額濟納的土爾扈特人，是1698年前往西藏朝聖的一小群人的後裔。
12. 參見啟之，《內蒙文革實錄》，頁319–320。據報導，周恩來在1968年國慶日（10月1日）之前，收到了他的姪女周秉健（從北京派往錫林郭勒盟的知青）寫來的一封關於蒙古人遭受酷刑的信。周把消息轉告給北京軍區副司令陳先瑞，陳向滕辦轉達了周的警告，但沒有效果。見莫然、尼瑪，〈周恩來的姪女周秉健和她的蒙古族丈夫〉，載《中華兒女》，第1期，1991年，頁16。另見《內蒙文革實錄》，頁321。
13. Steven M. Watt, "Afghan and Iraqi Victims of Torture by U.S. Military Seek Justice from International Human Rights Tribunal," *ACLU 100 Years*, https://www.aclu.org/blog/national-security/torture/afghan-and-iraqi-victims-torture-us-military-seek-justice.
14. 劉曉萌，《中國知青史：大潮1953–1968年》（北京，中國社會科學出版社，1998年）。
15. 在Weijian Shan, *Out of the Gobi: My Story of China and America* (New York: Wiley 2019)，單偉建回憶了內蒙古生產建設兵團北京知青的艱苦生活，他們遠離當地的蒙古族人口，以及挖肅運動。
16. 《康生與「內人黨」冤案》，頁202–203。

卷，頁198–205。

14.《內蒙文革風雷》，頁344。

15. 同上，頁353。

16. 啟之，啟之，《內蒙文革實錄：「民族分裂」與「挖肅」運動》（香港：天行健出版社，2010年），頁324–326。

17. 同上。

18.《內蒙文革風雷》，頁354。

19. Harding, "Chinese State in Crisis," 225–227.

20. 全文見《內蒙古文化大革命期間，與蒙古種族滅絕相關文獻》，第2卷，頁174；也見《康生與「內人黨」冤案》，頁149–151。

21.《內蒙古文化大革命期間，與蒙古種族滅絕相關文獻》，第1卷，頁441–454。

22.《內蒙古文化大革命期間，與蒙古種族滅絕相關文獻》，第1卷，頁455–468。

23. 更多詳情，參見《內蒙文革風雷》，頁357。

24.《內蒙古文化大革命期間，與蒙古種族滅絕相關文獻》，第1卷，頁176–194。

25. 同上。

26. 巴彥泰，《內蒙古「挖肅」災難實錄》，頁140。

27. 全文請見《內蒙古文化大革命期間，與蒙古種族滅絕相關文獻》，第2卷，頁175。

28. 同上，頁216–229。

第九章

1. 《呼三司》，第152期，《文革資料》（未出版），頁4。

2. 圖們、祝東力，《康生與「內人黨」冤案》（北京：中央中央黨校出版社，1995年），頁147。

3. 《內蒙古日報》，1969年1月22日，第1版，轉引自巴彥泰，《內蒙古「挖肅」災難實錄》，未出版手稿，南蒙古人權資訊中心整理，日期不

第八章

1. 高樹華、程鐵軍，《內蒙文革風雷：一位造反派領袖的口述史》（紐約：明鏡出版社，2007），頁310。
2. 原文見楊海英主編，《內蒙古文化大革命期間，與蒙古種族滅絕相關文獻》，第2卷（東京：風響社，2010年），頁108–113。另見圖們、祝東力，《康生與「內人黨」冤案》（北京：中央中央黨校出版社，1995年），頁142；巴彥泰，《內蒙古「挖肅」災難實錄》，未出版手稿，南蒙古人權資訊中心整理，日期不詳，頁17。
3. 這兩份文件的全文，可以在《內蒙古文化大革命期間，與蒙古種族滅絕相關文獻》，第2卷，頁126–138中找到。
4. 同上，頁56–57。
5. 同上，頁139–145。
6. 郝為民主編，《內蒙古自治區史》（呼和浩特：內蒙古人民出版社，1991年），頁315。
7. 《康生與「內人黨」冤案》，頁178。
8. 程鐵軍在河北省饒陽縣採訪武裝部政委察斯的紀錄，1973年。
9. 1970年6月，工農兵上大學的新高等教育實驗，從北京大學和清華大學開始。毛澤東死後，鄧小平於1977年重新恢復了高考。
10. 全文請見《內蒙古文化大革命期間，與蒙古種族滅絕相關文獻》，第2卷，頁423–425。
11. *Peking Review*, August 30, 1968.
12. 在此期間，毛澤東和中央鎮壓了北京和主要城市的大多數造反派組織。湖南省造反派理論家楊小凱，因批評毛澤東和周恩來被判處十年徒刑。造反派隨後對毛澤東政治的討論，請參閱楊小凱的自傳，〈我的一生〉，載陳一諮編著，《中國向何處去？紀念楊小凱》（紐約：明鏡出版社，2004年），頁39。姚文元的文章，見1968年8月26日的《人民日報》。關於高樹華跟造反派朋友的聚會，見《內蒙文革風雷》，頁341–342。
13. 全文見《內蒙古文化大革命期間，與蒙古種族滅絕相關文獻》，第2

20. 關於文革後德王的情況，請參閱Nasan Bayar, "History and Its Televising: Events and Narratives of the Hoshuud Mongols in Modern China," *Inner Asia* 4, no. 2 (2002): 241–76.
21. 《內蒙文革風雷》，頁290。
22. 同上，頁290–291。
23. 毛澤東，〈論人民民主專政〉，1949年，https://wwwmarxists.org/reference /archive/mao/selected-works/volume-4/mswv465.htm.
24. 楊繼繩，《天翻地覆：中國文化大革命史》（香港：天地圖書，2018年），頁152。
25. 中文原文見：https://www.marxists.org/chinese/maozedong/1968/5-350.htm.
26. MacFarquhar and Schoenhals, *Mao's Last Revolution*, 215.
27. Michael Schoenhals, "Outsourcing the Inquisition: 'Mass Dictatorship' in China's Cultural Revolution," *Totalitarian Movements and Political Religions* 9, no. 1 (2008): 3.
28. 《內蒙文革風雷》，頁117–120。
29. 《內蒙文革實錄》，頁255。
30. 圖們、祝東力，《康生與「內人黨」冤案》（北京：中央中央黨校出版社，1995年），頁61–162。
31. MacFarquhar and Schoenhals, *Mao's Last Revolution*, 101.
32. 《康生與「內人黨」冤案》，頁137。
33. 讀者或許注意到，我們重複列出所有關鍵人物的名字。某些人物的出現或缺席，顯示他們政治命運的幸運或不幸、派系結盟或重組的溫度指標。
34. 巴彥泰，《內蒙古「挖肅」災難實錄》，未出版手稿，南蒙古人權資訊中心整理，日期不詳，頁11，https://www.smhric.org/IMPRP.pdf.
35. 《康生與「內人黨」冤案》，頁137–138。
36. 《內蒙文革風雷》，頁319–328。

7. 這裡指的是陳毅、葉劍英、徐向前等一批解放軍老帥，為反對林彪、江青等中央文革小組，於1967年2月所做的努力。他們特別反感挑動激進派對抗軍隊。在內蒙古，「二月逆流」的術語，也適用於同一時期內蒙古軍區與造反派之間的對抗。
8. 中央於1968年2月5日，在黑龍江省革命委員會〈關於揪叛徒工作的報告〉中，將「揪叛」行動制度化。中央指示全黨，「文化大革命堅持群眾路線，對敵偽檔案進行徹底清理審查，揭露叛徒、特務、裏通外國和各類犯罪分子。」中文原文見中國人民解放軍國防大學黨史黨建政工教研室主編，《文化大革命研究資料》（北京：國防大學出版社，1988年），第2卷，頁16。
9. 莫日根，《我的阿爸哈豐阿：記憶中的歷史》（香港：炎黃出版社，2015年），頁103–115。
10. 這個故事，被我們《內蒙古日報》的同事們重複了很久，他們許多人都參加過烏蘭巴干的講座，儘管大多數人認為，這是一個笑話或小說虛構的故事。
11. 啟之，《內蒙文革實錄：「民族分裂」與「挖肅」運動》（香港：天行健出版社，2010年），頁235–237。
12. 同上，頁226–227。
13. 江青，〈在北京文藝座談會上的講話〉，https://www.marxists.org/archive/jiang-qing/1967/november/09.htm.
14. 〈江青同志在北京工人座談會上的講話〉，載《文化大革命研究資料》，第1集，頁635–636。
15. 丁舒，〈文革中「清理階級隊伍」運動：三千萬人被鬥，五十萬人死亡〉，載《華夏文摘》，2004年，http://www.cnd.org/HXWZ/ZK04/zk408.gb.html.
16. MacFarquhar and Schoenhals, *Mao's Last Revolution*, 254.
17. 高樹華、程鐵軍，《內蒙文革風雷：一位造反派領袖的口述史》（紐約：明鏡出版社，2007），頁289–290。
18. 《內蒙文革實錄》，頁232–233。
19. 同上，頁242–248。

健出版社，2010年），頁209。

17. 這裡使用「軍區」是為了反映內蒙古軍區作為省級軍區地位的下降。省級和省級以上的中文術語是相同的，都叫軍區。但究竟是省級小軍區，還是跨省的大軍區，需要具體分析。
18. 《內蒙文革實錄》，頁204。
19. 1976年，毛澤東逝世、「四人幫」垮台後，韓桐、歐陽儒臣被剝奪革命烈士稱號，內蒙革委會所建造的韓桐墓碑，也被摧毀。

第七章

1. Christopher Atwood, *Young Mongols and Vigilantes in Inner Mongolia's Interregnum Decades, 1911–1931*, 2 vols. (Leiden: Brill, 2002).
2. 諾門罕事件已被廣泛研究，但通常是從蘇聯或日本的角度出發。見 Alvin D. Cox, *Nomonhan: Japan Against Russia, 1939*, 2 vols. (Stanford: Stanford University Press, 1985); Katsuhiko Tanaka and Borjigin Husel, eds., *Haruhagawa Nomonhan Senso To Kokusai Kankei* (Khalkhyn Gol–Nomonhan War and international relations) (Tokyo: Sangensha, 2013)。另請參閱Uradyn E. Bulag, "The Nomonhan Incident and the Politics of Friendship on the Russia-Mongolia-China Border," *Asia-Pacific Journal*, November 30, 2009.
3. 布特格其，《在路上》（深圳：深圳報業集團出版社，2010年），頁93；布特格其，《風雨兼程五十年》（呼和浩特：內蒙古人民出版社，1997年），頁144–145。
4. 蘇勇，《呼倫貝爾盟民族誌》（呼和浩特：內蒙古人民出版社，1997年），頁621。
5. 到1980年代，該遺址成為世界主要抗日戰爭紀念館之一。
6. 從當時到現在，中蘇國際列車共有兩趟：從北京出發，經滿洲里去莫斯科的列車，編號為一；從莫斯科經滿洲里返回北京的列車，編號為二。另有北京，經二連浩特和蒙古國烏蘭巴托，到莫斯科的國際列車，去程編號為三，回程編號為四。

第六章

1. Paul Joscha Kohlenberg, "The Use of 'Comrade' as a Political Instrument in the Chinese Communist Party, from Mao to Xi," *China Journal* 77 (2017): 72–92.
2. 詳情見《中央關於處理內蒙古問題的文件和中央領導同志關於處理內蒙古問題的講話》，第1集，頁73–74。
3. 同上，頁107。
4. 根據于汝信，一九六七年軍管的八個省分分別是江蘇、廣東、浙江、雲南、安徽、青海、福建、西藏。到1968年9月，軍人領導了所有二十九個省（市）和自治區的革命委員會。于汝信，〈軍隊與文革〉（上），http://museums.cnd.org/CR/ ZK19/cr1019.gb.html#1.
5. MacFarquhar and Schoenhals, *Mao's Last Revolution*, 98–99.
6. 有關周恩來在中央文革小組中角色的最全面討論，請參楊繼繩，《天翻地覆：中國文化大革命史》（香港：天地圖書，2018年）。
7. 呼和浩特地區無產階級文化大革命大事記編撰組，《呼和浩特地區無產階級文化大革命大事記（初稿）》，1967年10月，頁33。
8. 《中央關於處理內蒙古問題的文件和中央領導同志關於處理內蒙古問題的講話》，第1集，頁109–110。
9. 滕海清、吳濤、高錦明、權星垣、康修民、郝廣德、高樹華、李樹德、那順巴雅爾、周文孝、王志友、劉立堂、李質、邵仲康、楊萬祥、霍道餘。
10. 《呼和浩特地區無產階級文化大革命大事記（初稿）》，頁43。
11. 《中央關於處理內蒙古問題的文件和中央領導同志關於處理內蒙古問題的講話》，第2集，頁5。
12. 同上，頁28。
13. 同上，頁53–58。
14. 同上，頁62。
15. 同上，頁58–61。
16. 啟之，《內蒙文革實錄：「民族分裂」與「挖肅」運動》（香港：天行數，例如，1967年4月12日第五次會議上，代表中央的領導有十四人；內蒙古黨委代表七人（王鐸、王逸倫已被排除）；內蒙古軍區有十二名官方代表，和二十四名軍區造反派代表參加；呼三司有五十七名代表；紅衛軍保守派有九人。參見呼和浩特革命造反聯絡總部印發，《中央關於處理內蒙古問題的文件和中央領導同志關於處理內蒙古問題的講話》，第1集，1967年5月30日，頁83。

37.《內蒙文革風雷》，頁231。

38. 同上，頁226。

39. 同上，頁232–233。

40.《中央關於處理內蒙古問題的文件和中央領導同志關於處理內蒙古問題的講話》，第1集，頁7。

41. 內務部長曾山，是2003至2008年中國國家副主席曾慶紅的父親。

42.《康生與「內人黨」冤案》，頁35。

43. 另外五位造反派代表是周文孝（農民）、劉樹理（工人）、劉立堂（火車司機）、楊萬祥（工人）和邵仲康（軍區造反派）。

44.《呼和浩特地區無產階級文化大革命大事記（初稿）》，頁5。

45.《中央關於處理內蒙古問題的文件和中央領導同志關於處理內蒙古問題的講話》，第1集，頁24。

46.《呼和浩特地區無產階級文化大革命大事記（初稿）》，頁2。

47.《內蒙文革風雷》，頁240–241。

48. 同上，頁242–243。

49.《呼和浩特地區無產階級文化大革命大事記（初稿）》，頁16。

50. 同上。

51. 同上，頁20。

52. 同上。

53. 同上，頁21。

54. 同上，頁23。

55.《中央關於處理內蒙古問題的文件和中央領導同志關於處理內蒙古問題的講話》，第1集，頁42。

56. 同上，頁96。

20.《井岡山》，第8期，頁45。
21.《內蒙文革風雷》，頁213。
22.《井岡山》，第8期，頁45。
23. 內蒙古黨校「井岡山」兵團宣傳組翻印，《迎著革命的暴風雨戰鬥成長：呼三司鬥爭簡史》，第1卷，1967年5月，頁15–16。
24.〈文革中軍隊向學生開的第一槍〉，頁157；《康生與「內人黨」冤案》，頁31。
25. MacFarquhar and Schoenhals, *Mao's Last Revolution*, 174–77.
26.《內蒙文革風雷》，頁221。
27. 同上。
28.《井岡山》，第8期，頁48。
29.《內蒙文革風雷》，頁224。
30.《內蒙文革實錄》，頁178。
31.《內蒙文革風雷》，頁225–226。
32. 青海事件，至今仍有爭議。1978年，趙永夫被釋放並恢復原師長職務。政府對此事件的官方敘述，參見《血與火的教訓：「文革」著名武鬥慘案紀實》（烏魯木齊：新疆大學出版社，1993年），第7章；程雲峰主編，《當代青海簡史》（北京：當代中國出版社，1996年），第10章。反對意見，參見冼恆漢，《風雨八十年》，2009年，http://blog.116 .com.cn/?uid-618-action-viewspace-itemid-57647；于汝信，〈淺析「趙永夫事件」：冼恆漢回憶錄補正之二〉，《中國新聞文摘》，《華人雜誌》，第649期，2008年，http://hx.cnd.org/2008/05/20/.
33. 呼和浩特地區無產階級文化大革命大事記編撰組，《呼和浩特地區無產階級文化大革命大事記（初稿）》，1967年10月，頁1。
34.《內蒙文革實錄》，頁181。
35.《呼和浩特地區無產階級文化大革命大事記（初稿）》，頁2。
36. 內蒙古黨委派王鐸、李樹德、李質、張魯、郭以青為代表。軍區代表為黃厚、姜文啟、張潤子、褚方域、敖長鎖。保守派紅衛軍的代表人物有張三林、范俊智、杜範、張其勝、程吉龍。《呼和浩特地區無產階級文化大革命大事記（初稿）》，頁3。隨後，各代表團都增加了人約：明鏡出版社，2007），頁216–217。

11. 啟之，《內蒙文革實錄：「民族分裂」與「挖肅」運動》（香港：天行健出版社，2010年），頁134–138。

12. 〈關於解放軍堅決支持左派革命群眾的決定〉，內容包括：（1）此前地方關於軍隊不參與文革的指示，以及其他違反文化大革命精神的指示全部作廢。（2）積極支持廣大革命群眾奪取政權的鬥爭。當真正的無產階級左派向軍隊求助時，軍隊就應該派出部隊積極支援。（3）堅決鎮壓反對無產階級革命左派的反革命分子和反革命組織。如果反革命拿起武器，軍隊就應該堅決反擊。完整文件請見Ying-mao Kau, *The People's Liberation Army and China's Nation-Building* (New York: Routledge, 1973), 317–19.

13. 吳迪，〈文革中軍隊向學生開的第一槍〉，《當代中國研究》，第3期，2002年，頁155。另見圖們、祝東力，《康生與「內人黨」冤案》（北京：中央中央黨校出版社，1995年），頁28。

14. 〈文革中軍隊向學生開的第一槍〉。

15. 《井岡山》，第8期，1967年，頁44。

16. 顯然，直到兩年後的1969年2月4日，在一次會議上，中共中央才注意到《內蒙古日報》報頭上的蒙古文缺失。當時，中央支持滕海清消除烏蘭夫在內蒙古影響力，以及剷除其聲稱的所謂蒙古民族主義者的戰略，即「新內人黨」。張春橋指出：「我看到《內蒙古日報》的報頭沒有蒙古文，而《新疆日報》有維吾爾文。」周恩來說：「不要讓人覺得烏蘭夫被打倒後，我們就沒有蒙古語了。」在邊境地區發生國際衝突之際，周恩來對這種激進的去蒙古化的國內和國際影響尤其敏感。見巴彥泰，《內蒙古「挖肅」災難實錄》，未出版手稿，南蒙古人權資訊中心整理，日期不詳，頁36，https://www.smhric.org/IMPRP.pdf.

17. Kerry Brown, *The Purge of the Inner Mongolian People's Party in the Cultural Revolution, 1967–1969: A Function of Language, Power and Violence* (London: Global Oriental, 2006).

18. 《康生與「內人黨」冤案》，頁26–27。

19. 《內蒙文革實錄》，頁169。

33.《井岡山》，第7期，頁37。王鐸給「紅衛軍」撥款一萬元，該組織由師範學院「抗大兵團」、內蒙古輕化工廳「捍衛毛澤東思想戰鬥縱隊」等保守派組織，聯合而成。
34.《井岡山》，第7期，頁38–40。
35.《內蒙文革風雷》，頁39、頁190–201。
36. 1968年3月13日，中央再次下令，但大串連只是逐漸減少，直到1968年秋天，才完全停止。

第五章

1. 楊繼繩，《天翻地覆：中國文化大革命史》（香港：天地圖書，2018），頁309、頁312。
2. 蔣宜華，〈毛澤東晚年改革政治體制的構想與實踐〉，2018年，http://www. aisiyang.com/data/107578.
3. Roderick MacFarquhar and Michael Schoenhals, *Mao's Last Revolution* (Cambridge, MA: Harvard University Press, 2006), 162–168.
4. 《井岡山》，第7期，1967年，頁40。
5. 內蒙古地區派系鬥爭，主要以拳腳相向，雙方都對槍械的使用有所克制，因此，與南方某些省區相比，當時傷亡較少。
6. 《井岡山》，第7期，頁45。
7. 1955年創立的十二個大軍區，分別是：瀋陽、北京、濟南、南京、廣州、武漢、成都、昆明、蘭州、新疆、內蒙古和西藏。1956年，福州增列為第十三個軍區。
8. 1966年6月下旬，由於震驚於緊張的蒙蘇邊境可能發生動亂，北京軍方領導層派了數十名蒙古軍官，到呼和浩特郊區的內蒙古軍區步兵學校學習。都是土默特蒙古人。塔拉，《平凡的人生：塔拉革命回憶錄》（呼和浩特：內蒙古人民出版社，2001年），頁417。
9. 同上，頁426–430；阿木蘭，《孔飛風雨看客六十年：新中國開國蒙古族將軍孔飛傳記》（呼和浩特：內蒙古出版社，2012年），頁356–360。
10. 高樹華、程鐵軍，《內蒙文革風雷：一位造反派領袖的口述史》（紐

12.《當代中國的甘肅》（北京：當代中國出版社，1992年），頁115。
13. 蕭茗，〈在瘋狂、荒唐與悲慘、血腥的日子裡〉，2018年，見https://yibaochina.com/?p=237766.
14.《無產階級文化大革命紀實參考資料》，第2集，頁26。
15.《井岡山》，第4期，頁59。
16. 唐少傑，〈清華井岡山兵團的興衰〉，載劉青峰編著，《文化大革命：事實與分析》（香港：香港中文大學出版社，1996年），頁49–64。另見米河鬥、張琪，〈歲月流沙：蒯大富自述〉，2011年，http://beijingspring.com/bj2/2010/170/201121220435.htm.
17. 高樹華、程鐵軍，《內蒙文革風雷：一位造反派領袖的口述史》（紐約：明鏡出版社，2007），頁175。
18. 內蒙古黨校「井岡山」兵團宣傳組翻印，《迎著革命的暴風雨戰鬥成長：呼三司鬥爭簡史》，第1卷，1967年5月，頁5。
19.《井岡山》，第4期，頁63。
20.《內蒙文革風雷》，頁170–174。
21. 同上，頁176–179。
22. 王鐸，《五十春秋》（呼和浩特：內蒙古人民出版社，1992年），頁508。
23. 同上，頁508–509。
24.《井岡山》，第7期，1967年，頁28。
25.《內蒙文革風雷》，頁180–183。
26.《井岡山》，第7期，頁30；《內蒙文革風雷》，頁186–187。
27.《迎著革命的暴風雨戰鬥成長》，頁5–6。
28. 啟之，《內蒙文革實錄：「民族分裂」與「挖肅」運動》（香港：天行健出版社，2010年），頁127。另見「第七機械工業部」（航太工業部）網站：https://www.globalsecurity.org/space/world/china/moai.htm.
29. 分別為：內蒙古自治區工農兵革命委員會，內蒙古自治區職工紅衛軍聯合會，內蒙古自治區無產者革命總部。
30.《內蒙文革實錄》，頁127–132。
31.《井岡山》，第7期，頁31。
32. 同上，頁34–35。

第四章

1. 內蒙師院東方紅戰鬥縱隊「燎原戰鬥組」編寫，《無產階級文化大革命紀實參考資料》，第2集，1966年7月1日至8月31日，北京，1966年。
2. 「保守派」不像「造反派」那樣是一種自稱，而是造反派用來稱呼他們對手的，說他們支持走資派，或毛澤東的黨內敵人。有時，他們也被稱為「忠誠派」。多年來，這兩個類別經常出現交叉。文革後，人們常把加入過紅衛兵或群眾組織的人，統稱為造反派。因此，這些術語在政治上是有爭議的。為方便起見，本書仍用「保守派」和「造反派」來描述這兩個對立的派系。
3. 〈十六條：中共中央關於無產階級文化大革命的決定〉，《比較共產主義研究》，第3期至第4期，1970年7月至10月，頁178。
4. 在韓倞（Carmalita Hinton）的紀錄片《晨曦》（*Morning Sun*）中，宋彬彬否認自己曾經毆打或殺害過任何人。在內蒙古當了幾年知青後，宋去了美國，在麻州獲得大氣和行星科學博士學位。她於2003年回到中國，隔年與同學一起參加了一個儀式，為奪走副校長和其他人生命的暴力行為道歉，但沒有承認她個人在這起殺戮中扮演的角色。見李瑞蒙（Raymond Li），〈宋彬彬的文革道歉引發全國反思〉，載《南華早報》，2014年1月19日。
5. 毛澤東，《湖南農民運動考察報告》（1927年3月），《毛澤東選集》，第1卷，ttps://www.marxists.org/reference/archive/mao/selected-works/volume-1/mswv 1-2.htm#n4.
6. 《無產階級文化大革命紀實參考資料》，第2集，頁20。
7. 《井岡山》，第4期，1967年7月，頁54–56。
8. 《無產階級文化大革命紀實參考資料》，第2集，頁24。
9. 王友琴，《文革受難者：關於迫害，監禁和殺戮的尋訪實錄》（香港：開放雜誌出版社，2004年），頁229–230。
10. 同上，頁228。
11. 蒲生，〈緬懷江隆基先生，回憶當年的李貴子事件〉，2013年，見http://m.wendangku.net/doc/49a45068f5335a8102d2209c.html#.

45. 呼和浩特地區無產階級文化大革命大事記編撰組，《呼和浩特地區無產階級文化大革命大事記（初稿）》，1967年10月；《井岡山》，第4期，頁48；《無產階級文化大革命參考資料》，第2集，第10章，頁7。
46. 〈劉少奇同志同烏蘭夫同志談話紀錄〉，《文革資料》，第2集，1967年8月，頁46。
47. 同上，頁121–122。
48. 《無產階級文化大革命紀實參考資料》，頁9。
49. 「路線錯誤」在中共詞彙中，指的是錯誤的政治意識形態或原則。中國共產黨的歷史，是按照一系列「路線鬥爭」來理解的，其中毛澤東在1945年確立的路線是絕對正確的。任何偏離這一點的行為，都將被譴責為錯誤，並將對其追隨者產生深遠的政治影響。參見Yoshihiro Ishikawa and Craig A. Smith, "Line Struggle," in *Afterlives of Chinese Communism: Political Concepts from Mao to Xi*, ed. Christian Sorace, Ivan Franceschini, and Nicholas Loubere (Canberra: ANU Press and Verso Books, 2019), 115–119.
50. 同上，頁11。
51. 《內蒙文革風雷》，頁143。
52. Jerome Chen, ed., *Mao Papers: Anthology and Bibliography* (London: Oxford University Press, 1970), 26–30; Harding, "Chinese State in Crisis," 176–77.
53. 《無產階級文化大革命紀實參考資料》，頁16–17。
54. 同上，頁19。
55. 毛澤東，《砲打司令部——我的一張大字報》，1966年8月5日，https://www.marxists.org/reference/archive/mao/selected-works/volume-9/mswv9_63.htm.
56. 關於中共的人事檔案制度，參見Hong Yung Lee, *From Revolutionary Cadres to Party Technocrats in Socialist China* (Berkeley: University of California Press, 1991), ch. 13.

22. Mao Tse-tung, "Speech at a Meeting of All Circles in Yan'an to Commemorate Stalin's Sixtieth Birthday," in *Mao's Road to Power: Revolutionary Writings 1912–1949: New Democracy* (1939–1941), by Stuart R. Schram and Nancy Jane Hodes (Armonk, NY: M. E. Sharpe, 2004), 7:310.
23.《無產階級文化大革命紀實參考資料》，第1集，頁3。
24.《井岡山》，第4期，頁40。
25. Harding, "Chinese State in Crisis," 174.
26.〈華北局「前門飯店」會議揪鬥烏蘭夫大事記〉，載《文革資料》，第26期，1967年10月25日，內蒙古黨委機關紅旗聯合總部編寫，頁2。
27. 圖們、祝東力，《康生與「內人黨」冤案》（北京：中央中央黨校出版社，1995年），頁14。
28.〈華北局「前門飯店」會議揪鬥烏蘭夫大事記〉，頁3。
29.《毛澤東思想萬歲》，內部資料，王超興編，「鋼二司」武漢大學總部印發，1968年，見https://www.marxists.org/chinese/maozedong/1968/4-018.htm
30.〈華北局「前門飯店」會議揪鬥烏蘭夫大事記〉，頁5。
31.《康生與「內人黨」冤案》，頁13。
32.〈華北局「前門飯店」會議揪鬥烏蘭夫大事記〉，頁5。
33.《康生與「內人黨」冤案》，頁17。
34.《內蒙文革實錄》，頁110。
35. 同上，頁6。
36. 李谷成，《中華人民共和國政治術語》（香港：香港中文大學出版社，1995年），頁148。
37.《內蒙文革風雷》，頁51–55。
38.《無產階級文化大革命紀實參考資料》，第1集，頁7–8。
39. 同上，頁44。
40. 同上，頁12。
41.《井岡山》，第4期，頁43；《內蒙文革風雷》，頁81–84。
42.《內蒙文革風雷》，頁564–566。
43.《井岡山》，第4期，頁48；《內蒙文革風雷》，頁95–98。
44.《無產階級文化大革命紀實參考資料》，第2集，頁5–6。

蒙古族種族滅絕相關文獻，見楊海英主編，《打倒烏蘭夫》，第3卷（東京：風響社，2011年），頁126。

9. Wolfgang Bartke, *Who's Who in the People's Republic of China* (Armonk, NY: M. E. Sharpe, 1987), 353.
10. 啟之，《內蒙文革實錄：「民族分裂」與「挖肅」運動》（香港：天行健出版社，2010年），頁120。
11. Edward Friedman, Paul Pickowicz, and Mark Selden, *Chinese Village, Socialist State* (New Haven, CT: Yale University Press, 1991), 217–219.
12. 同上，頁84–85。
13. Harding, "Chinese State in Crisis," 170.
14. MacFarquhar, *Origins of the Cultural Revolution*, 3:458–60; Harding, "Chinese State in Crisis," 170–172.
15. 高樹華、程鐵軍，《內蒙文革風雷：一位造反派領袖的口述史》（紐約：明鏡出版社，2007年），頁39–43。
16. 同上，頁37–39。高此時和後來的行為的記述，借鑑了本書以及程鐵軍對高的討論和採訪。
17. 高樹華的大字報，寫於6月2日，但直到6月3日才貼出，所以，並非內蒙古第一張出現的大字報。6月2日，內蒙古大學賈國泰等幾位大二學生，貼出〈我們大學黨委，文革中做了什麼？〉（見《井岡山》，1967年，第4期，頁38）。不過高樹華等人的大字報，確實點燃了內蒙古的文革運動。
18. David Milton, Nancy Milton, and Franz Schurmann, eds., *People's China: Social Experimentation, Politics, Entry onto the World Scene 1966 to 1972* (New York: Vintage Books, 1974), 269; Harding, "Chinese State in Crisis," 173.
19. 《內蒙文革風雷》，頁40。
20. 《井岡山》，第4期，頁38–39。
21. 內蒙師院東方紅戰鬥縱隊「燎原戰鬥組」編寫，《無產階級文化大革命紀實參考資料》，第1集，1966年6月3日至6月30日，北京，1966年6月，頁1。

第三章

1. Roderick MacFarquhar, *The Origins of the Cultural Revolution, vol. 3, The Coming of the Cataclysm 1961–1966* (Oxford: Oxford University Press, 1997), 456–65; Harry Harding, "The Chinese State in Crisis, 1966–9," in *The Politics of China, 1949–1989*, ed. Roderick MacFarquhar (Cambridge: Cambridge University Press, 1993), 162–72。編按：前者有中譯本《文化大革命的起源》（香港：新世紀出版社，2012年）。
2. Roderick MacFarquhar and Michael Schoenhals, *Mao's Last Revolution* (Cambridge, MA: Harvard University Press, 2006), 12。編按：中譯本為《毛澤東的最後革命》（台北：左岸文化，2009年）。
3. 塔拉，《平凡的人生：塔拉革命回憶錄》（呼和浩特：內蒙古人民出版社，2001年），頁364。
4. 在呼和浩特，由烏蘭夫的漢族同僚與親信李貴，擔任市委書記；包頭，由烏蘭夫的外甥韓峰（漢族）和土默特蒙古族墨志清控制；烏蘭察布盟，由土默特蒙古族李文晶與郝秀山，以及值得信賴的當地漢人嚴耀先領導；哲里木盟，由他的漢族女婿石光華及其長女、石氏妻子雲曙碧掌控；呼倫貝爾盟，由土默特蒙古族奇俊山掌握。
5. 1990年代，曾經領導過牧區社會主義教育運動的內蒙古自治區黨委宣傳部原副部長特古斯，向寶力格私下吐露，他在前門飯店發表的，關於蒙古族牧民社會階級矛盾嚴重的報告，是錯誤的，他對此深表遺憾。
6. *Mao Zedong Wenji*, 1:374–75; Stuart Schram, ed., *Mao's Road to Power: Revolutionary Writings 1912–1949* (Armonk, NY: M. E. Sharpe, 1999), 71–72。該公告是在長征結束，共產黨軍隊抵達陝北後發布的。為清晰起見，翻譯略有編輯。
7. 這項宣言，是毛澤東於1935年12月代表中華蘇維埃政府發表的，當時中國紅軍，從江西地區長征結束抵達延安後不久。
8. 「解學恭同志關於內蒙古區黨委印發1935年『中華蘇維埃中央政府對內蒙古人民宣言』」，「毛主席和中央調查報告」等與內蒙古文革期間

2007年）。

13. 內蒙古師範學院（大學）校長、黨委書記名單等資料，請見網站 http://www. imnu.edu.cn/chn/general/lrld.htm.
14. 力沙克，烏蘭夫三子，現名烏傑。1935年出生，1956至1960年在列寧格勒化學製藥學院學習工程物理。1989至1993年任山西省副省長，1993年任國家經濟體制改革委員會副主任。他也是一位傑出的哲學家，出版了許多著作。
15. Panchen Lama, *A Poisoned Arrow: The Secret Report of the 10th Panchen Lama* (London: Tibet Information Network, 1997).
16. 關於西藏事件，最詳細的資料來源是次仁夏加（Tsering Shakya）的 *The Dragon in the Land of Snows: A History of Modern Tibet since 1947* (New York: Columbia University Press, 1999), 242–13。另請參閱譚·戈倫夫（Tom Grunfeld）的 *The Making of Modern Tibet*, rev. ed. (Armonk, NY: M. E. Sharpe, 1996), 163–164。編按：前者中譯本為《龍在雪域：一九四七年後的西藏》（台北：左岸文化，2011年）；後者中譯本為《現代西藏的誕生》（北京：中國藏學出版社，1990年）。
17. 1958年，毛澤東不顧烏蘭夫的反對，派遣內蒙古軍區騎兵第五師前往青海和西藏鎮壓西藏叛亂。關於蒙古軍隊在鎮壓中的作用與影響，參閱楊海英的《チベットに舞う日本刀 モンゴル騎兵の現代史》。編按：中譯本為《蒙古騎兵在西藏揮舞日本刀：蒙藏民族的時代悲劇》（台北：大塊文化，2017年）。
18. 次仁夏加在《龍在雪域》中指出，當班禪喇嘛於1962年5月18日向周恩來提交七萬言請願書時，烏蘭夫是參與討論的領導人之一（頁272）。當時，中共對班禪喇嘛做出過重大讓步。
19. 參見達瓦·奧索（Dawa Odsor），〈我的經歷見聞〉，收於《內蒙古文史資料》，第31卷，1988年，頁104–185。
20. 達瓦·奧索，《那順孟和的一生》，未出版稿。
21. 外語系當時有兩個黨支部：一個是由王履安任書記的系黨總支；另一個是學生黨總支，由劉樸任書記，高樹華任副書記，兼任系團總支書記。

是旗（蒙古語hoshuu；漢語qi），相當於縣級。

3. 郝為民主編，《內蒙古自治區史》（呼和浩特：內蒙古人民出版社，1991年），頁217–226。
4. Uradyn E. Bulag, *The Mongols at China's Edge: History and the Politics of National Unity* (Lanham, MD: Rowman & Littlefield, 2002), ch. 4.
5. 此項政策的主要資料，參見《內蒙古文史資料》，第56卷、第59卷；「三不兩利」與「穩、寬、長」，收於《文獻與史料》（2005年）；「三不兩利」與「穩、寬、長」，收於《回憶與思考》（2006年）。
6. 徐麗麗，〈土地改革中少數民族地區的階級劃分政策探析：以原綏遠省為例〉，載《內蒙古民族大學學報》，第47卷，第2期，2021年，頁98–105。
7. 中共中央華北局，成立於1948年，1951年撤銷。1960年11月恢復，李雪峰任第一書記，烏蘭夫任第二書記，林鐵任第三書記，1966年文化大革命爆發後不久，包括華北局在內的中央地方局，再次解散。
8. 王鐸，《五十春秋》（呼和浩特：內蒙古人民出版社，1992年），頁488。關於大躍進和社教運動中的解學恭與李雪峰，參見Edward Friedman, Paul Pickowicz, and Mark Selden, *Revolution, Resistance and Reform in Village China* (New Haven, CT: Yale University Press, 2005), 4, 26–27, 32, and 46。編按：中譯本為《中國鄉村，社會主義國家》（北京：社會科學文獻出版社，2002年）。
9. 從1958到1983年，人民公社是中國農村鄉鎮一級的行政機構。公社下面，是生產大隊（行政村）和生產小隊（自然村）。
10. 張樹生、石銳合著，〈開始全面建設社會主義時期，烏拉特前旗的政治運動〉，收於載斯平編著，《內蒙古社會發展與變遷》（呼和浩特：內蒙古大學出版社，1991年），頁299–300。
11. 內蒙古自治區革命造反聯絡總部資料組主編，《李貴反動言論摘編》（1966年）；呼和浩特革命造反聯絡總部，批鬥烏蘭夫反黨集團聯絡站主編，《毒草集，烏蘭夫反革命言論選編》，第3卷，（出版者不詳，1967年）。
12. 呼達拉古，《特木爾巴根的一生》（呼和浩特：內蒙古人民出版社，

23. 同上，頁472。
24. Nicholas Lardy, "The Chinese Economy Under Stress, 1958–1965," in *The Cambridge History of China: Volume 14, The People's Republic, Part I: The Emergence of Revolutionary China, 1949–1965*, ed. Roderick MacFarquhar and John K. Fairbank (Cambridge: Cambridge University Press, 1987), 383；《中華人民共和國經濟大事典》（長春：吉林人民出版社，1987年），頁17、頁317。
25. Siu-lun Wong, *Sociology and Socialism in Contemporary China* (London: Routledge, 1979), 65.
26. Ann Anagnost, *National Past-times: Narrative, Representation, and Power in Modern China* (Durham, NC: Duke University Press, 1997), esp. ch. 1, "Making History Speak"; Uradyn E. Bulag, "Can the Subalterns Not Speak?" Inner Asia 12, no. 1 (2010): 95–111.
27. Uradyn E. Bulag, *The Mongols at China's Edge: History and the Politics of National Unity* (Lanham, MD: Rowman and Littlefield, 2002), ch. 4.
28. 李銳，《毛澤東同志的初期革命活動》（北京：中國青年出版社，1957年）；Anthony W. Sariti and James C. Hsiung, trans., *The Early Revolutionary Activities of Mao Tse-tung* (White Plains, NY: M. E. Sharpe, 1977).
29. 毛澤東，《蘇聯經濟學批判》（*A Critique of Soviet Economics*），英譯本Moss Roberts (New York: Monthly Review Press, 1977)。毛澤東在1960至1962年的批評，針對的是兩本蘇聯著作：《政治經濟學教科書》（*Political Economy: A Textbook*）和史達林的《蘇聯社會主義經濟問題》（*Economic Problems of Socialism in the Soviet Union*）。

第二章

1. 內蒙古師範大學，《發展民族高等教育，大理培養民族教育人才》，內蒙古自治區民族教育文集（呼和浩特：內蒙古大學出版社，1987年），頁459–465。
2. 盟（蒙古語aimag；漢語meng）是內蒙古自治區地級行政單位。下面楊世祥，《中國政治用語詞彙》（香港：協和研究所，1977年），頁460–465。另一說法，所謂三好，五好主要用於學校：五好指的是德育、智育、體育、美育、勞動；三好是指：德育（思想好）、智育（學習好）、體育（身體好）。

13. 哨兵用狼糞當燃料，升起濃煙，很遠處都可以看到。
14. 在中國，除了普通農民，幾乎每個人都有個人檔案，包括工作單位對該人的綜合評估報告。其內容可供當局查閱，但對當事人保密。Andrew Jacobs, “A Rare Look into One’s Life on File in China,” *New York Times*, March 15, 2015.
15. 中國的中學通常分為兩個級別：國中（三年）和高中（三年，只有1971至1982年，改為兩年）。
16. 參見《內蒙古教育叢書》中的《呼和浩特市第二中學》，內蒙古自治區校史選編委員會編（呼和浩特：內蒙古教育出版社，1987年）。
17. 《呼和浩特市第二中學》，頁22。
18. 內蒙古自治區蒙古語工作區蒙古語工作暫行條例（草案）（內蒙古自治區蒙古語文工作暫行規定「草案」），見《為發展繁榮蒙古語文做出新貢獻》（呼和浩特：內蒙古人民出版社，1962年）。
19. 1947年，呼和浩特市只有1,328名蒙古人（當地土默特蒙古人），僅占總人口的2%；他們的數量甚至少於回族（9,046人）和滿族（3,428人）。絕大多數是漢族（72,825人）。到1964年，漢族人口激增至729,172人，約占總人口的91%，蒙古族成為第二大族群，人數為44,484人，但仍略低於總人口的6%。呼和浩特市地方志編修辦公室，《呼和浩特志（上）》（呼和浩特：內蒙古人民出版社，1999年），頁24–42、頁234–235、頁361注釋。
20. 《呼和浩特市第二中學》。
21. 1960至1961年，內蒙古在呼倫貝爾盟發動了一場大規模的軍墾行動，即因「南泥灣開荒」而聞名的王震將軍，組織推動的開荒行動。因為表土被吹走，牧場變成了荒地，該政策對牧區經濟造成沉重打擊。第二年，由於蒙古人強烈抗議該政策，因此開荒行動的規模，有所縮減。
22. 《五十春秋》，頁470。

5. 纏足，長期以來一直是中國人相對於非中國人「文明」的象徵。參見高彥頤（Dorothy Ko）的*Cinderella's Sisters: A Revisionist History of Footbinding* (Berkeley: University of California Press, 2005)，尤其是第5章"The Erotics of Place: Male Desires and the Imaginary Geography of the Northwest"。編按：中譯本為《纏足：金蓮崇拜盛極而衰的演變》（江蘇：江蘇人民出版社，2009年）。
6. 寺廟是蒙古人和藏傳佛教之間密切歷史聯繫的物質體現。大召（伊克召）是內蒙古最古老的寺院，建於1579年。該寺於1585年由土默特蒙古酋長阿勒坦汗為格魯派佛教領袖索南嘉措建造（1578年阿勒坦汗承認索南嘉措為第三世達賴喇嘛），容納了一千多名喇嘛。參見Robert James Miller, *Monasteries and Culture Change in Inner Mongolia* (Wiesbaden, Germany: Harrassowitz, 1959)。另見遲利，《呼和浩特現存寺廟考》（呼和浩特：遠方出版社，2016年）。
7. 在當年的內蒙古，口糧不僅因市、盟而異，也因年齡、職業而異。例如，1960年，工人依體力勞動分為輕、重、超重等九類，每類又分為三等。幹部分為兩類：區鄉級幹部及旗縣級以上幹部（含腦力勞動者）。《內蒙古自治區糧食志》（呼和浩特：內蒙古人民出版社，1997年），頁65–66。
8. 程惕潔（程鐵軍），〈內蒙東部「溫和土改」與烏蘭夫的文革倒台〉，載於宋永毅主編，《重審毛澤東的土地改革：中共建政初期政治運動七十週年的歷史回顧》（香港：田園書屋，2019年），卷下，頁352–383。
9. 王鐸，《五十春秋》（呼和浩特：內蒙古人民出版社，1992年），頁462–463，描述了大躍進期間內蒙古鋼鐵生產的動員情況。
10. 宋迺工等主編，《中國人口：內蒙古分冊》（北京：財政經濟出版社，1987年），頁83。
11. 關於1950年代和1960年代在蒙古和中國學校接受教育的城市蒙古人的研究，請參閱Wurlig Bao, "When Is a Mongol? The Process of Learning in Inner Mongolia" (PhD diss., University of Washington, 1994).
12. 大躍進期間，中共開展了「五好」活動（五好教師、五好社員、五好戰士、五好幹部、五好婦女、五好職工等等）。廖宜輝、何韻儀、

注釋

第一章

1. 有關綏遠和內蒙古的歷史，請參閱Justin Tighe, *Constructing Suiyuan: The Politics of Northwestern Territory and Development in Early Twentieth-Century China* (Leiden: Brill, 2005). Xiaoyuan Liu, *Frontier Passages: Ethnopolitics and the Rise of Chinese Communism, 1921–1945* (Washington, DC: Woodrow Wilson Center Press, 2006), 129–57。編按：後者有中譯本，劉曉原，《邊緣地帶的革命：中共民族政策的緣起（1921–1945年）》（香港：香港中文大學出版社，2018年）。
2. 西方對傅作義職業生涯的標準描述，仍然是Donald G. Gillin, *Warlord: Yen Hsi-shan in Shansi Province 1911–1949* (Princeton, NJ: Princeton University Press, 1967).
3. Philippe Forêt, *Mapping Chengde: The Qing Landscape Enterprise* (Honolulu: University of Hawai'i Press, 2000).
4. 關於呼和浩特，請參閱Piper Rae Gaubatz, *Beyond the Great Wall: Urban Form and Transformation on the Chinese Frontiers* (Stanford, CA: Stanford University Press, 1996); William R. Jankowiak, *Sex, Death, and Hierarchy in a Chinese City: An Anthropological Account* (New York: Columbia University Press, 1993); Li Narangoa, "Nationalism and Globalization on the Inner Mongolia Frontier: The Commercialization of a Tamed Ethnicity," *Asia-Pacific Journal*, November 15, 2007, http://japanfocus.org/-Li-Narangoa/2575.

中國觀察 51

長城外的造反派：漢族青年眼中的內蒙古文革與民族屠殺

A Chinese Rebel beyond the Great Wall: The Cultural Revolution and Ethnic Pogrom in Inner Mongolia

作　　者　程鐵軍（TJ Cheng）、烏・額・寶力格（Uradyn E. Bulag）、
　　　　　馬克・塞爾登（Mark Selden）
譯　　者　程鐵軍
責任編輯　邱建智
校　　對　魏秋綢
排　　版　張彩梅
封面設計　薛偉成

副總編輯　邱建智
行銷總監　蔡慧華
出　　版　八旗文化／左岸文化事業有限公司
發　　行　遠足文化事業股份有限公司（讀書共和國出版集團）
地　　址　新北市新店區民權路108-3號8樓
電　　話　02-22181417
傳　　真　02-22188057
客服專線　0800-221029
信　　箱　gusa0601@gmail.com
Facebook　facebook.com/gusapublishing
Blog　gusapublishing.blogspot.com
法律顧問　華洋法律事務所／蘇文生律師

印　　刷　中原造像股份有限公司
定　　價　680元
初版一刷　2025年8月
ISBN　978-626-7509-55-5（紙本）、978-626-7509-52-4（PDF）、978-626-7509-51-7（EPUB）

國家圖書館出版品預行編目（CIP）資料

長城外的造反派：漢族青年眼中的內蒙古文革與民族屠殺／程鐵軍（TJ Cheng）、烏・額・寶力格（Uradyn E. Bulag）、馬克・塞爾登（Mark Selden）著；程鐵軍譯. -- 初版. -- 新北市：八旗文化, 左岸文化事業有限公司出版：遠足文化事業股份有限公司發行, 2025.08
　面；　公分. --（中國觀察；51）
譯自：A Chinese rebel beyond the Great Wall: the cultural revolution and ethnic pogrom in Inner Mongolia.
ISBN 978-626-7509-55-5（平裝）

1. CST: 程鐵軍（Cheng, Tiejun, 1943-）　2. CST: 文化大革命
3. CST: 回憶錄　4. CST: 內蒙古自治區

782.887　　114008090